数学教育研究基础丛书

Fundamental Series for Mathematics Educational Studies

顾泠沅 / 主编
徐斌艳 / 著

中学数学
课程发展研究

上海教育出版社

图书在版编目(CIP)数据

中学数学课程发展研究/徐斌艳著.—上海:上海教育出版社,2018.12
(数学教育研究基础丛书)
ISBN 978-7-5444-8248-6

Ⅰ.①中… Ⅱ.①徐… Ⅲ.①中学数学课—教学研究
Ⅳ.①G633.602

中国版本图书馆 CIP 数据核字(2018)第 300872 号

责任编辑　赵海燕　张莹莹
封面设计　郑　艺

数学教育研究基础丛书
中学数学课程发展研究
Zhongxue Shuxue Kecheng Fazhan Yanjiu
徐斌艳　著

出版发行　上海教育出版社有限公司
官　　网　www.seph.com.cn
地　　址　上海永福路 123 号
邮　　编　200031
印　　刷　常熟华顺印刷有限公司
开　　本　787×1092　1/16　印张 23　插页 2
字　　数　460 千字
版　　次　2018 年 12 月第 1 版
印　　次　2018 年 12 月第 1 次印刷
书　　号　ISBN 978-7-5444-8248-6/G·6828
定　　价　68.00 元

如发现质量问题,读者可向本社调换　电话:021-64377165

丛 书 序

一

2004年元宵刚过,十多位数学教育方向的年轻博士,聚集在上海市教育科学研究院.他们中有华东师范大学王建磐校长和我所带的五届学生,还有北京师范大学林崇德的学生、香港大学梁贯成的学生等.久未谋面,话题特别多,谈得最集中的是数学教育研究中的问题与困惑.整个白天谈不完,晚上移师瑞金宾馆再继续,而且还邀请了我的两位同事与朋友——上海市教科院教师发展中心主任周卫和上海市教育报刊总社副社长陈亦冰.真是一个令人难忘的夜晚,就在那天,大家不约而同地意识到,年轻人重任在肩,群策群力编撰一套数学教育基础研究丛书,条件似已初具,于是策划了一个初步的方案.此后每年有一或两次碰头,分工有所调整,人员不断扩大.但编著原则不变:不求急就,力戒浮躁,成一本,出一本.四五年过去了,当可逐一考虑出版.

其实,这也是我们这一代人的一个企盼.我从大学数学系毕业,后来主持青浦教育改革实验,做到1987年,国家教育委员会要我攻读研究生,名为在职读书,实为补上教育基本理论这一课.当时全国没有数学教育的博士点,我的导师刘佛年校长召集华东师范大学不同系所的六位著名教授联合培养,可是,全程六年就是没有数学教育的课程.1999年,王建磐校长邀我合作创建数学教育的博士方向,设置于课程与教学论专业,全国招生,至今已满十届.平心而论,我们借以培养学生的数学教育内容,虽有初步框架,但仍然是数学与教育学、心理学的"领养儿",尚无自己的独立品格.这是个跨世纪的期待.如今一批年富力强的精英,志愿自己组织力量来打造研究的基础,当然是件特别有意义的事情.于是我建议,这套丛书要由"1960后"的中青年人来担纲,理由是只有他们才有15年至30年的时间来初成并打磨出自己的力作.

二

17世纪中叶,夸美纽斯号召"把一切事物教给一切人",他的百科全书式的教材——《世界图解》,包括自然、人类活动、社会生活和语言文字诸方面,还没有独立成科的数学.数学成为普通学校的一个科目,那是18世纪的事.因此不少学者以为,严格地说学校数学教育萌芽于18世纪.究其内容,仍沿袭古希腊以来重视"和行动没有关系的真科学"(如数论和抽象的几何学)的传统,几何学就是欧几里得《几何原本》的最初六卷,代数学和三角限于17世纪前材料的简缩.这一现象一直延续到19世纪之末,随着近代科学的迅速崛起和各国产业革命的深远影响,数学教育才有了迟来的觉醒.

20世纪的数学教育风云迭起.回望这一百年,首先是出现所谓改造运动,冲破以往数学教育纯粹理性的象牙之塔,倡导应用的特别重要性.1901年,彼利(J. Perry)在英国科学协会作"启蒙的改造"的演讲,主张由实践发现数学的法则,不光是说些教授的技巧.几乎与此同时,克莱因(F. Klein)在自然科学会议席上作"对于中学数学和中学物理的注意"的演讲,推动了德国的新主义数学并形成"梅兰要目";慕尔(E. Moore)在美国数学年会上发表"数学之基础"的会长演讲,指责初等数学范围内"理论和应用的划界分疆",提出数学教育的根本问题是两者的"融合",使数学、物理和日常生活有密切的关系.这场运动开启了将数学教育作为研究对象的思想闸门.然而,紧接着的是两次世界大战的相继爆发,战争带来了混乱,刚开始发生变化的数学教育,有的搁置了,有的倒退了,当然也有像美国那样受战争影响小、可收渔翁之利、得以继续推进的.当时教育界所谓传统派与现代派、接受式学习与活动式学习的激烈争论,对于美国数学教育的实用主义倾向起了推波助澜的作用.

接着,到了20世纪50—60年代,由于苏联人造卫星上天,引起了美国的教育改革,首当其冲的是数学教育,这就是遍及欧美诸国的新数学运动,推行数学教育的现代化.其中布鲁纳(J. Bruner)主张任何年龄的儿童都能学会任何深奥的学问,只要加以针对性的处理.改革中采纳了现代纯数学高度抽象和形式化的许多特点,如小学引入集合,初中讲代数结构与逻辑结构,线性代数取代解析几何,再对微积分作形式改造等,几乎完全忽视对数学应用的考虑;方法上沿袭当时工业界用于技术开发的模式,先由专家学者研发,然后自上而下推行,这样的变动严重脱离儿童的认识实际和常态的学校生活,既缺乏广大家长的支持,又没有必要的师资准备,结果陷入困境.整个20世纪70年代,世界各国纷纷处于回到基础的调整阶段.

最后,进入20世纪80—90年代,数学教育改革重又蓬勃发展起来,这一浪潮以学生学习数学为立场,关注课程内容、教师培养和教学研究、课堂情境及其相互影响,主要有问题解决、非形式化和大众数学等口号的提出,还有计算机和计算器的使用.改革又一次点燃争论,如美国教育界的"数学大战".数学的学习,走问题化之路,还是结构化之路;要学习的过程,还是要学习的结果;浪漫的合情推理与严格的逻辑演绎,探究学习与基本训练,等等.直到20世纪末,争论才以调和的方式告一段落,叫做平衡基本技能、概念理解和问题解决.2008年4月,美国"国家数学咨询委员会"公布《成功需要基础》的总结性报告,重申基础的重要性,提倡"阶梯式"进步的理念.

在我国,学校普遍开设数学课程,当在辛亥革命(1911年)之后,至今也是一百年.开始时移学日本,后曾模仿美国.中华人民共和国成立之初,基本上照搬苏联.后来经过20世纪

50—60年代的"大跃进"和调整巩固,20世纪60—70年代的"文革"和拨乱反正,直到始于20世纪70年代末的改革开放.数学教育的撞击和动荡随处可见,其中有活跃也有纷乱,有繁荣也显无力,思想多元了,观点分歧了,但这正是时代复兴的伟大征兆,这正是诞生适合自己的数学教育之路的前夜.

三

我国学者关于数学教育的早期研究,不能不关注陈建功先生的《20世纪的数学教育》一文(原载《中国数学杂志》第一卷第二期,1952年).该文提出了支配数学教育目标、材料和方法的三大原则,他写道:(1) 实用性的原则.数学在日常生活中有广泛的实用价值,自然科学、产业技术、社会科学的理解、研究和进展都需要数学.假如数学没有实用,它就不应该编入教科书之中.(2) 论理的原则.数学是由推理组成的体系,推理之成为说理体系者,限于数学一科.忽视数学教育论理性的原则,无异于数学教育的自杀.(3) 心理的原则.站在学生的立场,顺应学生的心理发展去教学生,才能满足他们的真实感.学生不发生任何真实感的教材,简直没有教育的价值.陈先生还提出三原则必须统一,心理性和实用性应该是论理性的向导;选择教材不应该先将实用性和论理性分别采取,然后合拢,数学的真理性具有向实在进展和内部对应联系的两面,两面不会分道扬镳、各自存在.据此三原则,陈先生评述了20世纪以前数学教育偏重理论、排斥应用的弊病,肯定了20世纪初彼利等改造运动的重要意义.更为有趣的是,这一世纪后来相继出现以结构主义为特征的新数学运动和站在学生学习立场的第三波浪潮,竟然都是三原则的各自倚重和摇摆,而最终却都以平衡各方为结局.

把数学教育作为一种理论来研究,荷兰数学家和数学教育家弗赖登塔尔(H. Freudenthal)在国际上作出了重大贡献.他于1967年至1970年间任国际数学教育委员会(ICMI)主席,在他倡议下召开了首届国际数学教育大会.他认为,数学源自常识,人们通过自身的实践与反思,把这些常识组织起来,不断在横向或纵向上系统化.因此,他提出数学学习主要是如前所说的"数学化",或者是进行"再创造",从而培养学生自己获取数学的态度,构建自己的数学.弗赖登塔尔从数学发生发展的特有过程出发,架设了一条通往教育的桥梁.1987年冬,他曾应邀来华讲学.他的《作为教育任务的数学》一书和许多独特而深刻的见解,在我国广为传播.与数学家迥然不同,心理学与现代认知理论却以精密研究的姿态介入到数学学习的探讨中来,从行为分析到认知理论,从建构主义到情境学习,视角新颖,有的还切中当今数学教育的流弊,一时间如异军突起,影响颇深,推动了数学教育科学化的进程.但是,科学方法对人的心理研究毕竟处于比较肤浅的程度,一旦用于数学,显见其琐碎与凌乱.学习的理论与数学教育的现实,还是一个未曾跨越的缺口,基础演绎的数学教育研究尚在起始阶段.与此同时,致力于扎根、总结、归纳、借鉴乃至升华的事情尤须实实在在地做.于是,凭借教育工作领域严格分门别类的研究骨架终于被多数人接纳.20世纪80年代,美国凯伦(T. Kieren)的"数学教育研究——三角形"一文也被介绍到我国,他把数学教育研究比作一个三角形,三个顶点分别是课程设计者、教师和学生,对应着课程、教学和学习"三论";三角形的内部以儿童和成人实际学习数学的经验为兴趣中心,包括① 数学教师在备课、教学和分析课堂活动时所做的非正式研究,② 定向观察,③ 教学实验;三角形的外部有数学、心理学、哲学、技术手段、符号语言等很多方面.这一图式在数学教育理论框架的初建中影响较大,但它显然并不仅仅适用于数学教育,而是属于通式的分类.

就数学学科本身的特点来说,中西方的差别也非常值得注意,这对中国特色的数学教育理论不可或缺.吴文俊先生在20世纪80年代发表了《对中国传统数学的再认识》《出入相补原理》等多篇文章,明确指出:以《几何原本》为代表的欧几里得体系,着重抽象概念与逻辑思维以及概念与概念之间的逻辑关系,表达形式由定义、公理、定理、证明构成;而我国的传统数学,以《九章算术》为例,基本上是一种从实际问题出发,经过分析提炼出一般的原理、原则与方法,以最终达到解决一大类问题的体系.吴先生所说的两种思维各具特色,一直发展到当代公理化与算法化的两大分野.两种思维、两大分野的融会,也许能为数学教育新体系的建立提供思路.看来我们对中华文化中的精华还是不能妄自菲薄的.

四

然而,中国文化绝非仅执实用一端,而是讲求明体达用,体用一源.这里的"体"是个相对稳定且一以贯之的系统,而"用"则随时随物而变具有区别对待的特性.西方人侧重达用,中国人素好明体.与欧美学者接触,他们讲区别,我们说求同;他们讲变易,我们说万变不离其宗;他们赞赏不同意见和对立,我们崇尚中和与圆融;他们善用形式逻辑,我们喜好辩证思维.如此巨大的文化差别,在世纪之交竟以"悖论"的形式呈现了一个国际关注的热点:华人如何学习数学.20世纪80年代以来,一方面,中国学生无论在数学测试的国际比较,还是奥林匹克数学竞赛中,表现都优于西方学生;另一方面,许多西方研究者认为,中国学生的学习环境不太可能产生好的学习,比如教师单一讲授、低认知水平的频繁考试等,被形容为被动灌输和机械训练.这种看似矛盾的结果引出了深入的讨论,有的认为是由于有好的课程,有的认为是由于教师的有效教学,关注扎实的基础知识和基本技能的学习,也有的认为这是华人家庭、社会特有的包括考试在内的文化支撑.个中原因,还在进一步的研究中.

这里,我们不妨从另一角度去看看,前面说到美国《成功需要基础》的总结报告,它针对美国数学教育重点不清、逻辑关系不明等要害,在改进的要点中强调重点突出、基础扎实、前后连贯这三条,其中国文化元素的浓重色彩,当是不言自明的.事实上,我国的百年数学教育,尤其是中华人民共和国成立以来,经历正面如传统经验的深厚积淀,反面如"文革"的一时劫难,再加上最近30年来的改革开放,吸纳世界上各种先进的教育理念与精神,在整个"正反合"的洗礼中,中国数学教育改革取得的如下原则是宝贵的:第一,兴趣与爱好,没有兴趣没有学习,不讲致用、缺乏责任难有好的数学学习.第二,循序渐进的儒家文化,数学教学尤其要讲究有层次推进的中国理念,这已被境内外广泛推崇.第三,实践和探索中的感悟,尤其是数学活动经验中的学习、数学思想方法的累积,这是实践型、创新型人才培养的途径,但这一条正是我国数学教育的软肋,进一步的改革却要在这方面苦意极思、痛下功夫.第四,反省和反馈,作为掌握知识技能、激励信心和创造精神的有力保障,已成为反思文化的重要组成部分.

五

一种文化有了深厚的根,才能吸收外来文化.无根而移用,屡试屡挫.今天,世界的数学教育不能不包括中国的数学教育,并作为其发展的重要的组成部分;我们也应把我国数学教育的基础研究与发展置于全球数学教育的视野之中.在策划并撰写本套丛书的时候,大家都清醒地意识到这一点.这件事要真正做到家,恐怕需要几代人的努力.我们这一代人,不过是铺路的石子,中青年学者来日方长,分步走是个办法.首先尽量翔实地收集国际、国内数学教育研究的有关资料、基础性观点和重要样例;然后是在枚举基础上的分类与梳理,逐步做到明源头、辨流派,适当附以评论;完成了这两步之后,才是力图形成一定的体系,抒发著者的独立见解.整个丛书的编撰过程,本身就是个完整的研究过程.现在付梓的几本,也许仅是属于开头一两步的初成之作.在此,我代表著者诸君,诚恳地希望读者阅读后多提意见,以备日后进入后两步时采纳.在这里,我想所谓好的研究者,应该是这样的人,他用自己的脚走别人没有走过的路,而平庸的研究者不仅走现成的路,而且永远挂着别人的拐杖.

最后,本丛书的编撰,各位中青年学者、教授在繁忙的工作之余付出了艰辛的劳动,他们常常夜以继日地写作,每年还要挤出时间认真参加丛书碰头会,为此,对他们表示深深的谢意.还要感谢上海市教育科学研究院的杨玉东博士在联络各位著作者中所做的出色工作,感谢上海教育出版社王耀东、刘懿和赵海燕三位对出版本丛书的支持和指导,使本丛书得以呈现在广大读者面前.

顾泠沅

2009年新春

丛书序又识

2009年至2011年,本丛书按计划出版了第一批共4本书,这就是:邵光华的《作为教育任务的数学思想与方法》,鲍建生与周超的《数学学习的心理基础与过程》,黄荣金与李业平等的《数学课堂教学研究》,张维忠的《数学教育中的数学文化》.其中,前两本书分别荣获全国优秀数学教育图书奖的一等奖和特等奖;所有4本书均已获得华东地区优秀教育图书二、三等奖.同时,该丛书还获得了上海文化发展基金会图书出版专项基金资助.丛书不仅在数学教育领域产生了一定的影响,而且在文化发展领域也获得了专家的认可.

时光荏苒,如今已到了又一批书籍陆续出版的时候.这次的选题主要是:数学教育评价方法、中学数学课程发展研究、小学数学学与教的研究、数学学习与情感研究等.几位作者,近年来有的肩负着国内、国外数学教育与改革的研究任务,有的专注于对青年一代的教授与指导,身处精彩与困惑交织的数学教坛,他们上下求索,聚焦各自擅长的领域,坚守"不求急就、力戒浮躁"的编著原则,跬步致远近10年,才有今日可资期待的又一批著作的付梓.他们尽了自己的力,这样的精神是很值得称颂的.正如前些日子,知名数学家与数学教育教授王建磐先生对我说的,当一种追求坚持十来年,就能心生敬畏,而且变成一种情怀.十年磨一剑谈何容易,真正能做到心无旁骛、胸有情怀的人不是太多,他们也许就是这少数群体中的几个.

2009年和2012年,上海先后两次单独参加国际学生评估项目即PISA测试,接连取得了出色的成绩,受到国际教育界的青睐.2016年,教育部组织专家组,总结上海的基础教育改革经验,其中尤其是数学教育的经验.专家组对数学学科的总结凝炼为三句话:连贯一致的改革思路(尊重每位学生、以学生发展为本的数学教改理念),海派风格的数学课堂(海派无派、择善而从的开放吸纳与科学筛选),强而有力的教研与教师队伍建设(扎根一线的教学研究与落实于改革行动的教师教育).同年8月,在沪召开了全国"上海数学教学改革经验"研讨会.总结本土经验本可提高我们的民族自信力,但在跨国比较中发现和正视自己的短板,更应被赋予特别的关心.在数学教育研究中,一方面是中华民族典型经验的淬炼和提升,如关注学生对数学的概念性理解、问题解决过程的建构性思维;另一方面是国际研究的他山之石与时代启迪,包括数学教育的情境化与研究方法的实证趋势,还有现代网络技术的革命性影响、大数据甚至人工智能的迅猛进展,它们都是重要的思想源泉.因此,本丛书还盼望着这些方面试水之作的出现.

当然,对丛书编撰而言,一个阶段的终结往往又是起点.2020年,第十四届国际数学教育大会将在中国上海召开.上海教育出版社数学编辑室的赵海燕主任有个设想,将前几年完成的书籍做一次全面的修订,连同新书再次出版,以飨与会同行,并就此寻求专家学者、志士仁人的再次教正.中国古代圣贤说,"学而时习之,不亦说乎?有朋自远方来,不亦乐乎?"这恐怕也是所有丛书笔者意动情深的希冀了.

顾泠沅

2018 年 5 月

序　言

21世纪初,我国全面实施课程改革,研制与颁布课程标准,鼓励编制多元化教材,促进校本课程开发,组织多层次教师培训,等等,这一系列的行动旨在真正推进素质教育的落实.课程改革的有序推进,离不开课程研究者和实践者.在课程改革历程中,"课程"成为教育领域最为"时尚"的专业术语,"课程"概念的内涵不断丰富,外延不断拓展,课程研究成为教育研究领域的重点方向.作为学校核心学科的数学,尤其需要我们从课程角度加以研究.纵观国内外关于数学课程的研究成果,英国著名研究者豪森(G. Howson)等的《数学课程发展》可谓研究典范.他围绕20世纪60年代和70年代国际上发生的数学课程改革,以课程发展的视角探讨分析课程发展的历史背景,课程设计及其理论依据,课程发展评价及其案例.最为有意义的是,通过对那20年数学课程改革的反思与批判,豪森归纳出迫切需要研究的相关数学课程问题,为我们当下审视我国数学课程发展,推进数学课程发展的研究提供宝贵的参考.当前我国研究者也在数学课程研究领域努力耕耘着,有的研究对数学课程目标、要素、设计、实施、评价等方面进行梳理,有的研究则关注国际视野,比较分析国际数学课程改革的经验与教训,期望从中获得启示.

本书同样涉猎数学课程领域,其动力源泉首先是责任:21世纪以来我国数学课程改革与发展积累了丰富的经验或教训,需要我们带着科学、理性、整体、前沿的研究视角,对此进行剖析、解读和研究,为促进我国数学课程的深入发展寻找更为有效的途径,为促进我国数学课程经验与国际的对话构建研究资源库.其次是感动:我们的研究可谓是"站在巨人的肩膀上",前辈研究者和实践者为了我国数学课程的发展投入热情的思考,提出务实的策略,构建睿智的思想,例如早在20世纪70年代,丛书主编顾泠沅先生为了提升农村孩子的数学学业质量率先开展数学课程改革,其思想、理念、措施影响至今,我们没有理由让那些宝贵的、有着本土意义的资料和资源闲置着,我们已经站在了"他们的肩膀"上,没有理由不研究.最后是兴趣:作为华东师范大学课程与教学研究所的一名研究员,在长期的理论研究中,对于"课程"已经有着抹不去的情感,总是期待着结合自己的数学专业为数学课程研究添上一笔.经过数年断断续续的努力,终于突破课程研究的一般结构,形成自己的思路,将其汇总成本书.

本书一方面循着时间脉络,另一方面按主题分类,形成6章.

为了清晰展现全书的研究内容,本书第1章旨在对概念、方法和问题进行概括介绍.首先对课程、数学课程概念的发展进行梳理和辨析,对课程研究以及数学课程研究方法进行归类和介绍,对数学课程研究问题进行分析、概括与综合.

第2章循着时间脉络,分别研究近代中学数学课程发展(20世纪初期)和现代初期中学数学课程发展(20世纪60—70年代)的特征.对于近代数学课程发展的研究主要通过关键性人物分析展开,给大家呈现更为完整和深刻的"克莱因""佩里""史密斯"以及我国近代数学家和数学教育家的思想与实践.对于现代初期(20世纪60—70年代)数学课程发展特点的分析主要通过国别研究展开,首先介绍那个时代的关键人物弗赖登塔尔(H. Freudenthal)的思想,然后分别探究苏联、美国、英国、荷兰、澳大利亚、中国的数学课程,揭示各国带有政治、社会、经济和文化烙印的数学课程特点,以及数学课程发展的多元化动力.

第3至5章按主题分类.首先研究课程的理论基础和视角,因此第3章详细介绍数学课程发展研究的不同视角,包括文化活动、跨学科、文化适应、设计科学、审美以及社会政治等视角,旨在阐明数学课程内涵的丰富性和数学课程问题的特殊性.同时基于他人的研究成果,介绍为何、如何在相应的视角下开展研究,可能带来怎样的研究成果.

第4章把数学课程发展的时间脉络延续到当下,对现代中学数学课程发展的特征进行归类分析和比较,提炼出基于标准、能力导向、评价引领、过程导向等现代数学课程发展特征,通过对不同国别(中国、美国、德国、法国、荷兰、丹麦、瑞典、澳大利亚、新加坡、韩国)的数学课程改革进行分析,阐明上述特征的具体表现,由此透视出这些国家现代中学数学课程发展的多元特征.

第5章再次聚焦主题,分析中学数学课程对于数学教与学以及能力养成、数学教师专业发展、数学教材研究、信息技术教育功能发挥的影响,由此揭示数学课程在数学教育领域的功能.特别是本章具体分析了数学课程对数学创新、数学素养、数学推理以及数学问题解决能力养成的作用.

第6章则回归到如何进行中学数学课程的研究上.通过案例(实例)分析,翔实地呈现中学课程改革实验研究、中学数学课程实施研究、中学数学教材比较研究、数学课程测评研究等.旨在通过对具体实例的分析,明了数学课程研究从问题提出,到研究方法选择、研究数据采集、研究结论分析等研究环节.

本书整个写作过程历时数年,其间得到不少友人的鼓励与帮助.徐斌艳执笔完成第1、2、3、4、6章;第5章由斯海霞和徐斌艳共同执笔;易臻真和王重洋为第4章撰写了法国数学课程的内容,其他学生也曾通读书稿相关章节,提出一些修改意见.在此特别感谢顾泠沅先生对我的信任、鼓励和指导;感谢上海教育出版社数学编辑室的编辑.这本书让大家"牵挂"太长时间,也给大家添了不少"麻烦".期待这本书的出版能给关心这套丛书的读者带来一些新奇,期待与大家分享阅读后的感受.

徐斌艳

2018年5月

于华东师范大学

Contents 目 录

第 1 章　数学课程发展研究概述　　　　　　　　　　　　　　　　*001*

§1.1　课程概念　　　　　　　　　　　　　　　　　　　　　　　　/ 002
§1.2　课程研究　　　　　　　　　　　　　　　　　　　　　　　　/ 005
§1.3　数学课程概念　　　　　　　　　　　　　　　　　　　　　　/ 011
§1.4　数学课程研究问题　　　　　　　　　　　　　　　　　　　　/ 017
§1.5　数学课程发展的特点　　　　　　　　　　　　　　　　　　　/ 030

第 2 章　近代中学数学课程发展　　　　　　　　　　　　　　　　*039*

§2.1　西方近代中学数学课程发展　　　　　　　　　　　　　　　　/ 040
§2.2　中国近代中学数学课程发展　　　　　　　　　　　　　　　　/ 052
§2.3　现代中学数学课程发展的初期　　　　　　　　　　　　　　　/ 059

第 3 章　数学课程发展的理论视角　　　　　　　　　　　　　　　*093*

§3.1　文化活动与数学课程　　　　　　　　　　　　　　　　　　　/ 094
§3.2　跨学科视角下的数学课程　　　　　　　　　　　　　　　　　/ 101
§3.3　文化适应视角下的数学课程　　　　　　　　　　　　　　　　/ 105
§3.4　民俗数学与数学课程　　　　　　　　　　　　　　　　　　　/ 112
§3.5　设计科学的视角　　　　　　　　　　　　　　　　　　　　　/ 115
§3.6　数学课程发展的审美视角　　　　　　　　　　　　　　　　　/ 123
§3.7　社会政治的视角　　　　　　　　　　　　　　　　　　　　　/ 134

第 4 章　中学数学课程发展的现代特征　　　　　　　　　　　　　*151*

§4.1　基于标准的中学数学课程发展　　　　　　　　　　　　　　　/ 152

§4.2　能力导向的中学数学课程发展　　　　　　　　　　　　　　／170

　　§4.3　评价引领的中学数学课程发展　　　　　　　　　　　　　　／178

　　§4.4　过程导向的中学数学课程发展　　　　　　　　　　　　　　／206

第 5 章　中学数学课程发展的现代功能　　　　　　　　　　　　　　*229*

　　§5.1　数学创新与中学数学课程　　　　　　　　　　　　　　　　／230

　　§5.2　数学素养与中学数学课程　　　　　　　　　　　　　　　　／238

　　§5.3　数学推理与中学数学课程　　　　　　　　　　　　　　　　／244

　　§5.4　数学问题解决与中学数学课程　　　　　　　　　　　　　　／251

　　§5.5　中学数学教材与数学课程　　　　　　　　　　　　　　　　／259

　　§5.6　中学数学教师与数学课程　　　　　　　　　　　　　　　　／266

　　§5.7　信息技术与中学数学课程　　　　　　　　　　　　　　　　／273

第 6 章　中学数学课程发展研究实例　　　　　　　　　　　　　　　*281*

　　§6.1　中学课程改革实验研究——青浦实验　　　　　　　　　　　／282

　　§6.2　中学数学课程实施效果研究　　　　　　　　　　　　　　　／290

　　§6.3　教师与数学课程的文献研究　　　　　　　　　　　　　　　／298

　　§6.4　中学数学课程与教材的比较研究　　　　　　　　　　　　　／306

　　§6.5　中学数学课程的测量(测试)研究　　　　　　　　　　　　　／335

第 1 章
数学课程发展研究概述

§1.1 课程概念

§1.2 课程研究

§1.3 数学课程概念

§1.4 数学课程研究问题

§1.5 数学课程发展的特点

§1.1 课程概念

1.1.1 课程的含义

至今我们无法对"课程(curriculum)"下一个普遍公认的定义,有研究者曾经对一千多本关于课程的著作进行综述分析,发现由于研究视角不同,对课程有不同的定义或理解,有些认识甚至是冲突的。[1]

2010年出版的《课程研究百科全书》分析了杰克逊(P. Jackson)关于课程概念的研究,他以课程领域发展的视角梳理关于课程的多元定义,在他看来,新定义代表着对课程传统意义的变革或完善。[2]

课程的界定可以说是仁者见仁、智者见智.目前已有的课程定义纷繁多样,舒伯特(W. H. Schubert)归纳了对课程概念的几种不同看法:"课程即教育内容或教材;课程是所设计的一种活动计划;课程是预期的学习结果;课程是文化的再生产;课程是经验;课程是具体的课业;课程是进行社会改造的议事日程."[3]施良方把各种课程定义加以分类,认为课程定义大致可分为以下六种类型:课程即教学科目;课程即有计划的教学活动;课程即预期的学习结果;课程即学习经验;课程即社会文化的再生产;课程即社会改造.[4]

一个多世纪以来,课程研究者、权威人士、政策制定者等纷纷提出对课程的认识及其定义,他们分别代表不同的哲学观、对学校与社会关系的不同认识.在此我们将这些认识(定义)汇总如下.

课程即学问和学科.这个观点在我国当代的《辞海》《教育大辞典》《中国大百科全书·教育卷》以及其他教育著作中都可以见到.翻阅《中国大百科全书·教育卷》,其中对课程的解释是"课业及其进程","近代学校兴起以来,课程有广义、狭义两种.广义指所有学科(教学科目)的总和.或指学生在教师指导下各种活动的总和.狭义指一门学科".[5]《教育大辞典》对于课程的辞条表述为:(1)为实现学校教育目标而选择的教育内容的总和.包括学校所教各门学科和有目的、有计划、有组织的课外活动.(2)泛指课业的进程.在一定时间内应完成的一定分量的学业.(3)学科的同义语,如语文课程、数学课程等.[6]费尼克斯(P. H. Phenix)在其著作《课程面临的抉择》(*Curriculum Crossroads*)一文中明确提出,学问知识是课程的唯一源泉,教学要根据学问的逻辑与结构展开.[7]

课程即书面的教学(活动)计划.这个定义把教学的范围、序列和进程安排,甚至教学方法和技术设计都包含在内,以期对课程有一个全面的把握.持这一观点的包括美国课程论专家比彻姆(H. A. Beauchamp),他认为"课程是书面文件,可包含许多成分,但它基本上是学生注册入学于某所学校期间受教育的计划".[8]我国亦有学者持类似观点,认为课程是指一定学科有目的、有计划的教学进程.这个进程有量、质方面的要求,它也泛指各级各类学校某级学生所应学习的学科总和及其进程和安排.[9]

课程即预期的学习结果或目标.这个定义强调目标预测、行为控制和工作效率,在北美课程理论中颇有影响.例如其代表人物博比特(F. Bobbitt)等认为课程不应是教学活动计划,而应该是教学者企图达成的一组教学目标或预期的学习结果,即要把课程重点从手段转为目的,这就要求在进行课程设计时,事先制定一套结构化和序列化的学习目标,所有教学活动都围绕这些学习目标而展开.

课程即学习经验.1902年,杜威(J. Dewey)将学习者经验引入定义,指出儿童及其经验必然地会赋予课程以意义.随后,1918年,博比特保持定义中的经验要素,并加以拓展,他指出课程是一套完整的经验,其中部分是学校内经验,部分则是校外的直接或间接经验.[10]克利巴德(H. Kliebard)则在这基础上提出隐性课程概念.[11]有理由得出结论说,课程最终由学习者在学校领导下实际已经获得的一切经验所组成,不管它们是有计划的还是无计划的.

课程即文化再生产.学校课程反映了社会中存在的大量偏见、歧视和不公正,课程知识的选择和分配,在本质上是由社会权力所决定的,课程已变成再生产社会权力的工具.因此,课程的使命不是要使学生适应或顺从社会文化,而是要帮助学生摆脱现存社会制度的束缚.如巴西教育家弗莱雷(P. Freire)指出,课程改革绝不是由一批所谓的专家精心设计、思考制造出来的.实际上,课程改革也是一种民主的具有政治意义的过程.正是出于课程改革中的这种政治性和民主性,弗莱雷并没有对专家的言之凿凿的"处方"全盘照收,而是在听取这些专家的意见的基础上,直接和学校的校长、教师、督导、食堂工作人员、看门人、学生、家长、社区领导进行交谈,了解他们是如何看待学校的,他们希望学校成为怎样的一种学校.[12]

实际上,之所以会出现以上关于课程的不同概念,主要是由于学者所处的学术背景不同,对社会、知识、教育、学校乃至对学生有不同的观点,因而对课程有不同的理解.对于这些已有的课程概念的不同,有学者已进行了研究思路的整理,如廖哲勋、田慧生认为存在两种不同的研究课程的思路,"一种思路是:只是从教学的角度理解课程的含义,把课程看成学科或教学内容.另一种思路是:把课程看作经验".[13]王建军认为,对课程的理解存在一个共同的特点,将课程视为"某物(学科、计划或目标)"或"某事(经验)".[14]

另外一个绕不开的问题是,无论从何种角度理解课程,课程始终处于教育系统之中,发挥一定的作用.课程设计和实施的复杂性已经单独构成了一个庞大的系统,也就是所谓的课程系统.田慧生、廖哲勋较为完备地论述了课程系统的概念及其运作过程

(图1-1).他们认为,课程系统是学校教育活动系统中的一个子系统,它与学校教学系统、考试系统、教育管理系统等构成了纷繁复杂的学校教育系统.就课程系统而言,"课程系统包含不断运行着的课程计划、课程标准(或教学大纲)和各类教材以及它们所需要的空间、时间和物质条件,还包含着设计、操作、管理学校课程的多层次教育工作者与受教育者".[15]

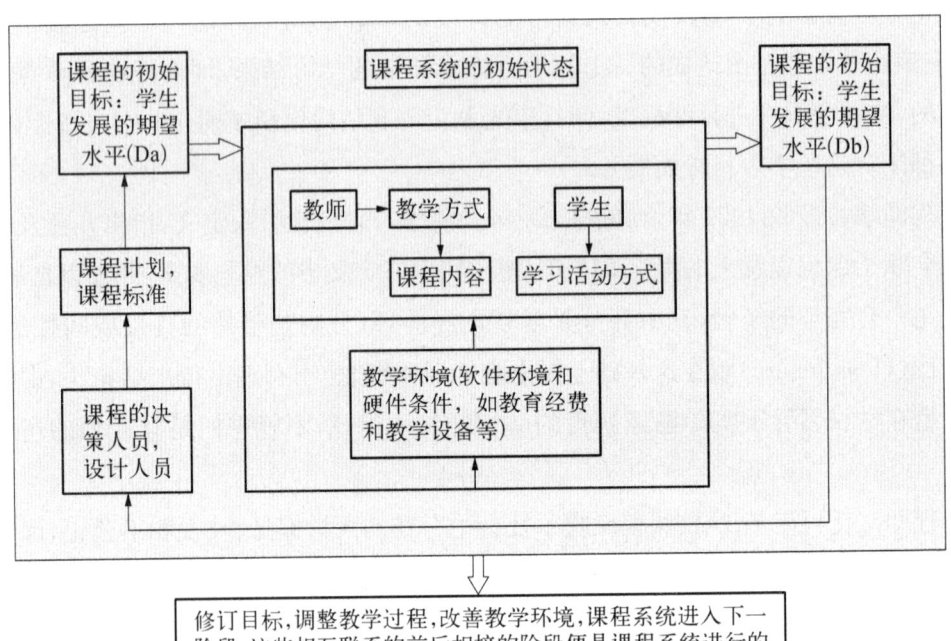

图1-1 课程系统的运行状态与过程

理解课程离不开对以下问题的思考:(1)课程是静态的某物(学科、计划或目标)还是动态的经验过程?(2)课程是系统的知识、经验的一系列计划还是一种目标体系的计划?(3)课程是预设好的还是结论性的?(4)课程是客观存在还是主观理解的?对课程问题的不同思考和回答形成了对课程的不同理解.

实际上,不同的课程定义和理解都有一定的指向性,都是对特定历史条件下课程所出现的问题的指向,所以都具有某种合理性但也具有某些局限性.正如施良方所指出的,每种课程定义都隐含着作者的一些哲学假设和机制取向.对于教育工作者来说,重要的不是选择这种或者那种课程定义,而是要意识到各种课程定义所要解决的问题以及随之而来的新问题,以便根据课程实践的要求,作出明智的决策.[16]

当下不是要消除课程定义的多元性,而是要认识到这是一种必然.提出某个课程定义的真正意图在于去理清和解释关于课程的某种理解或态度.由于课程定义的多样性,导致不断发生课程对话,因此与其说是在定义课程,不如说是课程制定者在寻求积极的课程对话机会.因此定义课程本身是课程工作的一部分,课程工作者认识到,只有与学校以及学校工作对话,课程才有生命力.简而言之,课程工作者要认识到,对课程的定义和对话,需要邀请其他人员加入这个课程领域.因此复杂的、冲突的甚至矛盾的课程对话能够产生有意义的定义,充实课程领域.[17]

1.1.2 课程概念的双重性

课程概念的复杂性还表现为,课程具有双重性,它可以被看作是一种产品,也可以被看作是一个过程.[18]作为产品的课程强调,课程是一套教学指南,是为了学生获得有文化价值的知识和技能的材料.例如有不少国家,将课程看作是一系列教学大纲,汇总了不同学段的学生应该学习的知识、技能和方法.

作为过程的课程则强调,课程不是某些物理的东西,如教科书等,而是教师、学生和知识的互动.教师是教学中构建并实施的课程的有机组成,日本学者佐藤学(M. Sato)认为教师即课程,这里强调的是,课程即是课堂上的真实发生,从这意义上看,课程是关于教学实践的特殊形式.教师的角色为课程的制定者,结合适当的材料,积极参与学习情境、学习过程的开发过程;推进学习者知识的转变.从这样的课程视角出发,就是强化教师教育教学的自主性.[19]课程专家麦克尼尔(J. D. McNeil)提出,要关注两个课程世界.在一个世界中,政府部门、各级专家学者对课程发号施令,规定课程改革的目标与政策;而在另一个世界,教师和学生默默地构建并实施着课程,积累起丰富的课程经验.[20]他在研究中强调,当这两个课程世界相遇时,教师是关键,应承担起沟通和协调这两个世界的责任,他提出教师要从课程沉默的实施者转变为积极的建构者.

§1.2 课程研究

1.2.1 课程研究问题

课程研究发展到今天,人们对课程研究内涵的界定已呈现多元化的格局.近代课程理论先锋当数英国著名教育家斯宾塞(H. Spencer),他以"什么知识最有价值?"开启了近代课程研究的视野,这个经典问题不仅将知识作为课程研究的核心,而且第一次提出了知识的价值分层.在他看来,有价值的知识也即引领人类生活的积极活动,[21]他将课程内涵赋予了动态的意义.

不过,在西方课程理论的近百年历史中,泰勒(R. Tyler)的《课程与教学的基本原理》一书影响巨大,其核心即为"泰勒原理"(Tyler's Rationale),它围绕四个基本问题:[22]

(1) 学校应该达到哪些教育目标?
(2) 提供哪些教育经验才能实现这些目标?

(3) 怎样才能有效地组织这些教育经验?

(4) 我们怎样才能确定这些目标正在得以实现?

泰勒的这一理性课程原理既强调对学习者及其对校外社会生活进行研究,又提出学科专家和教材专家就什么知识对公民最有价值进行研究.

阿普尔(M. W. Apple)对课程问题的思考则围绕"谁的知识最有价值"而展开,他认为需要探究四个基本问题:[23]

(1) 这是谁的知识?

(2) 知识是由谁来选择的?

(3) 为什么要这样组织知识,并以这种方式来教?

(4) 这对这个特定群体是否有益?

阿普尔对课程知识的中立性提出质疑,认为课程承载着一定的利益关系.他提出需要考虑课程主体问题,"谁"体现国家意志?是专家、教师,还是家长、学生?在他看来,通过考察这四个问题,可以比较具体地评估政治和经济权力与学生可获得的(以及不可获得的)知识之间的关系,以便把它作为反思和行动的基础.[24]

另有批判范式下的课程研究者,提出课程总是负载着特定的世界观和价值观,他们提出要关注如下课程问题:[25]

(1) 知识是如何通过学校再生产的?

(2) 学生在学校中获得的知识来源于何处?

(3) 学生与教师是如何抵制通过学校生活经验所传递的内容的?

(4) 学生与教师从他们的学校经验中认识到什么?换言之,学校对学生和教师的世界观有哪些影响?

(5) 学校教育养成的世界观和技能是为哪些人的利益服务的?

(6) 这些利益是朝着解放、平等、社会公正的方向,还是朝着相反的方向?

(7) 如何才能通过学校教育使学生获得更多的自由、平等和社会公正?

1.2.2 课程研究方法

当代课程研究不仅仅是为学校开发实际课程而服务,而是把课程理解为利益和社会事件的一种现象.

反思课程研究历程,直到20世纪70年代早期,大部分课程研究者认识到,他们的工作不应该局限于为学校开发课程提供基础性工作,否则,他们无意中支持了学校政策制定者的利益,而这些利益可能并不反映公众的利益,只是满足少数富裕并有权力的利益群体.因此课程研究者意识到关注社会平等公正的重要性,及关注自我实现、身份确认的重要性,因此课程研究的视野从学校课程开发层面拓展到人与社会的层面.课程研究要回答的核心问题是：什么将有利于人们成为完全独立发展的并对社会发展有贡献的个体，这不仅是学校教育要面对的问题，而且也是社会相关组织或团体需要关注的问题.[26]为研究这类核心问题，首先要问的是"什么知识最有价值".关于知识的价值问题是复杂综合的、且无法完全回答的问题，它成为课程研究的核心问题.我们从以下三个维度探讨课程研究：视角维度、范式维度以及方法维度.

1.2.2.1 研究视角

- 历史的视角

课程历史可以被看作为需要探索的课程研究的历史，也是课程研究的重要领域之一.20世纪70年代末，课程研究聚焦在揭示教育机会的不平等和不公正，主要从经济社会的阶层、种族、性别、年龄、语言、文化、民族等角度加以研究.这不是一个简单的关于如何有效地开发、设计、实施课程的问题，而是伴随着国家利益和社团利益的不公正、不公平问题，研究者需要不断探索隐含在政治政策之中的问题，它们可能导致了学习机会的不平等.当今，课程研究者仍然努力探索着如何克服不公平、不公正现象，找寻各种途径，试图回答什么知识最有价值.从历史上看，远古时代就开始思考如何指导年轻人生活，给他们什么样的知识.因此课程研究者应该从历史的角度探讨，哪些学校教育、课程理论、课程政策有助于分析、解释、批判教育的不公平、不公正问题.

- 情景的视角

课程研究也要从社会学、人类学、心理学、经济学、政治科学、地理学、生态学、文化研究以及其他研究领域出发，去理解隐含其中的课程.现代课程研究框架所包含的这些因素，已经不同于狭义的课程开发时代的课程研究因素.在课程开发时代，研究者更多关心的是，学校课程是否达到要求的课程目标.而当前课程研究的情景不再局限于学校课程，而是包含了社会、政治、文化情境等对课程的影响.

- 哲学的视角

因为课程研究关注"什么是有价值的、什么是应该追求的"，这就需要从哲学角度加以探讨，需要进行合理的假设.在早期课程开发时代，理论家尝试通过实证和分析方法，去达到预定目标.而课程研究拓展为思考"什么是有价值的"，哲学的思考将有助于理解这类问题.

- 政策的视角

课程政策是一种社会政策和大教育政策.课程的政策分析关注各种不同的课程类型.可以是对显性的、期望课程政策的分析，了解实施目标、评价实施效果.也可以是对隐性课程的分析，了解学校政策及课程计划中未明确规定的、非正式和无意识的学校学习经验.或者对"零课程"进行分析，分析那些因为经费原因而无法开设的课程.或者分析"教学课程"，了解不同的教师如何落实期望课程，也可以分析测试课程，了解它们是否仅仅为了考试,而限制了学生的正常学习.

1.2.2.2 研究范式

丰富的课程研究视角,将形成多样的研究范式.课程研究主要应用了库恩(T. S. Kuhn)的范式概念.库恩在他的《科学革命的结构》中指出,许多著名的科学经典著作,如亚里士多德(Aristotle)的《物理学》,牛顿(I. Newton)的《原理》和《光学》,富兰克林(B. Franklin)的《电学》等,都在一段时期内为未来实践者规定了一个研究领域的合理问题和方法.这些著作之所以能起到这样的作用,就在于它们共同具有两个基本的特征:它们的成就空前地吸引一批坚定的拥护者,使他们脱离科学活动和其他竞争模式.同时,这些成就又足以无限制地为重新组成的一批实践者留下有待解决的种种问题.库恩提出"凡是共有这两个特征的成就,我此后便称之为'范式'."[27]

因此在库恩看来,范式就是科学共同体成员所共同接受和认可的一组假说、理论、准则和方法的总和,这些形成了科学家的共同信念.科学研究就是在科学家共同体的信念支持下的一种研究活动.如果没有这一共同信念,就难以实践科学事业.[28]

在课程研究、心理学以及社会科学中,实证与分析范式曾占主导地位,但是受到实践范式、批判实践范式以及后现代范式等的挑战.这里将课程研究方法归纳为若干范式:实证分析范式、人文理解范式、社会批判范式和后现代-反范式方式.

● 实证分析范式

实证分析范式源于培根(F. Bacon)的经验哲学和牛顿-伽利略(Newton-Galilei)的自然科学方法,它在课程研究领域占重要地位,强调参照自然科学、社会科学和心理学的方法,为研究寻找证据,提高课程研究的可信度.

课程研究曾经受杜威、詹姆士(W. James)、皮尔斯(C. S. Peirce)研究的实用主义哲学影响,正如美国实用主义创始人詹姆士强调"实用主义的方法是试图探索其实际效果来解释每一个概念……如果找不到任何实际差异,那么两者之中任何一个实际上是一样的,所有的争论都是白费."[29]詹姆士指出,是皮尔斯1878年将实用主义这个名词用到哲学上.皮尔斯在《通俗科学月刊》发表题为"怎样使我们的观念清晰"的论文,指出我们的信念实际上就是行动的准则,要弄清楚思想的意义,我们只需断定这思想会引起什么行动."我们思考事物时,如要把它完全弄明白,只需考虑它含有什么样可能的实际效果,即我们从它那里会得到什么感觉,我们必须准备作什么样的反应."[30]

20世纪20年代起,实证分析范式在课程研究领域得到广泛的应用.在1960年以前,课程研究大多是在自然科学实证主义分析范式下构建其理论框架和方法论基础,形成课程研究的"目的-手段"范式.这种范式的代表人物是博比特、查特斯(W. Charters)和泰勒等.其特点是,在行为主义心理学支配下,以"凡存在就是合理""凡存在的必有数量,有数量的必可测量"为前提性假设,采取"工作分析"的方法来选择客观的成人生活经验,并制定出可测量的行为化目标,最后加以系统的组织课程.这个范式把行为化的教育目标作为讨论和编制课程的基础,强调以客观的学习活动来组织课程.[31]这里回避了课程的意识形态探讨.

1960年以后,西方课程研究开始在社会科学实证主义分析范式下建构其理论框架和方法论基础,形成课程研究的"概念-实证"范式.该范式把课程研究的重心转向了学生认知发展、知识本质、学科结构等方面,其代表人物为布鲁纳(J. S. Bruner)和施瓦布(J. J. Schwab)等.其特点是,把课程问题主要作为知识问题来探讨,以经验实证分析为主,描述、解释和预测学习经验.这里比较忽视课程的社会本质的探讨.后继课程学者沃克(D. F. Walker)对"概念-实证"范式进行适当改造,提出自然主义的课程研究范式,研究问题集中于三个方面:探讨课程的各种背景因素,了解有关课程设计者的价值和信念;实际设计课程材料的各个方面;研讨各种可行的课程方案.

20世纪70年代,由顾泠沅领衔的改革团队开展"青浦实验"的实验研究,主要采用实证分析、行动研究等方法,对"如何大面积提高数学教学质量"这一问题展开研究.改革团队经过3年调查、1年筛选经验、3年实验、8年推广,终于使区域数学教学质量大幅度提高.本书第6章将详细分析这一研究成果.

当前,这一实证分析范式更为注重发现可靠数据、应用基本原则或者法律式的条文,来指导课程开发、教学设计以及以测试和测量为主的评价.我国21世纪的数学课程改革方案的提出、数学课程标准的制定与修订都基于大样本的问卷调查、访谈等实证分析数据.美国的研究报告"不让一个儿童掉队"(2000)、"国家处在危难之中"等也都是基于这个范式的研究成果.

● 人文理解范式

在课程研究领域,实证分析范式受到挑战.课程学者格林妮(M. Greene)、休伯纳(D. Huebner)等强调从个体意识的觉醒和反省出发来建构课程和解释学校生活世界的意义.在他们看来,学校是一个丰富多彩的、富有人性的世界.在这个生活世界里,学生是一个积极能动的主体,他们能感,能知,富有想象力和创造力.学生完全可以通过主体意识的能动作用,从学校环境以及师生相互作用的过程中获得有益的经验,以促使自我意识的觉醒和提升,达到自我实现的境界.因此他们挑战单纯的实证分析研究范式对"效率""控制"和"工具理性"的强调,主张采用定性的解释方法,来诠释学校生活世界的教育意义,发展学生的"审美理性"和完满个性.[32]人文主义课程学者格林妮认为,教育就是帮助人成长、奋斗、抉择、反省和学习待人的多种学习历程,就是存有经验的不断展开.她特别重视课程设计概念,指出课程设计最重要的是要先了解学生所处的"生活世界"的意义,然后经由学校环境及学习内容来促进自我意识的觉醒.她强调经验课程与情意学习,并提倡一种开放的学习方式.[33]总而言之,人文理解课程研究范式主张采用定性的整体方法,对课程问题作直觉的和艺术的把握,根据主体的期望和假设进行意义的诠释.

人文理解课程研究范式主要是现代解释学的实践范式,它旨在对人们生活世界的隐喻文本进行诠释,与各种赋予生活意义的不同经验进行对话.源自施瓦布的实践省思和杜威的实用主义实践探寻皆体现这种解释学的实践范式.这个范式的课程研究旨在对理解进行探索,追求通过与世界的互动获得理解.这种探索要追求某种情景内省力,去阐述生活世界中伦理的、美学的以及政治的决定和活动.因此在这意义下,课程概念不同于早期的课程概念.早期强调课程仅仅是一个指令性的传递计划,按照普适性的程序和指令执行这些计划.而现代课程强调一种为了理解的体验,重视对交流的理解,注重"课程过程"的研究,通过对课程意义和价值的诠释,理解课程.

● 社会批判范式

社会批判课程研究范式源于法兰克福学派的批判理论或社会批判理论.其特点是:把批判地分析课程的社会政治、经济和文化传统等背景因素作为课程研究的重心,既不同于实证分析范式把研究重心放在课程编制的技术层面的研究,又不同于人文理解范式把研究重点放在学校生活世界的意义诠释、理解和情意学习上.

有些课程专家尊重人文理解研究范式提出的"理解课程"的理想,但他们认为,不同经验或者生活世界之间不可能有真正的互动,因为背后总存在着不公正、不平等或者权力的压迫.弗莱雷(P. Freire)创建的解放教育理论提出"教育即政治".教育之所以是政治,是因为教育是塑造个人和社会的一个场所.弗莱雷解放教育的主要目的是培养学生的批判意识,他主张,请学生自己批判地思考课程内容、教学过程以及他们所处的社会现实.弗莱雷批判教育学的目的是要求教师和学生对现有知识和社会现实提出疑义、提出问题、进行批判性思维,而不是要学生被动地学习当权者按照自己的意愿规定好的知识.[34] 课程研究专家阿普尔(M. W. Apple)是这一研究范式的代表人物.他将课程知识视为"文化资本"和"政治-文化"权力,并由此把课程编制看作是一种政治行为.他认为,课程研究主要是意识形态研究,应当回答以下问题:

(1) 课程知识是谁的?

(2) 课程知识由谁来选择?

(3) 课程为什么以现有方式来组织和教学?

(4) 课程知识为什么只传递给某些特殊的集团?

(5) 为何社会文化的特定部分会在学校中以客观的、事实性的知识出现?

(6) 官方知识是如何具体地体现在代表社会统治集团利益的意识形态结构中的?

(7) 学校是如何把这些限定的、只代表部分标准的知识合法化为不容置疑的真理?[35]

● 后现代-反范式

后现代课程研究反对课程领域中的技术理性,视课程为一种弥漫的社会和文化现象,通过强调各种思想观点的释放、创造各类的研究主题、展现各不相同的目标、鼓励不同的见解,而侧重于对课程的多元式的理解,转向寻求更多的理论性、历史性和研究性.[36]

后现代课程研究认为每个人都是社会文化的创造者.在研究方法上,反对定量研究而主张定性研究,注重"课程过程"研究.在后现代课程研究者看来,"课程研究"充满了意义和价值,必须通过情意方面的诠释和理解,才能真正明了.后现代课程研究乃反省、批判上述现代理性造就的负面影响和结果,所着力弘扬的是主观、个体、多元.它加强了对理论自身的反省与思索,它带有一定的理想主义,有时甚至带有虚无主义的色彩.

上述三种课程研究范式代表着不同的课程研究取向,其所研究的问题和所采用的具体方法各有侧重,因而都有一定的合理性,都在某种程度上揭示了课程现象某些方面的本质.各种课程研究范式需要相互认同和协调,彼此支持、完善,才能使课程领域充满生机.

1.2.2.3 研究问题

基于上述课程研究的多元视角和范式,课程研究涉及的研究问题同样是丰富的.当今的研究时常会涉及如下问题:[37]

什么是值得的? 这是课程研究的核心问题.另外在研究儿童或年轻人课程经验时,研究者认识到,只有当课程按照人类利益来组织,学习者才会成长,并且成长过程不受外界操纵或干扰.为此研究者关注:什么是值得知道的、值得去体验的或者去做的;什么是需要生成的;什么是值得存在的;什么是值得克服的、共享的、贡献的,等等.

课程研究还关注,怎么去做才能提高年轻人生活世界的意义,甚至提高所有人的生活世界的意义,为年轻人带来美德和幸福.当然,也要思考,什么会干扰人们去研究学校内以及各类教育机构内产生的意义、美德、公正和幸福? 一些研究表明,如果对财富过于感兴趣或者过于受文化的统治,那么研究容易偏离这些重点.

课程研究也要重视实证研究,揭示教育实践的特点;通过可能的探究方式、表达方式,研究霸权式的实践.课程研究还要探讨哪些因素会影响教育机会,如阶层、种族、文化、性别、能力、健康、成员、年龄、地位、信仰、民族等因素,探讨学校教育在多大程度上有助于身份意识的形成? 如何才能更好地理解期望课程、实施课程、显性课程、隐性课程或理解课程等概念? 这些课程如何才能促进学习?

§1.3 数学课程概念

1.3.1 中国学者的若干研究

由课程概念以及课程研究问题的丰富性可见,很难给数学课程下一个确切定义.数学课程从关注学生学什么数学内容、教师如何选择数学内容,到关注学生是否学到数学内容、如何学习、为何学习.

由于课程的定义不确定,也就使得不同的研究者对"数学课程"的理解和定义不同.基于对课程的理解,章建跃对"数学课程"的本质内涵作出如下界定:[38]

(1) 数学课程是一种用于指导学校数学教育的方案(育人计划);

(2) 数学课程是人类对数学科学的已有认识成果,是数学科学的启蒙内容(静态的);

(3) 数学课程的结构是精心设计的,内容是精心挑选的,是有意预设的育人信息载体(有意的、预设的);

(4) 数学课程是一种系统的知识、经验,其物化形式就是数学课程标准与教材(有系统的、可物化的).

在他看来,数学课程还包含着课程目标、课程内容和学习活动方式三种基本成分,这三者密切联系、相互制约,按照育人的实际需要而协调组合成为一个数学课程结构,用以发挥整体作用.这一数学课程结构集中体现了数学课程的基本功能,即有计划地育人的功能以及传承知识内容的功能,它成为顺利实施数学课程的基本依据.另外,课程还表现为课程计划、课程标准(或教学大纲)和教材三个层次.

王林全认为,数学课程是学校课程的重要组成部分,是结合数学学科的有关内容,对学生进行德智体美教育的过程和经验的总和,它包含目的、内容、方法和评价等内容.广义的数学课程既包含课堂教学,也包含数学课外活动.[39]由此可见,这一定义将数学课程既看作是动态的不同经验的总和也看作是静态的内容.从上述举例的对于"数学课程"的理解可以看出,由于不同的侧重点,学者对数学课程的理解不同,但可以看出的是,以上对数学课程的界定基本上把课程看作是静态的学科、计划或者目标,课程是有意识的、预设好的内容.

宋乃庆等人强调"课程是学生在学校教育环境中所获得的一系列教育性经验",进而从以下几个方面来理解数学课程的含义:[40]

(1) 数学课程的客观性.数学课程是一种外在于学习主体的客观存在,其主要内容是数学科学的概念、原理、思想、方法.

(2) 数学课程的目的性.数学课程是实现学生身心全面发展的一种手段,具有明确的目的指向.也正因为如此,从教育的角度而言,并非所有的数学科学内容都适合列入数学课程.适合列入数学课程的内容,必须适合学生的身心发展特点.

(3) 数学课程的经验性.作为师生共同作用的对象,数学课程应该而且可以通过认识和实践而转化为个体经验,无论这种经验是知识性的还是活动性的.也就是说,数学课程是动态的,不仅仅包括数学课程的静态内容,还应该包括动态的过程和方法,使学生通过对课程的学习,经历过程与方法,掌握知识与技能,形成情感与态度,使现实的数学转化为学生的数学现实.

(4) 数学课程的教育性.在基础教育阶段,数学课程必须把数学科学的学术形态转化为教育形态,以实现数学课程的目的.

(5) 数学课程的系统性.数学是一门有关结构的科学.数学课程必须实现数学科学自身逻辑结构与学生身心发展的有机统一,忽视任何一方的做法都是错误的.

综上所述可见,宋乃庆等人对数学课程的理解较为全面地概括了数学课程的含义,数学课程由于自身的客观性、目的性、经验性、教育性和系统性而具备了静态和动态的双重特点,在学生的数学学习中发挥着重要作用.

实际上,还需要指出的是,对数学课程的理解离不开"数学"学科本身的特点.提及数学课程,顾名思义,这里的课程和"数学"学科相关联,那么无论是课程的含义或是课程的分类,再或者是具体的课程目标、内容、实施等的理解和定义就不得不考虑"数学"学科(而不是语文、英语学科)的特点.我们知道,数学是一门研究数量关系和空间形式的科学,具有严密的符号体系,独特的公式结构和形象的图像语言,它具有高度抽象、逻辑严密和广泛应用的特点.在理解"数学课程"时,数学学科(而不是语文、英语学科)的特点必须是被考虑的一个关键因素.

作为几何学家的吴文俊先生,曾经对平面几何教学提出建议,他认为可用"原理"取代"公理化","中学几何课本上,讲公理不如讲原理;我们选择若干个原理,将几何内容串起来,比公理系统要好."[41]事实上,学校的几何课程做不到数学上严格公理化,因此不能随意使用"公理"一词,避免让学生对数学有误解.吴文俊也建议把中国古代的"出入相补"作为几何课程的一个重要原理.目前教材上用的"割补法",正是基于"出入相补"原理.因此,中小学几何课程选用哪些原理,是一项亟待研究的课题.

另外,就数学课程的要素而言,对数学课程的理解还可以从数学课程的目标、数学课程的内容、数学课程的体系、数学教材的编写、数学课程的实施以及数学课程的评价几个维度展开.而如果从课程形态来审视数学课程,数学课程更多地体现为显性课程、学科课程、分科课程、必修课程、核心课程.当然,数学课程也包含为隐性课程(日常和社会数学)、活动课程(数学课程的生活化、活动化、情境化)、综合课程(数与代数、空间与图形、统计与概率的混合编排,综合实践模块的设立)、选修课程(高中数学的选修模块).

1.3.2 国际学者的若干研究

1.3.2.1 三个层面的课程

1987 年国际教育成就评价协会(International Association for the Evaluation of Educational Achievement,简称 IEA)提出,数学课程可以分为三个层面:期望课程、实施课程与获得课程,[42]这一分类突出了国家层面期望教授的、学校层面真实讲授的和学生层面真实学到的之间的差异.

期望课程(intended curriculum)反映的是国家对于数学学习的各种期望,它是理想目标导向的,也是监测功能导向的.这些期望通常以教学大纲、课程标准或者部审教材的形式得到体现.期望课程是系统(体制)层面的课程,不同国家或地区对期望课程的认识也有差异.在有些国家(如中国,英国),期望课程是强制性的,受法律保护,我们需要遵守.在其他一些国家(如美国),期望课程使用是建议性的.而在有些地区(如中国香港地区),期望课程是一种商业行为,但同时又得到政府的补贴.[43]

实施课程(implemented curriculum)是指由教师说明和在学校或班级实施的数学教与学的过程,他们会根据自己的经验和信念落实课程.实施课程是班级层面的课程.班级是学生数学学习的核心场所,他们在那里获得数学知识,形成数学态度.不管课程设计得如何好,最终还是依赖于如何在班级实施.

获得课程(attained curriculum)是指学生真正学到的课程,它们通过学生成就和态度反映出来.因此获得课程是学生层面的课程.[44] 表 1-1 更为详尽表述这三个层面的课程.[45]

表 1-1 三个层面的课程

期望课程	理想课程	期望(课程隐含的理念或哲学)
	文本课程	课程文件或资料中的预期
实施课程	感知课程	使用者理解的课程(领导或教师)
	操作课程	教和学的真实过程(也是行动中的课程)
获得课程	经验课程	学习者感知到的学习经验
	习得课程	学习者的学习结果

这个框架表明,在系统的不同层面上课程以不同形式存在着.这一数学课程概念框架刻画了国际数学与科学趋势评测(Trends in International Mathematics and Science Study,简称 TIMSS)定义的关于教育机会的系统观念,这一系统观强调,要集社会、政治、教育条件为一体,为学生提供获得知识、发展能力和形成态度的机会.[46]

1.3.2.2 文本课程

从传统上看,文本课程可以被看作是一种将课程标准翻译为教师实践指南的中介,例如数学教科书是一种文本课程.文本课程在学校改进政策中也起着重要作用,尤其是 21 世纪以来,随着数学课程改革的深入,各类课程材料(文本课程)聚焦于概念理解和学生参与.雷斯(B. J. Reys)归纳出文本课程的若干特征:[47]

(1) 更新数学内容,包括数据分析、概率,以及高中阶段的离散数学等;

(2) 聚焦在跨年级的"大概念"上,并且重视多元表征;

(3) 重视数学的应用性,联结数学与学生所处的真实世界;

(4) 注重联结数学主线上的思想以及跨年级之间的思想;

(5) 整合技术工具,尤其是计算器;

(6) 重视关于平等和公正的视角;

(7) 学生积极参与重要的数学思想的探究和解决挑战性问题;

(8) 关注数学内容的深度,促进对数学思想的深刻理解;

(9) 支持教师成为探究的激励者和引导者;

(10) 通过额外的教师指导和专业发展机遇为教师提供学习机会;

(11) 将评价嵌入到课程材料中,并用于教学指导.

拥有这些特性的文本课程不仅为教师教学设计提供指导,可以为教师选择教学内容以及教学顺序提供建议,为选择教学活动和教学策略提供思路,以便激励学生主动参与数学主题学习中;而且有助于教师在推进课程过程中有针对性地发挥文本课程的作用.基尔帕特里克(J. Kilpatrick)提出,要认识到推进课程中教师的应变力:"两个班级实施同样的课程,但表现会是完全不一样的;每个教室的教师和学生活动也会有很大差异,主要体现在学习机会的创设、不同数学思想的探讨、学习成就的获得等方面."[48]

1.3.2.3 数学课程推进(践行)

在近十年的研究中,人们特别关注实施课程的研究,有研究者提出类似的课程概念,也即课程推进(践行)(curriculum enactment),旨在从课程政策、课程设计、课程决策等更为广阔的视角下探讨如何推进课程的实施,而不仅仅局限在利用教科书和课程资源在课堂上开展教学,实现课程目标.汤普森(Thompson)和亨特利(Huntley)指出,以教材形态呈现的书面课程描述的是一种基于标准或大纲的课程践行;评价课程是制定学习内容的作者或政策制定者对课程的践行;教师的期望课程是一种书面课程与教师对学生学习的感受之间互动的践行.由此可见,在教育目标落实到学生个体经验的过程中,需要各种践行,关于"课程践行"有研究的价值.[49]

雷米拉德(Remillard)和赫克(Heck)构建了数学教育中课程践行过程的框架.首先他们将课程界定为学习者对经验积累的规划,这是通过设计帮助学生者达到学科目标的真实经验.这里通过使用"经验"的概念来说明,课程不仅仅是特定学科内容和目标的体现,它也包括学生的期望学习或者学生真实经历的学习支持系统.因此,学校的数学课程不仅指学生要获得的数学内容与学习目标,而且包括发展社会责任感等社会性目标.他们将课程践行过程放置在课程政策、设计和推进的大系统下进行探讨,图1-2为课程政策、设计和践行系统的可视化模型.[50]

这个模型首先区分官方层面和操作层面的课程.官方层面要考虑如下几个课程要素:(1) 课程目标与目的,它们通常是由国家或省市或学校提出或采纳的特定的学习期望和成就;(2) 结果性评价内容,主要测评学校、教师的教学质量或者学生的学业成就,对官方课程目标也会有一定的影响;(3) 设计的课程,它是由政府机构批准制定的一系列教学计划,一般来说反映官方课程目标,也体现期望课程指南的要求.设计课程形式多样,可以指被批准的数学教科书,或其他教师可获得的资源.它与教学材料的主要区别在于,多种多样的设计课程必须是得到官方认可或批准的,并体现官方课程的目标和要求,与课程政策有一定关联.

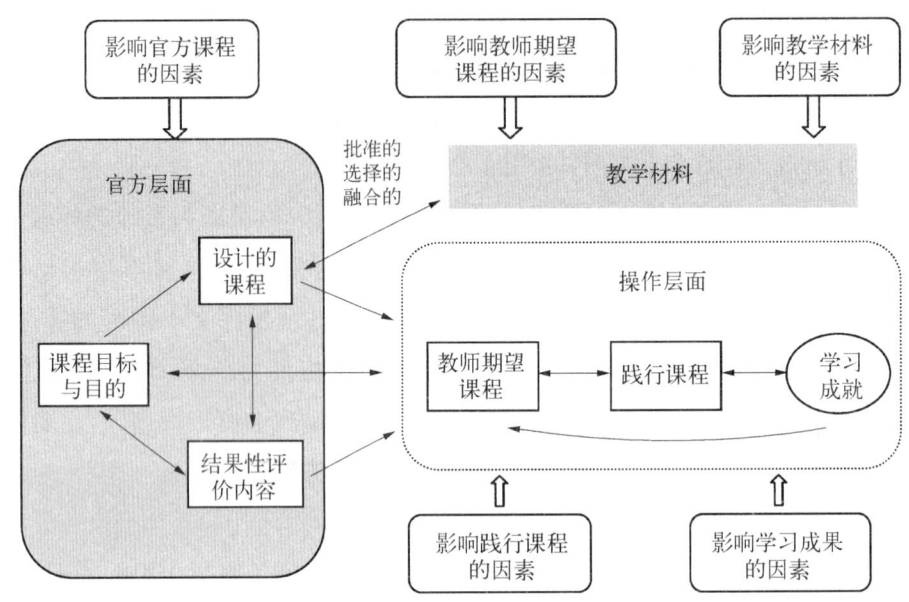

图 1-2 课程政策、设计和践行系统的可视化模型

操作层面要考虑如下几个课程要素：(1) 教师期望的课程，它包括教师为了展现和设计教学而做的解释与决定，他们会参考设计课程，同时使用其他资源设计教学.(2) 践行的课程，它指在教学过程中，围绕每节课的教学任务，教师和学生进行的互动，它类似于现场表演，带有各自的特征，以及一些不可预见的因素.践行的课程无法用事先设计的脚本来体现，因为它需要教师对课堂上即时事件作出回应.也就是说，教师期望课程，配套的教学资源，学生，众多情境性因素，以及教师对这些变量的不断回应，这些直接影响着践行课程.作为课程整体框架中元素之一的践行课程，对学生学习成就起着最重要的影响.(3) 学习成就，有研究者生动地将学生学习成就表述为学生参与践行课程后给自己遗留下来的内容，它包括产生于践行课程的各种可能的成果，例如数学技能、理解和策略的获得，数学学习态度、数学观的形成等，有些是可直接评价的，有些则不易测评.[51] 图 1-2 中用双向箭头表示学习成就与践行课程之间的关系，这意味着学生通过与任务、与资源的互动进行学习，通过与教师的互动进行学习，教师同时致力于不断构建践行课程.

如图 1-2 所示的概念框架从课程政策、课程设计和课程践行的视角探讨数学课程的概念及其研究，为人们从设计角度、从情境角度研究数学课程及其影响因素打开视野.雷米拉德和赫克指出，这个框架的核心概念是课程践行，它是一个复杂的、多层面的过程，包括各种不同的行动者和操作者.践行过程包含每个层面的说明、解释和实施，因此课程践行是一个转型的、翻译的和互动的过程.官方制度层面提出课程理想和课程意图，它们被转型为新的表征方式，被赋予更为具体的和有意义的内涵.理解这个过程的不同本质，可以帮助我们去关心不同制度内的各种课程变量.

1.3.2.4 获得课程与学生成就评价

一旦期望课程在实践中被实施或践行,人们致力于了解学生在多大程度上达成期望的课程目标,或者获得学习成就.因此,首先需要建立关于学生学习成就的评价标准.各种不同的课程利益相关者会从不同角度探讨如何评价通过课程"已经获得的",从学校管理者到各种基金组织需要有信度、效度的证据,说明课程是否促进了学生数学成就的提升.这类评价应该包括各种不同的研究背景分析,通过各种研究工具进行的数据收集,由此评价课程实施对学生、对教师、对家长等的影响效果,评价课程实施的保真度.[52] 例如沙弗(M. C. Shafer)以"情境数学"(Mathematics in Context,简称 MiC)课程为例,研究基于标准的数学课程对课堂教学和学生学习成就的影响.[53] 这是一个美国威斯康星-麦迪逊大学数学教育研究中心与荷兰乌得勒支大学(Utrecht University)弗赖登塔尔研究所联合开发的 5~8 年级数学课程,启动于 1997 年.这个改革课程旨在通过教师变革教学实践,深化学生对数学的理解.基于丰富的研究工具发现,MiC 教学方法对学生数学成绩产生积极影响,不同的分组形式给学生理解性学习不同的机会;随着年级的上升,学生成绩得到提高,教师和学生越来越熟悉 MiC 单元以及教学方法等.

同样,我国 21 世纪以来的数学课程改革强调,学生主动参与数学学习活动,经历数学问题探索、发现、提出、解决等一系列过程,树立数学学习的自信,增强数学学习兴趣.为使这样的期望课程得以落实,不仅在制度上保障有践行课程的课时数,也开发相关课程资源,并以工作坊形式对教师进行课程设计的培训等,尤其通过项目导向的课程活动,一些学校营造出学生主动参与的学习环境.

自 20 世纪 80 年代初起,数学课程关注学生问题解决能力的培养.1982 年发表的英国著名教育改革报告《考克罗夫特报告》,开篇就提出数学课程应该培养学生问解决能力的建议:"数学学习应该要发展逻辑思维能力,运算能力和空间观念.在一定程度上,能力的发展有赖于数学教学方式方法.而许多其他活动以及其他学科的研究也有助于能力的发展……"由于学生完成学业后各奔东西,并不一定局限在数学或科学领域,因此对他们来说尤为重要的是,培养他们一般的问题解决能力.然而在数学学习背景下,能力的培养由他们处理数学问题开始.如何在两种形式的问题解决之间搭建桥梁,这是对每个人提出的目标,即每个人需要考虑如何让数学问题解决能力和一般的问题解决能力相互支持.这种"相互支持"能力也是学生学习成就的表现,需要对此进行评价.

§1.4 数学课程研究问题

1.4.1 研究问题概览

课程概念内涵的丰富多元,也使得课程变革与发展的取向和路径纷繁复杂.同样,数学课程问题也不仅仅是关于"选择教什么"的问题,龙伯格(T. A. Romberg)指出,数学课程研究领域至少应该包含:[54]

(1) 什么是数学(学校数学);
(2) 为何要在学校教授数学(数学成为学校课程);
(3) 当今数学课程有怎样的结构,为什么有这样的结构;
(4) 什么是真实的数学课程.

探讨问题(1)的意义在于要明确数学学科中哲学视角的转换,数学可以包括作为科学的数学和作为学校教育的数学.另外,这个视角的转换就引出问题(2),因为教学数学的不同价值观会导致对学生学习数学的不同选择.问题(3)是探讨曾经有的以及当前呈现的数学课程结构.问题(4)涉及未来应该有的数学课程.由于当今数学课程改革的重重压力,需要明确这一系列问题.

在2010年出版的第72集美国数学教师协会(NCTM)年鉴的前言中,雷斯等人指出,数学课程发展中不变的核心是促进学生学习,数学课程在整个数学教育领域起着重要作用,因为它决定着学生学什么、何时学、如何学好、为何学的问题.数学课程发展中需要探讨的核心问题是:如何改进课程以满足千变万化的世界的需求.[55]众多研究者、政策制定者寻求着这个问题的答案.

我国学者唐复苏等也提出,数学课程一方面要受到教育理论、教育观念、教育方针、教育制度等方面的直接影响和制约;另一方面也间接或直接地受到社会的政治、经济、文化、哲学思想等影响和制约;此外,数学课程还要受到数学科学本身发展以及作为受教育者的学生的身心发展等因素的影响和制约.[56]

贝格勒(Begle)则将这些思考汇成数学课程问题的四个方面:社会情境下的数学课程;基于某种数学教学观的真实数学教学;面向学习者学习方式的有效数学教学;面向学校体制的有效数学教学.

1.4.2 关于"什么是数学"的研究

众多研究者将研究"什么是数学"看作是数学课程研究的核心之一.回答这个问题并非易事,我们首先应该明确回答问题的视角,是从数学哲学视角,还是从数学知识视角或者数学文化的视角来探讨.如果仅从数学哲学视角探讨"什么是数学",也将得到不同的回答.数学家认为,不能简单地将数学看作是研究数及空间的科学,而是可以对此展开讨论和对话.

1.4.2.1 数学哲学的视角

傅种孙曾在1920年发表的论文"什么是数学"中评论国际上一些有关数学定义的说法,他分析到"近代数学中,有群论(theory of group),数理论理学(mathematical logic)等,既不依数,又不凭形,不能拿数及空间来范围它."[57]同时,傅种孙以推崇的口吻介绍罗素的观点,即"数学是一门科学,里面讨论的对象没有指定,到底说什么是真也不知道".①傅先生评论说:"这个定义看起来似乎怪诞,其实意义很深远很宏大,确实可以代表近世数学的精义."[58]数学是一门科学,但所研究的对象并不直接存在于现实世界.这是数学区别于其他学科的一个非常重要的特点.

吴文俊在《中国大百科全书·数学》中开宗明义地写道:"数学是研究现实世界中数量关系和空间形式的,简单地说,是研究数和形的科学."尽管这是个权威的论断,但人们在研究中,对此有不同理解、补充和修改.现代数学的发展,已经超出"数"和"形"的范围,应当包括结构、范畴、模型等更广的对象.钱学森在《关于思维科学》一书中,把数学和哲学并列,认为数学是在社会科学和自然科学之上的一门学问.张奠宙和王善平所著《数学文化教程》则认为,关于数学的特点,一般都沿用亚历山大洛夫(A. D. Aleksandrov)的"三性"提法:抽象性、严谨性、广泛应用性.[59]

美国数学家和数学哲学家克莱因(M. Kline)指出,"数学本身就是一个充满活力的繁荣的文化分支.经过几千年的发展,数学已经成为一个宏大的思想体系,每个受过教育的人都应该熟悉其基本特征."[60]在克莱因看来,数学主要是一种方法,它具体体现在数学的各个分支中,如关于实数的代数、欧氏几何,或任意的非欧几何.

克莱因指出,在很大程度上,数学提出了很多有关自身的问题.很多潜在可能的定理,就是通过对所观察的数以及几何图形加以总结得来的.例如,经常与整数打交道的人,会发现这一现象:前两个奇数之和,即$1+3$是2的平方;前3个奇数之和,即$1+3+5$是3的平方.类似地,前4,5,6个奇数之和也是如此.于是,通过这一简单的运算,就暗示着可能存在的一个普遍规律,即对任意一个自然数n,前n个奇数之和等于n的平方.一个有待证明的定理由此产生.而定理只能在经过一系列由公理出发的演绎推理确认为真之后才能成立.

数学方法本质就是它的抽象性.在自然界所提供的复杂经验中,数学抽象出某些特殊的方面并加以研究.这种抽象是为了减少所考察的事物的属性.例如,数学中的直线所具有的属性,通过一系列公理而得以表达出来,如两点确定一条直线.而现实中的直线除具有这一属性外,还有颜色,甚至有亮度和厚度.此外,现实中的直线都由具有复杂结构的分子所构成.数学具有强大威力的奥秘,部分地就存在于抽象之中.借助于这种抽象思维,可以摆脱烦琐的细节.克莱因以实验科学家为例,他指出,实验科学家因为基本上是直接与实物打交道,所以他们的思维就局限于由感官观察事物,从而束缚了手脚.数学家通过从事件中提取抽象的概念与属性,可以借助于抽象思维,而遨游于由视觉、声音、触觉等构成的物质世

---

① 罗素原话为"Mathematics is the science in which we never know what we are talking about, nor whether what we say is true."

界之上.

克莱因认为,数学还可以处理诸如"能"这一类的物质,也许不能对它们进行定性的描述,因为它们超出了感觉世界的范围.例如数学能够解释万有引力,而万有引力作为宇宙的一种属性,是缥缈难测的.数学还能用来处理并揭示电、无线电、电磁波、光等种种神奇的现象.麦克斯韦(J. Maxwell)发现的电磁波与光波具有相同的微分方程规律,揭示出光波和电磁波具有同样的物理属性,这种联系在后来得到了无数次的证实.

英国数学家和哲学家怀特海(A. N. Whitehead)对此有着精辟论述:"没有什么比这一事实更令人难忘的了,数学脱离现实而进入抽象思维的最高层次,当它返回现实时,在对具体事实进行分析时,其重要性也相应增加了……最抽象的东西,是解决现实问题最有力的武器,这一悖论已完全为人们接受了."[61]

1.4.2.2 数学的发现与发明

如果按照上述分析,数学被看作是关系结构,那么数学被看作是已存在的东西.按照柏拉图(Plato)的思想,数学也确实是存在于"思想天空"中,亚里士多德的观点则完全不一样,对他来说,人们在"建构"数学.因此按照柏拉图的思想,人们发现了数学;而按照亚里士多德观点,人们发明了数学.我们精确观察数学家的活动,这两个视角是不能分割的.即使人们假定,数学概念是被发明的,那么性质和关系是被研究发现的.

这一原理的讨论也有另一教育视角.人们可以这样提问:在学习已有知识时,人们是铭记知识还是建构知识,在教育研究中,有一段时间过于强调某个方面,而忽视另一个方面.但我们努力要做的是,在学校中看到这两个方面.

如果观察数学的产生,那么人们思想中首先出现的是某些基本观点,他们可以追溯到基本的数学概念上.然而,这不仅仅局限在某个在公理基础上构造的理论的"基本概念"上.

人们可以借助基本概念建构新的概念,这些可能是依照有限的条件产生的下位概念,但也算是新颖的、通过对偶而形成的概念.例如从自然数概念开始,根据限制条件"被 2 整除",就获得"偶数"概念.如果构造自然数对(m, n),就得到概念"分数",由此书写出$\frac{m}{n}$.当人们通过定义构造某个概念时,人们就会从性质以及和其他概念的关系角度探讨这个概念.探讨结果用"定理"描述出来.

另外,从数学史角度看数学问题,问题这个概念是开放的.例如,在欧几里得(Euclid)看来,构造的练习就是数学问题,其答案大部分直接来自假设、定理或者以及被解决的问题.基于理论以及已经给出和证明的结论,欧几里得为从问题导出常规问题寻找理由.当然希腊人也发现一些不能解决的问题.

古代最著名的是求圆积分(圆面积)问题.当初的问题是,只用圆规和直尺构造一个与圆面积一样大小的正方形.尽管,从欧氏几何角度看,四边形面积是个常规问题,但是几百年来找不到化圆为方的解法,直到1882年林德曼(F. Lindemann)证明了它的不可解性.

从数学史角度看,面积确定问题是基本问题的一条主线,当今也有新的问题,如分形几何问题.因此从数学史角度看,既有微观的问题又有较宏观的问题可以作为数学知识的源头.

当今人们对问题的理解是,有些问题没有明显的、直接可以找到的答案,人们还需要努力借助定理或者已经解决的问题来求得答案.如果人们解出来这个问题,并且这是个经常出现的问题类型,那么人们会编制一个算法,将解题过程图式化.

真实的数学教育,要求让学习者自己体验数学的产生,向他们传授一种手段,以便他们会自主地操作数学.在这种意义下,对应的专业目标是关于数学方法学习的目标.学生应该学会定义、猜想、证明、解决问题、编制算法或了解数学方法及其影响.这些专业目标也是一般课程目标的具体表现,如在一般课程目标中强调,用数学方法梳理数学外部和数学内部的情景,或者掌握关于数学知识等.

1.4.2.3 数学与现实

尽管数学发生在人类的思维中,但人们也努力在数学和他们能用感官感受的现实之间建立联系,也就是说,人们用"数学的眼睛"看现实.

如果人们对山的高度感兴趣的话,那么就设计将这座山与某个特定数对应起来,在此不考虑山的其他特征.这一数学兴趣限制了观察山的其他方面的视野,如果观察这座山的凸出部分,就能看到钝角上的尖尖.这个"数学视角"就这样向山里看去.

数学为观察者打开看待有趣关系的角度,但也限制他的视野,因此对世界的数学视角导致一个完全自己的世界观,人们可以逻辑地分析这两种视角.

忽视特定的特征,可以被看作为抽象,在数学中,构造概念时经常用到抽象.典型的例子是,集合的大小,在此人们不考虑元素的自然属性,仅仅关注数量这一特征;或者线段长度的例子,在此人们不考虑方位.但是概念可以被理想化,这里主要是指,人们看到这个对象里面去.例如,在运动中假设,路程和时间的关系是正比例关系,或者连接花园中两个点,称为线段.在数学教育中,要让学生意识到这种过程.

数学也可以应用在非数学领域,用于解决问题.相反,外部的数学问题也能导致数学模型的产生,使得问题解决成为可能.真实的数学教育要让学习者意识到这种关系,并帮助他们,操作相应的技术.学生应该:学会应用数学、学会创建数学模型.

数学与现实世界之间的关系也会受到学生的质疑,数和形的世界尽管与某些"真实生活"有联系,但是这个世界要遵循自己的规则,而这些规则又与"常人的理解"不很吻合.例如学生能接受"所有"这个概念,但是也有不实际的结果,如0.75只狗,或者5米高的人在数学世界中是可能的.又如,尽管$3\frac{1}{2}$个人看起来是很不合理的量,但是也会得到正确的结果.当学生得出非整数时,学生会产生怀疑,并开始寻找错误.如果这个问题的设计,确实要得出一个非整数,那么学生会很困惑.为了避免这种错误的感觉,要求数学课程接近生活,也就是说,要让学生处理真正的情景和真实的数据.对于数学课程的这类真实性的要求,人们自然会疑惑,学生在这样的学习期间是否会获得可靠的数学经验.

1.4.2.4 数学观的形成

通过数学课程学生形成各种可能的数学观,研究者列举如下数学观:[62]

(1) 数学是关于数和图形的学科;

(2) 数的特征被作为规则描述出来,图形的特征被作为定理描述出来;

(3) 规则和定理是可证明的;

(4) 依据规则和定理,可以解决特定的问题;

(5) 每个习题(问题)有一个解决的范式(图式);

(6) 数学是一直存在的;

(7) 数学中没什么新的东西;

(8) 数学需要一种特殊的才能;

(9) 数学是让男生学的学科,而不是给女生的学科.

从上面列出的数学观可见,通过数学课程而形成的数学观有的比较合理,有的则让数学家感觉到不舒服,因为有些纯粹是偏见.当我们回望中学阶段学生所面对的数学课程,大部分是数学定义、定理的学习,以及严谨的数学证明的训练,学生对数学的朴实的认识受到质疑,渐渐地学生习惯这种数学,数学观也就僵化在如下方面:

(1) 数学是关于结构的科学;

(2) 关于各种不同的结构的知识体现在理论中;

(3) 理论是建立在公理之上的;

(4) 数学是扎根在数和图形之中的,但也在不断发展;

(5) 尽管数学能让人有创造性,但真正要发现新的东西,还是需要特别的天赋,这种天赋只有很少人拥有.

许多教师在自己学业阶段拥有这种数学观,因此在教学过程中,不经意地表露出这种观念,尽管他们从发生论的角度,尝试让学生从历史发展的角度,了解数学的生成过程,但仅仅是表面的,而无法与学生进行深层次的数学史的交流,因为教师自身在教育阶段没有经历数学史的课程.

1.4.2.5 对数学的态度

数学陪伴着学生度过整个学校学业生涯.在这过程中,不少学生从数学学习中获得乐趣,但还是有学生在数学上受到挫折或者打击.数学有着迷人的特征,会让人沉迷于计算、推理中,沉浸于问题分析和解决中.几何中的直观图形以及非常规图形也吸引着不少人的思维或动手操作.但是数学在带给人成就的同时,也要求人们学会纠正错误.

研究表明,教师可以帮助学生转变对数学的态度,尤其是那些自身喜欢数学、喜欢学生,又有一定的教育理念的教师.这里就涉及如何唤醒学生数学兴趣的话题.如果能让学生经历"另一种数学课程与教学",那么学生会为之而惊讶,原来数学也可以这样有趣.德国教育家瓦根舍因(M. Wagenschein)曾经引用学生的一封信,在这封信里学生描述了自己找到质数数列的不可中断性后的那种感觉:"她没有想到会如此激动.我们根本没有去想……数学对我来说一直是无聊的代名词,我几乎不敢相信,这种愉悦的经历居然也可以称为数学……当我们几天后解出这个问题后,我们非常自豪,这个质数数列问题折磨着我们的人生,只有到找到答案后,发现我们做回了人."[63]

1.4.3 学校数学课程意义

1.4.3.1 作为学校课程的数学

数学本身的抽象性、严谨性困扰着我们进行数学教学,因为数学的抽象性和严谨性在很大程度上被异化了.一提数学,首先就是抽象,使数学远离人们的实际经验和日常生活;其次是过分强调严谨性,把数学等同于逻辑,又把数学淹没在形式演绎的海洋里.对此,斯蒂恩(Steen)精辟地描述如下:

"许多受过教育的人,特别是科学家和工程师,所持有的一种对数学的形象是把数学比喻成一棵智慧的树:公式、定理和结论犹如其成熟的果实有待过路的科学家采摘以滋养他们的理论.而数学家则认为他们的领域就像快速增长的雨林,由数学外部的力量所滋养和形成而又对人类文化贡献出丰富而又始终更换新貌的智慧动植物群.这种感觉上的差异主要是由于抽象语言的严峻和崎岖的环境把数学的雨林与普通人类活动的领域分隔开来."[64]

那么正在接受教育的人又会如何看待数学?当数学成为学校必修课程时,它承担着怎样的课程目标?培养学生怎样的数学观?在此我们从宏观角度加以探讨,考察数学作为一门学校课程对学生的普通教育、专业教育、职业发展以及学生日常生活的特定意义.

学校承担着学生普通教育的目标,作为学校课程的数学课程需要保障这些目标的实现,这些目标包括:个性发展、环境认识、社会参与、规则与价值观的传授.[65]

1.4.3.2 促进个性发展的数学课程

人们普遍认为,用数与形可以表达思想、感觉、问题及其解决方式,对数与形的利用也是人们的一般需求和技能.例如在学龄前孩子们就会学习数数、计算或者作图等实用性的技能,这些属于文化技术范畴,当然这些文化技术还有着其普通教育的价值.亨蒂希(H. von Hentig)建议学校数学课程要体现如下的教育价值:"从教育学角度看,这种文化技术对个人的作用远比它们在我们生活中的实用性和需求性要大.我们应该要意识到这点.如果我们进行合理教学的话,通过计算、书写和阅读,孩子将会获得自信,体验掌握和练习各种各样魔术般艺术的乐趣,会以各种基本方法训练至理解,学会区分重要与非重要,努力了解意义,设计自己的方式方法,拓展'作图和惊奇'的感觉,那是一种成功的自我设计的学科."[66]

数和计算、图形和构造属于数学领域,其数学意义体现在其规则性和各种规则论证的可能途径.从历史上看,在古希腊,作为科学的数学主要是发现数之间的相互关系,图形之间的相互关系,并论证这些被发现的关系.欧几里得在公元前 300 年在他的《几何原本》中创立了公理化体系,创立一种理性思维的方法.他定义概念,进行演绎证明.例如欧几里得先对一些基本概念给出定义:[67]

(1) 点没有部分;

(2) 线有长度,但没有宽度;

(3) 线的界限是点;

(4) 直线是同其中各点看齐的线;

(5) 面只有长度和宽度;

(6) 面的界限是线.

这是他为后人留下的巨大精神财富.

人们通过做数学会体验到自己思维的力量,因为他们会自己发现数学并加以研究,在此他们一方面体验这种思维的自由,另一方面也要经历思维的局限性.数学课程应该将学生引入这样的思维世界,让他们学会如何思维,同时也要引导他们批判性地反思自己的思维.关于学会思维,维滕贝格(A. I. Wittenberg)指出:"数学为我们体验自我的存在有两方面的贡献,不仅让我们经历特有的数学现实,而且同时让我们体验我们思维的内在需求,这种需求在于发现和探索其中的现实."[68]通过数学教育,人们会获得数学思维能力,这些能力有助于加强人们的自我意识,也就是说,数学课程有助于学生的个性发展.

1.4.3.3 环境认识与数学课程

数学在改变世界,也在改造我们的生活.在多姿多彩的世界中,数学经常以特定的形式出现在我们身边.在日常生活环境下,人们经常喝牛奶,可以考察一下其包装盒;足球爱好者喜欢踢足球,可以观察足球的形状;可能大部分学生都拥有自己的书房,其中书桌一定是少不了的,就出现长方形、多边形和圆、立方体、圆锥体、圆柱体、球体等基本的几何图形.在此也出现图形之间的基本关系,如垂直和平行等.另外也可以计算面积和体积等.

在"娱乐环境"中,从 1996 年开始,在中国的电视屏幕上出现了"降水概率"的字样,"概率"这一词走进了寻常百姓的家庭.也是在电视上,跳水比赛,7 位评委亮分之后,要去掉一个最高分,一个最低分.这是为什么?追根寻底,原来涉及"数理统计"的数据处理.

在"金融环境"下,市场经济是一个大课堂.利息、纳税、折扣、成本股票、期货等经济问题一股脑地呈现在人们面前.没有数学头脑,没有计算,将寸步难行.被称为"美国经济掌舵人"的前美国联邦储备局主席格林斯潘(A. Greenspan),在2001年4月6日的一个会议上呼吁加强金融基础教育.他提出,"提高中小学生的金融基础教育,将可达成金融扫盲,帮助年轻人避免作出盲目的财务决策……对复利计算的数学公式的基本理解,可以让人认识到长年定期储蓄带来的累积效果."[69]近年来,我国的金融市场正在不断发展,从房屋按揭抵押贷款、大件商品分期付款开始,各种各样的借贷关系正在发生.在学校中开展金融数学教育,让学生熟悉金融市场中的数学关系,成为一项重要课题.

在数字电视时代,数字电视打破了模拟电视的垄断而成为当今电视的主流,其关键就在于有了基于各种数学原理的数据压缩技术.数字电视就是把电视画面上每点的亮度用一个二进制数来表示.彩色电视画面上的每点就用三个二进制(分别代表红、绿和蓝三种色彩的亮度)表示,然后可以使用计算机对这些数字信号进行各种处理.例如一个清晰的电视画面上有1 150条线,每条线上有近1 000个点,每个点要表明亮度和颜色,每秒要传60幅画面,此外还有声音伴送.这样,传送数字电视时,每秒至少要传一亿个字节的数据才行.而采用数学方法,可以把庞大的数字电视信号大大压缩,一般能压缩到只有原来的几十分之一,使之能在通信线路上方便地传输.

从数学史角度看,在解决实际问题中,数学也是无处不在,也需要计算价格和工资,需要确定长度、面积和体积,需要设计模具等.堪称中国古代第一部数学专著《九章算术》,尽管具体作者无从考证,但经历过历代数学家的增补修订,如西汉的张苍、耿寿昌曾经做过增补和整理.据研究,现今流传的大多是在三国时期魏元帝景元四年(263年)刘徽为《九章算术》所作的注本.《九章算术》采用问题集的形式,不仅最早提到分数问题,也首先记录了盈不足等问题.全书共有246个问题,分为以下九章:

(1) 方田:土地丈量中的面积计算.
(2) 粟米:物品交换中的兑换比例.
(3) 衰分:计工、税收中按等级、比例分配.
(4) 少广:面积体积中开方、开立方.
(5) 商功:筑城、开渠等的土方计算.
(6) 均输:按人口、路途的实物摊派与运输.
(7) 盈不足:关于依某法"盈"依另法"不足"的数学模型.
(8) 方程:线性方程组问题.
(9) 勾股:利用勾股定理解决测量计算问题.

几何也诞生于诸多实际问题的需求.几何"Geomtrie"这个词本意为土地丈量.古埃及时期,由于尼罗河水泛滥,许多原来分割清晰的田地被淹没,等河水退去,人们无法辨认出自己的田地,因此埃及人发明了各种丈量方法,他们或者用所谓的卷尺,或者用枝条,或者用其他工具.

历史表明,为了驾驭生活,人们需要数学知识和技能.

除了日常生活的需求,数学还有助于人们获得对周边自然的认识,并且利用这些认识解决实际问题.数学和自然观察之间的相互关系在天文学和物理史上就已经出现.从中世纪末人们解决宗教信仰问题开始,出现大量的数学知识.数学被证明是获得知识的有力工具,应用这些知识有助于解决来自技术的许多实际问题;这些发展也丰富了数学本身.牛顿和莱布尼茨(G. W. Leibniz)是在古希腊的"穷竭法""求抛物线弓形面积"等思想的启发下,焕发了新的科学活力.而牛顿通过"瞬间速度"问题发展了微积分的基本思想.牛顿概括前人的成果,完成微积分学创立的同时,把力学用微积分方法重新加以整理,成为物理学的工具."世界上的物体运动状态的改变,无非是力的作用:重力、热力、电力、原子核力等.这样,大到天体运行,小到电子旋转,微积分成为刻画运动的基本工具.数学对于人类的价值,由此可以想见."[70]

在数学课程中应该而且能够传授关于如何用数学描述自然的事实,以及技术如何借助数学发现原理的事实.在多大程度上掌握这些知识,则有赖于人们今后与数学联系的广度与深度,也有赖于人们将数学应用各自生活的能力.通过数学教育让学生认识世界,这个目标不依赖于学校类型和在校时间长短而存在.

1.4.3.4 社会参与与数学课程

数学在人们社会生活中起着重要作用,人们可以用数学的各种不同表征方式在数学内部进行交流或者用数学交流,如可以用文字形式、书面符号、公式、模型、图像以及图表等形式,在交流过程中理解数学或者用数学去理解.

例如,我们这个时代会碰到不少应该在有限范围内保密的信息,包括公司、企业或者公民个人的数据、企划信息等,这些信息往往以特定的数学形式呈现出来,但人们不理解数学表征或无法解读这些信息,进而无法进行适当交流.其重要原因是因为他们不理解这一数学专业语言.许多数学事实是用公式来表达的,但至今仍有许多人不理解公式语言.因此在数学课程中,学生应该学习数学语言的知识基础,才能用数学进行交流或用数学表征进行交流.

数学是我们文化的主要组成部分.但是,这种观点在一般人看来难以置信,或者认为这只是一种夸张的说法.一般人认为,数学仅仅是对科学家、工程师,或许还有金融家才有用的一系列技巧,认为数学家喜欢沉湎于毫无意义的臆测;或者认为数学家是笨拙和毫无用处的梦想家.这些都会导致人们对这门学科的厌恶和对它的忽视.

鉴于此,数学课程教学的主要任务是向人们传达,数学也是一门需要创造性的学科.在预测能被证明的内容时,和构思证明的方法时一样,数学家利用高度的直觉和想象.例如,牛顿和开普勒(J. Kepler)就是极富于想象力的人,这使得他们不仅打破了长期以来僵化的传统,而且建立了新的、革命性的概念.进行数学创造的最主要驱动力是对美的追求.数学的这种美没有绘画或音乐的那些华丽的装饰,它可以纯净到崇高的地步.除了完善的结构美以外,在证明和得出结论的过程中,运用必不可少的想象和直觉也给创造者提供了高度的美学上的满足.另外,当今存在大量数学知识,数学越来越成为科学与技术领域的认识工具和设计工具,数学是门不断繁荣的科学,是有力的工具.让年轻人拥有对数学的热情,参与数学交流和数学发展,则是当前数学教育的主要任务.

从学校教育现状看,有些人喜欢数学,而另一些人则对数学头疼,学校教育还是更为关注数学知识,而忽视数学能力.因此,学校数学课程需要鼓励学生发展潜能、发挥其学习优势;数学课程同时应该向学生传授行为规范以及价值观,才能成功地帮助学生发展.

1.4.3.5　规则与价值观的传授

与其他学科相比,数学在"对"或"错"的理由上是不含糊的,教授者和学习者遵循同样的规则,双方都有义务论证观点.但是在数学课程中也会碰到麻烦,在证明时要用到已经证明的,也即定理;或者用到关于真实的假设,也即公理.原则上,在应用时,不需要对已经证明的再追根求源,一般不会再追踪公理的源头.而法国数学家帕斯卡(B. Pascal)则认为,"没有什么定义是理所当然清晰的、而不需要任何的解释."他给出了选择公理的规则,认为"选择公理时应该根据自己完全理解的经验".[71] 正如他强调的"宁可信其有,不可信其无".这种依据公理的证据而产生的对数学安全性的意识一直持续到19世纪末.

1899 年,希尔伯特(D. Hilbert)的代表作《几何基础》发表,它是公理化思想的代表作,把欧几里得几何学加以整理,成为建立在一组简单公理基础上的纯粹演绎系统,并开始探讨公理之间的相互关系与研究整个演绎系统的逻辑结构.希尔伯特明确指出,"完整的清晰"以及"理所当然"作为真实性的保证是不合适的,因为它更多涉及主观的、而不是明确的标准.[72]

数学教育的任务是,向学习者传授那种追求真理的态度,让他们学会反思对象,提出疑问,自主地探寻依据,展开自己的思维过程.在此,也要让他们意识到这类思维的局限性.传统上,在教育中把真理看作是一种价值,因此,寻找真理的数学教育有助于准则和价值的传授.

我们经常强调,数学认识是价值中立的,这意味着,关于数学结果是否对人有利或者有害的问题,不能由数学决定.但是在具体情境下,可以作出负责的决定.就连没有什么危险性的数数活动,也可能置人死地.曾经有报道称,研究者为了能够数出一个种类有多少动物构成,而将这个种类消灭了.这当然不在于数学,而是人们对数学的利用.但是在数学教育传授准则和价值时,就要讨论这些问题.

例如,只要结合合适的场景,也能让小学生明白其中的道理:一个孩子发现,一朵樱花由许多花瓣组成,他想知道共有多少片小花瓣.为了数数,这个孩子将花瓣一片片掰下,最后他知道共有几片小花瓣,但是这朵樱花被摧残死了.

结合这种行为准则以及价值态度的传授,教育达到了细心、精确、彻底以及有序的目的.在数学教育中,就是要以这种价值态度进行计算和构造,让学生学会按照特定的规则进行计算.研究者认为,教育学生精确思维的辅助手段就是数学,但如果数学仅仅是一套人为规则,那么就无法达到这个目标.在学会规则的同时,必须解释学习这些规则的理由,不做相应的解释,数学只能起到微乎其微的教育功能.

1.4.3.6 数学经验与数学课程

数学教育应该向年轻一代传授合理的关于数学的观点,这意味着,让学生在数学教学中有丰富的经历.维滕贝格指出,"在教学中,要让学生有效地接触数学,感受数学的影响,获得相关的财富;通过基本元素向他展示真正的这一科学经历.教学必须恰当地说明什么是真正的数学."[73]根据不同内容以及接触数学的不同方式,可以让学生在教学中获得可靠的数学经验.也就是说,不能仅仅为了考试而花大量的时间在数学训练上,这会导致人们忽略深入理解基本概念及其特征.一种传授可靠的数学经验的教学,被称为真实的教学.数学课程与教学要做到真实,教师对此要担当起责任.

真实的数学教学,要让年轻人经历到,数学是如何产生的,要让他们意识到通过数学能获得说服力和知识,向他们呈现,如何应用已发现的数学.

1.4.4 大众对学校数学课程的期待

数学课程不是一个孤立的领域,在这领域中不仅仅只有专家在思考如何制定课程目标、如何设计课程内容等.我们需要多维的视角研究数学课程.数学课程要解决的问题之一,就是打破学校课程与校外课程之间的脱节,要经历一个数学课程重构的过程.

国际上普遍关注的"新数学运动"数学课程改革未能如愿成功,之后大量研究对此进行分析和反思,大量实例表明,在这一数学课程改革中,学校数学与校外的问题解决活动之间存在脱节.例如巴西的街头商人、英国工人的孩子、美国售货员,甚至莫桑比克篮球工人,在面对这类学校课程时束手无策,数学课程对他们意味着失败.[74]

20世纪90年代初,数学课程发展进入更为理性的阶段,发展考虑到多元的声音,有来自社会环境和国家需要的声音,有来自性别差异或动机和态度视角的声音.最为突出的特点是,人们对于数学课程发展的思考聚焦在数学课程如何为大众服务,而不是将数学课程局限于专家知识以及专业性技能上.数学课程应该体现大众的知识、态度以及价值,这里的大众包括雇员、工人、家长、学生、纳税人以及消费者等.因此,研究问题聚焦在:学校数学课程如何体现公众的价值观?公众对学校数学以及教师有着怎样的想象和期待?这些价值和期待如何支持或者介入数学课程改革规划中?

公众的意见体现为"什么是"的认识,而很少去考虑现实是如何的.由于公众所持有的认识会影响政策和态度,因此要区分高声谈论、非正式意见以及公众的信念,相比较而言,公众信念对决策者更有影响力.

加尔布雷斯(P. L. Galbraith)和钱特(D. Chant)以结构化访谈法,从四个方面调查公众对数学课程的态度,这四个方面包括:内容导向、价值导向、态度导向、民俗导向.[75]

内容导向:主要了解人们如何从数学科学角度看待学校数学课程,例如访谈"日常生活中使用哪些数学";也了解对数学的认识,例如"是否在学校获得正确答案就够了,而不一定需要理解它".

价值导向:主要了解个人对数学作用的信念,例如,让人们判断"数学的继续学习是否对男孩来说,比女孩更重要";了解人们对教学重点的希望;让人们判断"能够解决问题是否比做日常的计算更重要";或者了解他们对数学课程重要性的认识,如"数学作为一门学校科目有多重要".这些问题与数学课程改革及其改革重点的思考密切相关,也对学校课程组织政策有帮助.

态度导向:主要调查个人在自己数学学习中的经历或经验,包括对于偏见的认识,例如"是否记得教师在数学教学中表现出的偏见";也调查个人的态度,例如"如果让你回忆学校的数学教学,你心里会有怎样的感觉";还要了解其他的一些感觉,例如"你听说过学生是如何评论数学的"等.

民俗导向:主要也是关注"价值"方面的问题,但是针对一个个公众样本群的典型信念,例如"必须强制学习数学,因为对大脑是一个很好的训练",或者新兴的信念:"允许使用计算器会导致学生数学成绩下降"等.研究者应用因素分析法,对访谈数据进行分析.分析所得结果对数学课程发展无疑有着很大启发.有些争论性的观点也在这个研究中得到认可,如数学课程要回归基础,或者强调实用性,重视教学中的训练,对计算器的不信任,重视数学的服务功能等.

1.4.5 学校教育体制对数学课程的影响

我们不仅需要从心理学角度研究学校数学,而且需要明确什么是学校数学,它是如何受社会和历史条件的影响的.因此为了理解学校教育制度对数学课程的影响,要研究学校教育的社会和文化基础;课程话语对教学数学的影响;推动教学改进的课程改革的意义等.[76]

由于学校教育是一种社会的人为创建,在这创建的社会中,有些特定的知识形式被赋予特权,有些则被忽视.关于什么属于学校知识存在着激烈的争辩和矛盾,就像其他社会利益那样,人们总是寻找符合被创建的社会形象的知识.从这一角度看,数学教育并不是人类发展或者教化过程中自然的或者不可或缺的内容,它是一种社会构建过程,它的地位、对它的甄选都取决于学校教育的特定功能.因此学校教育中数学知识的学习也许很少与学科的形式逻辑相关.学校数学教育不仅意味着要获得内容,而且包括要参与到拥有理想标准、实践规则以及知识概念的社会中,学校行为的这些社会范式(patterns)往往不是"中性的",而是与我们所在的各种社会和文化差异相关.

因此我们研究的问题在于,要理解如何在这种由社会组织和构造的学校教育中实现数学教育,要理解个体处在某社会情境中而接受的教育符号、行为以及日常条件是如何被解释的.

为了理解教育活动的复杂动态系统,需要关注三个问题:学校教育体制背后隐含着哪些社会和文化观点?教学数学的课程语言的假定和意义有哪些?我们的变化和改革意味着什么?教育变化和改革实践是如何支持或者阻碍学校知识产生的社会条件的?

以上仅仅是列举数学课程涉及的概念问题和其他问题的研究.本书从第 2 章开始将详述数学课程发展研究领域,包括近代数学课程发展史、数学课程研究的理论视角、数学课程发展的特征、数学课程的现代功能.

§1.5 数学课程发展的特点

数学课程发展不仅包括基于主流课程的内容的均衡发展,而且包括外在各种影响因素的变革.近 30 年来,数学课程发展表现为两个特点:全球化和国际化.[77]

1.5.1 数学课程全球化

全球化作为一种全球一体化的运动,亦可以解释为世界的压缩和视全球为一个整体,它不是一个纯粹的世界性经济事件.[78] 它应该是一种更宽、更深、更复杂的现象,包含着许多新形式的交流和革新.全球化对个人能力的提高、文化内容的丰富有着积极意义,对人类自由与多样化起着积极作用."经济全球化"是世界大部分国家和地区的经济形成一个统一的、紧密联系的经济运行体的过程,是一个更大规模和更紧密合作的世界经济的发展特点.

随着交流、合作、交通和贸易全球网络的拓展,区域经济、社会和文化逐渐走向整合,它们互为依赖.本土的文化、艺术形式、风格、食谱、文学、影像和思想将更多地参与全球化,越来越多的本土内容将变得具有全球性.全世界的人们生活在这样一种环境下,全球发生着的事件同时反映了地方所发生的事件,我们的数学与科学教育需要面临这样的挑战,发展有助于理解全球化的教育框架.

当然全球化并不是同质性,相反在全球化背景下,各国之间甚至国家内部在教育资源方面存在巨大差异,课程改革需要做出不同的回应.这样的全球化需要我们思考不仅仅是学校数学课程内容及其序列的变革,而且要思考数学课程目标的变革,需要重新设计数学课程,以培养学生的批判性思维能力以及问题解决能力,同时也要促进他们跨文化的交流与合作,培育他们创造与创新的能力.

1.5.2 数学课程国际化

"经济国际化"指的是一个相对独立的国民经济融入国际经济的过程,它反映的是一个相对封闭或有限开放的国民经济走向高度开放的途径和结果.

数学课程的国际化主要表现为,通过国际比较研究,找到本国数学课程发展过程中与其他国家的差距,提出各种改革措施,使本国数学课程发展赶上国际水平.例如两大很有影响力的国际比较研究项目:国际数学与科学趋势研究项目(Trends in International Mathematics and Science Study,简称 TIMSS)和国际学生评价项目(Program for International Student Assessment,简称 PISA),对学生知识进行评价,对学生的成就进行排名,这些比较研究项目为变革课堂教学、编制教材、变革课程内容提供重要依据.

国际比较研究一方面提供关于学生成就的丰富信息,另一方面帮助政策制定者辨别有效教育实践要素.从大型的国际比较研究项目看,比较研究至少有以下几个目标:(1)确定不同国家的现状,帮助改进教育体制和结果;(2)描述不同教育体制下教育现象的相似性与差异性,解释其原因;(3)估计对于教育结果起决定性作用的变量的相对效果;(4)确定教育效果的一般原则.

不少国家在参加国际比较研究时力求将这些目标最大化,也就是说,让这些国际比较项目在最大程度上为本国的教育改革发挥作用.例如,美国提出为何要参加国际比较研究的六个因素,包括改进对教育制度的理解;提供世界范围内的学生成就信息;确定促进和阻碍教育发展的因素;提高研究工作本身;记录教育实践的多样性;促进问题中心的研究.

1.5.3 全球化与国际化之关系

国际化和全球化对课程发展、教学设计、教育政策变革带来了巨大影响,迫使国家和教育家深刻反思期望课程、实施课程和获得课程.国际化和全球化这两个因素有助于人们更好理解,为何不同的教育制度表现出相似的问题.这需要教育政策制定者、研究者和实践者跳出自我制度下的经验,反思推动教育改进的课程与教学问题.[79]

这些因素本身不会引起课程的国际化.有些国家曾经简单地选择国际课程平台上出现的课程,将其应用到自己的国家,但这往往未必是最成功的.研究者维塔(Vithal)和沃尔明克(Volmink)剖析了南非数学课程发展历程,西方数学课程发展的所有阶段在南非留下了痕迹:从20世纪60年代初的新数学运动,到回归基础、行为主义、结构主义、形式主义课程,问题解决和整合课程,然后是建构主义课程,民俗数学课程,直到21世纪输出导向的课程.

全球化不能解决一个数学课程、资源分配、学习机会上存在巨大不平等的国家的问题.国际经济合作组织(Organization for Economic Cooperation and Development,简称OECD)通过实施 PISA 以及结论分析,推动了各国政府对数学教育的国际比较.但是,这种对国际比较项目结论的解释,未必能对课程发展产生积极影响,因为这一国际比较项目发现,经济发展与数学课程发展之间没有必然联系,这让经济发达国家在课程设计和课程目标落实上犹豫不决.国际比较项目也并没有从数学专业角度比较各国课程.

1.5.4 国际化背景下数学课程热点问题

蔡金法(Jinfa Cai)和豪森(G. Howson)在《国际数学教育手册》(2013 年)中提出三个在数学课程发展中国际上普遍关注的问题:培养创新和思维能力;发展概念性理解和过程性能力;为所有人的数学和为英才的数学.[80]在许多国家,这三个问题成为课程改革的重点.当然,也有研究者提出其他相关的热点问题,例如尤西斯金(Z. Usiskin)提出,数学课程发展要关注纯数学与应用数学的联系,要重视数学演绎、归纳以及统计的影响,强调算法与问题解决,研究数学课程的文化独立或文化依存等.

1.5.4.1 培养创新与思维能力

有些研究者在比较研究中发现,亚洲国家(如中国、印度和新加坡等)的数学课程有助于学生获得扎实的数学基础、提升严谨的逻辑思维能力,学生学习重在数学内容、为了数学考试,教师教学仍然以教师为中心.[81]另外,研究也表明,美国等西方国家更为重视向学生提供开放的、有挑战的学习环境,促进学生创新能力、综合能力的发展,尤其是 STEM (Science,Technology,Engineering and Mathematics,简称 STEM)课程的研究和开发吸引了不少研究者,如何通过 STEM 课程建设和实施培养学生创新思维能力.那么是否能设计和开发课程,以培养学生的创新思维能力,如何才能更好地检测和评价这些能力?目前尚未有非常系统的实验研究,来回答这两类问题.

1.5.4.2 发展概念性理解和过程性能力

数学学习一方面要理解概念,另一方面要获得与过程相关的成就.经验和研究都表明,掌握日常的应用,并不说明有能力解决复杂的、陌生的问题.人们往往可以通过使用过程性知识解决日常应用性问题.而解决复杂的和陌生的问题则需要解决者会使用概念性知识以及综合的思想.

有研究表明,数学课程改革确实促进学生非常规问题解决能力的发展,及概念性理解能力的提高.当然也有研究发现,有些数学课程改革过于忽视学生数学基本技能的发展,而仅仅重视提升概念性理解能力、复杂问题解决能力.中国数学课程改革也曾对此展开讨论.

那么,教育者如何保证学生概念性理解能力的发展不会以牺牲基本数学技能的发展为前提?学生探究非常规问题时是否应学习算法和掌握基本技能?这是教育工作者考虑的两个主要问题.这并不是全新的问题.英国数学协会(Mathematical Association)曾经强调,没有数学思维的实践是无价值的,而没有实践的数学思维仅仅是知道做什么,却没有能力和工具去行动.数学思维能力的养成,既需要学生动手实践,又需要有一定的背诵和记忆,只有在实践性和记忆型学习并重的情况下,学生才有可能去感受数学、追求数学.[82]目前,国际范围内都在探索,如何开发并实施课程,以便促进学生概念性理解和问题解决,追求概念性理解的发展和过程性能力的培养的动态平衡.

1.5.4.3 数学为人人和数学为英才

数学课程改革的价值取向——数学为人人还是数学为英才,这是数学课程研究的重点之一.有些国家,例如美国、新加坡等,英才教育在国家法律监控下有序发展,特定学生的潜能得到发挥.发展和发现科学潜能和才能是美国的国策,美国科学基金会(National Science Foundation)在最近的一次报告中指出:关于英才的研究明确了这样一个基本事实:美国教育体制的失败在于无法识别和发展那些最有天赋和激情的学生,成为下一代的创新人才……对于潜能的开发,应该是毫不犹豫的,要为那个群体提供一切机会,甚至提供足够的经济保障.为优秀人才提供机会,是美国基本价值观,所有人都应该承担起这份责任.

我国从"十二五"规划起,倡导开发学生的创造性和创新性的潜能.关于教育为人人和教育为英才的讨论是近50年来的热门话题.尽管我们需要为所有学生提供他们需要的数学,但是为英才儿童的特殊需求提供数学同样至关重要.很难设想,数学上有天赋的学生,如果外界不给他们提供适合他们的挑战,仅仅靠自己就能成功.当然,我们需要在数学为人人的背景下,强调关注英才儿童的数学发展.其策略之一可以是,为不同的学生提供不同的课程.当然又会产生新的问题:这些英才儿童是否应该按部就班地接受学校每个年级的教育,或者在他们所在年级,给他们创设特殊的数学学习环境.这一思考,与教育的公平和公正又密切相关.因此,在数学课程研究中,关于英才儿童的数学教育也是一个国际化的课题.

参考文献

[1] CUBAN L. Curriculum stability and change//JACKSON P W. Handbook on research on curriculum. New York:Macmillan,1992:216-247.

[2] KRIDEL C. Encyclopedia of Curriculum Studies. California:SAGE Publications,2010:179.

[3] 廖哲勋,田慧生.课程新论.北京:教育科学出版社,2003:31-34.

[4] 施良方.课程理论——课程的基础、原理与问题.北京:教育科学出版社,2012:3-7.

[5] 中国大百科全书·教育卷.北京:中国大百科全书出版社,1985:207.

[6] 顾明远.教育大辞典(增订合卷本).上海:上海教育出版社,1998.

[7] 靳玉乐,黄清.课程研究方法论.北京:人民教育出版社,2013:4.

[8] 比彻姆.课程理论.黄明皖,译.北京:人民教育出版社,1989:10.

[9] 吴杰.教学论.长春：吉林教育出版社，1986：5-6.

[10] KRIDEL C. Encyclopedia of Curriculum Studies. California：SAGE Publications，2010：180.

[11] KLIEBARD H. Forging the American curriculum. New York：Routledge，1992.

[12] 黄志成.弗莱雷解放教育课程建构论评述.全球教育展望，2003(2)：58-61.

[13] 廖哲勋，田慧生.课程新论.北京：教育科学出版社，2003：31.

[14] 王建军.合作的课程变革中的教师专业发展.香港：香港中文大学出版社，2002：12.

[15] 廖哲勋，田慧生.课程新论.北京：教育科学出版社，2003：31.

[16] 施良方.课程理论——课程的基础、原理与问题.北京：教育科学出版社，2012：10.

[17] KRIDEL C. Encyclopedia of Curriculum Studies. California：SAGE Publications，2010：181.

[18] CAI J F，& HOWSON G. Toward an International Mathematics Curriculum//(Ken) CLEMENTS M A et al (Eds.). Third International Handbook of Mathematics Education. New York：Springer Science + Business Media，2013：949-974.

[19] KLAFKI W, LINGELBACH K, & NICKLAS H. Probleme der Curriculumentwicklung. Diesterweg：Entwuerfe und Reflexionen，1972：20.

[20] 麦克尼尔.课程：教师的创新(第3版).徐斌艳，陈家刚，主译.北京：教育科学出版社，2008：6.

[21] HOLMES B. Herbert Spencer (1820-1903). Prospects: the quarterly review of comparative education (Paris UNESCO：International Bureau of Education)，vol.24, no.3/4，1994：533-554.

[22] 泰勒.课程与教学的基本原理.施良方，译.北京：人民教育出版社，1994：2.

[23] APPLE M W. Ideology and Curriculum. Boston：Routledge & Kegan Paul，1979：1-11.

[24] 吴刚.从课程到学习——重建素质教育之路.上海：上海教育出版社，2007：28.

[25] SCHUBERT W H. Curriculum Perspective, Paradigm and Possibility. New York：Macmillan，1986：326-330.

[26] KRIDEL C. Encyclopedia of Curriculum Studies. California：SAGE Publications，2010：229.

[27] 库恩.科学革命的结构.金吾伦，胡新和，译.北京：北京大学出版社，2003：9.

[28] 何菊玲，栗洪武.教师教育范式：结构与内涵——基于库恩范式理论的解读.教育研究，2008(4)：82.

[29] 詹姆士.实用主义.陈羽纶，孙瑞禾，译.北京：商务印书馆，1979：26.

[30] PEIRCE C S. How to Make Our Ideas Clear, Popular Science Monthly，1878，12：286-302.

[31] 靳玉乐.当今西方课程研究范式论析.西南师范大学学报(哲学社会科学版)，1996(3)：22.

[32] 靳玉乐.当今西方课程研究范式论析.西南师范大学学报(哲学社会科学版)，1996(3)：23.

[33] GREENE M. Curriculum and Consiousness//GIROUX H, & PURPEL D. The Hidden Curriculum and Moral Education. Berkeley, California：McCutchan Publishing Corporation，1983：168-182.

[34] 黄志成.试论弗莱雷解放教育理论的现实意义.外国教育研究，2003(7)：1-6.

[35] APPLE M W. Ideology and Curriculum. New York：Routledge (2nd ed.)，1990：14-17.

[36] 汪霞.建构21世纪的课程研究：超越现代与后现代.教育理论与实践，2006(1)：53-57.

[37] KRIDEL C. Encyclopedia of Curriculum Studies. California：SAGE Publications，2010：235-236.

[38] 章建跃.中学数学课程论.北京：北京师范大学出版社，2011：7-8.

[39] 王林全.当代中小学数学课程发展.广州：广东教育出版社，2006：13.

[40] 宋乃庆,徐斌艳,孔凡哲,等.数学课程导论.北京:北京师范大学出版社,2010:25-26.

[41] 姜伯驹,李邦河,高小山,李文林.吴文俊与中国数学.新加坡:八方文化创作室,2010(4):293.

[42] GARDEN R A. The Second IEA Mathematics Study. Comparative Education Review. Vol. 31. No. 1, 1987:47-68.

[43] WONG N Y, ZHANG Q P, LI X Q. (Mathematics) Curriculum, Teaching and Learning//LI Y P, & LAPPAN G. Mathematics Curriculum in School Education (607-620). Advances in Mathematics Education, Springer, 2014:614.

[44] SCHMIDT W H, MCKNIGHT C C, VALVERDE G A, et al. Many visions, many aims: A cross-national investigation of curricular intentions in school mathematics. Norwell, MA: Kluwer Academic Press, 1997.

[45] 丁锐,黄毅英,林智中,马云鹏.基于建构主义理论的期望课程与实施课程——以两岸三地基础教育数学课程改革为例.教育科学研究,2011(6):56-61.

[46] VALVERDE G A, BIANCHI L J, WOLFE R G, et al. According to the book: Using TIMSS to investigate the translation of policy into practice through the world of textbooks. Dordrecht, The Netherlands: Kluwer, 2002.

[47] REYS B J. Mathematics Curriculum Policies and Practices in the U. S.: The Common Core State Standards Initiative//LI Y P, & LAPPAN G. Mathematics Curriculum in School Education. Advances in Mathematics Education, Springer, 2014:35-48.

[48] KILPATRICK J. What works? //SENK S, & THOMPSON D. Standard-oriented school mathematics curricula: what does research say about student outcomes? (pp.471-488). Mahwah: Lawrence Erlbaum Associates, 2003.

[49] THOMPSON D R, & HUNTLEY M A. Researching the enacted mathematics curriculum: Learning from various perspectives on enactment. ZDM Mathematics Education, 2014(46):701-704.

[50] REMILLARD J T, & HECK D J. Conceptualizing the curriculum enactment process in mathematics education. ZDM Mathematics Education, 2014(46):705-718(709).

[51] HIEBERT J, THOMA P, CARPENTER T, et al. Making sense: Teaching and learning mathematics with understanding. Portsmouth, NH: Heinemann, 1997.

[52] CLEMENTS D H. Curriculum research: towards a framework for "research-based" curricula. Journal for Research in Mathematics Education, 2007, 28(1):35-70.

[53] SHAFER M C. The Impact of a Standards-Based Mathematics Curriculum on Classroom Instruction and Student Performance: The Case of Mathematics in Context//LI Y P, & LAPPAN G. Mathematics Curriculum in School Education. Advances in Mathematics Education, Springer, 2014:493-514.

[54] ROMBERG T A. Problematic Features of the school mathematics curriculum//JACKSON P W. Handbook of research on curriculum. New York: Macmillan, 1992:749-788.

[55] REYS B J, REYS R E, & RUBENSTEIN R. Mathematics curriculum: Issues, trends, and future directions (72nd yearbook of the National Council of Teachers of Mathematics). Reston, VA: NCTM, 2010.

[56] 丁尔升,唐复苏.中学数学课程导论.上海:上海教育出版社,1994:62.

[57] 傅种孙.傅种孙数学教育文选.北京:人民教育出版社,2005:39.

[58] 傅种孙.傅种孙数学教育文选.北京:人民教育出版社,2005:39.

[59] 张奠宙,王善平.数学文化教程.北京:高等教育出版社,2013:5.

[60] 克莱因.西方文化中的数学.张祖贵,译.上海:复旦大学出版社,2005:452.

[61] 克莱因.西方文化中的数学.张祖贵,译.上海:复旦大学出版社,2005:464.

[62] TOERNER G, GRIGUTSCH S. "Mathematischer Weltbilder" bei Studienanfaengern — eine Erhebung, Journal fuer Mathematik-Didaktik, 1994,15: 211-251.

[63] WAGENSCHEIN M. Urspruengliches Verstehen und exaktes Denken, Bd. 1, Stuttgart: Klett, 1970:110.

[64] 格劳斯.数学教与学研究手册.陈昌平,王继延,陈美廉,等译.上海:上海教育出版社,1999:79-80.

[65] VOLLRATH H J. Grundlagen des Mathematikunterrichts in der Sekundarstufe. Berlin: Spektrum. Akademischer Verlag, 2001:10.

[66] VON HENTIG H. Die Schule neu denken. Muenchen: Hanser, 1993:38.

[67] 张奠宙,沈文选.中学几何研究.北京:高等教育出版社,2006:3.

[68] WITTENBERG A I. Bildung und Mathematik. Stuttgart: Klett, 1990:47.

[69] 张奠宙,王善平.数学文化教程.北京:高等教育出版社,2013:11.

[70] 张奠宙,王善平.数学文化教程.北京:高等教育出版社,2013:41.

[71] VOLLRATH H J. Grundlagen des Mathematikunterrichts in der Sekundarstufe. Berlin: Spektrum. Akademischer Verlag, 2001:10.

[72] 希尔伯特.希尔伯特几何基础.江泽涵,朱鼎勋,译.北京:北京大学出版社,2009.

[73] WITTENBERG A I. Bildung und Mathematik. Stuttgart: Klett, 1990:50-51.

[74] TAYLOR N. Independence and Interdependence: Analytical Vectors for Defining the mathematics curriculum of schools in a democratic society. Educational Studies in Mathematics, 1991,22: 107-123.

[75] GALBRAITH P L, & CHANT D. Factors shaping community attitudes to school mathematics: Implications for future curriculum change. Educational Studies in Mathematics, 1990,21: 299-318.

[76] PORKEWITZ T S. Institutional issues in the study of school mathematics: Curriculum research. Educational Studies in Mathematics, 1988,19: 211-249.

[77] CAI J F, & HOWSON G. Toward an international Mathematics Curriculum//CLEMENTS M A, et al. Third International Handbook of Mathematics Education. New York: Springer Science + Business Media, 2013: 949-974.

[78] 万俊人.经济全球化与文化多元论.中国社会科学,2001(2):38-48.

[79] CAI J F, & HOWSON G. Toward an international Mathematics Curriculum//CLEMENTS M A, et al. Third International Handbook of Mathematics Education. New York: Springer Science + Business Media, 2013: 949-974.

[80] CAI J F, & HOWSON G. Toward an international Mathematics Curriculum//CLEMENTS M A, et al. Third International Handbook of Mathematics Education. New York: Springer Science + Business

Media, 2013: 949-974.

[81] CAI J F, NIE B K. Problem solving in Chinese mathematics education: Research and practice. ZDM-International Journal on Mathematics Education, 2007, 39: 459-473.

[82] Mathematical Association. The teaching of mathematics in primary schools. London, UK: Bell, 1955.

第 2 章
近代中学数学课程发展

§2.1 西方近代中学数学课程发展

§2.2 中国近代中学数学课程发展

§2.3 现代中学数学课程发展的初期

英国著名数学课程论专家豪森(G. Howson)指出,数学课程发展伴随着种种压力,他将这些压力分为:社会和政治上的压力、数学的压力、教育的压力、各种变革的压力.[1]本章通过对数学课程发展史的分析,阐述数学课程如何在种种压力之下不断发展,呈现其在发展过程中所具有的与当时社会、政治、教育以及数学密切相关的时代特征.

§2.1 西方近代中学数学课程发展

作为国际数学教育委员会(International Commission on Mathematical Instruction,简称ICMI)首任主席的德国著名数学家克莱因(F. Klein)被公认为促进20世纪初数学课程发展的奠基者.在那个时代,倡导成立ICMI的美国数学家史密斯(D. E. Smith)则提出了一系列数学课程研究问题以及研究方法,这对现代数学课程研究有着开创性的意义.英国数学家佩里(J. Perry)同样为20世纪初数学课程发展作出了贡献.

2.1.1 西方近代数学课程发展——克莱因时代

德国数学家克莱因对他这个时代的数学教育发展有着特殊贡献,且影响至今.作为著名的数学家,他坚定地以"圈外人"的视角关注教育,为教育发展与研究注入巨大能量.他聚焦于中学数学课程评价与开发的研究,特别重视数学教育制度的国际比较,直接催生了在国际数学联盟(International Mathematical Union,简称IMU;1900年成立于巴黎)下成立国际数学教育委员会(ICMI;1908年成立)这一分支机构,并担任ICMI首任主席.这些贡献被誉为20世纪初的"克莱因改革",从1908年至第二次世界大战爆发前夕(1939年)被称为数学教育的"克莱因时代".[2]

2.1.1.1 克莱因的数学成就

也许是巧合,克莱因的生日也富有数学意义.他的生日为1849年4月25日,刚好是素数43、2、5的平方,出生地为德国莱茵地区的杜塞尔多夫.1865年秋,克莱因进入波恩大学学习,刚开始由于贫乏的基础知识,在学习数学、物理及植物学课程时,他既不能理解数学,也没有对数学特别感兴趣.1866年,他成为普吕克(J. Plücker)的助手,帮助他准备实验.普吕克既研究实验物理学,又是一位数学家,他当时正在进行解析几何的研究,力图把空间解析几何建立在以直线为元素的基础上,克莱因积极协助普吕克进行这些方面的研究,通过协助普吕克使他对数学和物理学产生了兴趣.在普吕克的指导下,克莱因完成博士论文"线坐标的一般二次方程到典则形式的变换"(ueber die Transformation der allgemeinen Gleichangdes Zweiten Grades Zwischen Linienkoordinaten auf eine kano-nische Form,

1868),并于1868年12月12日获得了博士学位.

1869年初,克莱因离开波恩前往哥廷根,协助接替黎曼(G. F. B. Riemann)的克莱布施(R. Clebsch)整理普吕克的遗著,出版了《新空间几何学》第二卷.在克莱布施的推荐下,1872年10月,克莱因到埃朗根大学就任正教授,在大学评议会上他作了"新近几何学研究的比较分析"(Vergleichende Betrachtangen über neuere geometrische Forschungen)的就职演说,即著名的埃朗根纲领(Erlanger Programm).

聪慧、热情、执着的克莱因23岁时已经是他那个时代世界著名的数学家,在数学上的突出贡献是用群的观点来统一整个数学,具体来说就是:(1)提出埃朗根纲领,用变换群的观点统一几何学;(2)用几何学及群的观点来研究五次及五次以上代数方程及线性常微分方程;(3)用群与几何学的观点来研究函数论,发现自守函数,它是椭圆函数等的重大推广.他用群把几何学、代数学、分析学连接成统一的数学整体.同时,与他人合作,直接或间接地将代数数论、不变式论、数学物理等领域连接在一起.

2.1.1.2 "克莱因"数学课程改革

克莱因不仅在数学上卓有成就,而且毕生致力于把现代数学知识传播给大众,尤其是传播给工程技术人员、教师以及中学生.他倡导将现代数学内容和思想引进中学数学课程,促进中学数学课程内容的现代化.他认识到培养优秀教师的重要性,在大学首创数学师范专业,并进行课程改革,强调设计直观的、有广泛应用性的、贴近实践的课程.另外他深刻地认识到在职教师对于数学课程改革的重要性,因此倡导数学教师培训的专业性.他在德国推进数学教育改革的同时,充分借鉴英国、法国等邻国的改革经验,也充分发挥他自身的文化交际能力,在世界相关国家宣传改革思想,推进了数学教育研究的国际化进程.因此在国际数学教育委员会(ICMI)成立之际,他毫无争议地通过德国教授的推荐成为委员会首任主席.他擅长交际的个性在他成功道路上起着举足轻重的作用,他自己对这一点也深有体会,有一次他说道:"学生时代,我通过人际交往学到的比通过课程学到的要多."[3]

促进中学数学课程内容现代化

1868年,克莱因在他博士论文中已经提出"真心期待,除欧几里得方法以外,新的几何方法也能进入数学课程".[4] 1872年10月,克莱因在埃朗根纲领中又一次强调促进高中教育发展,其主要目的是将新的几何思想引入高中内容,在较高的理论观点下组织数学课程.

19世纪欧洲的社会环境为数学发展提供了适宜的舞台.尤其是1789年法国资产阶级大革命推动了民主精神的形成,树立了重视数学与自然科学教育的风尚.这在很大程度上鼓励了大批有才干的青年步入数学教育及其研究领域.法国革命的影响波及欧洲各国,使整个学术界思想十分活跃,人们敢于突破禁区.英国新一代数学家突破近一个世纪以来以牛顿为偶像的故步自封的局面,使英国进入世界数学发展的潮流.为推动各自国家数学发展和促进国际学术交流,英国最早成立伦敦数学会(1865年),之后法国数学会(1872年)、美国数学会(1888年)和德国数学会(1890年)相继成立.在19世纪末,由各国数学会发起在瑞士苏黎世召开了第一届国际数学家大会(1897年).显然,欧美国家统治阶级逐渐认识到,要对数学与自然科学教育进行长期的现代化设计,这将有助于各国在世界经济和军事的国际竞争中获得稳固地位.

历来重视精神科学的德国在这场国际竞争中表现出更多的是犹豫.他们更重视传统的文法中学(Gymnasium),而忽视实科中学(Realshulen)的发展,因为这类中学毕业的学生没有继续接受高等教育的资格.另外学校的数学、自然科学教师与哲学、历史专业的教师地位也很不平等,数学与自然科学教师没有向上级部门晋升的机会.为此,实科中学教师,尤其是数学与理科教师,努力争取让学校、让自己获得一定的社会地位.1891年10月5日,布朗施维(Braunschweig)高中学校的代表们成立了数学和自然科学教育促进协会(Verein zur Foerderung des mathematischen und naturwissenschaftlichen Unterrichts, e. V.,简称促进协会),旨在让人们以及社会认可数学以及自然科学学科,并使得这些学科的教师获得与哲学和历史教师同等的地位.1894年,克莱因与促进协会取得联系,并成为会员,因为他认识到高校代表必须与高中学校合作,以便既能在较高的理论水平上,又能贴近实践地设计教师教育.

根据这种既重视理论又强调实践的思想,克莱因在哥廷根大学开始培养数学师范生.他的兴趣不仅在于改革课堂教学的方法,而且在哥廷根大学中最早创立"数学教学论"(Didaktik der mathematischen Wissenschaften)师范专业,同时克莱因参加高中数学教师的各种培训.19世纪90年代初,在柏林、法兰克福和哥廷根举办自然科学暑期班,为已经有实践经验的教师传授现代的科学知识,课程主要包括电子学理论、电子技术、有机化学等领域的最新进展.克莱因则于1892年为数学教师组织了暑期班.在克莱因的组织领导下,哥廷根每两年举办一次数学教师培训.在培训过程中,为消除高中教师与大学教授之间的陌生感,克莱因再次发挥他有力的交流沟通能力.他曾在培训报告开始就诚恳地表述:"我希望,你们不要把我看作一个外人,误以为我只是简单地对数学教学进行批判.我是学校的好朋友,结合自己的专业,在思考数学教学问题的多元化."[5]克莱因为教师们作了一系列的报告,并且与里克(Rieck)合作,将1900年和1904年暑期班上的报告编辑成报告集出版,题为"应用数学和物理对高中教学的意义".

2.1.1.3 "克莱因"数学课程改革若干成果

关于高中数学课程的再设计

克莱因在1904年的暑期班上以"当代高中数学课程的再设计"为题,[6]为教师解读1901年普鲁士数学教学大纲中对"函数概念"的要求以及对"坐标概念"的要求.通过对教学大纲中具体内容要求的解读,他解释如何从初中阶段起体现教学大纲中的这些要求,并建议采用合理的螺旋上升方式设计数学教学内容.例如,几何情境中的函数概念应该像费马定理那样渗透在数学内容中,还要考虑分析几何,以及初步的微分和积分运算.在报告中,克莱因向教师详细分析积分与微分运算的基本概念;他同时从比较的视角和教师一起分析这些再设计的意义,组织参加培训的教师自主阅读关于法国数学课程改革的资料,随后引导教师进行比较分析.

对数学课程改革的反思

克莱因关于数学课程改革的思想之所以能够在中小学教师中有影响,主要在于他的自我反思和勇于批判的精神.克莱因指出高校数学研究与中小学数学课程、数学教师之间存在沟壑,这将会导致数学课程发展存在相应的问题.首先,高校研究者在强调数学课程内容现代化的同时,并不关注可能的教学方法,更不关注中学生的数学思维.其次,克莱因经过自我反思后指出,高校教师关于数学课程内容改革的建议往往只考虑为了培养数学家的课程,而没有关注其他学生的课程.他强调,数学课程改革应该考虑,若学生将来成为医生、化学家、新闻记者,他们应该学习怎样的数学课程内容.克莱因在分析1900年以来学校改革的特点时强调,尽管人们提出不同类型学校应该设置适合其发展的特定的教学目标,但是他始终坚持着自己最初的信念:实科高中应该培养特殊的数学和自然科学人才.一些现代数学课程内容(分析几何、微分积分运算初步等)应该是各类学校共同学习的内容.

与"数学和自然科学教育促进协会"的合作

如上所述,克莱因很重视与促进协会的对接.促进协会邀请克莱因参加1894年在威斯巴登(Wiesbaden)召开的全体会议,并就教师培训暑期班事宜向克莱因寻求指导.根据克莱因的建议,1895年在哥廷根召开第二届促进协会的全体会议,所探讨的主题为高校教学与高中数学教学的关系,克莱因亲自为大会作题为"师范生需求视角下的哥廷根大学数学教学"的报告.克莱因在这次哥廷根会议上,用现代科学研究的观点,讨论了著名的古代三大几何问题(倍立方、三等分角、化圆为方),切实地为大学数学研究与中学数学教学更紧密地结合起来作出贡献.克莱因将这些讲座汇总成名为"初等几何的著名问题"的书籍.书中以简明易懂的方式回答如下问题,"在什么情况下几何作图是可能的?用什么手段可实现几何作图?什么是超越数?如何证明是超越数?"[7]让中学教师及时了解现代数学的发展.

关于教师培养以及中学课程,克莱因有着自己的主张.1900年,柏林文化部长阿尔特霍夫(Althoff)邀请克莱因作为数学教育的代表参加教育年会.克莱因在会议上不仅系统阐述自己的改革思想,而且以他生动的讲演风格,引起与会者的讨论并理解数学课程现代化的必要性,他提出:"每件事情都证明,当我们从学术角度理解自然科学的基本原理时,我们至少要掌握微积分的初步知识以及分析几何的初步知识,也就是说要掌握高等数学的最初等的内容.有些文法学校的老师,已经在课程中引进了这些内容.但问题是,是否需要在教学大纲中为实科高中的课程预留空间."[8]

尽管1900年11月26日文化部颁布文件,要平等对待三类高中,但在1901年的普鲁士教学大纲中,对数学教学没有具体要求.克莱因则为教学大纲改革努力着,他梳理了国内外的数学-科学教育改革运动,发现1901年法国从政府层面颁布高中教学大纲,其中将函数概念、微积分运算等作为高中数学基础.结合数学教学的现代化设计,克莱因经常在报告或者出版物中提出他的观点,促进德国数学教学水平的提高.让人敬佩的是,尽管目标没有达成,但克莱因开创性地组织了各种各样的高中教师培训、高校教师与中学教师对话等专业活动.

促进数学与自然科学的整体发展

1822年成立的德国自然科学研究者和医生协会(Gesellschaft Deutscher Naturforscher und Aertzte,简称自然协会)在世纪转折期特别关注高中课程改革,他们也考察法国和英国的改革经验.1901年,自然协会在汉堡举行全体会议,邀请克莱因参加.他利用这一机会,建议探讨数学与自然科学的整体发展状况.自然协会根据他的建议,1904年在布莱斯劳(Breslau)召开会议,进一步探讨数学与自然科学的整体发展.克莱因的建议之所以被广泛接受,是因为他论证了课程设计的理论性、直观性和实践性,同时也描述了专业人员和技术与工业领域人员的兴趣.克莱因并不是仅仅探讨数学学科,而是强调数学与自然科学的共同发展.他曾在哲学家大会上,通过各种报告,呼吁哲学家和历史学家破除他们对于数学与自然科学的偏见,希望他们认同数学与自然科学专业.

克莱因在1904年的布莱斯劳自然科学研究者大会上作大会报告,探讨了数学与物理学科整合的必要措施.为了具体落实大会提出的改革建议,克莱因建议成立教学委员会.在他的努力下,一个由12人组成的布莱斯劳教学委员会(Deutschen Mathematiker-Vereinigung in der Breslauer Unterrichtskommission)终于成立,该教学委员会隶属于"自然协会".1904年至1907年,由数学家古茨默(A. Gutzmer)担任主任,每个专业选出一名代表,另外促进协会的主席和德国工程师协会也派出一名代表,克莱因代表德国数学家联盟成为委员会委员.

这个教学委员会的任务是制定各种改革建议或方案.克莱因负责数学教育改革,重点是数学和物理教学的改革.例如,1905年制定的米兰纳(Meraner)教学方案提出要加强空间直观能力的培养,加强函数思维的教学.1907年他在德累斯顿报告了高中课程改革进程,强调要特别关注应用性学科.他在报告中指出"大学不同专业的专家要相互理解,不同学科间是有相似性的",并强调"大学对师范生进行学术性的培养.参与培养教师的大学,应该重新思考培养方案、课程等".[9]他以数学与自然科学领域为例,阐述了隶属于自然协会的米兰纳教学委员会应承担的任务,并强调如何在大学针对高中教师的培养开设数学与自然科学课程.克莱因在会上首次建议师范专业开设数学-自然科学的双专业(如数学/物理,化学/生物).随后他又对教师的继续教育体制提出建议,要求创建高中教育研讨班或者开设暑期班.克莱因向教学委员会提交了许多建议,并得到理解与支持.然而他的建议中最重要的一点没有取得成功,那就是如何实现他的建议.他关于引进微积分导论的建议也没有得到所有人赞成,促进协会主席皮茨克(F. Pietzker)还提出反对意见.教学委员会让教师自己决定安排课程内容,因此在现实课程教学过程中,单凭教师的力量很难取得改革成功.然而,克莱因并没有放弃他的关于提高数学教学理论水平的观点,他将自己多年的思考转化成三卷本《高观点下的初等数学》,这三卷本著作出版后,对教师培养与培训影响巨大.

他在第一册的前言上写道:"这新的著作,是呈现给数学大众,尤其是呈现给高中数学教师的,它是继'关于高中数学课程'(1904年)报告之后的又一份报告,特别是对几年前出版的'数学课程组织'的拓展.当时为教师提供可能的数学练习的各种形式,现在更为一般的意义上讨论,如何自己开发数学内容和练习.在此我力求给教师或者师范生以各种简单又有意义的方式.从当今学术观点看,描述数学课堂上可能涉及的内容和基本概念."[10]

教师教育的改革

1908年,克莱因继续着自己的数学教学改革之路.同年1月,德国数学与自然科学教学委员会(DAMNU)成立,它由数学自然科学促进会代表以及VDI代表组成.克莱因担任下属的教师教育委员会主任.这个委员会成立的目标在于,将布莱斯劳的改革建议加以落实.因为当时克莱因代表哥廷根大学成为普鲁士上院成员,这为实现改革理想提供了机遇.上院是指普鲁士议会的第一议院.这个议院又建立了一系列的委员会.当时在克莱因建议下,成立一个专门的教学委员会,克莱因担任该委员会主任.因此克莱因终于有机会实施其改革计划,同时参与修改普鲁士的一些关于数学与自然科学的法律条文.上院的这个教学委员会(DAMNU)不仅探讨高中的问题,也研究大众学校、初中学校、继续教育学校的问题.上院不仅为了满足工业和技术发展的需要改革教学,而且克莱因与DAMNU合作,为大众学校以及初中教师的培训编制教材,开展讲座等.同时他需要努力申请经费,为此他于1910年作题为"普鲁士上院的文化教育事业"的报告,报告中指出:"财政部长先生不是十分乐意,把这么一大笔经费用于这些事件上.我想表达教学管理事务的请求,用在这些事情上的经费与1.6亿相比是很小一个数目.对我来说好像就是,要购置实用的工具,以便使得实惠的并且较好的工厂能够运作起来."[11]

克莱因的一系列学术活动以及组织活动,也影响并推动着世界数学课程改革.1908年4月11日,在意大利罗马召开的第四届国际数学家大会上,宣布成立国际数学教育委员会(ICMI),旨在比较研究世界各国数学与教学大纲以及教学方法等.由于布莱斯劳教学委员会上的种种改革措施影响着世界数学课程发展,因此当时希望推荐德国代表担任主席,布莱斯劳教学委员会主席古茨默放弃这个位置,而推荐克莱因担当主席,这个建议被广泛认可.德国数学家、数学教育家克莱因成为国际数学教育委员会第一任主席.

从此他更为积极地投入到国际比较研究领域.当时国际数学教育委员会的任务就是要比较分析他始终坚持着的数学课程理想:"当前,在教学大纲中需要留出空间,考虑微积分运算、分析几何即画法射影几何等内容,或者从数学角度研究高校物理的学习.今后还要比较引进概念的特定方式方法,或者比较各国提出的基本概念."围绕这些问题,克莱因组织调研和讨论,随后发表不少研究成果.在克莱因的领导下,德国出版了德国数学教育论文集(1909—1916).

从论文集的前言与后记中可以发现,克莱因对第一次世界大战的矛盾心理.一方面,他为由于战争不得不停止国际比较学术活动感到遗憾;另一方面,他又支持学校数学教育为军事教育服务.法国科学院因为克莱因对"文化世界的呼吁",取消了他的成员身份,德国政府则争取保留其主席身份,以便战争结束后,继续课程改革.1928年,国际数学教育委员会重获新生,不幸的是,克莱因于这一年与世长辞,委员会推荐美国数学家史密斯任第二任主席.

20世纪初,德国传统的教学意识形态重新回头,精神科学学科得到较多的关注.克莱因在病榻上写公开信,呼吁要重视数学与自然科学教育,相关协会也集体游行抗议.但是,由于与当时统治阶级的教育政策和教育学基本观念的抵触,"克莱因改革"遭遇失败.

2.1.1.4 克莱因改革理念

克莱因改革的目标受到19世纪中期的各种流派的影响.首先,克莱因改革的目标是新人文主义思想的体现;其次,克莱因努力从心理学、教育学角度构筑数学课程,同时充分考虑应用的需求(当时恰逢工程师运动).克莱因将这些流派的思想完整地体现在他的改革思想与行动之中,表现出了他改革思想的整体性.1905年,米兰纳报告首次整体描述克莱因改革的目标:

"课程的制订不仅仅要适应精神科学的发展,而且要与现有的各种观念联合起来,将新的认识与已有的认识有机地结合起来,要逐步有意识地认识到知识内容的联系,亦即知识与其他学校教育内容的联系.今后还将探讨,在认清数学的形式教育价值的同时,要放弃所有单一的、缺少实践的特殊认识.要尽快发展学生用数学眼光观察我们周边世界的能力.在此要考虑两个特别的任务:加强空间直观想象能力及函数思维能力的培养.当然也不能忽视数学教育关于培养逻辑推理能力的目标.我们可以这样来表述,通过重视上述两个特殊的数学教育改革,逻辑思维的培养才有意义,只有将数学与学生感兴趣的领域结合起来,在其感兴趣的领域中学生才会运用其逻辑能力."[12]

克莱因改革的目标也反映了他的改革理念,即强调空间直观想象能力以及函数思维能力,这两个能力的培养是这次课程改革的核心.针对如何根据米兰纳报告制订教学大纲,米兰纳报告有更为细致的说明,其中提到:几何教学应该体现其自然的直观性,"要避免过于细致,使得本来感觉自然明了的东西,由于刻板的证明体系,让理解变得陌生,而应该将所

有的逻辑证明成为对自己思想中发生思考的整体认识能力,当然要逐步引进这种方法".[13]

在提出改革建议的同时,也对教师进行问卷调查,整理出 10 个改革主题:[14]

(1) 削减代数的抽象运算;

(2) 学习函数概念;

(3) 引进微积分初步;

(4) 同时学习平面几何与立体几何;

(5) 学习球体截面(分析,综合,射影几何);

(6) 根据认识理论深化小学的几何内容;

(7) 几何作图与立体几何课程内容的关系;

(8) 进一步强调应用;

(9) 进一步强调历史发展;

(10) 自主设计高中课程.

关于引入微积分初步,是最为引起探讨的话题.克莱因是学校引入微积分的推动者,当时米兰纳报告仅对无穷小运算内容提出要求.直到 1925 年,微积分运算才进入教学大纲要求,同时也引发争议,尤其是高校教师纷纷提出意见.

2.1.1.5 克莱因的几何课程改革

克莱因课程改革核心思想之一是:将直观理解的基本概念渗透在数学课程内容中,这些内容包括代数、平面几何、立体几何、三角函数、分析与画法几何.克莱因课程改革摒弃了欧几里得几何体系,在教学中不使用严谨的逻辑演绎结构,而是用"产生"(构建)结构;他也放弃欧几里得证明方法,强调图形的运动和映射.

克莱因更多地从教育学角度而不是从数学专业角度思考改革问题.1870 年启动改革,他曾经发表如下观点:"在应用领域,过早地引出数学定理,没有让学生真正认识现实中的需求,这会使学生缺乏领会问题的兴趣.在教学中,只强调逻辑关系,而忽视心理过程,也会让学生束手无策.逻辑思考对数学来说,就好像动物生物体的骨架(没有骨架也就没有皮肤),如果动物学课程一开始就和学生谈论动物的骨架,这类动物学课程会让学生感觉迷茫."[15]

当时,克莱因提出要采用生成性教学法,而不是之前占支配地位的演绎教学法,倡导通过学生构造以及作图,培养其空间直观能力;另外要重视几何的应用问题.而数学逻辑则伴随在整个学习过程中,在学习中,学生会越来越清晰如何进行逻辑思维.

克莱因不赞成学校教授欧几里得几何体系,他强调以新的公理体系来进行几何教学,"要结合儿童的领会能力以及他们的自然兴趣.如果将欧几里得几何作为数学教材会误导学生.让我们再翻开《几何原本》巨著,可以发现它不是为儿童所写".[16]

克莱因的改革思想立足于对儿童的关心,希望教授适合儿童学习的数学,提出在学校数学教学中要重视模型、工具以及实践活动.他在非常著名的三卷本《高观点下的初等数学》中特别强调:"教学不能仅仅依靠教学内容(教学素材),而是首先要看所教授的对象(教学主体),同样一样东西给 6 岁小孩描述的方式是不同于给 10 岁小孩描述方式,当然也不同于给成人的描述方式……人们首先要把学校与生动具体的直观联系起来,然后逐渐地提出逻辑元素,可以证明这种生成性教学方法是非常合理的,它能让学生与生成过程一起成长."

在从数学家角度探讨无穷小演算时,克莱因也提出精辟的教学思想:"(1)借助图形(在傅里叶和泰勒级数里逼近曲线)来说明抽象思想;(2)强调与相邻领域的关系,诸如与差分法、插值的关系,最后是与哲学研究的关系;(3)强调历史的发展;(4)展出一些普及著作的样本,以说明受到这些著作影响的大众观念与受过专门训练的数学家的观念的差异."[17] 克莱因也重视具体的模型和动态工具的教学意义,例如他指出每位数学教师都应该熟悉计算器(计算机)及其算法原理,以便在学校数学教学中给学生进行展示,帮助学生了解数学的语法和语义之间的抽象区别.[18]

克莱因就是这样通过各种方式传播自己的思想:要从教育学的角度思考课程改革,要关注儿童的自然兴趣;还要从课程内容的角度思考改革,要关注内容的生动、直观以及应用性,在这前提下,再关注逻辑演绎.

2.1.2 佩里"实践数学"

"数学教育应该面向大众,数学教育必须重视应用",这是佩里于 1901 年在英国科学促进会数学与物理组合教育组联席会议上讲演的主要思想.他在讲演中特别强调:[19]

(1) 数学教育应从欧几里得《原本》的束缚下解放出来;
(2) 充分重视实验几何;
(3) 重视各种实际测量与近似计算;
(4) 充分利用坐标纸;
(5) 多教些立体几何(画法几何);
(6) 尽早地讲授微积分.

佩里希望远离几何课程改革,他特别强调让数学变得有用,要将数学教学与科学和工程技术教学结合起来.他重视"用途"更甚于"严谨",强调基于实验室的经验更甚于抽象.这些具体的建议博得不少与会者的赞同与支持.联席会经过充分的讨论,最后总结出得到全体一致同意的意见,1902 年出版了以他的讲演为中心内容的《数学教学的讨论》一书,从此一场数学教育改革拉开帷幕.

佩里的思想在当时影响到美国、日本,在德国称其为佩里主义.[20] 佩里对数学教育的巨大影响,不仅仅因为他阐述的思想得到公认,更主要的是他在课程实践中身体力行.佩里早在1881年开始"实践数学"的课程教学实验,一方面明确"实践数学"的基本思想,另一方面亲自编撰"初等实践数学"教材,并组织相应的教师培训,该教材于1913年出版.这一实验首先在英国公立学校(技术学院为主)开展,后来在日本实验多年.[21]教学实验证明其显著的成效,佩里向英国教育委员会(Board of Education)推荐这"实践数学"课程,并建议将其纳入学术类学校数学课程.

"实践数学"的基本思想

他区分教学数学和实践数学的学术方法.在他看来,教学数学的学术方法只对5%的学生是有成效的,但是大部分学生体验不到其中的乐趣.然而,只有当学生发现数学学习的乐趣时,数学教学才可能体现其价值.

"实践数学"强调,向学生说明如何处理问题,同时训练其常识性知识;教给学生方法和工具,让他们学会实验性地证明结果的正确性."实践数学"使用在教授物理和其他常识性事件时采用的逻辑推理方法,旨在让学生理解并且对他正在做的事情感兴趣,同时对他们自己的结果有一种自信.

"实践数学"的教材编制

英国教育委员会非常认可佩里的"实践数学"的思想,1899年,聘请佩里为工程技术类学生编写试用教材以及教学参考资料,佩里亲自编写课程内容,并设计练习.1900年后陆续出版"实践数学"系列教材.该系列教材包括算术、对数、代数、测量、角、速度、正方形纸的用途、曲线、线性规则、最大值与最小值、微积分等.佩里带着他对数学及其数学教学的理解,编制这些教材内容.这里以"测量"为例,分析"实践数学"教材的特点.

测量部分充分体现了佩里实验几何的思想.他认为,几何学习不应早于代数学习.只要学生会求解公式,他可能会顺利地学习下面的课程内容,会举例说明对"实验几何"的探索,通过自我观察和教师阐述,提出关于特定事物真实性的假设;他应该会证明那些表面上不正确事物的真实性.[22]佩里对教师的教学也提出了相关建议,教师不应讲授过多的关于实践几何或抽象推理的课程,而是要重视让学生感兴趣的、常识性的内容处理方式,使用每一个有头脑的人会利用的推理方式.

根据教学大纲中规定的测量内容,佩里提出相应的教学策略.教学大纲中的测量内容包括:(1)基本概念和定义的认识,如角度、弧度的测量、中心旋转等.(2)基本操作,如等分任意角和任意线段;根据给出的三边或者两边一夹角画出三角形,了解平行于三角形底边的直线段将三角形两边分割成比例的线段等;会用带方格的描图纸,或者用其他安全的作图工具进行作图等.(3)部分证明,如会证明三角形内角的平分线将对边分割为与其他两边成比例的线段;会证明平行四边形面积是一边的边长乘以这边与对边之间的垂直距离;会证明直角三角形的边长的平方具有下列关系:$\sin^2 A + \cos^2 A = 1$.

佩里强调的是用算术方式或策略代替几何思想或策略,并在"实践数学"课程中加以详细说明,力图让数学课程教学从欧几里得《几何原本》的束缚下解放出来.他认为,以代数的方式呈现几何内容,更有利于普通学生的学习.在"测量"这部分,佩里举例说明,用代数方式诠释《几何原本》中的各个命题.

欧几里得《几何原本》的第2卷中的第11个命题:[23]分已知线段,使它和一条小线段所构成的矩形等于另一小线段上的正方形.从代数角度看,相当于,将数 n 分解为两部分 x 和 $n-x$,使得 $n(n-x)=x^2$.第14个命题:作一个正方形等于已知的直线形.这相当于开平方根.在佩里看来,第5卷中的命题[24](如命题1:如果有任意多个量,分别是同样多个量的同倍量,那么无论这个倍数是多少,前者的和也是后者的和的同倍量),佩里用如下代数表征方式来表述,如果 $\frac{a}{b}=\frac{c}{d}$,那么 $\frac{ma+nb}{pa+qb}=\frac{mc+nd}{pc+qd}$,其中 m,n,p,q 为任意值.佩里认为,这样的表征会给学生留下深刻印象.为此,在"测量"部分,佩里设计了如下练习:

(1) 一个圆形的铜圈直径为3.2英寸.它的周长是多少?面积是多少?

(2) 一个圆的面积为20平方英寸.它的周长是多少?

(3) 一个圆锥体的表面积是底面的周长乘以它的斜高的二分之一.这个底面的半径是2.6英寸,这个圆锥体的垂直高为5.2英寸.它的斜高是多少?表面积是多少?

"实践数学"实验的教师培训

佩里认识到,"实践数学"的课程教学实验碰到的最大困难是缺少"有能力的教师".因为他发现学过纯数学的数学教师往往沉浸在自己的思想中,而希望其他人去适应他的教学.由于他对纯数学的喜好,导致他很难理解这种"实践教学"的基本思想.教育委员会组织一些教师参加"实践数学"课程教材的培训,这些教师大多是技术学院的教师.佩里和助手采用"主持人讲座和教师动手参与"的混合培训模式,一方面向参与培训的教师说明教材的基本思想,另一方面组织教师亲自解决教材中的各类练习题.

"实践数学"课程实施的障碍

"实践数学"课程曾在小学得以推进,但是很难在中学实施.因为中学教育的主要目标仍然是教育学生如何进大学深造.在佩里看来,对中学生(男生)的教育存在悖论.现实中的学生并没有在课堂上学到什么,他们可能更为喜欢运动.对那些不喜欢书本的学生,很难教授他们英语、计算、自然科学知识.佩里认为,对这些学生来说,更为有意义的是让他们获得证书.传统上,人们认为不能进行抽象推理的学生是愚笨的,佩里认为,这些学生恰恰比那些被称为聪明的学生更为有智慧,因为他们在推理之前获得了真正需要的东西,他们会在实际商店中买卖交易,会通过称重、测量等支付钱款.佩里认识到,根深蒂固的教育传统使得"实践数学"课程改革不易推动.另外,教师被旧的教育制度牵制着,也就是说学校的师生比非常低,一个教师要面对许多学生,种种原因导致"实践数学"无法真正影响学校数学课程发展.

2.1.3 史密斯的数学严谨性问题

1905年,美国数学家史密斯(D. E. Smith)建议在国际数学联盟(IMU)下成立一个国际委员会,共同探讨数学教育发展.1908年4月在罗马召开的第四届国际数学家大会上,通过史密斯这项建议,国际数学教育委员会(ICMI)正式被批准成立,并推举德国数学家克莱因任首任主席.

史密斯的贡献不仅在于倡议成立一个国际研究组织,而且在于提出一系列数学教育的研究问题.尽管他是针对当时美国数学教师提出应探讨研究的问题,但大部分问题影响至今,仍然是我们为之努力的研究方向.在罗马会议上,他列举如下思考问题:[25]

(1) 在克服代数与几何教学内容之间障碍的努力方面,取得了哪些结果? 换句话说,代数和几何是否在同一年级同时教授? 我们是否对这类问题有任何的思考?

(2) 欧几里得几何、微积分以及技能技巧的最基本价值是什么?

(3) 中学教育应该怎样处理好与应用性学科的联系,怎样处理好与纯数学应用性的联系?

(4) 针对那些将来不打算进大学深造的学生和那些将来准备进大学深造的学生,中学应该怎么为他们设置课程以及课程内容?

对上述问题的回答随着社会的变迁、数学科学以及其他科学的发展而变化,因此上述问题是数学课程研究的引领性问题.在数学课程发展的克莱因时代,人们通过调查研究、比较研究、文献研究等,尝试回答上述问题,同时在国际数学家大会、国际数学教育大会或者相关的专题会议上交流、分享和研讨研究成果.

例如1911年,国际数学教育委员会在意大利米兰召开专题会议,研讨"为将来物理专业和自然科学专业的学生应该提供怎样的数学""数学教学中应该如何对待数学的严谨性""数学的不同领域的教学该如何整合".显然这三个问题也是我们当今十分关注的问题.当时国际数学教育委员会要求成员国围绕这些问题,对教学实践展开调查研究、比较研究,撰写全国性的分析报告,并提交委员会.研究成果非常显著,不仅是成员国提交厚厚的分析报告,而且研究的质量也很出色.各国的报告不仅分析本国的数学课程教学特点,而且比较分析其他国家的情况.

从那时起,人们开始在国际平台上探讨数学教育研究问题.1912年,在第五届国际数学家大会上,公开研讨两份调研报告"对物理学家的数学训练""中学数学教学的直观与实验".1914年国际数学教育委员会又以另外两份调研报告"微积分在中学的地位""数学在高等技术学院中的地位"为主题,召开专题研讨会.这些调研报告详细地收集了来自相关国家、学生的数据,试图了解有多少学校教授多变量函数,教学泰勒定理,是否从求和极限或者原函数引进积分概念,是否关注不可微函数,是否从逻辑的、系统的角度处理无理函数.调研问题主要聚焦在课程内容方面.

史密斯的这些问题引发了世界相关国家对数学教育的系统研究,研究领域和内容也不断丰富.由于 1914 年第一次世界大战的爆发,原定的于 1916 年在瑞典斯德哥尔摩、1920 年在法国斯特拉斯堡召开的国际数学家大会均被迫取消.国际平台上对数学教育研究的探讨暂时受阻.

直至 1928 年,国际数学教育委员会重建.由于史密斯对数学教育以及数学教育委员会曾经的贡献,他被推举为第二任主席.史密斯担任国际数学教育委员会主席,直到 1939 年第二次世界大战爆发.

§2.2　中国近代中学数学课程发展

2.2.1　中国古代数学课程的开端与发展

我国数学教育有着悠久的历史,数学课程早在奴隶社会就开始萌芽.据《周礼》记载,周代的学校教学科目有"六艺"——"礼、乐、射、御、书、数",数即指数学."六艺"以礼为中心,文武兼备,代表我国奴隶社会全盛时期的教育水平.书、数为小艺,主要在小学阶段学习;礼、乐、射、御为大艺,主要在大学阶段学习.艺者,技艺,把数学作为一种技艺来传授是中国古代非常独特的数学教育观念."六艺"教育清楚地表明中国古代就已经把数学教育作为培养官吏的必要内容之一.[26]

到了春秋战国时期,诸子百家大多带徒讲学,其中或多或少地包含着数学知识内容.如墨子和他的学生著有《墨经》一书,其中就涉及一些几何学的定义、定理.《庄子》中的"一尺之棰,日取其半,万世不竭",生动地体现了早期的极限思想.秦汉时期,相继出现了《周髀算经》和《九章算术》,这是我国最早使用的数学课本.[27]以《九章算术》为例,它是由方田、粟米、衰分、少广、商功、均输、盈不足、方程和勾股九章组成,共包含 246 个问题,都是紧密结合实际的应用问题.在书中,作者先举出问题,然后给出"答"和"术",每一个小问题都有"术",这些"术"是解决问题的方法或算法程序,有的相当于数学定理或数学公式,全书共有 202 个"术",其中一般意义的"术"有 69 个,这些"术"是中国传统数学理论的根本所在.《九章算术》体现了数学实用性的特征.它的内容与当时人们日常生活中的土地面积计算、粮食兑换、分配物品、税收、罚款、记工、土木工程计算等方面的实际问题密切相关.《九章算术》中的问题不仅都是实际问题,而且有些名词术语能够反映其产生发展的时代背景,例如,《九章算术》中记分数的方法"实如法而一"中的"实"和"法"都有实用的特点.这反映了中国古代数学教育的基本目的是"经世致用",即社会生活离不开数学知识,所以人们要学习它,并且学会了可以"致用".因此《九章算术》的完成标志着我国的初等数学已开始形成体系,这本书成为其后一千多年我国传授数学知识的主要教科书.

到了明代,西方传教士不断来到中国,他们在传教的同时,也把西方的数学带进我国.公元1582年,意大利传教士利玛窦(Matteo Ricci)来到中国.1604年,被选为翰林院庶吉士的徐光启与利玛窦日益频繁交往,并将《几何原本》翻译成中文.1607年,他和徐光启合译的欧几里得的《几何原本》(前6卷)出版.徐光启对《几何原本》给予了极高的评价:"此书为益,能令学理者祛其浮气,练其精心;学事者资其定法,发其巧思,故举世无一人不当学."[28]

《几何原本》的翻译标志着西方数学第一次进入我国.将《几何原本》的理论运用于科学技术以及数学研究,乃是徐光启所追求的目标.继《几何原本》之后,他又与利玛窦合译《测量法义》,并自撰《测量异同》和《勾股义》.其中《勾股义》试图运用《几何原本》中的定理对我国已有的证明方法加以严密化.

1840年鸦片战争以后,随着西方数学的传入和数学教育的变革,数学教学内容发生了很大变化.在此我们主要分析19世纪中叶至20世纪初的中国近代数学课程.

2.2.2 中国近代中学数学课程发展

中国近代数学课程发展深深打上社会、政治、文化与科学的烙印.这里分成两个时期对近代数学课程进行分析:晚清时期和民国时期.晚清时期的洋务运动、戊戌变法都对数学课程发展有着不小的影响.而民国时期,由于辛亥革命推翻清朝,国家教育部门对清朝教育体制进行全面改革,其中的数学教育改革受到西方国家深刻影响.

2.2.2.1 洋务运动后的数学课程

19世纪中叶,鸦片战争爆发,帝国主义列强侵略中国.两次鸦片战争先后失败,使清政府痛感西方列强的武器装备优于中国.为了抵抗帝国主义列强的侵略,清政府认识到需要学习西方文化,改进军事设备,从而开始了一系列改革,这就是著名的洋务运动.在洋务运动的影响下,清政府的部分人提倡洋务教育,兴办一批洋务学校.这些学校的办学目的是,通过学习西方文化和科学技术,加强清政府的统治.当时这些学校的教育大权往往落在洋人传教士、军官或技术人员的手里.通过洋务教育,翻译了一批国外的科学技术书籍,培养了一批科学技术人才,对学习国外教育理论与科学技术产生积极作用.[29]例如晚清数学家李善兰以及清末数学家华蘅芳作出了重要贡献.

李善兰与京师同文馆

晚清著名数学家李善兰通过西方数学著作的翻译,努力让国人系统地了解西方数学的发展.李善兰15岁时就读过徐光启、利玛窦翻译的《几何原本》六卷本.考虑到中国数学家们渴望学习《几何原本》全书,他于19世纪中叶(1852—1859)与英国传教士伟力亚烈合作翻译《几何原本》后9卷,从而使得《几何原本》完整地进入我国的数学课程系统.他还翻译不少其他的西方数学著作,如英国数学家德·摩根(A. De Morgan)的《代数学》13卷,它是我国第一部符号代数的译本.另外还翻译了《代微积拾级》18卷,它由3部分组成:解析几何、微分和积分.这是我国第一部高等数学的教科书.当然与今天的微积分教材相比,《代微积拾级》最大的缺点是未能以极限作为基本工具,从不考虑函数的连续性和可导性、级数的收敛性等问题.

1860年以后,李善兰汇通中西方数学学术思想,进行深入的数学研究.如他所撰写的著作《尖锥变法解》《级数回求》等都是汇通中西的数学之作.1868年,他担任京师同文馆总教习,相当于现在大学的系主任.当时除经学课程由国人讲授,其余的博物化学、格致、矿物以及机械、西文诸科,均聘外国人充任,唯独算学例外.

京师同文馆是清政府为了培养外语外事人才于1862年设立的一所官办外语学校,它是中国近代学校的起源,开始只设立英文馆,后来又根据外事需要分别设立法文、俄文、德文、日文、天文、算学馆等.1872年,总教习会同各馆教习,拟订了"八年课程计划",从此,同文馆开始有了统一的课程设置和章程.1896年,因受甲午战争失败的刺激,御史陈其樟奏请整顿同文馆,重新修订了八年课程计划:前五年的课程近似中学程度,后三年的课程相当于大专程度;前三年的课程侧重学习外语,后五年则偏重学习科学技术知识.这份崭新的八年课程计划,反映了正在萌芽中资本主义生产的要求,在计划中没有列入"四书五经""章句帖括"一类的传统科目.1896年修订的"八年课程计划"的内容如下:

第一年:认字写字,浅解词句,讲解浅书;

第二年:讲解浅书,练习句法,翻译句子;

第三年:各国地理,各国史略,翻译浅编;

第四年:数理启蒙,代数学,翻译公文;

第五年:讲求格物,几何原本,平面三角,弧三角,练习译书;

第六年:讲求机器,微分积分,航海测算,练习译书;

第七年:讲求化学,天文,测算,万国公法,练习译书;

第八年:天文,测算,地理,金石,富国策,练习译书.

从这一课程设置可见,学校开设了相当广泛的数学课程.曾在那里担任数学教习的著名数学家李善兰能够将西方数学教科书广泛使用于洋务运动中诞生的学堂和书院,为中国数学教育注入了新鲜的血液,为我国近代数学教育作出了重要的贡献.

华蘅芳与数学教育

我国清末另一位著名数学家华蘅芳同样为近代科学技术和文化教育等方面的发展作出了卓越贡献.20岁的他来到上海,去墨海书馆拜访李善兰.李善兰向他介绍微积分:"此为算学中上乘功夫,此书一出,非特中法几可尽废,即西法之古者亦无所用矣."[30]这是华蘅芳生平第一次知道数学上除了天元术以外,竟然还有微分、积分之术.随后华蘅芳开始了对《代微积拾级》的研究之路.他从微积分对中国人来说崭新的学科本身,去寻找难读《代微积拾级》的原因.他试图以几何上的点、线、面和体来解释微积分基本概念,认为:点为线的微分,线为面的微分,面为体的微分.华蘅芳在《学算笔谈》里面还纠正了《代微积拾级》中若干例题答数的错误,他还为初学者编写了《微积初津》一书.因此他在引进西方数学的同时,从事数学研究,致力于数学教育的发展.他同样通过翻译大量内容新颖的西方数学,使国人大开了解西方数学的眼界,充实了我国的数学教材.华蘅芳与美国人傅兰雅共同翻译了7种数学著作,如《代数术》25卷(1872年),《微积溯源》8卷(1874年),《三角数理》12卷(1877年),《代数难题解法》16卷(1879年)等.他还首创翻译了大量数学符号和译名,如代数、函数、指数、项、二项式、级数、微积分等,并一直沿用到现在.他是我国近代数学名词的主要引入人.华蘅芳博学多才,治学严谨,勤于科学实验,重视数学教育,且寄厚望于年轻一代.

2.2.2.2 戊戌变法前后的数学课程

19世纪90年代,以康有为、梁启超为代表的中国资产阶级改良派发动了一次以改革政治、改革教育为目的的维新运动,其中1898年的戊戌变法使整个运动达到高潮.该运动在教育方面的主张是:废除八股,改革科举;中西学并重,设立京师大学堂;筹办高、中、小各级学堂,各地的书院一律改为中西兼学的学堂;鼓励创立报馆、学会、著书立说、发明创造等.但是这些变法思想受到保守派的反对,未能成为现实,尽管如此,上述主张对以后的教育产生了积极的影响.在维新思想的影响下,新型学堂不断建立,逐步代替旧式的书院.

如1895年在天津设立的中西学堂,该学堂分为头等学堂和二等学堂两级,各学四年.头等学堂为大学本科;二等学堂为大学预科,相当于现在中学的水平.其中,二等学堂招收13~15岁的学生,入校者为读过四书,并且精通一、二经,文法写作较为顺畅的青少年学生.二等学堂四年学习的课程为:

第一年:英语,数学;

第二年:英语,数学,量法启蒙;

第三年:英语,各国史鉴,地舆学,代数学;

第四年:英语,各国史鉴,格物(即物理)书,平面量地法.

从上述课程安排可见,在新学堂里,中西兼学,以西学为重点,课程内容已经和现代的学校比较接近.这一时期的数学课程主要时受日本数学教育的影响.

1898年戊戌变法之后,中国的爱国青年纷纷赴日留学,1899年赴日留学生超过百人.1903年则达到千人.很多留学生在日本接触和消化明治维新之后风行的新思潮、新理论以及日本学者译介的西方思想文化.他们心存民族危亡的忧患,怀抱强国富民的目的,在日本或回国后积极从事日文书籍的翻译.译者中不乏著名学者,如蔡元培、章太炎、梁启超、王国维等.王国维翻译了日本数学家和数学教育家藤泽利喜太郎(Fujisawa Rikitaro)的《算术条目及教授法》(1895年),他填补了中国近代中小学数学教育理论研究的空白.藤泽利喜太郎在《算术条目及教授法》中明确提出数学教育的目的:第一,予以阶梯预备之数学知识;第二,养成数学思想即精神的锻炼.这些主张对日本明治三十五年(1902 年)的《中学校数学科教授要目》的制定产生了直接的影响.而 1904 年,清政府颁布的《奏定学堂章程》中的中学堂算学各科的课时分配,与日本《中学校数学科教授要目》相仿.

2.2.2.3　民国时期的数学课程

从 1911 年辛亥革命推翻清朝,到 1949 年中华人民共和国成立前夕,这个时期的教育称为"中华民国"教育时期.在这个时期,我国教育部门对清朝体制进行了全面改革,试图反映资产阶级民主教育的要求,这个时期的数学教育深受欧美数学教育的影响.下面以 20 世纪 20 年代至 40 年代的数学课程为例进行分析.

1919 年,我国发生著名的五四运动,这是进步知识分子发起的反帝、反封建的爱国运动.在五四运动的推动下,教育界积极参加新文化运动,组织了学术团体,推动我国中小学学制改革.1922 年,教育部公布了《学校系统改革令》,形成了学校系统的新体制,称为壬戌学制.这个学制将小学和中学改为 6 年,它是模仿美国的学制而制定的,基本沿用到 1949 年.1923 年教育部公布了课程纲要,纲要规定了初中数学讲授算术、代数、平面几何,高中数学讲授平面三角、高中几何、高中代数、平面解析几何;1932—1933 年,公布了各学段的数学课程纲要.

这一时期数学课程受欧美影响主要体现为:美国教育家杜威教育思想的影响,美国数学教育家史密斯关于数学教师培训教材的进入,以及德国数学家和数学教育家克莱因的数学教育思想的传播.

美国教育家杜威的影响

民国初年,美国教育家杜威的教育思想通过蔡元培、黄炎培的介绍传入中国.五四运动前夕,陶行知、胡适等中国学者对杜威的学说做了大量的宣传.杜威来华在中国各地作巡回讲学,将其实用主义教育理论在中国的传播推向高潮."教育即生活""学校即社会""从做中学""教育是经验的不断改组改造"等格言在中国广为流传,杜威的教育著作相继被译成中文.杜威的实用主义教育理论成了壬戌学制的重要理论基础.这种"六、三、三"的壬戌学制发挥了平民教育的精神,重视职业教育,重视个性发展,重视生活教育,重视教育的普及,同时也体现杜威教育思想的设计教学法和道尔顿制,使杜威的实用主义教育思想在 20 世纪 20 年代的中国被广泛用于教育实践之中.

这些思想也体现在 1923 年公布的新学科课程纲要中,如初中数学采取了各数学科目混编的方式,把算术、代数、几何、三角混编,统称为算学,首次明确了初中数学的教学目的、内容和方法.但是高中数学仍然实行分科教学,三角、几何、代数、解析几何的课程纲要分别被制定公布.[31]

初中算学课程纲要的目的包括:使学生能够依据数理关系,推求事物当然的结果;供给研究自然科学的工具;适应社会上的生活需要;以数学的方法发展学生的论理能力.相应地,初中算学以初等代数、几何为主,算术、三角辅之,采取混合的方法.具体包括:

算术——四则运算,质数,因数,约数及倍数,大公约,小公倍,分数,小数,比及比例,乘方,开方,求积,利息.

代数——符号,式与项,正负数,四则,一次方程,因数,倍数,分数,联立一次式,二次方程,联立二次式,指数,比例,级数,对数,利息.

几何——公理,直线,角,垂线,平行线,三角形,平行四边形,多边形,平圆弦切,作图,面积,比例,相似形.

三角——角之量法,正负角,弦切割各线,浅近公式,边角相求,三角应用大意.

美国数学教育家史密斯的影响

20世纪30年代,欧美数学教育、数学史著述不断传入中国.《初等数学教学法》是美国数学教育家史密斯撰写的3部著名的数学教师培训教材之一,该书采用了发生法和分析法相结合的写法,内容有:[32]

教授算术的历史原因;今天为何教算术;算术是如何发展的;今天的算术教学;代数学的发展;代数学:为何教、教什么;代数中的典型部分;几何学的发展;几何是什么;几何基础;几何中的典型部分.

道弥翻译了其中的代数部分,发表于《中等算学月刊》1933年第5~8期.史密斯至少有3种教科书《实用算术》(1911年)、《平面和立体几何》(1911年)、《大代数》(1913年)相继在中国重印.此外,德国数学家希尔伯特(D. Hilbert)的《几何原理》、美国数学史家卡约黎(F. Cajori)的《初等算学史》、史密斯的《西洋近世算学小史》等中译本相继出版.

从20世纪30年代开始,《三S几何》《范式大代数》等美国数学教科书的原版或者中译本被广泛用于中国各地的中学.该教材以严谨的理论和丰富的材料著称.杨振宁先生1944年秋在西南联合大学附属中学任教时,教的就是《范氏大代数》.

德国数学家克莱因的影响

20世纪40年代,德国著名数学家和数学教育家克莱因有关数学教育的思想也传入中国.克莱因的数学教育名著《高观点下的初等数学》非常强调历史发生原理,即强调个体数学理解的发展遵循数学思想的历史发展顺序.关于历史发生原理可以上溯到法国哲学家孔德(A. Comte)的著述,孔德认为,"个体教育必然在其次第连续的重大阶段,仿效群体的教育,在感情上如此,在思想上也是如此."[33]孔德坚信,人们只有通过考察一种知识的历史发展,才能理解这种知识.英国教育家斯宾塞(H. Spenser)据此指出:"对儿童的教育在方式上和顺序上都必须符合历史上人类的教育,换言之,个体知识的发生必须遵循人类知识的发生过程……因此,在确定正确的教育方法时,研究一下人类文明中的方法,有助于为我们提供指南."[34]19世纪末20世纪初,包括克莱因在内的数学教育家普遍接受了这一原理,克莱因并将这种思想渗透在《高观点下的初等数学》著作中.余介石与倪可权在合著《数之意义》时,不仅引述了克莱因的《高观点下的初等数学》第一卷的文字,而且将历史发生原理具体运用于算术教学,他们强调"观乎数系完成之历史,中等算学教师有可以借镜者数事".他们具体指出,对学生灌输高度抽象的观念如负数、虚数时,"不可求一蹴而就,必须以实例说明其意义,借应用以表露其功能,徐徐反复申述之,能使学生明了其效用与需要,而获得牢固之印象,与透彻之认识.""支配各种数之运算之规定,率皆先由经验事实之暗示,更经逻辑法则之整理.换言之,即直觉发其端后,再由推理之力组织之;前者为心理程序,后者为逻辑程序,教者宜察学童程度,而善运用之."另外,"教师对于学理,必须考其在历史上发展之象迹,以觇人心认识之程序与限度,应可因时制宜,善为说理,即不致使初学难以猝通,亦不至养成其谬见或误解."[35]

这大概是中国数学教育家第一次探讨数学史与数学教育之间的关系.这些思想与克莱因的数学教育思想不谋而合,他在《高观点下的初等数学》著作的第一卷中强调,"我认为,尤其是未来有前途的教师……你们一开始执教,就会面临那些流行的观点,如果缺乏判断能力,如果没有掌握数学的直观成分以及它与邻近领域的重要关系,如果不了解历史的发展,你们的脚跟就站不稳.那样的话,你们或者会退缩到最现代的纯粹数学的阵地上,使中学生不能接受,或者屈服于攻击,把你们在大学里学的东西都收起来,甚至使你们的教学内容淹没在传统的习题之中."[36]

数学课程本土化的努力

1922年,教育部公布了《学校系统改革令》,形成了学校系统的新体制,称为壬戌学制.这个学制将小学和中学改为各6年,基本沿用到1949年.1923年公布了课程纲要,初中数学讲授算术、代数、平面几何,高中数学讲授平面三角、高中几何、高中代数、平面解析几何.学制的改革,增加了几十万高中生,但他们当时没有适当的中文课本可使用.如果继续使用国外教材,昂贵的书价对经济落后的中国来说不堪重负.面对这种状况,我国著名的前辈数学家和数学教育家、北京师范大学教授傅种孙于1929年联合北京高等师范学校(现北京师范大学)附中教员,集股筹款,创设厂甸师大附中算学丛刻社.[37]一方面影印一些流行较广的大学及高中英文数学课本,按中国书市价格出售,使得大学生、中学生有能力购买,丛刻社也有一定收入.另外一方面,傅种孙用丛刻社的盈余,聘请专家,编写初、高中数学课本,他自己任总主编,开启了近代数学课程的本土化建设.傅种孙亲自审查每本课本,到1935年,除高中代数外,已经全部问世.这是我国最有深远意义的一套数学教科书.傅种孙亲自编著《高中平面几何》,于1933年初出版.在这本教科书中贯穿着严密的公理法思想,讲解透彻而细致,使学习者不但能对平面几何有更好的理解和掌握,并且能对进一步学习现代数学做好思想方法上的准备.

在数学课程本土化建设的过程中,傅种孙倾注大量精力.从20世纪30年代至50年代为培训高等师范教师和中学教师做了大量工作.他针对教师在教学中感到难讲或易于忽略的很多问题和要点,给予精辟的讲解和学习及教学方法上的指导.例如他在1935年北京师范大学主办的中学教师暑期讲习班上讲授"扩张与因袭",生动又严谨.他开篇指出"中学数学教师们领着学生走一条康庄大道:'由整数走向分数,由正数走向负数,由有理数走向无理数,由实数走向虚数'.这是在那里扩张数系."在讲授中傅先生以例说理,指出"凡是一个命题,在辨别是非之前,必须将其中所用名词的意义规定明白."[38]针对几何内容,傅先生也讲授了不同的专题,例如"比例与相似形",[39]"求积术与割补法"等.[40]

§2.3 现代中学数学课程发展的初期

20世纪60年代发生的"新数运动",开启了数学课程发展的现代化进程.在现代数学课程发展初期,荷兰著名数学家、数学教育家弗赖登塔尔(H. Freudenthal),不仅对数学课程发展现代化提出自己的独到见解,而且对数学教育的方方面面作出特殊贡献,成为这个时代数学教育的领袖.他的理论与实践影响着各国数学课程的发展.

2.3.1 西方的弗赖登塔尔时代

弗赖登塔尔是著名数学家布劳威尔(L. J. Brouwer)的学生,早年从事纯粹数学研究,以代数拓扑学和李群研究方面的杰出工作进入国际著名数学家的行列,曾任荷兰数学会的两届主席.作为国际著名数学家,弗赖登塔尔非常关注教育问题,他的一系列数学教育著作,影响遍及全球.1954年起担任荷兰数学教育委员会主席,1967年担任国际数学教育委员会(ICMI)主席,1969年发起在法国里昂举行第一届国际数学教育大会(International Congress on Mathematical Education,简称ICME),创建并主编《数学教育研究》期刊(*Educational Studies in Mathematics*,简称ESM),被公认为国际数学教育界的领袖,开创了一个数学教育的弗赖登塔尔时代.[41]

2.3.1.1 弗赖登塔尔的数学生涯

弗赖登塔尔出生于1905年,1923年在德国柏林大学开始其大学的学业生涯.在那个时代,柏林大学是除哥廷根大学外的又一个学术圣地,弗赖登塔尔不仅聆听到著名科学家的课程或者演讲,例如数学家施密特(E. Schmidt)、物理学家布朗克(M. L. Planck)、物理学家爱因斯坦(A. Einstein)等,而且有幸与受邀前来讲座的著名数学家布劳威尔(拓扑学不动点理论的开创者)结识,并于1930年成为他的助手.1927年夏季学期,弗赖登塔尔游学巴黎,聆听哈达玛(J. S. Hadarmard)、朱莉娅(G. Julia)的课程或讲座,丰富的学术思想汇集到弗赖登塔尔身上.返回柏林大学后,他获得攻读博士学位的机会,选择了当时的热点研究问题拓扑空间与拓扑群作为自己博士研究方向,1930年通过博士论文答辩,对拓扑空间的紧性进行开创性研究,创立了 Freudenthal 紧性等概念,成为世界著名的拓扑学家.他先后在阿姆斯特丹大学和乌得勒支大学从事数学研究以及教学.弗赖登塔尔在大学的数学教学给学生们留下深刻印象,抽象数学不再远离他们的理解.[42]这是弗赖登塔尔朴素教育观的最好例证,他解释说:"我一生都是做教师,之所以从很早就开始思考教育方面的问题,是为了把教师这一行做好."[43]

2.3.1.2 弗赖登塔尔的数学教育生涯

弗赖登塔尔对教育的思考和研究的精力也倾注在中小学教育上.早在 1936 年,他组织了著名的"数学教育研究小组",成为荷兰数学教育研究的领头人.[44]那时这个小组每周末都聚集在弗赖登塔尔家里讨论与数学教育发展关系密切的问题.第二次世界大战期间,战争使得研究小组的活动无法进行,但弗赖登塔尔利用教育两个儿子的机会,系统地阅读了所有与小学数学内容有关的算术、比例等方面的出版物,其中包括教科书、教学参考材料,以及一些重要的关于算术教育的教材教法理论书籍等.同时他运用数学和数学史方面的知识把所有这些出版物都"过滤"了一遍.结合自己对学生学习过程的观察,他在那个时期就已经得出结论:儿童不可能通过演绎法学会新的数学知识,他对传统教育的目的提出质疑.

确立"现实数学教育"思想

弗赖登塔尔撰文提出,传统的数学教育往往使"大多数学生不知道如何把他们从课堂上学到的数学知识应用到物理和化学学习中去,也不知道如何在与他们息息相关的日常生活中应用课堂上所学到的数学知识".他指出产生这种情况的原因在于,传统数学教育采取的是培养数学家的教育模式.在内容上,它提供给学习者的是一些正规的数学系统和现成的数学结果,"虽然这些系统是完美的,但同时也是封闭的,封闭到没有出口和入口,完美到机器亦能处理.一旦机器都可以介入,人的作用就不重要了".[45]对这样的内容只能采用"灌输"式的教学方式,学习者的参与只能是被动的.这类似于把学生训练成计算机,只能被动地执行程序,缺少主动性和创造性.

弗赖登塔尔指出,需要发展一种新的数学教育,以完全不同的观点认识作为教育的数学和数学学习.他强调,数学是一项人类活动,作为教育的数学也要作为一项人类活动来对待."人所要学习的数学不是那些封闭的系统,而是作为一项人类活动的数学,是从现实生活开始的数学化过程……作为人,学生具有潜在的再发现能力."数学教育应当发展这种潜能,使学生头脑中已有的那些非正规的数学知识和数学思维上升发展为科学的结论,实现数学的"再发现"(reinvention).根据这样的观点,数学教育不能从已经是最终结果的那些完美的数学系统开始,不能采用向学生硬性嵌入一些远离现实生活的抽象数学结构的方式进行.数学教育应当从学生熟悉的现实生活开始,沿着数学发现的活动轨迹,从生活中的问题到数学问题,从具体问题到抽象概念,从特殊关心到一般规则,逐步通过学生自己的发现去学习数学、获取数学知识.得到抽象化的数学知识之后,再把他们应用到新的现实问题上去.数学教育应当是引导学生重复人类数学发现的过程,实现数学再发现再创造的教育.弗赖登塔尔的这些思想,构成了现实数学教育的思想基础.在他的指导和推动下,荷兰卓有成效地实现了从传统数学教育到现实数学教育的改革.与其他许多国家数学教育改革中曾经出现的轰轰烈烈、大起大落的情形不同,荷兰的数学教育改革一直以平稳、渐进的方式进行,"于悄悄然之中完成了数学教育领域里的一场革命."[46]

挑战"新数运动"的课程改革

20世纪60年代,"新数运动"的数学课程改革处于高潮,弗赖登塔尔对此提出质疑.他指出,新数运动的倡导者虽然是著名数学家,但他们对教育方面的问题知之不多,其中有的数学家此前从未做过任何数学教育方面的研究工作,由这样的数学家来主导如此重大的数学教育改革是不妥的.另外,他认为,作为"新数学"的出发点,诸如集合、逻辑、关系等知识内容过于复杂和抽象,不适宜在学校教育中引入.弗赖登塔尔以他丰富的数学教育研究实践为依据,提出数学课程应当首先让学生知道他们面对的内容是什么,给学生留出可以思考和可以动作操作的空间,如果内容本身像"天外来客"般让人感到无法琢磨,学生不知道该怎么做和怎样思考,就会感到茫然和无能为力.[47]

受"新数运动"的影响,荷兰政府也组建了"数学课程现代化委员会",并开始进行师资培训,计划在中小学引进"新数学".弗赖登塔尔对此明确表示反对.他指出,数学教育现代化与"新数运动"是完全不同两回事,"……不是因为我不喜欢现代数学,而是不喜欢把引进现代数学素材作为第一位的任务,我渴望看到的是数学教育的全面改革……"[48]弗赖登塔尔就科学的数学和作为教育的数学的不同功能进行客观和有说服力的分析,他指出,确实现代数学是强大的,因为仅仅一小块现代数学,就可以解释和说明科学和现实中许多浩繁复杂的现象,经常是几个结构简单的数学公式,就可以给出关系国计民生大计的问题解决模式.现代数学的高度抽象性使其应用领域日趋广泛,但这些只体现了现代数学的一个方面.另一方面,抽象就意味着远离现实,数学家往往认为,现代数学的力量就体现在它可以脱离产生自己的现实情景而独立存在这一点上.而学校教育究竟应该如何处理抽象化与现实之间的关系?"新数学"主张,在学校里应该教授那些作为最终结果的抽象数学结构,这些数学内容经过精心组织与安排,便于向学生大脑传递.弗赖登塔尔则认为这种传递更多是"灌输",学生对学习的参与只能是被动的,它是一种类似于把学生训练成计算机的教育模式.弗赖登塔尔提出应该向学生讲授那些从丰富的现实情景中抽象出结构的数学发现过程,让学生经历形成数学系统化的活动过程,而不是学习系统化的最后结果.数学教育不能从已经是最终结果的那些完美的数学系统开始,应该相信学生的思维和行为方式已经具备了某些教师甚至研究人员的特征,让他们重复人类数学发现的活动是完全可能的,因此数学教育重在让学生经历人类数学发现的活动轨迹,通过自己的发现去学习数学,获取知识.

在"新数运动"的重大改革面前,弗赖登塔尔没有盲目附和,而是采取了一种冷静和客观的分析态度.他对"新数运动"的分析和评价最终被实践证明,他对荷兰本国数学教育改革的平稳发展作出巨大贡献,在国际上也受到尊重.

对"认知结构"理论的质疑

弗赖登塔尔在长期的数学教育研究实践中,逐步形成了一套适应儿童心理发展、符合教育规律、经得起实践检验的现实数学教育思想体系.其间,弗赖登塔尔也对皮亚杰(J. Piaget)的认知结构理论进行研究,他高度评价皮亚杰从心理学角度对儿童所作的观察.但是弗赖登塔尔对皮亚杰的研究对教学法有贡献持怀疑态度.他认为皮亚杰事实上并没有处理任何与儿童数的概念发展有关的实质问题.

皮亚杰的认知结构理论假设一种知识的结构是可以被建构的.以自然数为例,皮亚杰试图发现不同年龄的儿童是如何了解自然数和建构自然数的知识结构.然而,他所选中的自然数就其知识结构来说,是那个时期最高级、最艰深的知识结构之一,因为支配自然数结构的基础是基数理论,具体数的计算反倒无关紧要.在"新数运动"的课程改革中,人们以皮亚杰的儿童认知理论为依据,提出应当基于康托集合论中等势的概念在幼儿园进行数的教学.弗赖登塔尔描述了他所经历的教学片断:教师在黑板上用不同颜色在两个集合的元素之间画连线,以便解释什么是一一对应,但却不提如何计数和计算的问题."新数运动"最后以失败而告终,在弗赖登塔尔看来,这足以说明以皮亚杰的理论设计这样的教学是不足取的.

再看另外一个例子,皮亚杰认为儿童认知发展是由"贫乏(poor)"的结构到"丰富(rich)"的结构,即由构造简单结构到构造复杂结构,弗赖登塔尔认为事实上恰好相反,他以几何为例加以说明.克莱因已经在爱尔兰根纲领中给出了几何的层次结构拓扑的,投影的,仿射的和欧几里得的,用弗赖登塔尔的话说,这就是一个由"贫乏"到"丰富"的结构.因为任何人都会同意,儿童对几何的认识是从画不规则的圆开始.既然儿童差不多都可以在标准的圆和其他不那么标准的圆之间作出区分,是否就意味着小学的数学课程应当从拓扑问题开始呢?弗赖登塔尔对皮亚杰认知结构理论的质疑应该是有意义的.同时对皮亚杰的研究也使得弗赖登塔尔更加清楚地意识到,对数学教育应该采用更为实践的策略,而不是以过于理论的方式.[49]

弗赖登塔尔一生发表关于数学教育的著述数百篇,其中包括已有中译本的《作为教育任务的数学》(*Mathematics as an Educational Task*,1973)和《数学教育再探——在中国演讲》(*Revisiting Mathematics Education,China lectures*,1991),以及《播种和除草》(*Weeding and Sowing*,1978),《数学结构的教学现象学》(*Didactical Phenomenology of Mathematical Structures*,1983)等.尤其是《数学教育再探——在中国演讲》让我们回忆起 1985 年 80 岁高龄的弗赖登塔尔访问中国时感人的场面,他那些充满新观点并极具感染力的演讲成为我国数学教育研究的宝贵资源.

2.3.2 现代中学数学课程初期的特征

20世纪科学技术呈爆炸式发展,前50年取得的研究成果比过去2000年的总和还多,航天技术、原子能技术、电子计算机技术的相继出现标志着新一轮技术革命的兴起和发展.第二次世界大战中微波雷达导弹、原子弹等新式武器的巨大威力,使人们意识到科技与国力的密切关系,科技的变革对劳动者的数学素质提出了新的要求,人们开始重新审视数学教育,对数学教育提出现代化的要求.

19世纪末20世纪初,数学也发生了激烈的变革,在集合论的基础上产生出结构数学的庞大领域.随着集合论的出现数学涌现出大量新学科、新分支、新理论.抽象代数学、代数拓扑学、代数群理论、泛函分析等新分支展现出强劲的生命力;数学也不再只是解决特殊问题、寻求特殊算法的学科,而是在结构的概念下有统一对象、方法、独立问题的独立学科;它不只研究数与形,而是主要研究各种结构,特别是代数结构、拓扑结构、序结构;数学内容日趋复杂、抽象,数学的应用也日趋广泛、重要,数学几乎涉猎所有自然科学、工程技术、社会科学、人文科学.数理逻辑、抽象代数、测度与积分论、拓扑学、泛函分析等五大学科的诞生标志着数学从以"算"为主过渡到以研究结构为主.20世纪50年代,布尔巴基学派以结构来统一数学的思想倍受数学界、教育界、心理学界关注.

布尔巴基学派用结构化的方法来研究数学,即把数学按照结构的不同而加以分类,用公理化方法抽象出各个学科的各种结构,找出数学分支间的结构差异.这种观点认为数学的发展,就是各种结构的建成和发展,最普遍、最基本的结构只有三类,即代数结构(algebraic structure)、序结构(order structure)、拓扑结构(topological structure).

(1) 代数结构:由离散性对象加运算构成的结构系统,如群、环、域、代数系统、范畴、线性空间等.

(2) 序结构:如有序集、全序集、良序集等.

(3) 拓扑结构:如拓扑空间、连续性、紧致集、列紧空间、连通集及完备性空间等.[50]

科学与数学的现代发展,引发了数学课程的现代化运动,也称为数学课程发展的"新数运动".世界上不少国家在"新数运动"时期,提出课程改革方案,首当其冲的是对课程内容现代化的思考与改革,形成了一个个"新数运动"的期望课程.

让我们看课堂中曾发生的一幕情景:

老师提问:"为什么$2+3=3+2$?"

学生毫不犹豫地回答:"因为他们都等于5."

"错!"老师纠正道,"正确的答案是:由加法交换律而得."

这是典型的"新数运动"时期的数学课堂,那么何为"新数运动"? 我们称20世纪50年代开始的数学教育现代化运动为"新数运动".新数运动的核心是把中小学数学教学内容现代化,要求从中小学起就要用现代数学精确的数学语言传授公理化的数学体系.

但是不少国家由于各种不同的因素,在实施课程过程中遭遇障碍."新数运动"课程实施被搁浅,对这次课程改革人们习惯于用"新数运动的课程改革以失败而告终"来评价.但是从积极意义上看,这次"新数运动"课程改革激发了人们数学课程发展全面而深刻的思考.

下面将主要从国别角度,进一步剖析相关国家在20世纪50年代至70年代中期的课程发展,这一阶段的数学课程发展被打上"新数运动"的烙印,不同国家都提出各自数学课程发展的理想,同时又有着体现各国文化、政治、经济等烙印的课程发展现实.因此本章将回溯若干国家在"新数运动"时期数学课程改革的政策、方法、内容和结果,并分析影响数学课程发展的相关因素.

2.3.3 苏联的中学数学课程发展

2.3.3.1 数学课程发展的背景

苏联20世纪60年代至70年代的数学课程发展与柯尔莫戈罗夫(A. Kolmogorov)这个名字紧紧相连.柯尔莫戈罗夫被称为数学课程改革的领袖,他是那个时代数学课程改革的决策者和引领者,同时又是课程实施的积极推进者.

课程发展的领袖人物

柯尔莫戈罗夫是20世纪苏联最杰出的数学家,也是20世纪世界上为数不多的几位最有影响的数学家之一.他的研究几乎遍及数学的所有领域,作出许多开创性的贡献.他不仅在数学研究领域有着世界性影响,而且还关注儿童如何成为科学家.当时作为莫斯科州立大学的教授,他特别注重学生的培养,期待学生成长为有影响力的科学家.他提出成为科学家的学业途径是"大学—研究生—科学家"这样一种金字塔形,而这种金字塔需要扎实的基础,因此他特别关注天才儿童的成长,并且亲自在培养智力超常儿童的高中学校从事数学教学.他经常表述这样的观点:"相信每个人的发展会暂停在某个年龄上.心理年龄越小,这人就越聪明."[51]每当人们问他年龄时,他的回答是14岁.他希望自己永远处在发展的年龄上,有助于自己不断地发展,这是他自信又善于自我反省的表现.这种人格特质影响着他日后所进行的教育改革,他善于反思自己作为学生和作为教师的经验.20世纪30年代中期,应《苏联百科全书》主编的邀请,他撰写了好几篇关于数学的文章,其中一篇全面地分析了数学学科的发展和方法论,体现了他对数学本质的认识,也是日后数学教育改革的基石.

苏联有着培养英才儿童的优秀传统.1935年苏联举办首届中学生奥林匹克数学竞赛,柯尔莫戈罗夫积极指导学生参与竞赛,并建立了"数学圈"组织,也称为中学生数学俱乐部.20世纪50年代末,这一俱乐部演变为"青年数学学校"(也称夜校).他邀请高校的数学专家担当青年数学学校教师,致力于培养有数学特长的英才儿童.20 世纪 60 年代初,他又协助组织了苏联的数学奥林匹克竞赛,并担任竞赛委员会主任.

在培养数学特长儿童的过程中,他深刻认识到其他理科学习对天才儿童发展的重要意义.1963 年在他的积极努力下成立了"物理数学学校",附属于莫斯科大学,至今该学校还以他的名字命名.柯尔莫戈罗夫在这个学校从事课程改革与教学工作近 15 年,一方面亲自编制教材,向学生介绍数学各领域的发展;另一方面亲自办暑期学校,为"物理数学学校"挑选学生,为学生组织丰富的郊游、文学以及艺术活动.

到 20 世纪 60 年代初,他已经积累了丰富的数学教育经验,尤其是开发天才儿童的数学课程.其实早在第二次世界大战前他就为 5～6 年级的学生编写数学教材.柯尔莫戈罗夫的数学教育改革理想,引领着苏联这段时期数学课程的发展.他的改革理想强调:要用某种适合 14～16 岁学生的方式来表述数学的逻辑基础,开发适合他们这个年龄段的课程资源;要化解纯数学家的"严格"方法与纯推理的"非严格"方法之间的差别,这需要应用数学家、物理学家和工程师共同参与.柯尔莫戈罗夫的第一个理想在数学课程改革过程中得以实现.

课程发展的社会文化背景

20 世纪 60 年代初,苏联处于社会、经济与科技发展的高峰期,这为教育发展创造良好的氛围.社会各阶层都尊重教育、关心教育.除中小学教育机构外,大量的夜校也应运而生,为成年人的继续教育提供机会,也为人们多样化才能的发展提供平台.政府提供足够的经费建设学校的硬件和软件,同时提供经费用于教师的培养与培训.面向学生、教师以及各种教育机构的出版社也不断增加.另外,因为第一颗人造卫星上天,第一架载人飞船上天,人们对科学与技术充满信心和关注.政府尤其关心数学与科学教育,因为社会的首要任务是培养国防工业人才.

另外,苏联在这个时期也非常关注高中毕业生入大学继续深造的人数与高质量教师培养培训之间的平衡.只有高质量的教师队伍才能培养高质量的学生,教师受到全社会的尊重,因此当时许多优秀人才加入教师队伍.

师范教育学院以及继续教育研究所等都以培养高质量的未来教师作为目标,因此设置教师培养课程时既重视现代数学知识的传授,包括大量的初等几何知识,又重视设计工作坊式的课程,研讨数学教育中的问题解决等专题.这些课程也为优质教师的培养提供了保障.

在学校课程发展方面,主要是重视数学教材的开发,注重将计算能力的培养与问题解决结合起来,这些问题是相对复杂的,但有助于培养学生的学术能力.例如,雷布金(Rybkin)著名的几何问题教材,包括了相当困难的问题,主要是发展学生空间想象力和逻辑推理能力的立体几何问题,还包括算法技能和知识的学习,也是通过尺规类问题得以训练的.这些问题包括代数和三角积及表达式的转换,或者将表达式转化为对数形式等.当然不是所有学生都能达到教材的要求,但是进入高校深造的学生需要训练这些问题解决,因为大学入学考试就是基于这类课程的.

苏联对(高中)数学课程的高要求,也导致多元化教材的开发.1962年起,政府发布对教材展开评比竞赛的通知,评审委员会由莫斯科教育大学的著名数学教授们组成.最后获得金奖的是由科切特科娃(Kochetkova)等编写的高中代数教材,其中引进了微积分初步;获得第二名的分别是为6～8年级、9年级、10年级编写的几何教材,其中9年级的几何教材中包含了新的主题:几何变换和向量.这样的改革型活动受到来自不同群体的评论和批评,但是数学家和高校教师对此表示赞赏,建议引进微积分初步,分析几何以及向量代数,几何变换等.人们变革教学方法,尝试将这些现代数学的内容呈现并传授给学生.

2.3.3.2　1968年的课程改革

在这样的背景下,经过一系列的准备,1968年苏联正式启动数学课程改革.这是一次苏联整个学校层面的教育改革.

在正式启动数学课程改革之前,1965年初,苏联成立了学校教育内容发展中央委员会,隶属苏联科学院以及苏联教育科学院,委员会主任由教育科学院副院长担任.在这个委员会下成立各个分委员会,其中之一是数学分委员会,由柯尔莫戈罗夫担任主任.其他分委员会主任皆由苏联著名科学家担任,这预示着这次课程改革的目标在于:要让课程从过去的内容中摆脱出来,让课程内容更为严谨、科学.

数学课程改革的第一个文本是1965年公布的"8年制学校数学知识范畴(纲要)",该文本由国家科学院下属的数学教育分委员会成员制定,在制定过程中没有教育学者或者教师参与.该纲要没有详细规定哪个年级学习哪些内容,而是较为笼统地描述了8年级毕业时学生应该掌握的核心思想.以纲要的方式表述这次改革的要求,主要是希望有更多的人参与到课程改革的讨论中,并围绕"纲要"确定详细的内容要求.随后又发布了"9～10年级学校数学知识范畴(纲要)".

1965年出版了针对所有学科的"中学课程草案的解读",又持续了近3年的大讨论,这些讨论都是在数学家和科学家的引导下进行的,1968年在教育部的支持下,改革草案终于颁布.

这是一次较为激进的课程改革.在课程内容方面,引进了一系列新的数学主题,包括微积分初步、几何变换、向量和坐标.另外还专门向学生传授公理化方法.所有这些内容都是为课程的核心目标服务的,也即用科学与技术迅速发展时代重要的思想来丰富数学课程.另一个重要的目标在于提高解决问题的逻辑纯度.为了保证有足够的时间学习这些新的内容,意味着要放弃一些传统的内容.在这样的思考下,这些课程改革的决议主要包括:

小学数学课程从四年压缩到三年,而所有内容都保存下来.

取消作为独立科目的"算术".从 1～5 年级学习科目"数学",它包括算术内容以及为代数和几何学习做准备的材料.

在设置中学课程时,对不同的学生提出不同的要求,通过开设选修课程,学生可以根据自己的兴趣、志向和能力选择课程.由于课时数紧张,以及缺少有这方面教学经验的教师,取消了"复数"内容,也放弃了初等概率论和数学统计内容.另外,削减了传统上要学习的内容和性质,如三角恒等式、弦和切线的性质等.

通过有效利用新的方法,传统内容的表征也更为简洁,例如通过应用积分概念大大简化了锥体和球体体积公式的复杂求导,简化了球表面积的求导.

新的课程要求学生较早地学习初等集合论和数学逻辑,但是在课程改革过程中强调,要谨慎对待课程中引进的集合论以及数学逻辑的术语,是否在学校全面推广使用这些专业术语还在讨论中.[52]

改革的主要原则之一,数学教材需要建立一个更为精确和全面的符号与解释系统.柯尔莫戈罗夫直接将这与未来信息技术的不断发展结合起来,今后用仪器工作也需要精确性以及熟悉符号系统.

2.3.3.3 数学课程的实施

为了能在整个苏联实施这次课程改革,政策制定上还是采用自上而下的策略,苏联中央委员会发布改革指令,下属各地方中央委员会必须执行,再到各省市和地区委员会,在这过程中,也充分体现了中央集权的特点.在改革过程中,对不同层面实施课程改革有各种具体的要求.

课程改革过程中的教师培训也是自上而下地推进着,整个学术指导由中央教师继续教育研究所负责,对改革的学术研究,如学生知识的分析、教材的分析、教学方法的研究等,则由 1966 年成立的国家教育科学院负责,更为具体的是,由教育科学院下属的"教育内容与方法研究所"负责新试用教材的开发.针对数学课程改革,下属的数学教育实验室(相当于研究所)负责选择新教材实施的实验区,分析试验结果,指导相关测试,以及相应的教师培训.当时选择四个地区使用新教材."教育内容与方法研究所"有强劲的研究生团队,有不少教育学博士论文研究数学课程改革.

1970 年国家教育部又新成立科学方法评议会(Scientific Methodological Council),包括了各个学科分委员会,以便监督新教材以及教学参考用书的出版.柯尔莫戈罗夫被任命为这个评议会的主席.评议会成员由著名数学家、教育家和教师组成.这个评议会定期召开会议,审议来自不同教育机构或者地方教师继续教育研究所关于教材分析的文本.当时教材由世界上最大的出版社"Prosvescheinie"出版,该出版社也成立特殊委员会,专门分析研究来自下面的对教材的疑惑或者意见和建议,然后出版系列教师用书或者教学参考资料等.针对非俄语地区,他们将教材翻译为他们的语言,同时也为当地的教师编写相应的教材参考资料.

2.3.4 美国的中学数学课程发展

2.3.4.1 美国数学教育存在的问题

长期以来,美国数学课程变动幅度较小,远远跟不上科技的发展.美国传统教材在小学阶段强调计算,学生直到7、8年级才开始接触简单的代数和几何(例如常规图形的面积和体积公式),高一关注基础代数,高二学习演绎几何,高三进一步学习代数并学习三角学,高四则通常学习立体几何和高等代数.这种传统课程遭到了诸多的批评.

批评的一个核心聚焦点是:传统数学课程尤其是代数部分过分强调机械化的解题步骤,学生大多靠死记硬背的"法则"、模仿例题而不是通过理解来学习数学.例如分数的加法,学生在计算诸如 $\frac{5}{4}+\frac{2}{3}, \frac{3}{x+a}+\frac{2}{x-a}$ 时被要求严格按先通分后加减的步骤解题.优秀的课程和教师应该不遗余力地帮助学生去抓住这些步骤的基本原理,然而传统课程却没有太多关注理解.学生学习了大量的程序性知识(例如解一元方程、二元方程、多项式的加减乘除、根式的运算等),尽管这些程序性知识的掌握能够帮助学生进一步学习高等数学中的代数运算,但只注重"法则"的记忆使得学生无法灵活运用各种解题步骤.再者忽视数学的逻辑结构和系统性,人为地把数学课程分割成一些互不相通的部分,无法传递出数学的意义和精髓,学生也不能领会所学知识的意义.[53]

此外,传统数学课程的内容陈旧也受到批评.传统数学课程的大部分内容都是18世纪以前的知识,有些中学阶段仍强调的内容在20世纪已不再那么重要,例如三角学中某些知识、多项式求值的Horner法等,这些内容更适合教给致力于研究数学某方向的学生,而实际情况却是教师在没有证明的情况下花数周时间进行教学.

同时传统数学课程中存在一些逻辑问题.例如,学生被告知 x^2-4 可因式分解为 $(x+2)(x-2)$,但 x^2+4 和 x^2-2 却不能被分解.然而,如果我们将"数系"扩展到复数和无理数,上述两个代数式均可分解为 $(x+2i)(x-2i)$ 和 $(x+\sqrt{2})(x-\sqrt{2})$.这些逻辑上的瑕疵会影响学生对数学的进一步认识和探索.

最后传统数学课程很难激发学生的学习动机.学生不知道他们为什么要学分数运算、解方程、因式分解等知识,也不清楚数学对他们的生活有何意义,体会不到数学的美.传统教学中数学被认为是思维训练的体操,数学课程更多是枯燥的练习;数值运算、代数、几何和三角学中的一些内容自1900年出版以来就几乎没有变过;加之数学教材的编辑们认为科学的编写应该是抽象的、冷酷的、机械化的等,致使学生讨厌甚至害怕数学.

2.3.4.2 美国曾经的数学课程改革

20世纪20年代末,为了满足社会化大生产的需要同时也稳定移民潮动荡的社会秩序,美国掀起第一次基础教育课程改革.此次改革以现代教育派为基础,主要是以杜威为代表的实用主义教育理论的课程为主,打破学科界限,以生活中遇到的问题为中心,按照儿童心理发展而非逻辑的顺序来组织课程,强调学生通过社会活动而非书本和教师讲授获得知识.此次课程改革过于注重实用性,忽视基础知识的学习,学生无法掌握系统的知识,致使中小学教育质量日趋低下,遭到了美国教育家、科学家的谴责.[54]

20世纪50年代,美国开始了第二次基础教育课程改革.从1955年起,政府、基金会、大学一齐出动,又着手改革中小学理科课程.1957年,苏联率先成功发射人造地球卫星,这对美国冲击极大.美国为了经济、军事扩张,急需一批科学技术尖端人才,于是加大了科学技术教育改革力度.1958年,美国国会通过《国防教育法》,其中规定增拨科学教育经费,重点改进各级学校的数学、自然科学和现代外语(称"新三艺")的教学.[55]《国防教育法》明确提出"要选拔和教育许多富有才能的儿童,由于财政原因,使缺乏能力的学生不接受高等教育是必要的,同时要求大力更新学科的教学内容".[56]

数学教育改革首当其冲.美国的一部分数学家认为,中学里的其他科学课程,都可以反映20世纪的科学成就,如物理学的原子能,化学的各种新型塑料,生物学的遗传基因.但是,数学却只能涉及古老(特别是古希腊)内容,能够涉及17世纪的微积分已经非常"近代"了.那么数学如何反映20世纪的研究成果呢？研究的结果是,大幅度更换原有的数学内容,编写新的教材,大企业捐巨款支持改革,一时风起云涌,数学教育改革运动席卷西方世界,世称"新数运动".[57]

"新数运动"的很大特点是把20世纪的数学内容列入中学数学课程,例如:

(1) 电子计算机使用的二进制列入小学记数的要求;

(2) 使用抽象集合的表示方法,以集合、属于、包含、交、并等关系作为基础;

(3) 重视数系的结构,把交换律、结合律、分配律等反映数学结构的特征,以及群环域等结构,全盘引进中小学;

(4) 用数集之间对应定义函数,以取代"函数是变量依赖关系"的经典定义;

(5) 增加"数据处理"内容,让中小学生尽早接触随机数学.

在教学理念上也有重大变化.提倡采用发现法,认为"应当像前人发现科学规律那样进行教学".无论怎样高深的科学成就,都能够用智力上的某种适当方式向任何年龄的学生进行解释.

此次改革的重点是中小学课程内容和教学,主要采用结构主义主张,史称"学科结构运动".改革致力于学科知识结构、现代科学知识与旧内容的更替、学生主动学习及课程编制等问题;强调中小学课程的学术性、系统性;强调掌握各学科的基本概念、基本原理;强调发现学习.但是由于此次改革中的一些教材更多地反映学科发展及专家的要求,导致其内容过多过难,忽视了大多数学生的接受能力,加上20世纪60年代美国社会动荡不安的外因,致使改革未能达到预期目标.

2.3.4.3 "新数运动"的兴起

20 世纪 50 年代早期,美国的数学教育陷入困境,学生的数学成绩明显不如其他科目,甚至讨厌数学、害怕数学的情绪不断加重,受过教育的成人几乎连最简单的分数运算都不会.

1952 年,美国的本伯曼(M. Beberman)教授开始尝试开发新的数学课程,他们编写教材、训练教师、小范围做实验.1955 年,美国数学会介入,同年美国大学入学考试委员会(the college entrance examination board)为解决高中数学课程中的问题开展了大学预备数学项目(program for college preparatory mathematics).[58]

1957 年秋季,苏联发射第一颗人造卫星,西方各国受到了极大的震撼,政府和民众深刻意识到自己在数学和科学上的落后,并加大了数学课程改革的力度和资金支持.1958 年,在美国数学会和美国数学教师协会(National Council of Teachers of Mathematics,简称 NCTM)的支持下,由政府和基金会资助成立了"学校数学研究小组(SMSG)",其主要成员是一些大学的数学教授,他们筹集款项,动员全国数学教育界人士和舆论,大力推进数学教育改革工作,并于 1958—1959 学年组织较大规模的实验(共 100 位教师在 12 个不同地方为 7 年级和 8 年级教授 14 个课题),培训教师并出版教材.1960 年学校数学研究小组(School Mathematics Study Group,简称 SMSG)将"新数"教材推向全美;美国数学教师协会组织了 8 场局部会议,为各地学校的新数学运动提供指导;美国数学会 1961 年的报告《学校数学改革》指出:"我们正处于飞速改进学校数学的关键期,一般模式已经清晰化,必备的教学材料已在手头."[59]

由于当时人们将科技水平作为衡量社会进步的标准之一,数学对科技的作用使得"新数"很快席卷了全球.1959 年,欧洲经济共同体(Organization for European Economic Co-operation,简称 OEEC)成立了"科技人才组织(OSTP)",编写出《中学数学教育现代化大纲》.1960 年,日本数学教育会(Mathematics Education Society of Japan,简称 JSME)召开全国数学教育研究大会,提出数学教育现代化问题.1961 年,英国剑桥大学等一批学者和教师在南安普敦成立"学校数学设计组(School Mathematics Project,简称 SMP)",着手编写构思新颖、与传统数教材风格迥异的 SMP 课本.比较稳重的苏联,也于 1965 年成立了以柯尔莫戈罗夫院士为首的委员会,负责制定新的 4~10 年级的数学教学大纲,然后根据新大纲编写的课程终于逐步全面取代了使用达半个世纪之久的吉西略夫课本.其他如非洲、拉丁美洲、东南亚地区也都成立了区域性的机构或召开区域性会议来推进"新数".至 20 世纪 60 年代中期,"新数"确已汇成了一股洪流,它以汹涌澎湃之势冲击旧数,对今后数学教育改革产生了不可估量的影响.[60]

2.3.4.4 "新数运动"课程的特点

尽管教学活动的结果是由诸多因素共同导致的,但"新数运动"(以下简称"新数")却致力于数学课程(更多为教材)的改革.改革者们相信如果数学教材得到改进,数学教学将会取得成功."新数"的实质就是课程的现代化,由于受到了布尔巴基学派及布鲁纳的结构主义课程理论的影响,一些"新数"教材将"结构"奉为指导思想之一,将数学的基本任务定位成对该学科结构的根本原理作基本理解.因此有以下特点:

强调演绎推理

针对传统数学课程中学生通过记笔记、记忆解题步骤和证明来学习数学这一主要问题,"新数"认为逻辑演绎地教数学,将每一个步骤背后的推理都揭露出来能有效地促进学生理解.逻辑法过去常被用于几何的教学,即从定义、公理、证明出发,演绎出新的定理."新数"将其推广至数值运算、代数和三角学的教学.例如"新数"教材中负数的内容:首先让学生求方程 $17+x=21$ 的解,显然答案是 $x=4$;然后让学生解方程 $21+x=17$,以激发学生的学习负数的动机.为了解决该问题,教材给出一系列证明,

根据定义将 21 分拆为 $17+4$,则原方程改为:$(17+4)+x=17$,

由加法结合律,得 $17+(4+x)=17$,

根据 0 的定义,有 $17+0=17$,

所以由 0 的唯一性,得 $4+x=0$,

引入负数概念,$4+(-4)=0$,

所以,$x=-4$.

自此,学生在做负数运算时将有据可循,如计算 $(-2)+(-5)$.

学生先根据负数的定义得 $(-2+2)+(-5+5)=0+0=0$,

再由加法交换律和结合律得 $(-2+2)+(-5+5)=2+5+[(-2)+(-5)]$,即 $0=7+[(-2)+(-5)]$,所以 $(-2)+(-5)=-7$.

注重严密性

"新数"中的数学课程不仅遵循演绎发展,而且追求严格的演绎发展.改革者认为对每一个结论都需要详细证明,给出其所涉及的假设、定义、定理等,哪怕是一些显然的既成事实,如两点间的距离是唯一的,一条直线将平面分成两部分,三角形有一个内部和一个外部等,否则学生会被这些未提及的假设、定理等所困扰,影响他们的理解.

力求语言精准

"新数"的改革者指出,传统数学教材中语言的不精确和宽松导致学生严重的理解障碍,例如传统教材中的应用题:"彼得有 4 个球,乔有 5 个球,他们共有多少个球?"几乎所有人都能将题意理解为"彼得和乔的球数总和是多少?"并给出答案 9 个.而改革者不认为这样,学生有可能给出的答案是 0,因为他们两人没有一个球是共有的.为了精确语言,改革者引入集合语言,对每一个概念都精确定义,并重新定义了某些概念,例如:将题"求满足方程(equation) $x+3=5$ 的 x 的值"改为"求真伪未定的命题(open sentence) $x+3=5$ 的真值

集合(the truth set)";再如将传统教材中对变量的定义(变量是能被任何值替换的符号或字母)改为"变量是能被所给集合的任意元素替换的符号".改革者在这个过程中引入了很多新术语,例如传统教材中函数被定义为变量的对应关系,而"新数"的教材在函数部分先引入"序偶集"概念,然后将函数定义为序偶的集合.库尼(T. J. Cooney)和威尔逊(M. R. Wilson)检查了 1958 年到 1986 年间出版的 16 种美国高中数学教材,发现它们都把函数定义为序偶的集合或两个集合元素之间的对应关系.[61]

"自发性"的数学

"新数"将数学视为"自发性"的学科,即所有的数学知识可以不借助现实情景、自然科学等,仅由其内部发展成完整体系.例如分数的引入,可以在学生知道自然数的情况下提问学生满足 $3x=7$ 的 x 值是多少,给学生制造认知冲突,从而引入分数的概念,同理可以通过求 $x+5=2$ 的解来引入负数概念."新数"通过对学生已有知识提出不同情景下的问题来引出新的知识,他们认为这能激发学生的学习动机并建构出整栋数学大厦.这导致"新数"课程忽视现实情景,缺乏应用性,更多的是机械练习.

加入"现代"数学

"新数"精简了部分传统数学内容,数值计算、代数、欧氏几何、三角学和基础解析几何在"新数"中都有不同程度的压缩,同时"新数"引入了诸多"现代"数学的内容.主要有:

(1) 集合论:"新数"在集合基础上定义基本数学概念并且统一中学数学;

(2) 进制:"新数"要求学生学会不同进制之间的转换及四则运算,以期学生能进一步理解十进制及数值运算,并对计算机的学习有帮助;

(3) 同余:"新数"通过钟表上的计算引入该数论内容,要求学生理解同余概念并学会基本运算;

(4) 不等式:"新数"将该内容从大学提前至 9 年级代数;

(5) 矩阵代数:学校数学研究组(SMSG)将二次矩阵及其代数运算引入 12 年级;

(6) 简易逻辑、布尔代数:"新数"引入命题及命题关系以期学生学会逻辑推理;

(7) 群-环-域:学生不仅需要知道这些结构的概念而且要掌握其性质,一部分概念安排在小学阶段,大部分安排在高中四年级.

总之,"新数"运动在中学引进现代数学概念,使整个数学课程结构化、统一化、公理化、抽象化、现代化,同时精简了传统数学内容.

2.3.4.5 课程改革案例:SMSG

SMSG 课程目标

1958 年由美国耶鲁大学牵头成立学校数学研究组(SMSG),进行数学课程改革,它得到美国政府的支持和国家科学基金会的资助.SMSG 集中了一批数学家、数学教师、教育学家、心理学家以及政府和实业界人士,他们于 1959 年就已经完成并出版中学数学试用教材,经过数次试验和修订,1962年正式出版了新的7至12年级的教科书.SMSG还编写了教师手册、教师进修读物、学生课外书籍等配套资源.[62]

SMSG课程改革的目标是,使学生有能力在未来生活中进一步学习将来所需的新数学技能.为了达到这一目标,SMSG认识到,不仅给学生提供基本的数学技能,而且使学生对数学的基础知识和结构有更深的理解;另外课程要吸引更多具有数学天赋的学生;要给教师提供帮助,使他们适应数学课程的现代化特点.

SMSG教材基本特点

SMSG教材最基本的特点表现为用现代数学的思想和语言表达传统课程的内容.在"新数"背景下,SMSG教材用现代数学的思想(如公理化思想、结构化思想、代数化思想)和语言(如集合论语言、几何变换语言)精确、严谨地表达传统课程内容.例如在7年级和8年级,SMSG教材对运算、等式、不等式、方程等基本概念赋予了现代的数学意义.在传统课程中,通过具体数字的加、减、乘、除说明运算的含义,而SMSG则用抽象的数学语言定义运算:在集合S上的二元运算$*$是一个指派,它指派给S中的元素的有序对(a,b)一个唯一的S中的元素c.这个定义把特殊的运算或数的运算推广到一般运算.又如在9年级,初等代数不再是用来解决繁复代数问题的分门别类的技巧和常规的机械工程,而是用统一的基本代数结构来展示数学思想,发展代数技能.

SMSG教材的另一基本特点是通过课程内容的生动设计,吸引更多有较高数学天赋的学生学习数学,注重培养数学尖子人才.一些数学家设计好SMSG教材的基本内容的同时,附设了一系列数学专题内容的介绍.他们用浅显易懂、生动有趣且富有挑战性的方法向学生介绍一般学校不再仔细探讨的数学内容.另外也注意指出数学在物理、生物、工程技术等实践领域的最新用途,启发引导学生以数学为工具探究各种先进技术与成果的奥秘.

尽管在"新数"中,许多课程改革团体推出消除欧氏几何的方案,提倡通过变换的观点或代数化的方法介绍几何,但SMSG的编者则没有抛弃欧氏几何,而是对欧氏几何的公理体系进行适当修改,采取平面几何和立体几何同时并进的设计.另外,较早地引进度量思想,如线段的长度、角的测量、平面图形的面积;采用了实数系统的性质;引进了坐标几何.SMSG教材把几何内容分散到各个年级中,从直观介绍过渡到系统严谨的理论.

SMSG教材在出版初期(20世纪60年代)在世界范围内产生巨大影响,且在试验阶段也获得一定程度的成功.但随着时间的推移,人们认识到SMSG教材过于偏重抽象理论、公理化和演绎推理方式,脱离学校数学教学的实际,造成了大量学生的基本数学技能的低下.SMSG于1973年正式宣布解散,其所编写的SMSG教材随着"新数运动"的终结成为历史,20世纪70年代后美国的数学课程在"新数学"的基础上得到了进一步发展.

2.3.4.6 "新数运动"课程的缺陷

由于"新数"的教材中涉及许多大学数学的内容,人们认为参与"新数"的学生在大学数学的学习中占有一定优势,但从数学知识点的角度出发,对比大学数学和新数学中的相应部分发现,参与"新数"并不能对大学数学的学习带来好处,甚至可能产生负面影响.例如,本伯曼教授在1960年11月的演讲中就指出,把严密性引进几何是错误的.但遗憾的是,没有关于参与"新数运动"的学生进入大学以后学习情况的大范围调查.作为SMSG的支持人,贝格勒(Begle)教授提出许多重要的看法,比如:课程设计忽略了教学法;没有更长时间的计划和更大范围的实验.1966年,SMSG组织会议为新一轮的课程改革做出详细计划,但此后数年,计划执行情况不佳,并最终导致SMSG的解散.[63]

1974年,美国有关单位成立的数学教育全国咨询委员会发表调查报告认为新教材有许多地方应该修改.社会上关于"新数运动"的批评是多数学生对于抽象的内容无法接受,基础薄弱,课程只适用一般水平以上的学生和培养少数有才能的尖子学生,忽视了面向全体学生等.美国开始倡导"回到基础".

2.3.4.7 "新数运动"的反思与启示

反思

20世纪70年代,"新数运动"逐渐暴露出诸多不足和问题,人们开始重新审视此次改革,追寻失败的深层原因,明确改革新方向.

造成"新数运动"失败的原因是多方面的,1980年在美国伯克莱举行的第四届国际数学教育大会(ICME-4)将"新数运动"失败的主要原因总结为:(1)"新数运动"既没有系统地研究传统数学的优缺点,又没有很好地分析现代数学的背景和方法,仅将传统数学内容压缩、片面地引入现代数学概念,使得内容多而杂,跳跃性严重,时间不足.(2)现代数学内容增加太多、太深、太抽象,脱离教师和学生实际.大部分实验只面向少数成绩优异的学生,实验时间太短,内容不全面,然而实验结果的评估却宣称:学生有能力学习好新数学,并且在传统数学的技巧和知识方面表现良好,致使不少老师和学生不能适应.(3)"新数运动"是从大学到中学再到小学的自上而下的改革,改革不能切合实际需求,不宜接受和实施.[64]

究其深层原因主要有两个,一是"太过强调数学家的领导".数学课程改革离不开数学家的指导,但不是全权领导.因为一方面,20世纪初数学发展进入新阶段,数学已从自然科学中抽离为一门独立学科,很多数学家不再关心数学的应用性,仅在数学内部做研究.[65]近代数学的发展使得数学家的研究领域非常狭窄、专业;此外当时的数学家追求纯粹的抽象化、一般化、结构化、公理化及严谨性.另一方面,数学家不是教育家,他们容易从学科视角来看教材,缺乏课改必备的教学知识和技能;大多数学家不关注数学史和数学文化,更对学习心理学不感兴趣,他们更多注重数学本身的严谨性和逻辑性.因此本次课程改革致力于数学教材的改进,而数学家所写的教材缺乏情境性及应用性,加之单调、符号化的行文风格,抽象化、结构化的内容,致使数学更加难教、难学.[66]

二是当时的社会问题.为何存在诸多问题的"新数运动"能迅速传播且被广泛接受呢?

首先是课程项目的积极推广和充裕的资金支持,他们在没有大范围实验的情况下积极推广"新数",发表演讲、文章,指责"传统"课程,为"新数"打上与时俱进、至关重要的烙印;其次是当时的中小学教师、教育家由于对数学本身的崇敬和不了解,唯数学家马首是瞻,然而数学家更多关注这场革命带来发表文章的机会;再次是绝大多数中小学校长没有审度"新数"的能力,盲目追随改革;最后是教材的编辑和出版商仅将改革视为分割市场的机会,大力宣传新教材.

启示

尽管"新数运动"最终以"回到基础"而告终,但也为今后的课程改革提供了诸多启示.

● 数学教育与数学现代化

数学是一门具有严密逻辑体系,反映量与空间的抽象结构的演绎科学,但数学教育是人文教育中的一部分,中小学的数学需要置身于更广阔的文化背景下,让学生理解数学在社会文化中的角色,领会数学的价值并将数学与其他学科融会贯通.对此,中学的数学教育至少应该关注被"新数学"忽视的学生的学习动机、数学的情境性和应用性.再者,中学数学课程现代化是必要的,但同时也是一项需要循序渐进的系统工程,需要考虑其可行性,某学段的数学内容应该根据学生特点制定,教材编写和内容选取要照顾到不同层次的学生.

● 课程改革不能只关注教材

1957年以后,公众及舆论对"新数"的狂热促使数学教育的专家们又把兴趣从"如何教"转向"教什么",过分强调数学课程的内部逻辑结构,而教育是一个有机体,课程改革不能只关注教材.教师质量就是一个重要的因素,苏联提出"终身教师"口号;1982年科克罗夫特的报告中同样指出"提高数学教育质量必须解决的问题是:增加经过适当训练的数学教师,加强教师的就业前培训和在职培训".[67]

● 课程改革需协调各方力量

教育是一个社会现象,课程改革需要综合社会各界的力量,数学教育家、数学家及经验丰富的中小学数学教师都是直接参与者,而研究人员、心理学家、教育家等都能给予咨询意见,因此各力量间的协调非常重要.从"新数"看出,中小学教师才是改革的核心,数学家应作为参与者而非领导者,帮助一线教师扩张数学视野、提高数学素养、将前沿数学整合到课程中.

2.3.5 英国的中学数学课程发展

2.3.5.1 数学课程发展特点

从历史上看,英国反对儿童教育由国家管理,反对儿童教育为了国家.绅士们(并非教师)的教育理想是:追求整个心智和体力的和谐发展,为学生提供个性社会习俗之间的平衡.这一观点在许多改革运动中都曾有所体现.这意味着,课程改革不仅仅是重新编排学习内容,而且要充分体现相应的课程观念.斯宾塞提出,要把儿童训练得"不仅在智力上适应他们将面临的斗争,而且在体魄上也要经得起极度地消耗和悲伤".[68]

由于英国独特的学校体制,使得其改革与欧洲大陆相应的改革也存在很大差异.在1900年以前,英国的中学和小学教育的发展几乎是相互独立的,直到20世纪,国家才接管中等教育.在英国教育演变为国家掌握的过程中,并没有伴随着出现一个教育集权化的强大运动,行政事务落到基层教育当局手中,理论上讲,每所学校是受自己的课程控制,依然存在着具有很强"独立性"的教育体制.缺少中央行政当局,意味着新的思想和新的概念不可能在教育系统内得到及时的实现,或得到权威的支持,结果是多数改革的尝试在范围上受到限制,因而很少有机会或动力来发展综合性的课程理论,那些超越传统的改革很少具有连续性.

本节讨论的是英国20世纪60年代初的中学数学课程的发展,那个时代英国中学教育体制不同于现在的教育体制.1957年,英国的中学教育施行"三轨平行"制度,也就是说包括了三类中学:传统的文法学校,职业导向的技术学校,普通现代中学.而选择进入文法学校的学生必须在11岁参加一次选拔性考试,而到1977年三轨制的中学体制逐渐消亡,取而代之的是综合性中学制度.1957年,为学术性儿童提供公共考试制度,他们可以参加O水平和A水平的教育证书考试.从1977年开始,针对平均水平学生(普通学生)增加了第二个考试制度,即16岁中等教育证书考试.显然,1957年的教育制度与20年以后(1977年起)有很大差别,这当然也影响数学教育的发展.

随着20世纪60年代数学课程发展现代化思潮的兴起,1961—1962学年英国也启动了若干较有影响的数学课程改革项目.由于英国的控制权分散到中央的教育和科学部门以及几十个的"地方教育当局",这些机构不决定学校的课程,课程受到一定的限制,它掌握在主任教员及全体教职员手中.这里分析的几个课程项目就体现着这一制度特征,包括在世界上有一定的影响的学校数学项目(School Mathematics Project,简称SMP),中部地区数学实验(Midlands Mathematical Experiment,简称MME),当代学校数学项目(Contemporary School Mathematics Project,简称CSM),这些是由不同的教师群体发起并推行的课程改革项目,但都是为了学术性儿童参加O水平考试而进行的改革.每个改革项目包括准备自己的教学大纲,编制相应的课程内容集,为后续正式出版做准备.在组织形式上,这些项目有着较为突出的特点:[69]

(1) 地方当局没有对项目投入经费,教育部也没有给予项目支持或鼓励.

(2) 教学大纲和内容的编制主要由教师在业余时间完成(SMP获得企业赞助,使得项目协调员和主编安心研制课程,减免一些学校的教学任务;MME获得少量的支持,保证主编减免一年的学校教育任务).

(3) 开发对教师的培训课程(一周的培训课程)和编制教师指南,该指南突破原先"问题-建议"的模式.项目编著者在全国范围内讲课,也在两个学会(数学学会,Mathematical Association;数学教师学会,Association of Teachers' of Mathematics,简称 ATM)的会议上讲课;或者在地方当局、大学的教育学院等组织短期课程上讲课.

这三个项目准备的 O 水平大纲各有特色,但总体上还是相似的.在发展过程中,SMP 受到广泛的接纳,不是因为在教学大纲上有特别之处,而是因为编写团队有着丰富的经验和广泛的影响力,另外由于 SMP 有一定的经费支撑,在处理各类管理问题时更为有效率.

这三个课程项目都尊重英国应用数学的传统,避免美国以及其他地区出现的"新数运动"的现象.学校教师组成的编写组保证课程内容能够在真实课堂中教给学生,他们采用实践导向的设计.在英国,当时也没有人提出应该基于理论开发课程,如要反映学习水平,要考虑学科结构等.当然在"新数运动"时期,英国有些课程实验比较接近"新数运动"的思想,如斯旺西(Swansea)课程范式,其改革意图为,设计纯数学的 A 水平教学大纲(16~18 岁),反映数学的逻辑精确性,给学生介绍公理性理论.这个课程声明,可以给学生对数学本质的理解.其中的一本教材是"纯数学练习册",收集更多的是大学内容,而不是中学内容.那些对大学来说也比较难的内容,对中学生或者教师来说,当然不会太容易,这一课程改革逐渐消失.在此详细分析 SMP 课程发展.

2.3.5.2 SMP 数学课程的发起

SMP 的课程团队是 1961 年在英国南安普敦举行的一次数学教育会议上成立的.1961 年的那次数学教育会议(简称"南安普顿会议")重点是讨论学校数学课程问题,商讨如何确定课程开发团队、研制大纲(水平考试大纲)、教材等.[70] 与会的数学与数学教育研究者以及数学教师首先围绕学校数学教育展开研讨,各个专题发言直接揭示当时英国数学教育存在的问题."南安普顿会议"上揭示的数学及其数学教育问题,如,学校缺乏高质量的数学教师、原有数学教学大纲不利于激发学生数学学习的热情、高校数学课程过于抽象、仅为未来研究者设计而不是为未来教师设计等.与会者们也提出种种改革建议,例如为数学教师设计优质的专业培训课程、在高校应该设置更为基础的数学专业课程.会议上的意见和建议代表了不同利益团体(教师、高校数学家、教育管理者、出版社等)的观点,因此观点之间的互相矛盾也在所难免,人们认识到需要成立相关协调或协商委员会,以便让学校数学课程问题的解决落到实处.SMP 课程团队正是在这样的背景下诞生的,热衷于数学课程改革的数学家和学校校长组成课程团队核心组,同时 SMP 作为英国南安普顿大学数学系的立项项目获得企业资助.SMP 课程项目编写的 SMP 教材在课程改革运动中占有重要地位.[71]

2.3.5.3 SMP 教材的特点

SMP 编写了 3 套数学教材.SMP 的"O 水平"教材是为能力在前 20% 的学生开发的,同时也开发了教师教学方法指南.SMP 的"O 水平"教材是为有较高学习动力的学生所设计,并且由素质较高又有热情的教师来实施.这套教材的成功使得人们希望为中等能力水平的学生提供类似的教材.结果以"O水平"教材为基础,经过精简改写,为11～16岁的中等能力水平学生参加中等教育证书考试编写了另一套SMP教材——"主要学校"教材,共A至H八册,后来为适应学习这套教材的学生也可能参加O水平考试,又编写了与G册相衔接的X、Y、Z册,与课程配套的教师手册,教师指导用书和学生参考书、作业卡等."主要学校"教材影响也非常大,曾经在一段时期是英国唯一的最广泛被使用的教材.

这些教材具有的基本特点包括:编写者试图把数学看作一个学科的有机整体,突出各部分之间的内在联系,打破了算术、代数、三角、几何各自独立、互不联系的状况.SMP教材强调应用,重视数学在现实世界中的应用.SMP教材重视教材设计对学生的吸引力,为学生提供大量思考讨论的实验性材料与现实性问题,激发学生的求知欲望和学习热情.SMP教材在内容设计上采用多次出现、逐步深入、螺旋渐进的方法.下面详细分析SMP"O水平"教材和"主要学校"教材,从中可以看到这些特点的具体表现.

2.3.5.4 SMP的"O水平"教材

SMP探索可持续性的大纲改革

SMP的改革是逐步推进的,首先是变革大纲,而不是改革教材.SMP团队核心成员奎德林(D. Quadling)在一某份报告中介绍到,1962年SMP团队被要求编写O水平考试的新大纲,尽管当时还没有"新教材".他们努力在大纲编写时体现SMP教材可能涉及的数学教育理想,也即,数学教育要充分发挥社会功能,要挖掘影响现代社会发展的数学思想,要表现数学模型在不同情境下的各种应用形式.[72]因此在大纲编写过程中,他们充分考虑到线性规划、指数函数、统计、微积分的数值计算等.从SMP大纲的编写可见,SMP课程改革不同于国际上流行的强调抽象结构的数学课程改革.在15年间,SMP逐渐发生变化,教师教学指南也在改革中,但教材发展却相对稳定.这需要让教师感受到改革在推进,并且用时间对改革作出回应.

以1964年O水平大纲为例,它提出一般要求是:[73](1)考试更为强调理解简单的基本的数学概念及其应用,而不是测试冗长的操作技能.(2)重视清晰的表达和细致的推理,会理解符号$\Rightarrow$,$\Leftarrow$,$\Leftrightarrow$的正确运用,会区分说明与逆向说明的差异.(3)会用数学符号表述物理情境,会针对特定的问题判断精确程度.(4)建议会用刻度A、B、C、D的计算尺,几何工具,以及被认可的含公式的表格.(5)不要求知道圆的长方形性质,角二等分定理,毕达哥拉斯定理的扩展,函数的正割、余割或余切.如果有要求构造精确方法的问题,这种问题可能是用特殊的方法描述对称思想,或者轨迹以及它们的交点.(6)问题不涉及用配方或者完全平方公式解二次方程.紧接着大纲列出具体需要学习的数学内容.这种大纲是为那些达到O水平,今后不从事数学工作的人编写的.

SMP重思想、轻技能

英国高中有其特殊性.20世纪60年代左右,高中学生只需要学习三门主课程,即纯数学、应用数学和物理,还有体育和宗教教育以及若干小时的文化课程,另外,还有英语、法语和德语课程.事实上,许多聪明的有数学能力的儿童在16岁以后不一定学习数学,如让学生解答如下问题:

解方程 $x^2+x-1=0$.

传统上,他会回忆关于方程根的公式,然后一步步寻找答案,先因式分解,然后完全平方,最后解二次方程,这些是他记住的,并且反复操练的.如果学生16岁以后不学数学了,那么这些给学生带来什么？一般公民、银行管理员或者实业家何时才需要解这个二次方程？基于这些思考,SMP省略了用完全平方解方程,而是直接强调这些方程的一般式:

$$(x-a)(x-b)=0 \Rightarrow x=a, x=b.$$

在科学课程中,如果方程不能因式分解,可以通过作图法找到解,这是一个较为直接的和一般化的方法.类似地,SMP更强调数学思想,而不是操作技能.SMP认为,当学生需要时再学习并练习技能更为合适.当然,这是一个未经检验的想法.对好的教师来说,他们会根据O水平的数学需要,为学生创设机会训练他们的技能；而能力较弱的教师,比较依赖教材和测试卷,他们只教上面有的内容,没有的内容他们不教.从SMP的目标看,教师承担着非常关键的责任.[74]

SMP强调为数学激动、享受数学

SMP主要的目标还包括:让学校数学更为令人激动和更为让人享受,学校应该传授关于数学本质以及在现代世界中的应用知识.SMP强调,首先要保证教师认识到自己工作的精彩和有意义,才有可能将这种感受传染给学生,因此与教材或教学大纲相比,教师在数学课堂教学中起着更为重要的作用,教师承担着改革的关键责任.

SMP提出的传授数学的本质,主要包括向学生演示各种数学活动,如找图形、下定义、推断、符号化、一般化、推理、分析(分类,系统化)、说服、证明等.[75]早期的SMP教材首先安排这些数学本质以及证明数学本质的内容,然后呈现群的概念的产生和同构思想.从学生的学习表现来看,教材对找图形、推断等数学本质活动做了较好的处理,而一些其他的本质呈现没有达到预期效果,也就是说,相比传统的教材,学生在使用SMP教材时,对数学一般化、数学证明等没有更好的理解.

另外,SMP教材也重视呈现数学在现代世界中的应用.在O水平阶段,SMP介绍一些简单的有关线性规划、路径分析等例子,说明在做决策过程中数学如何发挥作用.SMP还特别重视统计和概率内容的学习.英国著名数学课程专家豪森认为,SMP最为成功的地方是将统计和概率引入O水平课程.[76] O水平课程中的统计主要包括数据分类和描述以及简单的分布测度,这些是每个有智慧的公民应该知道的.总的来说,早期的SMP成功地将数学与日常生活联系起来,而同时期的法国和美国教材则追求抽象、逻辑创新等.

SMP 反映世界发展带来的变化

SMP 课程强调及时反映世界的现代发展,在课程教材编制中力图将电子计算机技术融入数学课程.在 20 世纪 60 年代初期,SMP 团队着手思考如何在数学教学中体现计算机的发展,主要内容是基本的计算机算法思想.他们考虑到有些学校已经拥有计算机设备,在 SMP 教材中尝试呈现计算机设备的计算原理,当然主要还是算法流程图、数值计算法等.SMP 团队为此也开发了若干教师指导用书,例如博尔特(Bolt)和沃德尔(Wardle)编写的《与计算机交流手册》(*Communicating with a Computer*)等.[77]

SMP 对现代代数的处理

1909 年英国教育委员会曾倡导广泛认可的几何教学模式,也即几何教学由三阶段构成:阶段 A——直观,实验性活动;阶段 B——局部的演绎活动,主要包括引进正式的符号表征和演绎推理,但仍然保留直观和归纳活动,从逻辑上看,它们作为不同难度之间的过渡;阶段 C——全面的严谨的活动.1962 年,SMP 在设计微积分内容时采用了这种三阶段模式,具体体现为:在中学阶段(16 岁之前)学生首先学习如何画函数图像,如何找到变化率和图像下的面积(阶段 A);然后为学生(O 水平考试前夕)引进较为正式的微积分语言,相当于进入阶段 B,学生开始接触微积分,他们在感受到数学严谨的同时,也接触如何直观地认识极限.阶段 C 则相当于大学阶段,学生将面对数学家开设的分析类课程.

SMP 教材在设计代数内容时也应用这三阶段模式.考虑到在阶段 C(大学阶段),学生将接触线性代数和代数结构,因此 SMP 在中学阶段设计相当于阶段 A 和阶段 B 的内容,主要在代数和几何部分介绍矩阵和向量,大学阶段不再重复教学这些内容,这一设计要求也被纳入教学大纲.但当时的水平考试并未遵循 SMP 的思想,它不是要求学生解,而是直接考查学生这类问题:给出 2×2 的矩阵 A 和 B,要求学生证明 $AB=BA$,或者更为抽象的问题,要求学生计算 $(A+B)^2$ 和 $A^2+2AB+B^2$,然后检验它们是否相等,这类问题使学生在理解上产生了困惑.

SMP 的几何内容的变革

SMP 课程对几何课程与教学进行较大的改革.早在 1903 年,英国学校曾摆脱"欧几里得"的束缚,倡导基于全等和相似的平面几何.这一几何思想不再强调希尔伯特的公理化思想,或关注纯粹演绎系统以及整个演绎系统的逻辑结构,它淡化几何的严谨性.SMP 则打破了这种"削弱欧几里得"的传统,开发针对 O 水平的平面几何课程,规定从 13 岁开始学习两年几何,当然这些学生已经有一些欧几里得的几何基础,如他们学习过毕达哥拉斯定理.SMP 课程明确提出,学生在中学第一学年实验性地探究平移变换、旋转变换、轴对称变换、体验放大、分割等几何变换;第二学年则学习用矩阵形式表示这些变换,从几何和代数角度探究它们的组合,并且学习等距变换.这两学年的几何内容跨度很大,第一学年的实验性活动比较适合那个年龄段学生,但是到第二年,学生将直接面对几何的代数方法,体验几何的严谨性.当时数学家或数学教育家指出,SMP将一般需要学习三年的几何内容压缩为二年,因此在内容的选择、分配等方面不够清晰.如何为13~16岁学生设计合适的几何课程是一个永恒的话题,SMP也为此努力着,该教材不同于以前的教材,它的成功之处在于以生动、吸引人的方式呈现数学,但还是没有把握好如何让学生从"生动的"几何过渡到严谨的几何.

2.3.5.5 SMP 的"主要学校"教材

SMP课程改革目标是,使学校数学更引人入胜,易于学生接受,给出数学本质的知识以及数学在现实世界的应用.为实现这个目标,编者希望能鼓励更高能力的学生将来能选择数学的学习研究,在整体处理与具体内容上,争取大学与中学的衔接.

SMP 的"主要学校"教材的特点如下:

统一化:编写者试图把数学看作是一个学科的有机整体,突出各部分的内在联系,基本上打破了算术、代数、三角、几何各自独立、互不联系的状况.如在 E 册中讲"矩阵"一章后,在 F 册先后穿插了三章关于矩阵应用的知识:网络、关系及怎样用矩阵描述变换;教材用近代数学观点来处理一些初等数学内容,集合、映射、变换等思想得到经常应用.

关于几何内容的编排同样体现出统一性的特征,"纯"几何的完整体系以及欧氏平面几何、立体几何和解析几何之间不再是截然分开的,几何内容大量渗透了实验的、代数的、变换的思想方法.

非形式化:SMP 教材通过更具体的和非形式化的方法处理教学内容,主要通过对图形的实验活动直观性、经验性地介绍几何知识,严格抽象的公理定理体系和逻辑证明内容被取消.例如 E 册的毕达哥拉斯定理(勾股定理),先由学生观察边长分别为 3、4、5 的直角三角形(古埃及测量实例)和边长分别为 4、5、6 的三角形的实际演示,然后通过研究某种纪念毕达哥拉斯的邮票中的图案发现大正方形面积等于两个小正方形面积之和,即 $3^2 + 4^2 = 5^2$.

强调应用:这是 SMP 课程改革的主要目标之一.这一方面表现在教材引进了拓扑、网络、统计、向量、矩阵、概率、计算机和程序设计、线性规划等应用性的现代数学内容;另一方面表现为教材呈现数学与生活中其他领域的关系,重视数学在现实世界中的应用.

注意吸引力:SMP 教材重视教材对学生的吸引力,做到引人入胜,各册都提供了大量供学生思考讨论的实验性的材料与现实性问题,这些材料和问题大多是学生在自己日常生活经验中所能体会到的,旨在鼓励学生亲自参加探究发现知识的过程,激发学生的求知心理,使学生保持高度的数学学习兴趣和热情.

螺旋渐进:这主要表现在教学内容编排上,改变了"一次性处理"或"一步到位"集中介绍的办法,而是采用多次出现、逐步深入、螺旋渐进的方法.例如对统计内容,B 册介绍了用条形图、饼图、折线图等表示调查统计量的简单知识;C 册介绍了对收集、记录的资料"选择代表值",计算众数、算术平均数和中位数等知识;F 册介绍频数表、分组频数表等内容;G

册介绍累计、累计图、累计频率表和累计频数曲线等内容.SMP 教材对很多内容如几何、矩阵、概率和交换都是作螺旋渐进的方法处理的.

随着 SMP 教材的普遍使用,其缺点也日益引人注目.到 20 世纪 70 年代初,和"新数运动"一样,受到广泛的批评.最主要批评是 SMP 教材只能适应于很少学生的能力程度,远远没有原来设想的广泛.批评者认为 SMP 教材呈现的内容太广,增加的现代数学知识过多,要求过高,是造成多数学校质量不高的原因.1976 年,SMP 举行了一次重要会议,决定重新编写新的 SMP 教材,要求能满足 85% 左右较好程度的学生需要.课程目标除了突出更好地适应学生不同的实际水平和不同的学习进度外,基本没变.课程结构则有了重大变化,新设计了不同水平系列的课程,11～13 岁的两年教材由相应水平的教材组成,其中水平 2(e)、水平 3(e)、水平 4(e) 是相应水平的扩充教材,供选学,如图 2-1[78].

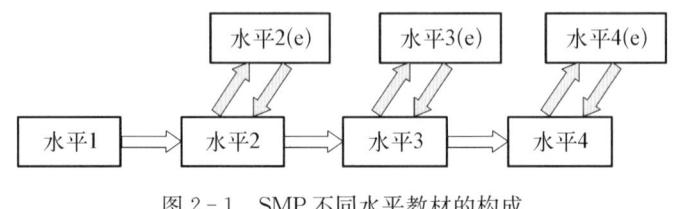

图 2-1　SMP 不同水平教材的构成

2.3.6　荷兰的中学数学课程发展

2.3.6.1　荷兰数学教育的基本情况

社会经济变革和教育制度变革往往驱动着数学课程的变革.在阐述"新数运动"时期荷兰数学课程改革之前,先简要介绍荷兰社会经济与教育制度发生的一些变革.第二次世界大战以前,荷兰是一个以农业为主的国家,大部分成年人工作在农业或与农业相关的贸易领域.到了 20 世纪 60 年代初,农村人口则下降了 10%.第二次世界大战以后,荷兰快速启动工业化进程,由于矿物资源的缺失,荷兰重点发展轻工业.[79]

快速的工业化进程对教育提出很高要求,因此荷兰教育的发展要快于其他的发达国家.到 20 世纪 60 年代,几乎所有 15 岁的年轻人都能够接受义务教育,大多数学生有进一步学习的机会.在这样的背景下,社会对教育质量提出很高的要求.当时的学制情况是:六年制的小学(6～12 岁)有着相对统一的制度,尽管学校是按照宗教区分的.中等教育制度则有所不同,它是一个纵横交错的体制,是依据 1962 年的教育法案确立并不断完善的.中等教育由四类学校构成:(1) 6 年一贯制中学,为进入大学深造做准备;(2) 5 年一贯制中学,为进入高等职业教育做准备;(3) 4 年制的普通教育,可以为其他类教育做准备;(4) 4 年制的中等职业教育,可以为进入其他职业学校做准备.

在发展过程中,第 3 类学校不断扩展,第 4 类学校则逐渐减少.第 1 类中等教育经历了巨大的变革,它受到毕业考试新规则的影响,毕业考试限定为 7 门学科,并且只有母语和一门外语是必考科目.因此在考试前两年,学生只学习与考试相关的科目.毕业考试的准备占用了几乎一年的学习,成为一种统一、集中的学校考试.教师很困惑,这种考试到底给学生带来了什么？教学只是局限在 7 门考试科目上,这成为当时中等教育 6 年制学校棘手的问题,大部分从这 6 年制学校毕业的学生进入大学以后发展是有缺失的.

关于教师培养,在 20 世纪 60 年代初期,小学教师有专门的师范学校培养,却没有专门培养中学教师的机构.部分中学教师毕业于综合性大学；而大部分中学教师则是小学教师通过获得补充证书转变而来.面对这样的状况,荷兰成立全新的机构,旨在培养专业的、高质量的中学教师.

关于教育政策,荷兰坚持"教育自由"的政治哲学,也就是说拒绝所谓的国立教育.尽管政府为满足教育需求投入大量经费,但是教育政策的核心是,课程与教学由学校决策,在荷兰很少有政府层面的学校,大部分是市级层面的学校,并且是私立为主,且为教会学校.学校需要满足关于学生人数、教师能力、课程表、教室规模等的基本要求.尽管强调教育自由,但教育发展还是较为统一的,因为很少有学校能够从强大的自由中受益,教师特别依赖他们使用的教材,教育的自由受到教材选择的限制.事实上,教育的自由更多意味着企业的自由,学校课程往往由出版社或者教材作者决定.不过这种"自由"也为荷兰实施各种实验、努力改革提供养分.

2.3.6.2 荷兰中等教育的改革

1961 年 6 月 12 日,荷兰教学、艺术与科学部成立了现代数学项目委员会(Commission on the Modernisation of the Mathematics Programme,简称 CMLW),它由 10 名大学教授、3 名数学教学系主任或教师、2 名监察员和 3 名中学教师组成.[80]教学、艺术与科学部强调 CMLW 需要承担起研究数学教育现代化的任务,需要研究并确定哪些现代数学应该引进中等教育,以便缩小大学和中学数学之间的差距；通过预实验,发现在学校中引进哪些学科,如何达到学科教育目标；需要研究给儿童、数学天才儿童特殊项目的可能性；研究如何通过测量,促进教师去了解现代数学的发展.

CMLW 的成立似乎与荷兰崇尚的"教育自由"不相吻合,CMLW 的任务可能被指责为全国一统的教育改革,不利于教育自由的体现.当 CMLW 组织外部专家开发新教材时,也曾有不同的意见.但是随着实验的深入,尤其是通过对教师的培训,人们才认识到教材所体现出的有意义的改革理念.

在 20 世纪 60 年代初期,CMLW 就认识到对教师进行再培训,是推进改革的关键.他们设计了系统的、集中的培训课程,首先由大学教师承担对学术类高中的数学教师进行培训,然后由这些高水平的中学教师对大量普通的中学教师进行培训.整个系统的培训课程持续 6～7 年,且大部分中学数学教师参与了培训.培训课程以数学教学内容为主,因为在数学教育现代化的背景下,教材上出现了部分中学教师未曾学习的现代数学内容,教师首先需要了解、掌握这些数学内容.另外,CMLW发现,承担培训中学教师任务的高水平中学教师并没有足够的能力,将现代数学内容转化为适合学生的数学教学内容,也无法帮助接受培训的普通中学教师设计数学教学.尽管教师接受了现代数学内容的培训,但大部分教师不知如何教学这些内容,他们只能依赖这些新开发的教材.

教师培训项目主要由大学数学家设计并教授,因此改革打上了数学家的烙印,主要表现为:培训课程呈现了体现数学应用的"真数学",而不是那些无意义的数学内容.因此,教师和教材作者都没有受被扭曲的"新数学"形象的影响,而是正面认识"新数运动".教师面对的是新教材中有意义的数学内容,即数学内容的呈现强调对数学内容的理解.因此,荷兰的"新数运动"改革进展较为平稳.

荷兰著名数学家和数学教育家弗赖登塔尔强调,尽管"新数学"运动时期的中学数学课程改革进行得较为顺利,但无法证明这一改革正确与否,只能说明,在当时的形势下,这一改革还是合理的.弗赖登塔尔指出,高中数学课程尽管取消了落后的立体几何与枯燥的分析几何内容,但取而代之的是更为枯燥的线性代数;在毕业考试中,用同样抽象的数学问题取代三角几何,引入新课程的微积分也成为远离现实的高度抽象的日常内容.但这一时期的数学课程改革也有一定的亮点,例如概率与统计经过多年的实验,终于进入教材、进入毕业考试目录,另外在高中设立了选修课程内容,如复数内容成为选修内容.但遗憾的是,缺少给高中生提供进一步研究社会科学所需的数学基础,学生学习的更多的还是高度抽象的、远离应用的数学.

弗赖登塔尔对中学数学课程改革的适切性提出质疑.他指出,学习数学需要思考,而思考需要实践,所以数学课程首先应该让学生知道他们面对的内容是些什么,要留给学生可以思考和可以动手的空间,如果内容本身像"天外来客"般的让人感到无法琢磨,学生就不知道应该怎样做和怎样思考,就会感到茫然和无能为力.作为数学家的他当然并不是抵制现代数学,而是客观地分析说明作为科学的数学与作为教育的数学的不同功能.

现代数学功能强大,因为它可以解释和说明科学与现实中许多浩繁复杂的现象,经常是几个结构简单的数学公式,就可以给出关系国计民生大计的问题处理模式,而且越是高度抽象的现代数学,其应用领域就越广泛.但抽象就意味着远离现实,数学的系统化、抽象化程度越高,数学离现实情景就越遥远.学校教育应该如何处理系统化与现实之间的关系呢?是讲授那些作为最终结果的抽象数学结构,还是讲授从丰富的现实情景中抽象出这些结构的数学发现过程?

弗赖登塔尔保持冷静客观分析的态度,指出"系统化体现了数学的巨大功能……学生应当学习数学的这种功能,但我这里所说的学习是指学习形成这种系统化的数学活动过程,而不是系统化的最后结果.因为系统化的最后结果是一个系统,是一个漂亮的封闭的系统,封闭到没有入口和出口……学生所要学习的不是作为一个封闭系统的数学,而是作为一项人类活动的数学,即从现实生活出发的数学化过程.如果需要也可以包括从数学本身出发的数学化过程……"[81]

2.3.7 澳大利亚的中学数学课程发展

2.3.7.1 数学课程发展的背景

澳大利亚为联邦制国家,共有六个州和两个领地,中小学教育由各州自行负责管理,由联邦政府拨款资助.在大多数州,学校数学课程由两个机构决定:小学课程由州教育部决定,中学数学课程由州公立考试委员会决定,该考试委员会对由中学和大学数学教师组成的教学大纲委员会起指导作用.教学大纲委员会负责常规的数学内容改革.有时教学大纲委员会主席起着关键作用,例如20世纪40年代末,某个州将微积分设立为独立科目,因为当时的主席为数学教授,他较为主张这种变革.有些州设立数学学会,其成员是优秀中学教师和关心学校数学的大学数学家.在20世纪60年代中期,联邦政府成立澳大利亚数学教师协会,作为各州和各领地教师的互动交流创造平台.[82]

20世纪50年代末,其他国家的数学课程改革对澳大利亚的数学课程发展有不小的影响,引发了澳大利亚各州的相关改革.

2.3.7.2 数学课程发展的特点

先以西澳大利亚州为例.1956年2月,澳大利亚数学教育研究者布莱克斯(Blakers)教授受邀参加首届南亚数学教育大会,与会者不乏世界著名数学教育家,如斯通(M. Stone)、弗赖登塔尔、肖凯(G. Choquet)等,让人们深切感受到数学家对数学教育的关注,澳大利亚研究者也了解到促进数学学习的素材.同年,普林斯顿大学塔克(Tucker)教授来新威尔士大学做访问学者,他被推荐进入教育委员会大学入学考试领导小组,与澳大利亚研究者商讨委员会发展规划.后来研究者布莱克斯前往普林斯顿访学一年,他参与了当地中学数学教师夏季培训,也参与了SMSG的编写组活动.这些经历让研究者感受到,澳大利亚也应该参与到那样的数学课程改革中.澳大利亚的研究者分享着进入数学课程改革的特殊感觉,来自国外的数学家和教师的改革热情成为他们推进改革的动力.同样,澳大利亚其他州也受到国外各种课程改革的影响,如美国伊利诺伊大学学校数学委员会项目、英国南安普顿学校数学项目等.

与英美国家不同的是,澳大利亚20世纪50年代末的数学课程改革并不仅仅因为"火箭"的发射,而是有着各种各样的原因,包括来自历史和社会的分析,国际上对数学的关注,促使澳大利亚再次思考学校数学内容,寻找促进数学概念和技能发展的数学内容.澳大利亚数学课程改革不仅关注数学内容,而且重视教师对专业及其教学的态度.

澳大利亚的数学课程改革不是简单地依照某个国外的改革项目展开,往往是不同的改革项目同时影响着澳大利亚的改革,例如除了上面所提到的 SMSG 的影响,Nuffield 项目、Edith Biggs 项目都对澳大利亚有影响,在某些州,英国的 SMP 项目深刻影响着数学课程改革.澳大利亚各州分析探讨国外的改革素材,试图形成一套适合自己州的数学课程改革方案.

由于文化、语言习惯、制度上的差异,无法直接把外国的改革经验拿来为澳大利亚所用,例如美国流行实施分专题教材,专门编制代数教材、几何教材,而在澳大利亚,人们习惯同步教学不同专题的内容.另外澳大利亚研究者也发现,有些国家改革后的内容和方法的要求都比较高,如果直接拿来实施,教师专业能力跟不上,会影响改革的效果.

在澳大利亚数学课程改革过程中,改革派需要说服相关人士(其他专业人员),那是一次有价值的、必然的改革,就需要对国外的改革模型进行剖析,呈现其改革的思路是否大家喜欢的.课程官员、教学大纲委员会以及其他有影响力的专家,修订、改编国外改革的思想,形成适当的方案.这一修订和改编的过程有助于不同的群体,尤其是教师对内容和方法进行批判性的、深入的思考,为后续改革的顺利推进打下一定的基础.[83]

澳大利亚中学数学课程内容最初主要由算术、初等代数、三角几何组成,另外包括小部分的形式几何和分析几何以及微积分导论.概率和统计没有出现在中学数学课程中.随着课程的发展,到 20 世纪 60 年代初,中学的算术内容更加重视结构而不是技能,集合语言仍然保留在中学内容之中,适当地增加了几何内容和空间关系,概念和统计初步知识也进入中学课程.20 世纪 60 年代初期的"新数运动"影响着澳大利亚中学数学课程的发展,课程内容发生一些变化,欧氏几何教学再次被削弱,在代数和几何教学中更为重视语言的精确使用,但是这些变化并没有渗透到教师教学中,从而引起学生的混淆和教师之间的矛盾.概念和统计内容开始在中学课程中占重要地位,一些经典内容(如三角几何)被削减了.在澳大利亚有些州,中学课程内容出现了现代数学的内容,如群、复数、矩阵、初等数论等.在另一个州,尝试教授微积分初步,包括 ε-δ 的证明,尽管在教师在职培训过程中力图放弃这些内容.

在这个时期的数学课程发展中,澳大利亚不断重视高中阶段学业成绩较弱学生的数学需求,有些州为这些学业不良学生设置专门的课程,但并没有被学生接受,因为这些课程其实无法强化学生的数学能力.澳大利亚科学院启动了一项课程开发项目,专门针对 11 年级的学业成绩较弱的学生,设计有用又有趣的数学教学模式,但是该项目没有设计测试与评价素材.

同样,在这个时期,澳大利亚发生了两个社会变化,对数学教学有很大影响.1966 年澳大利亚从旧的"镑、先令和便士"的货币制度改为"美元、美分"的十进位货币制度.澳大利亚正在转变测量的矩阵系统,这些活动都事先进行规划,教育机构特别重视那些社会变革,尤其小学数学课程需要对接社会制度的变化.

由此可见,这个时期,澳大利亚数学课程发展考虑了两个方面的因素,一方面受国际数学课程改革的影响,另一方面受社会制度变革的影响.

2.3.8 中国的中学数学课程的发展

20 世纪 50 年代,中国掀起了"大跃进"运动(1958 年),各行各业都要"放卫星",即完成通常不敢想、不敢说、更不敢干的事情.中学数学教育的"大跃进",自然就是要在短的时间内学习更多的内容.[84]

1960 年 2 月,中国数学会在上海举行了第二次代表大会,在该次大会上,北京师范大学数学系中小学数学教育改革研究小组提出了《中小学数学教材内容现代化的建议》,认为当时中小学数学教材"内容贫乏,陈腐落后;脱离政治,脱离实际;孤立割裂,繁琐重复",因而中小学数学教学内容与方法必须改革.

改革理念

该小组提出改革的指导思想是:数学教学必须为社会主义服务,特别是为适应现代化生产的需要和为尖端科学技术服务.因此提出,平面几何取消欧几里得体系,不再单独设科;算术四则运算难题用代数方法解决,精简方程的等价性、方程的讨论、高次方程、三角恒等变形、三角方程等;适当增加近现代数学基础知识,如解析几何、微积分、微分方程、概率统计、计算数学等;教材应紧密联系实际,概念由实际引入,引导学生用数学知识解决实际问题.

数学教材要求

这一阶段的数学课程发展强调,数学教材必须有严谨的理论体系.具体包括,用代数方法取代某些算术方法,用运动、发展、变化和联系的观点与方法处理一些代数问题;以函数为纲处理一次、二次方程,一次、二次函数,一次、二次曲线等相关问题;把解方程看作求函数的零点,打破分科界限,体现数形结合;以函数为纲整理新的教材系统,把旧教材的算术、代数、几何、三角、解析几何等科目的材料结合到这一系统之中,从小学阶段就开始培养学生的函数观点;对平面几何、立体几何、平面解析几何不分科开设;打破欧几里得体系,却没有取消几何学科的内容,相反的,由于注意数形结合,几何学科的某些内容反而得到加强.

这一阶段的课程发展强调,数学教材的分量和难易程度,应注意儿童的年龄特征,且儿童的年龄特征和接受能力也随着时代而变化,教材应符合学生的认识能力发展的客观过程;概念尽量从实际引入,由具体到抽象,由浅入深,并注意通过适当的训练,为接受较难的概念及早做好准备.

数学教材内容

为了实现上述课程改革设想,一些院校推出了数学教学试验教材,在某些中小学进行实验研究.例如,北京师范大学编写的《九年一贯制学校数学教材》,其内容包含从算术到微积分的广阔范围.该教材在北京景山学校进行了试验,在实验的基础上又改为十年一贯制学校数学教材.它规定中学最后两年的数学学习内容是:

中学四年级(每周三课时):绪论、极坐标、直线、二次曲线、坐标变换、空间坐标、空间直线与平面、二次曲面.

中学五年级(每周四课时):不等式、函数、极限、连续、微分、二阶微分、积分、定积分、泰勒公式、微分方程初步(一阶的)、重积分.

华东师范大学编写的五年制中学数学课本,包括《代数与初等函数》两册、《数学分析》两册、《概率论与数理统计》一册、《计算数学》一册.例如,五年级的最高点是偏微分方程的差分格式.

由于学制缩短,内容大大增多,教师准备不足,没有时间认真考虑教学方法,这些教材的实验效果不大理想.与西方国家"新数运动"持续10年之久相比,我国在数学教育上的冒进,时间不长,快速纠正,因此没有造成大的损失.当西方总结改革经验教训,提出"回到基础"之时,中国的方针则是强调知识的系统性,保持"双基"——基本知识和基本技能.

参考文献

[1] 豪森,等.数学课程发展.陈应枢,译.北京:人民教育出版社,1991.

[2] BASS H. Moments in the life of ICMI//MENGHINI M, FURINGHETTI F, GIACARDI L, et al. The first century of the international commission on mathematical instruction (1908-2008). Reflecting and shaping the world of mathematics education (pp.9-24),2008:9.

[3] Goettinger Professoren (Lebensbilder von eigener Hand): Felix Klein. Mitteilung des Universitaetsbundes Goettingen, 5(1923) 1, S, 1923:11-36.

[4] TOBIES R. Felix Klein. Leipzig: BSB B. G. Teubner Verlagsgesellschaft, 1981:75.

[5] KLEIN F. Ueber eine zeitgemaesse Umgestaltung des mathematischen Unterrichts an den hoeheren Schulen//KLEIN F, & RIECKE E. Neue Beitraege zur Frage des Mathematischen und Physikalischen Unterrichts an den Hoeheren Schulen. Leipzig und Berlin: Verlag von B.G. Teubner,1904:1.

[6] KLEIN F. Ueber eine zeitgemaesse Umgestaltung des mathematischen Unterrichts an den hoeheren Schulen//KLEIN F, & RIECKE E. Neue Beitraege zur Frage des Mathematischen und Physikalischen Unterrichts an den Hoeheren Schulen. Leipzig und Berlin: Verlag von B.G. Teubner, 1904:1-32.

[7] KLEIN F.初等几何的著名问题.沈一兵,译.北京:高等教育出版社,2005:前言.

[8] TOBIES R. Felix Klein. Leipzig: BSB B. G. Teubner Verlagsgesellschaft, 1981:79.

[9] KLEIN F. Mathematik und Naturwissenschaft//KLEIN F, WENDLAND P, BRANDL A L, et al. Universitaet und Schule. Leipzig und Berlin: Druck und Verlag von B. G. Teubner, 1907:3-9.

[10] TOBIES R. Felix Klein. Leipzig: BSB B. G. Teubner Verlagsgesellschaft, 1981:82.

[11] TOBIES R. Felix Klein. Leipzig: BSB B. G. Teubner Verlagsgesellschaft, 1981:83.

[12] GUTZMER A. Die Taetigkeit der Unterrichtskommission der Gesellschaft deutscher Naturforscher und

Aerzte, Leipzig, 1908: 104.

[13] GUTZMER A. Die Taetigkeit der Unterrichtskommission der Gesellschaft deutscher Naturforscher und Aerzte, Leipzig, 1908: 111.

[14] SCHUBERTH E. Die Modernisierung des mathematischen Unterrichts. Stuttgart: Verlag Freies Geistesleben, 1971.

[15] KLEIN F. Bemerkungen zum math. und physik. Unterricht//GUTZMER A. Die Taetigkeit der Unterrichtskommission der Gesellschaft deutscher Naturforscher und Aerzte, Leipzig, 1908: 47-51.

[16] KLEIN F. Vorlesungen ueber die Entwicklung der Mathematik im 19. Jahrhundert, Berlin, 1926.

[17] 克莱因.高观点下的初等数学(第一卷)算术　代数　分析.舒湘芹,陈义章,杨钦樑,译.齐民友,审.上海：复旦大学出版社,2015：272.

[18] BUSSI M G B, & TAIMINA D, & ISODA M.. Concrete models and dynamic instruments as early technology tools in classrooms at the dawn of ICMI: from Felix Klein to present applications in mathematics classrooms in different parts of the world. ZDM 2010(42): 19-31.

[19] 丁尔升,唐复苏.中学数学课程导论.上海：上海教育出版社,1994.

[20] HOWSON G. Seventy Five Years of the International Commission on Mathematical Instruction. Educational Studies in Mathematics, 1984,15: 75-93(76).

[21] PERRY J. Elementary Practical Mathematics. Macmillan and Co. Limited, 1913.

[22] PERRY J. Elementary Practical Mathematics. Macmillan and Co. Limited, 1913: 51.

[23] 欧几里得.几何原本.兰纪正,朱恩宽,译.西安：陕西科学技术出版社,2003：44-61.

[24] 欧几里得.几何原本.兰纪正,朱恩宽,译.西安：陕西科学技术出版社,2003：121-150.

[25] HOWSON G. Seventy Five Years of the International Commission on Mathematical Instruction. Educational Studies in Mathematics, 1984,15: 76-77.

[26] 王建磐.中国数学教育：传统与现实.南京：江苏教育出版社,2009：3.

[27] 丁尔升,唐复苏.中学数学课程导论.上海：上海教育出版社,1994：10-11.

[28] 王建磐.中国数学教育：传统与现实.南京：江苏教育出版社,2009：35.

[29] 王林全.当代中小学数学课程发展.广州：广东教育出版社,2006：40-43.

[30] 王建磐.中国数学教育：传统与现实.南京：江苏教育出版社,2009：47.

[31] 王林全.当代中小学数学课程发展.广州：广东教育出版社,2006：46-47.

[32] SMITH D E. Teaching of Elementary Mathematics. New York: The Macmillian Company, 1900.

[33] 孔德.论实证精神.黄建华,译.北京：商务印书馆,1999.

[34] SPENCER H. Education: Intellectual, Moral & Physical. New York: Hurst & Company, 1862: 123-125.

[35] 洪万生.数学史与数学教育.(中国台湾)科学月刊,1984(5)：371-376.

[36] 克莱因.高观点下的初等数学(第一卷)算术　代数　分析.舒湘芹,陈义章,杨钦樑,译.齐民友 审.上海：复旦大学出版社,2015：272.

[37] 傅种孙.傅种孙数学教育文选.北京：人民教育出版社,2005：2-3.

[38] 傅种孙.傅种孙数学教育文选.北京：人民教育出版社,2005：90-91.

[39] 傅种孙.比例与相似形.数学通报,1962(11):23-25.

[40] 傅种孙.求积术与割补法.数学通报,1964(10):17-19.

[41] BASS H. Moments in the life of ICMI//MENGHINI M, FURINGHETTI F, GIACARDI L, et al. The first century of the international commission on mathematical instruction (1908-2008). Reflecting and shaping the world of mathematics education (pp.9-24),2008:10.

[42] VAN EST W T. Hans Freudenthal. Educational Studies in Mathematics,1993,25:59-69.

[43] FREUDENTHAL H. Didactical Phenomenology of Mathematical Structures. Dordrecht:Reidel,1983:335.

[44] 孙晓天.数学教育研究需要探索的目光——弗赖登塔尔数学教育研究实践几例.数学通报,1998(10):1-4.

[45] FREUDENTHAL H. How to teach mathematics so as to be useful. Educational Studies in Mathematics,1968,1:3-8.

[46] 孙晓天.现实数学教育的思想基础及其基本概念.学科教育研究,1995(9):16-22.

[47] FREUDENTHAL H. Konstruieren, Reflektieren, Beweisen in phanomenologischer Sicht. Schriftenreihe Didaktik der Mathematik. Klagenfurt,1979,2:183-200.

[48] GOFFREE F. HF:Working on mathematics education. Educational Studies in Mathematics,1993,25:21-39(28).

[49] GOFFREE F. HF:Working on mathematics education. Educational Studies in Mathematics,1993,25:21-39(36).

[50] 陈志云,程敬荣.布尔巴基学派、结构主义及其对中学数学教育的影响.高等函授学报(自然科学版),2000,13(3):4-21.

[51] ABRAMOV A. Towards a History of Mathematics Education Reform in Soviet Schools(1960's-1980's)//KARP A, VOGELI B R. Russian Mathematics Education — History and World Significance. World Scientific,2010:87-141(90).

[52] ABRAMOV A. Towards a History of Mathematics Education Reform in Soviet Schools(1960's-1980's)//KARP A, VOGELI B R. Russian Mathematics Education — History and World Significance. World Scientific,2010:87-141(100).

[53] 鲍建生.对"新数"运动和"回到基础"运动的反思.数学教学,1990(6):5-7.

[54] 李申申.20世纪美国基础教育课程改革的得失与启示.课程·教材·教法,2002(5):72-74.

[55] 李爱萍,肖玉敏.20世纪美国基础教育改革政策的演进与启示.外国教育研究,2005,32(4):42-46.

[56] 夏之莲.外国教育发展史料选粹(下).北京:北京师范大学出版社,1999.

[57] 张奠宙.我亲历的数学教育(1938-2008).南京:江苏教育出版社,2009:29.

[58] KLINE M. Why Johnny Can't Add, The Failure of the New Math, New York:St. Martin's Pr.,1973:15.

[59] STONE M. The Revolution in Mathematics, American Mathematical Monthly,1961,68(8):715-734.

[60] 张奠宙,李士锜,李俊.数学教育学导论.北京:高等教育出版社,2003.

[61] 任明俊,汪晓勤.中学生对函数概念的理解——历史相似性初探.数学教育学报,2007,16(4):84-87.

[62] 范良火,徐斌艳,倪明.数学课程的改革需注意些什么?——国外数学课程发展的一些特点与评述//钟启泉主编.国外课程改革透视.西安：陕西人民教育出版社,1993(7)：143-163.

[63] BEGLE E G. Open Letter to the Mathematical Community. The Mathematics Teacher，1966，59：341，393.

[64] 曹锡华.第四届国际数学教育会议情况简介.数学教学,1981(1)：1-4.

[65] STONE M. The Revolution in Mathematics. American Mathematical Monthly,1961,68(8)：715-734.

[66] FEYNMAN R P. New Textbooks for the New Mathematics. Engineering and Science，1965(28)，9-15.

[67] 吴伟."新数运动"的基本特征及结合教改的几点反思.吉林师范学院学报,1997,18(5)：80-82.

[68] 豪森,等.数学课程发展.陈应枢,译.北京：人民教育出版社,1991：27.

[69] HOWSON G. Change in mathematics education since the late 1950's — Ideas and realisation Great Britain. Educational Studies in Mathematics，1978,9：183-223.

[70] THWAITES B. The School Mathematics Project (1961-1970). A decade of innovation and its sequel,2012：11-17.

[71] 范良火,徐斌艳,倪明.数学课程的改革需注意些什么?——国外数学课程发展的一些特点与评述//钟启泉主编.国外课程改革透视.西安：陕西人民教育出版社,1993：143-163.

[72] THWAITES B. The School Mathematics Project (1961-1970). A decade of innovation and its sequel,2012：117.

[73] THWAITES B. The School Mathematics Project (1961-1970). A decade of innovation and its sequel,2012：111-115.

[74] HOWSON G. Change in mathematics education since the late 1950's — Ideas and realisation Great Britain. Educational Studies in Mathematics，1978,9：183-223(192).

[75] HOWSON G. Change in mathematics education since the late 1950's — Ideas and realisation Great Britain. Educational Studies in Mathematics，1978,9：183-223(193).

[76] HOWSON G. Change in mathematics education since the late 1950's — Ideas and realisation Great Britain. Educational Studies in Mathematics，1978,9：183-223(194).

[77] THWAITES B. The school mathematics project, the first ten years. Cambridge University Press,1972：214.

[78] 范良火,徐斌艳,倪明.数学课程的改革需注意些什么?——国外数学课程发展的一些特点与评述//钟启泉主编.国外课程改革透视.西安：陕西人民教育出版社,1993：151.

[79] FREUDENTHAL H. Change in Mathematics Education since the late 1950's — ideas and realization the Netherlands. Educational Studies in Mathematics，1978,9：261-270.

[80] FREUDENTHAL H. Change in Mathematics Education since the late 1950's — ideas and realization the Netherlands. Educational Studies in Mathematics，1978,9：261-270.

[81] 弗赖登塔尔.数学教育再探.杨意竹,杨刚,等译.上海：上海教育出版社,2000.

[82] BLAKERS A L. Change in Mathematics Education since the late 1950's — ideas and realization in Australia. Educational Studies in Mathematics，1978,9：147-158.

[83] BLAKERS A L. Change in Mathematics Education since the late 1950's — ideas and realization in Australia. Educational Studies in Mathematics,1978,9:150.

[84] 张奠宙.我亲历的数学教育(1938-2008).南京:江苏教育出版社,2009:30.

第 3 章

数学课程发展的理论视角

- §3.1 文化活动与数学课程
- §3.2 跨学科视角下的数学课程
- §3.3 文化适应视角下的数学课程
- §3.4 民俗数学与数学课程
- §3.5 设计科学的视角
- §3.6 数学课程发展的审美视角
- §3.7 社会政治的视角

著名数学课程研究专家豪森(G. Howson)在总结20世纪70年代之前的数学课程发展时,指出不同的理论促进数学课程的发展.如受杜威(J. Dewey)实用主义哲学影响,数学课程强调要关注儿童的自然经验和需求;受桑代克(E. L. Thornolike)行为主义哲学影响,课程强调学习过程受学习目的控制,课程发展任务主要阐述目的且把目的分类细化.20世纪60年代末,受布鲁纳(J. S. Bruner)"学科结构"理论的影响,数学课程发展关注学生认知结构特点,提出学科结构应以最理论的方式促进学习过程发展.课程发展也受皮亚杰(J. Piaget)研究成果的影响,它关注儿童概念形成过程的不同水平等.另外整体化教学思想也促进课程发展,强调"教学内容不应是为方法论所要求的骨架提供具体内容,它应该由发展学习者的个性这一共同指向的目标来确定,并在此基础上建立该方案的方法论基础".[1]

豪森等的研究已经表明,对课程的研究,可以从不同角度进行.理论视角的多元、对数学认识的多元形成了数学课程研究的多元视角.本章将分别从若干不同视角出发,阐述数学课程的内涵特点及其研究.

§3.1 文化活动与数学课程

数学作为一项基本的文化活动已经是不争的事实,美国数学家怀尔德(L. A. Wilder)提出"数学是一种文化体系".德国数学家魏尔施特拉斯(K. Weierstrass)堪称现代分析之父,把严密看作是数学的第一需要,他享受着这种在外行看来深奥莫测的数学活动,在他眼里"没有诗意的数学家永远不能成为出色的数学家".[2]对数学家来说,数学是一种充满创造、充满自由、充满激情的文化活动.俄罗斯数学家、非欧几何的早期发现人之一洛巴切夫斯基(N. L. Lobachevsky)认为,"数学是一门科学、一种语言、一门艺术、一种思考方式.体现于自然、科学、艺术、音乐、建筑、历史、文学诸领域中,影响着世界万物的各个方面……"[3]彭加莱(J. H. Poincaré)也认为,数学有三重目的:首先,它为自然的研究提供工具;其次,它具有哲学目的;最后,它还有艺术目的.[4]

对照学校数学课程与教学目标及其实践,人们习惯于把数学课程目标定位在知识技能的掌握等"实用工具说"上,或者课程目标体现为"思维训练说",旨在让学生掌握数学思维的技能技巧.显然,学校实践还没有全面体现数学本质.数学作为一种文化活动,呈现出作为实用工具的价值、作为思维工具的意义,表现出数学对于社会各领域发展的作用,同时也展现了其他各领域对于数学发展的影响,蕴含着数学家研究的乐趣和热情.因此,以数学文化活动的视角探讨数学课程发展,有助于丰富数学课程的目标,让学生有机会走进不一样的数学世界.

3.1.1 数学家的数学文化活动

3.1.1.1 历史上数学家的活动

古希腊时代,一批追求自由、勇于创造又充满激情的伟大学者泰勒斯(Thales)、毕达哥拉斯(Pythagoras)、欧几里得(Euclid)、阿波罗尼奥斯(Apollonius of Perga)等,创立了一门内容丰富、令人惊叹不已的第一流的学科——数学.他们显赫的声望吸引着大批来自各地的年轻人,他们聚集在一起,尽管没有校园,但却是真正的学术中心,最终形成学派.其中最有影响的毕达哥拉斯学派,为希腊数学本质和内容的确立奠定基础.这学派主要研究哲学、科学和数学.在数学上,他们第一次抽象地处理数学概念,将数学理论从诸如大地测量、计算这样的实践活动中分离出来,而且证明了平面几何、立体几何、算术即数论中的基本定理.他们发现并证明了$\sqrt{2}$的无理性.古希腊数学家追求的是数学抽象给人带来的自由、挑战.

让我们再追踪到现代数学的开端之际,19世纪至20世纪之交,现代数学的代表人物之一法国数学家彭加莱开创了现代数学新领域,例如自守函数论,它是三角函数、椭圆函数的推广,它的引入,使得微分方程、代数几何、代数数论找到了新的立足点;创立了微分方程的定性理论,这门崭新的学科研究微分方程解在奇点附近的性质,根据极限环的情况可以判断解的稳定性.[5]在如此深奥、抽象的研究中,彭加莱似乎更多的是享受,他这样描述自己的感受:"数学家首先会从他们的研究中体会到类似于绘画和音乐那样的乐趣;他们赞赏数和形的美妙的和谐;当一种新的发现揭示出意外的前景,他们会感到欢欣鼓舞……"[6]

同时代的英国数学家哈代(G. Harold)则是20世纪纯粹数学卓越的贡献者和不倦的辩护士.他对数论、调和分析、函数论等众多领域贡献出了具有经典意义的成果,例如,1914年哈代成功证明了黎曼-ζ函数(Riemann zeta-function)有无穷多个零点位于直线$\sigma=1/2$上,这是在举世瞩目的数学名题黎曼猜想的研究历史上取得的第一个实质性突破.哈代关于三角级数收敛性、发散级数求和、积分变换等方面广泛深入的研究结果,大大丰富了整个调和分析的领域.在数学研究过程中,哈代对纯粹数学对象、本质、研究动机与价值等一系列问题进行分析阐述.同样,哈代把数学看成一种艺术,在他心目中,纯粹数学是以美为至上标准的"概念造型"艺术.他对数学对象的认识也有自己的见解,他认为数学对象(包括概念、定理等)是一种独立的客观存在,数学存在于我们之外,我们的作用是去发现或观察它,我们证明的被夸张地描述成我们的"创造物"的定理,仅仅是我们观察的记录.

数学家的数学活动也是智慧交锋、观点碰撞的活动,有时也表现出数学家作为常人可能有的贪婪、嫉妒、野心和自私.典型的事例之一为发生在19世纪70年代早期的数学家克罗内克(L. Kronecker)与其学生、数学家康托尔(G. Cantor)之间的抗争,师徒之间因为对数学"普遍观念"的挑战,产生冲突,导致师生反目,作为学生的康托尔身心遭到严重打击.事情经过是这样的,在数学研究中,康托尔宣称:对数和数论来说,整体不一定大于它的一部分,这对欧几里得广为人知的一个"普遍观念",即整体大于部分,无疑是一个离经叛道的主张.康托尔坚持主张一个实在、具体的无穷概念,认为有很多种不同规格的无穷,他甚至找到了一种在数学上处理这个观念的方法.康托尔将集合论和无穷这两个观念结合起来,提出了无穷集.他的新数论影响到那个时代的整代人,并对他们的数学观念形成挑战.它引发了一场动摇数学根基的批判性数学内审,遭遇了强烈的反对,其中最重要的反对者是康托尔的老师、地位颇高的数学家克罗内克.与康托尔冲突达到顶点时,克罗内克认为康托尔是一个科学骗子、叛徒、败坏青年者.

克罗内克的成就主要在于他在整合算术、代数和分析学上的努力,以及他在椭圆方程上的贡献.他相信所有的算术可以建立在整数的基础上.因此,他认为在算术中,分数仅仅是派生出来的,只有充当符号的用途.他认为不仅是分数,无理数和复数也都是错误和虚幻的观念,它们是运用一些错误的数学逻辑得出来的.他带着这种执着的"数学真理",利用各种手段对康托尔的"无穷理论"进行抨击,例如阻挠康托尔在顶级刊物上发表研究成果,干预他去知名大学应聘教授,书信交流中言辞冲突等,这些都是导致康托尔精神崩溃、不得不入住精神诊所治疗的原因.尽管如此,康托尔捍卫着自己的成果,让集合论成为数学的基石,对数学分析、函数理论、拓扑学和非欧几何的进一步发展产生极其重要的作用.康托尔1918年辞世后被安葬在德国哈勒大学,他的墓碑上有这样一句话"数学的精髓就在于它的自由",确实康托尔更倾向于用"自由数学"这个词,而不是更为大众的"纯粹数学".[7]

3.1.1.2 中国数学家的数学文化活动

中国对于数学发展的贡献也是世界公认的,在数学国际平台上活跃着不少中国数学家,他们一方面通过研究推动着数学发展,另一方面构筑着特有的数学精神和数学文化.由于篇幅原因仅列举一二进行分析.

陈省身与微分几何

世界著名的数学家陈省身当属历史上伟大的几何学家之一.他曾经在法国数学家嘉当(E. J. Cartan)的指导下,迅速达到微分几何研究的前沿,成果累累.尤其是证明高维的高斯-博内(Gauss-Bonnet)公式,构造了现今普遍使用的陈氏示性类(Chern Class),为整体微分几何奠定了基础.

一般来说,分析学是数学的主体,微分几何是微积分在几何上的应用.随着爱因斯坦(A. Einstein)广义相对论和杨-米尔斯(Yang-Mills)规范场论的推动,以及整体微分几何的形成,使得微分几何成为当代核心数学发展的主流学科,反过来推动分析学的发展.第二次世界大战以后的数学,从线性数学转到非线性数学,从局部性质研究过渡到整体性质研究,从现实空间发展到研究一般的 n 维流形,微分几何恰好顺应了这一发展趋势.因此,陈省身由于在整体微分几何上的杰出贡献,获得了沃尔夫奖.

陈省身在介绍自己为何选读几何学时,说自己从不赶时髦,进入几何领域,完全是由环境决定,由当时的导师姜立夫和孙光远带着他进入几何学研究领域.他以淡定的心境开始几何学研究.陈省身曾经谦和地谈论自己从事数学研究的观点:"我只是想懂得数学.如果一个人的目的是名利,数学不是一条捷径……长期钻研数学是一件辛苦的事.何以有人愿这样做,有很多原因.对我来说,主要是这种活动给我满足."[8]

陈省身在研究整体微分几何过程中,认识到微分几何学趋向整体是一个自然的趋势.了解局部的性质以后,自然想知道它们的整体含义.在研究中,他发现有整体意义的几何现象在局部上也特别美妙.在研究过程中,他也认识到,研究整体几何学需要坚实的经典几何知识基础,要掌握当时最新的代数拓扑理论,对几何方法加以改造.这样才能别开生面,独树一帜.

陈省身结合自己从事数学研究活动的特点,生动地归纳数学家活动的特点.他认为,工匠和工艺师都是不可少的,优秀工艺品可以价值连城.问题是数学大厦的结构需要数学家设计,而新学科的开辟,往往有赖于新的数学观念和思想.这些光靠坐在办公室里练技巧是不成的,必须广为涉猎,与人交谈通信,融会贯通,扩大视野.

华罗庚的数学文化生涯

与古今中外的所有著名数学家一样,华罗庚的数学科学生涯始于纯粹数学领域.由于他永无止境的勤奋探索,在数学上不断创造高峰,例如他在垒堆素数论、自守函数、矩阵几何上创造出卓越成果,同时他对应用数学研究也有突出贡献.1950年他回国后,又致力于人才培养,培养出来大批纯粹数学研究的将才,对中国数学发展有着特殊功绩.国外评论说:很难想象没有华罗庚回国,中国的数学会是什么样子.

华罗庚在应用数学上的成果包括两个方面,一是来自数学内部的应用数学研究,这些研究成果成功地把纯粹数学中的数论理论应用于解决其他数学领域(近似分析、统计)中的问题.在把纯粹数学的理论与方法用于解决其他领域的应用研究上,华罗庚倡导编码问题研究,使得研究者在这个领域取得突出成果.华罗庚还鼓励冯康开创计算数学领域研究,取得了创造有限元方法与辛几何算法的卓越成果.

二是以解决实际问题为目标的应用数学研究,希望这些研究成果能为中国经济建设服务.但当时在华罗庚的脑海中还没有具体的内容和形式.他深感要从纯粹数学传统学科思想的影响中跳出来,实在不易.另外为国民经济服务的数学不单是一个数学学科,研究的问题多来自数学外部,光有数学功底和素养还不能胜任.正如著名的数学家丹齐格(G. B. Dantzig)说的:"对于从来未接触过应用方面的问题、只有纯粹数学背景的人来说,要他懂得如何用数学术语表达一个现实世界的问题,差不多是不可能的.解决现实问题就更难了."[9]但华罗庚则表示:"这条道非我自己亲自去探路不可了!没人敢去了,因为一去就碰钉子,让你们(指年轻人)去行吗? 不行! 我必须亲自出马,我还有我的优势."[10]

就是这样一位世界一流的纯粹数学家在一个发展中国家开展应用数学,所走的路、所形成的独特思想是十分珍贵的.在 20 年的探索过程中,华罗庚形成了自己的应用数学观、应用数学思想、方法论.

华罗庚对应用数学的认识和重视始于 20 世纪 40 年代初.20 世纪 40 年代在昆明西南联大时期,他对中国数学的发展已形成"横贯纵通"的构思,并提出了当时正在筹建的数学研究所应包括纯粹数学部、应用数学部、计算机部.他重视应用数学,并且不满足于在自己熟悉的天地里施展宏图,他的思路有着必然的奇特性.这是他行为奇特的基石.从 1946 年到 1957 年,他一直强调应用数学的重要性,并且鼓励他人从事应用数学分支的研究,如有的研究计算数学,有的研究微分方程,有的则研究运筹学.

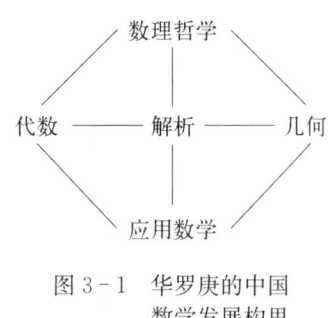

图 3-1 华罗庚的中国数学发展构思

3.1.2 作为文化活动的数学课程

数学科学发展不仅创造了一个个纯粹数学概念与定理系统、构建了一套套数学思想体系,而且留下了数学家为之奋斗过程中的执着并自由思索的足迹、激烈并睿智交锋的场景、热情并享受探究的过程.数学科学发展还为其他学科发展提供丰富的模型、技术及其他养料;同时,数学科学也为之获得增长、发展的动力和源泉.数学科学发展构筑成这样多姿多彩的文化活动.数学课程承载着构筑环境、教人育人的基本任务,数学文化活动的视角为我们数学课程研究提供新的视野.

克诺普(K. Knopp)在《数学作为文化活动》一文中,对数学课程与教学提出真切的期待.首先需要消除学生的成见,因为学生在学校环境下,一开始可能面对的是静态的、未做注解的数学形式化、符号化、概念化的表达,自然会产生诸如数学远离现实,数学抽象难以接近等想法,因此如果我们能挖掘背后所隐藏的数学家丰富的文化活动,精心指导学生探讨学科内容,那么学生是能够理解学校所教的数学的.这里强调,学校数学课程不仅要传递知识,而且让学生在智力上获益;要发挥数学学科的特点,尽早地激励并教授学生进行独立性思考和研究.对数学学科来说,要求学生的思维应该是生产型的而不是吸纳型的,如何进行思考和研究远比记住知识重要,数学事实不是靠死记硬背来学习的,而是需要在各种环境下学会独立思考和研究.

学校数学课程应该拿什么给年轻的学生们? 简而言之,数学课程应该使学生有能力在迷宫式的生活中找到方向,学会将古代文化和自我文化交融起来;应该教会学生理解生活中纷繁复杂的形式以及情境,使他们有能力真正地规划自己的生命,正确理解其他人的生命.数学能够清晰地表述关系、理解关系,数学家往往经历着从混淆和困惑的概念一步步走向清晰、翔实的理解,这使得数学成为学校中无可替代、不可估量的内容,可以让学生学会认真处理和探讨,感受数学家活动时的那种执着,直到把每一个问题搞清楚.学校数学也可以让学生感受数学文化活动中数学家的激情、热情和享受,学校数学内容应该以特有的方式呈现,以便吸引住学生、激发学生对数学的热心投入.

数学文化活动很大的特点是蕴含一个个问题解决的过程.我们每个人怀抱对问题解决的热爱,不仅仅渴求知识,而是要关注周边问题解决.生活自身的难解之谜常常是无法解决的,或者人们找到的解决答案仅仅是主观的却未必合理.数学家的文化活动则表明"数学疏离了繁杂的人类生活,而它的方法和关系恰似一面镜子,一面不可思议的镜子,真实地写照出与人类事实的联系!"[11]数学课程有责任让学生明确,数学探寻的问题一方面是全面的、客观的,且一定有答案的;另一方面,所得结果有普遍意义和典型意义.怀特海(J. Whitehead)指出:"数学的确定性依赖于它的完全抽象的普遍性."哈代曾经给出这样一个例子来支持怀特海的观点.当我们断言 $2+3=5$ 时,我们是在断言三种"事物"集合之间的关系,这些"事物"既不是苹果,也不是分币,也不是任何特殊种类的事物或别的什么,而仅仅是事物.所有数学"对象"或数学"关系",如"2""3""5""+""="及所有包含它们的数学命题,在完全抽象的意义下是完全普遍的.

3.1.3 数学课程中的学校文化资本

21 世纪以来,一些大型的学生评价国际项目,如国际学生评价项目(Program for International Student Assessment,简称 PISA)和国际学生数学与科学研究(Trends in International Mathematics and Science Study,简称 TIMSS),在对学生学业成就进行评价的同时,系统分析学校、家庭、社会等因素对学生学业成就的影响,其中隐含着对于相关性概念"文化资本"的研究.文化资本主要指个人具有的知识、观念、行为等文化资源的多寡.文化资本受家庭背景影响而造成差异,包括父母受教育程度、家庭收入等.PISA 和 TIMSS 等的研究都表明,文化资本成为学生学业成就的重要影响因素.然而文化资本对学生学业成就的影响不仅表现为学生对家庭文化资本的继承和运用,其中学校能否为其提供充量与合适的文化资本也影响学生学业成就.[12]根据布迪厄(P. Bourdieu)文化资本的假设,学生所获得的文化资本越丰厚,就越有可能取得较高的学业成就.因此,需要探讨学校教育中建设文化资本的各种路径.相关研究表明,在学校教育中,学生所积累的文化资本主要通过校本课程及其重要文化活动体现出来.[13]从文化活动视角看,数学课程是学生积累学校文化资本的有效平台之一,应该对学生积累学校文化资本有所贡献.

校本课程是学校发展理念指导下的课程活动,是以学生根本发展为旨归的学校课程行为.学校应具备符合自身发展和当地社会发展实际的发展理念,形成特色,将学生的需求作为第一要务,这样才能有资本的"稀缺性"特征,有了区别其他学校的典型标志,也才能形成学校独有的文化模式,拥有提升学生特有的文化资本.如上海市中国中学开设的《模糊数学》校本课程,在为学生介绍模糊数学基本思想和应用的同时,带领学生以质疑和探究的精神自学新知识、挑战新课题,曾经以"利用模糊数学原理设计智能机器人"等课题,使学生获得上海创新大赛相关奖励.[14]也有一些学校针对学生的不同认知水平与兴趣爱好,为学生开设数学史、几何画板与数学学习等校本课程.在这类校本课程实施过程中,学生不仅加深对基础知识基本技能的掌握,而且获得了丰富的数学思想方法、经历数学问题的探究、参与有挑战性的数学活动,这些经历和经验无疑丰富了学生的文化资本.

关于校本课程与教材的开发,早在 20 世纪 60 年代华罗庚就有不小的贡献.1957 年之后,受当时政治形势的影响,"理论联系实际"的政治要求也影响着数学研究.华罗庚无法顺利实现关于应用数学研究的整体构思.1965 年,他不得不亲自尝试和探索应用数学的实际功能,他对"优选法"和"统筹法"进行研究并在中国工业部门开展普及工作.华罗庚将"优选法"和"统筹法"用在我国的诸多实例.华罗庚寻找到适合"统筹方法"的单项工程,例如修建铁路中"逢山开路、遇水搭桥"属于单项工程.开路指在西南横断山脉中要修许多隧道,搭桥是指要在峡谷中建大桥.这些正是统筹方法的用武之地.华罗庚通过这样实实在在的考察、咨询,运用统筹方法提高建设效率,在这过程中,也普及了他的统筹方法思想.华罗庚又在上海试点"优选法",实验效果显著,他看出了用优选法去解决生产工艺方面的优化问题,是很有前途的.这种问题到处都有,特别在化工、电子工业等部门,它比用统筹方法解决组织管理问题的优化技术,更易于普及推广.经历过这样的数学实验活动,华罗庚形成了他特有的应用数学方法论、应用数学思想.以他的统筹方法为例,最后编写出数学普及教材《统筹方法平话及补充》,其中指出:"统筹方法,是一种为生产建设服务的数学方法,它的适用范围极为广泛,在国防、在工业的生产管理中和关系复杂的科研项目的组织与管理中,皆可应用."[15]由此可见,华罗庚非常执着的价值观,即自己掌握的数学知识要为国家、为民族服务,要把这些知识用各种方式应用于实际、传播给人民,其中包括用普及数学方法的方式.华罗庚的应用数学实验过程、普及教材的形成过程本身就是如何积累文化资本的很好典范.

3.1.4 数学文化活动的设计

文化资本理论认为,只有符合和满足学校所认可的文化体系,或者说符合社会要求学校所传授的文化体系的那些学生才有可能取得良好的学业成就.学校之间尤其是资源和社会文化的差异决定了,只有那些有充足文化资源和条件的学校才能够为学生提供多样的文化活动形式,才能培养哲学家意义上的"有文化的人",即"消息灵通、有智慧并且知识渊博的人"[16].

学校文化资本的文化活动建设就需要提高文化活动的意识、认识学校文化活动的目的及其意义,立足当地文化资源进行深层次开发,并使其紧密结合课程所蕴含的文化资本结构,进而通过拓宽学生知识视野等,开发加深和强化学生能力的课程.上海某中学在迎接百年校庆之际,数学教师大胆设计活动,组织学生创造多姿多彩的数学正多面体,点缀校园各个角落.学校为此不仅提供物理空间,鼓励学生用自己的作品进行装饰,而且配备材料、环保油漆等,让学生在令人愉悦的环境下放手制造.这种数学活动的设计与实施充分体现这所中学尊重学生、呵护学生每个潜力、每个热情的指导思想.

某德国学校,为了展现圆周率的魅力,为学生提供各类活动建议,如学生可以从历史角度考证圆周率研究的发展史,也可以用自己的肢体展现某个超大型号的圆周率表征符号;或者对照编码后的圆周率,创造出非常优美的艺术作品.显然,这种过程就是文化资本积累的过程.

丰富的数学文化活动,不仅开拓数学课程的内容领域,而且对数学课程目标、数学学习、数学课程设计与评价等提供新的要求.这些都能转化为数学课程研究问题.

§3.2 跨学科视角下的数学课程

数学与其他学科的联系体现为多元特点,数学既可以为其他学科的发展及其功能的发挥提供逻辑依据、构建理论模型,而其他学科的发展也为数学的不断发展提供源泉,因此数学在发展过程中并不是孤立的,而是在与其他学科对话、互动的过程中发展的,这使得数学课程具有自然的跨学科性.

3.2.1 数学与艺术

公元前 300 年最负盛名的数学著作《几何原本》,从几条经过精心选择的公理出发,演绎出了所有古典时期希腊大师们已掌握的最重要的结论.在公理的选择上,欧几里得显示出超强的洞察力和判断力.通过学校课程的学习,我们对欧几里得《几何原本》中的大部分内容已经熟悉,知道它是历史上最富有影响的、也许具有反叛性的教材.但同时它对希腊文化影响的重大意义也不能忽视.

欧几里得几何的创立,对人类的贡献不仅仅在于产生了一些有用的、美妙的定理,更主要的是它孕育出了一种理性精神.人类任何其他的创造,都不可能像欧几里得的几百条证明那样,显示出这么多的知识都是靠推理而推导出来的.这些大量深奥的演绎结果,使得希腊人和以后的文明了解到理性的力量,从而增强了他们利用这种才能获得成功的信心.受这一成就的鼓舞,西方人把理性运用于其他领域.如,神学家、逻辑学家、哲学家、政治家和所有真理的追求者,都纷纷仿效欧几里得几何的形式和推演过程.数学甚至被看作是所有科学的标准.在柏拉图学院的门口,写有这样的箴言:"不懂数学者不得入内",这典型地反映了他们对待数学的态度.

欧几里得几何学的重要性,远远超出了作为逻辑实践和推理模式本身的价值.随着几何学美妙结构和精美推理的发展,数学变成了一门艺术.对希腊人来说,算术、几何、天文学就是音乐之于精神、思维之于艺术.

欧氏几何的结构清楚、明晰和简洁,这种数学上的特征,也体现在希腊人质朴、简单的庙宇的形式中.如古典时期的希腊雕刻也是惊人的十分简练.没有多余繁杂的衣裙服饰、军功勋章、花纹褶边堆砌在塑像上,这些东西只会影响表现主题.

同样,这个时期的古典文学创作具有简练、清晰、求实的风格,比喻和形容词的使用显得恰如其分.如古希腊悲剧作家索福克莱斯(Sophocles)笔下的鸟是:"它深深地隐藏在绿色的长满青藤的树丛中,唱着清晰嘹亮的歌曲,它似乎要躲避阳光,还有那风吹声."这就是希腊质朴的艺术表现.

欧氏几何经常被描绘成是封闭的和有限的.这一方面说明,这门科学本身有局限性,那里的图形仅仅指利用圆规和直尺作出的图形,定理则是从一组固定的公理中推导出来的.在欧氏几何中进行推理时,没有引进新的公理.另外欧氏几何避免了无穷,因此在这意义上它是有限的.例如,欧几里得并不对直线整个地进行考虑,而将直线定义为一条可以向两个方向延伸至充分远的线段,他似乎对延伸这一点也只是勉强同意.

这些封闭、有限的特征,在希腊建筑中也占据了支配地位.希腊庙宇的整个结构小巧玲珑、一览无余,给人的印象是完美而明快.只需看一眼,思维立刻就能抓住,把握其比例和优美的结构.希腊庙宇与哥特式建筑相比,后者几乎永远也不能被想象为一个整体.

欧氏几何是静态的,它不研究变化图形的性质.在整个图形给定之后,才进行研究.希腊庙宇的宁静气氛反映出来这种特征.思想、精神在那里都处于安定状态.同样,希腊雕刻中的图像也是静态、冷漠的,给人以一种心理上的安怡,如同等边三角形唤起的情感一样.另外,希腊戏剧也表现出静态的特征,很少或几乎没有动作.戏剧一开始,那些导致剧中人所面临的问题或困境的事件,只是简要地给观众介绍一番而已.戏剧本身所关注的是心灵上的斗争,而很少关注动作,结局也总是能为人们预先猜到.

3.2.2 数学与计算机科学

古希腊时代数学的发展充分体现在文化、艺术、科学的发展中.让我们把思绪拉回到公元后20世纪,同样数学发展影响着其他学科领域的发展.数学的发展不是孤立的.计算机是数学家冯·诺依曼(J. von Neumann)的杰作.冯·诺依曼从理论数学转到应用数学,在面对大量的实际问题时,知难而进,善于把常人认为不能用数学处理的问题加以公理化、系统化,终于成为一代数学巨匠.高度的抽象和脚踏实地的联系实际如此巧妙地结合在一起,冯·诺伊曼的创新精神和求实态度的确堪为后人的楷模.[17]

出生于匈牙利布达佩斯犹太家庭的冯·诺依曼,在第二次世界大战爆发后,应邀参与许多重要军事科学计划和工程项目.1940年起,他是阿伯丁试炮场顾问委员会的成员.当时这试炮场应陆军的要求每天需要提供6张炮击表,而每张炮击表都要计算几百条弹道.试炮场已聘请了200多名技术员,每算一张炮击表往往要算两三个月.埃克特(W. J. Eckert)等人写了一份《高速电子管计算装置的使用》的备忘录,它实际上成为第一台电子计算机ENIAC(Electronic Numerical Integrator and Computer)的初步方案.这个方案深深打动冯·诺伊曼的心.

当时冯·诺伊曼正遇到原子弹核裂变反应过程的大量计算苦恼,涉及几十亿次初等算术运算和初等逻辑指令,几百名女计算机员一天到晚用台式计算机演算,还是不能满足需要.冯·诺伊曼作为试炮场和制造原子弹工程的顾问,马上理解到ENIAC设计的深远意义.形势需要,科学实践中积累起来的对新事物前途的洞察力,用数学方法解决科技问题的强烈欲望,使冯·诺伊曼迅速卷入到计算机设计制造的激流中,同时参与改进ENIAC的专家会议.

1944年8月到1945年6月,是计算机发展史上智力活动最紧张的收获季节.冯·诺伊曼在电子计算机的逻辑体制中引入代码,编制了各种程序,提出各种研究报告.他和穆尔小组合作,把崭新的科学思想马上付诸实践.10个月的时间,一个全新的存贮程序通用电子计算机方案(Electronic Discrete Variable Automatic Computer,简称EDVAC)诞生了.现代计算机许多基本设计中都带有他的思想标记.

长达101页的EDVAC报告轰动了数学界,连一向专搞理论的普林斯顿高级研究所,也破例批准冯·诺伊曼建造一架更完善的电子计算机并命名为IAS.在101页报告的基础上,冯·诺伊曼又和伯克斯(A. W. Burks)、戈德斯坦(H. Goldstine)一起,于1946年6月提出更完善的设计报告《电子计算机逻辑结构初探》,并建造了JONIC——一台高速电子数字计算机.

冯·诺伊曼也是对策论(Game Theory)的创立者.他早在1926年就提出来打扑克之类的对策思想,引进"策略"概念,构造了一个数学模型,这一理论十分巧妙地用于经济领域.要知道,几十个商人参加的交易会,其数学复杂程度远超过太阳行星的运动.冯·诺伊曼抛弃传统的用经典力学方法处理经济问题,代之以新颖的策略思想和组合工具.1944年,他与莫根施特恩(O. Morgensten)合著的《对策论和经济行为》是这方面的奠基性著作.时至今日,这已是应用广泛、羽毛丰盛的一门数学学科了.

显然,当今我们在谈论某个数学概念或者数学领域,或者谈论其他学科领域时,千万不要忘记曾有多少数学家在背后贡献着思想、智慧甚至生命.

3.2.3 数学与体育

在美国职业篮球联赛(National Basketball Association,简称 NBA)历史上,诺维茨基(D. Nowitzki)算是一位传奇运动员,他罚球的命中率相当高.2004 年 4 月的德国《时代周报》对诺维茨基的教练格希维德纳(H. Geschwindner)进行过报道,当时格希维德纳解释说,他如何运用数学知识,提高诺维茨基的篮球水平,他生动地描述说:"当时我拿着一张纸,问自己:是否有这样一个投球,尽管动作不太正确,但还是能进筐?然后我画了一张草图;这个球进筐时的角度至少有 32 度,诺维茨基有 2.13 米高,手臂有一定长度,如果人们了解数学和物理原理,马上能找到答案."

格希维德纳在寻找一种投球以及投球技术,即便犯错误,也能把球投进去,也即他在为运动员寻找一种最优的投球方式.格希维德纳的做法体现着数学的最优化思想,可以用以下的模型将格希维德纳的篮球训练方案数学化.罚球成功的决定因素是,一个与身高相吻合的投掷速度 v,首先可以估算下列函数的最小值,然后最优化并进行训练.

$$v_h(\alpha) = \sqrt{\frac{172.22}{2(4.19\tan\alpha + h - 3.05) \cdot \cos^2\alpha}}$$

其中,α 是投掷角度,h 为投掷高度.也就是,高大的篮球运动员在罚球时有一个优势,其角度偏差允许范围比矮小运动员的要大.另外,高大运动员可以用较小的速度投掷,由于其臂长,因此可以较慢地、更有感觉地加速.[18]

数学对于体育运动项目具有非常显著的影响,计算多项全能比较成绩的模型、足球比赛上场人数的规定、棒球场的绘制等都能从数学角度加以说明.

3.2.4 数学与音乐

音乐领域也蕴含着丰富的数学应用.音乐是通过不同的音高、音色的声音和谐的组合和流动而实现的.音高是音乐最基本的要素,和谐是音乐最基本的要求,音高是通过振动频率决定的.人类很早就发现,当几个声音的频率比(发音器弦长)是简单的整数比时,这些声音的组合十分和谐,例如最简单的整数比 1∶2,表达一个音和高八度的同名音,如 1 和 $\dot{1}$;次简单的整数比 2∶3 表达一个音和比它高纯五度的音,如 1 和 5;整数比 4∶5 表达一个大三度音程,如 1 和 3,4 和 6,这样的声音组合很和谐.因此,音高与和谐的问题是个数学问题.

在音乐中,对不同频率比的取舍,会产生不同的律制,它们有不同的用途.有一种称为纯律,也就是,从主音出发,用纯五度和大三度确定音阶中各音高度的一种律制.由于纯律音阶中各音对主音的音程关系与纯音程完全相符且其音响亦特别协和,故称"纯律".

表 3-1 纯律七声音阶的数据

音 阶	1	2	3	4	5	6	7	$\dot{1}$
产生法	主音	$\left(\frac{3}{2}\right)^2 \times \frac{1}{2}$	$\frac{5}{4}$	$\frac{2}{3} \times 2$	$\frac{3}{2}$	$\frac{2}{3} \times 2 \times \frac{5}{4}$	$\frac{3}{2} \times \frac{5}{4}$	2
与主音的频率比	1	$\frac{9}{8}$	$\frac{5}{4}$	$\frac{4}{3}$	$\frac{3}{2}$	$\frac{5}{3}$	$\frac{15}{8}$	2
1=C 时的频率	261.6	294.3	327.0	348.8	392.4	436.0	490.5	523.2
相邻音的频率比	$\frac{9}{8}$	$\frac{10}{9}$	$\frac{16}{15}$	$\frac{9}{8}$	$\frac{10}{9}$	$\frac{9}{8}$	$\frac{16}{15}$	

纯律理论的产生,在西方可以追溯到大数学家毕达哥拉斯(Pythagoras).传说他经过一个铁匠铺,受铁匠打铁发出的和谐之声启发,通过比较不同质量的铁锤发出的不同声音测定出各种音调的数学关系.之后,又继续在称为"弦琴"的单弦乐器的琴弦上进行试验,找出了八度、五度、四度音程的关系,通过弦的长度的变化,把七声音阶产生出来.

虽然中国古代没有出现过关于纯律的理论,但古代七弦琴上有四个徽依次在弦长 $\frac{1}{5}$、$\frac{2}{5}$、$\frac{3}{5}$ 和 $\frac{4}{5}$ 处,出现纯律所独有的分母 5,证实中国至少在公元 6 世纪就已应用了纯律.

欧洲在 16—17 世纪时,钢琴仍用纯律,转调极为复杂,并只能转少数几个调.为了转调方便有人提出应用十二平均律.德国作曲家巴赫(J. S. Bach)于 1722 年发表了为十二平均律的键盘乐器所作的《平均律钢琴曲集》,十二平均律随之普及.

十二均律希望:所有的半音阶具有相同的频率比.涉及如下"公理"的转换:
● 八度音程的频率比是 1∶2;
● 八度音程内含有 12 个半音阶.

它转化为数学问题:即求 13 项的等比数列,首项为 1,末项(第 13 项)为 2.于是公比应该是

$$\sqrt[12]{2} \approx 1.059\,463\,094\,359\,295\,264\,561\,825\cdots$$

用此法得到的音律称为"十二平均律".

§3.3 文化适应视角下的数学课程

3.3.1 关于文化适应

自 20 世纪 50 年代末"新数运动"以来,人们逐渐认识到改革课程对于教育改革的重要意义.课程改革的一大特征是有设计、要规划、需实验,一般来说,如果课程改革预实验成功

的话,就会在更大范围开展课程实验."新数学"课程改革在不同国家产生不同的反响和结果.尽管改革的课程内容体现出数学的现代性、结构性和应用性,但从改革实验看,在学校实践层面出现"水土不服",改革没有取得预期效果,尤其在美国"新数学"运动被搁浅.传统意义上,我们认为数学课程就是数学教学大纲或者考试大纲,它规划着要教授的一系列内容,或者按照年级段或者按照数学逻辑进行规划.例如在教学大纲中经常会出现下面这些内容:整数的乘法;平均数、中位数、模数;直线方程等.因此,人们认为课程改革也即课程内容的改革.然而,成功的课程改革不仅仅局限于改革者对数学课程内容的改革,而是要思考这些数学课程内容和教学内容、课堂教学内容、考试内容或者教学方式有怎样的关系?如何来描述具体反映数学文化的课程?如何将改革者或者制定政策者的期望课程转化为实施或者践行课程?我们可以从文化适应的理论视角回答这些问题.

"文化适应"是指来自不同文化背景的社会成员通过相互接触,给接触者的一方或者双方带来文化模式改革的一种社会心理现象.[19]文化适应既可以被理解为一种状态,也可以被理解为一个过程.新西兰心理学者沃德(C. Ward)提出"文化适应过程模型",它既涉及心理层面的改变,也牵涉到社会文化层面的变化,同时也受社会因素的左右.在沃德的模型中,文化接触和跨文化迁移是一个人生活中的关键事件.这种新的经验对文化适应者来说,既可能让他觉得兴奋和富有挑战性,也可能会令他感到困惑和无所适从.[20]回到"新数运动"课程改革中,当时数学家或者科学家积极编制数学教材,学生和教师则为教材的使用者,这些拥有不同数学文化背景的成员因为数学课程的实施相互接触.学生和教师面对教材中的现代数学语言、新颖的数学问题,既兴奋又无奈,他们需要对自身的数学文化、习以为常的教学模式等有较大的改变,才能适应这改革.但是在改革过程中,人们并没有关注这种"文化适应"过程.

毕晓普(A. J. Bishop)尤其重视文化对数学教育的作用,从"文化适应"的视角对数学教育进行大量研究,他认为"文化包含着一套可分享的理解,而这种理解是个人思想与他人交流(交往)互动时的媒介".[21]他的这个界定突出了文化的交流功能,他将数学教育看作一种社会过程,它包含有文化适应的过程.数学教育过程中,拥有不同(数学)文化背景的成员(数学家、科学家、政策制定者、教师、学生、家长等)相互接触,尝试理解、改变、发展.

3.3.2 文化适应视角下数学课程原则

毕晓普在研究中提出,数学文化是数学符号技术与数学文化价值的结合,是从文化分析角度探讨数学课程的基础.他提出,文化适应视野下的数学课程建设应遵循如下五个原则.

注重表征的理性

基于文化适应视角的数学课程首先要突出对数学文化的表征,而不仅仅是关注数学的符号技术.惯常,人们在制定课程标准或者纲要、编制数学教材时,比较注重表述数学内容,而忽视数学文化价值的表征.当人们依据教材设计教学时,也会忽视数学文化价值的传播.毕晓普指出,"技术"数学传递的是一种价值均衡论,因为它过分强调客观主义,以严密的证明控制人们的思维,会给人一种神秘之感.数学课程改革应该更加重视体现理性的推理论证,重视数学问题解决的"过程",为创新、改革意识和能力的培养创建学习环境.数学课程更要注重学习者有意义的经验,让学生透过数学的神秘面纱感受数学的意义.

注重形式与具体的结合

数学文化给人的印象是形式和抽象.数学课程应该结合非形式层面的内容,将形式的数学文化具体化.数学课程要反映数学与当今社会的联系,突出作为一种文化现象的数学,而不应该将课程窄化为数学证明和数学计算.布鲁纳强调学科的结构主义,提出通过特定的数学活动,让学习者形成重要的数学概念和数学思想.另外数学也是学习者文化的一部分,因此数学课程改革,要反映课程结构的文化基础.数学课程设计要基于学习者拥有的文化结构,更易向学习者说明其他文化下的数学意义.

注重课程的通达性

文化适应课程的另一原则是通达性(可达性),也就是说,让所有学生都有获得数学课程的途径.毕晓普指出,那种自上而下编制课程内容或纲要的过程没有充分考虑大多数学习者的学习方式,因此,当学习者面对课程时,会对数学学习失去信心.如果设计文化适应课程不考虑学生的学习基础、缺少逻辑,将会导致学生教育上的失败.文化适应课程应该是面向所有人,数学教育应该面向所有学习者.在不违反这原则的前提下,面对个别特殊学生,可以根据他们的兴趣和学业背景,为他们的学习创造特殊的机会.

文化适应课程的通达性原则,还强调课程内容不应超出学习者的智力和能力,要考虑社会共享的例子、问题情境或者现象等,为所有学生找到达到课程目标的路径.

强调课程的解释力

作为文化现象的数学会对不同领域的各种问题作出解释,文化适应课程应该挖掘蕴含在数学文化中的解释性资源,让学生在各种数学活动中,经历"用数学"作解释的活动.文化适应课程不是某种"技术"类课程,而是让学生有理有据表达、解释各自观点的课程.文化适应课程的设计需要考虑学生易于理解、又较熟知的情境,让学生在参与课程中解释力得以发展.数学课程要扎根于学生面对的环境、学生存在的社会中.也就是说,不同国家或地区应该拥有不同的数学课程,课程要反映出环境社会的差异性.毕晓普提出,不存在某个普遍可应用的课程.但是尽管课程不同,学习者都应该有机会获得好的经验,让学习者个性得以体现.

注重广度和基础性

文化适应课程应该既有广度,又体现基础性.数学课程应该让学生感受到数学的意义和价值,让他们有机会进行有理有据的解释活动,因此课程需要为学生创设足够的情境、提供足够的素材.考虑到学校教育的时间有限,为使学生能够开展更多解释活动,数学课程内容应该相对基础.但这并不意味着,数学课程仅仅是简单的算术、好玩的游戏等.在毕晓普看来,如果"文化适应"是一个目标的话,"解释"就是让文化符号化、可视化的力量,那么过度的复杂会让技术无法解释,不能让人信服,最后,就不能适应文化.其实未来的数学家也需要对本学科有很好的文化适应的基础训练.

总之,文化适应视角下的数学课程强调:(1)数学课程应该展示理性的数学文化;(2)数学课程应该将文化的形式化层面具体化;(3)数学课程应该让所有孩子易于理解;(4)应该强调数学的解释性;(5)数学课程应该有相对的广度和基础性,而不是过分强调深度.

3.3.3 文化适应视角下的数学课程框架

按照上述五个原则,毕晓普提出,文化适应视角下的数学课程框架由三个要素构成:符号要素、社会要素和文化要素.符号要素涉及数学符号技术层面的重要概念,原则上是直接探讨"理性主义"和"客观主义"的价值.社会要素指向使用数学解释的社会多样性.文化要素则强调,数学是存在于所有文化的一种现象,又是介绍数学文化的技术手段.

3.3.3.1 探讨概念的符号要素

毕晓普指出这一构成元素包括了相关的数学活动:最常用的是计算和测量活动;与空间结构相关的定位和设计活动;与社会环境相关的游戏和解释活动.概念则为这六种活动提供符号技术.[22]

活动的符号技术

计算和测量与数字概念相关,但是背后的数学思想完全不同.计算的特点是离散性,与测量系统的连续现象成鲜明对比.这里不仅仅是概念上的差异,形成概念的社会情境也有差异.毕晓普指出,在"计算"这一概念上,刚入门学习时,应该强调对所有数的体验,感受组合数学和"简便计算",而不是进行整数和有理数的算法运算.另外也需要渗透无限的思想,包括无限大和无限小,培养各种可能的与分数和小数有联系的极限思想.代数,作为概括数与数之间关系的表征,应该更为强调那种符号化的过程,通过数的名称、10进制、各种不同的矢线图、数线等重要内容,发展概念.与对象相比较,对事件的计算是理解预测、可能性和概率的根本,对大数事件的表征会激发起对系统、符号以及各种表征如频数分布图表的需要.

测量同样是数学思想发展的重要活动,包括比较、排序、测量质量等活动.所有文化都认可这些活动的重要性,但对测量活动价值的认识有差异.测量单位也应不同的文化而各不相同,有些地方使用的测量单位不同于我们熟悉的单位,例如,在巴布亚新几内亚,对于空间数量的测量有着自己的解释,距离单位是一天的旅程;两个花园相等于一个面积;铁桶的体积相当于水的体积等.他们在测量面积时会将花园的长和宽相加,而不使用在学校里学过的长和宽相乘,他们认为这是"白人使用的系统".

毕晓普关注两个与空间结构相关的关键活动:定位和设计.定位强调的是空间的几何位置,对运动的控制,因此学习定位不仅仅是纸笔的练习.这些概念应该来自学生易于投入的活动,来自对这些活动的各种编码和符号化.也要发展学生描述运动和定位的语言和符号,这样的活动也会促进理解缩放环境(地图、照相等)的步骤.数学课程可以向学生介绍丰富的图形词汇,尤其当学生在活动中获得相关的"形状"认识的时候.毕晓普特别强调对学生来说认识极坐标比认识(笛卡儿)坐标更为自然,学生可能有 LOGO 活动的经验.同样,人们一般也不重视轨迹的这一几何形状,但是它对解释当今技术高度发展的社会还是很重要的.在他看来设计是客体和人工制品概念化的过程,有助于形成关于形状的数学思想.

毕晓普指出,由于文化不会直接将我们与物理环境联系起来,因此需要考虑能够将个体与社会环境联系起来的活动,游戏和解释这两个活动具有重要的数学意义.游戏与活动的程序和规则密切相关,模拟想象行为和假设行为的特征是"如果";解释指向探究、概念化、概念分享等活动的认知方面.

他认为,课程框架的符号元素可以保障重要数学思想的广度和基础性.这一元素主要与上一节提到的原则三、四、五相关.尽管不存在一种客观的方法来评价"解释力",但可以采用这五个原则的精神,例如"组合数学"对学生来说,比"三角函数"思想更为重要,"组合数学"中的许多情境对学生来说是可以理解的,并且根据学生已经有的基础也是更易于理解的.这六种活动使得能够向学生呈现数学思想与其他文化下的异同,例如学习数系、几何语言、定位、图形和设计、图论、测量等,其他文化下的数据是有利的课程资源.在数学课程中,要通过组织这些概念来呈现知识框架,通过丰富的情境性活动,探讨数学意义,数学逻辑以及数学联结,进行概括,举例说明它的解释性功能.

通过活动获得概念

文化适应课程的原则强调,要充分发挥数学课程的解释性潜能,因此这里并不强调把上述概念作为一个个教学主题,而是要学生通过适合他们的活动,在对他们有意义的环境下,形成这些概念,也就是说,学生在各种各样的情景下进行数学活动.学校环境能够为这些活动创造足够的平台.由于强调通过学习活动形成概念理解,因此有条件的话,还是需要准备各种可能的学具、素材、课程资源等.

另外,活动也需要适当的、包含有各种课程资源的挑战性任务来激发,这些任务可以涉及物理或者社会环境下的问题.然而重点不是在于课程资源或者环境本身,而是关注用于解释环境中的概念.

例如，在学生（儿童）身边不胜枚举的计算活动，以及在学校环境下对生日、家庭成员等的调查，都说明规律的重要性．问题结构性越强，越容易强调规律性、模式以及简便计算的需要．如"当六个人相遇时要握多少次手？"这一类问题与"六边形共有几条对角线？"这个问题相关．关于数的形式，斐波那契（Fibonacci）数列是一个很好的问题，它不仅与自然有关，还能解释自然，另外还能激发关于无限大的思想．一些"不可能"的问题，例如"天空中有多少星星？"能激发起关于统计调查的抽样思想．计算器能提供很多发现数与数关系的可能性，例如加倍关系，被 10 整除等．分数和小数能引发运算结果的表征，如"10 件物品平均分给 3 个人"，每人三件最后还剩一件，或者 $3\frac{1}{3}$ 或者 3.33，依赖于这个物品不可分（杯子）还是可分（巧克力），或者"无限"可分．没有一个真实的物品会满足最后一个要求，这给人们讨论"极限""无限小"的话题．

3.3.3.2 基于项目的社会元素

以上分析可见，数学课程的符号元素对于学生数学学习（尤其是概念学习）至关重要，但是数学课程还需要培养学生对数学社会价值的反思和批判意识，这就需要学生学会反思数学在社会发展历程中发挥的作用，因此这里强调的社会元素主要涉及数学发展的历史维度．当然，我们不可能向学生提供一门系统的数学史课程，因此将使用"范例法"以及"实用法"原则，让学生理解数学发展的历史与未来．更为具体的策略是"项目教学"，其思想根源来自杜威（J. Dewey）在 20 世纪 20 年代提出的实用主义教育思想．考虑到社会元素，这种项目教学包括三个方面：

首先，一个项目可以让人们投入到某个情境中，而且提供个别化的和个性化的教学，这通常在数学课程中被忽视．其次，一个项目可以鼓励人们使用各种不同的资源，激发思考解释世界的数学方法．要结合各种图书资源、视频等能表现数学思想和价值的材料，将这些材料与学生课程结合起来．再次，参与项目，有助于反思活动．通过研究和表述某个社会情境，在教师的鼓励下分析数学思想和特定情境之间的联系，并且带着批判的视角分析这情景，这时，数学就表现出其社会价值了．毕晓普针对来自社会元素的项目主题提出若干建议．

过去的社会

这个主题的项目强调，引导学习者探讨数学发展在历史上的影响．用于探讨的材料是非常丰富的，可以根据学生的不同水平，选择不同素材，让所有学生都有机会参与这一主题的探究．关键可以放在数学的"控制"和"进步"价值上：尼罗河泛滥导致土地的划分；一年有多长；埃及金字塔的构造；水钟和沙石计时器；早期的定位技术；编码与解码；音乐的和谐与模式；艺术与数学的关系等．我们应该在数学课程中尽可能关注各类文化遗产．

现在的社会

这个主题的项目关注的是数学对现代社会生活的影响,上述有些主题可以沿用,但是从考察他们的现代意义出发的结合现代社会有其特定的主题,下面主要是体现"控制"的价值:钟与表;体育比赛;购买汽车;建筑设计;载人飞船;天气预报等.这里仅仅是列举部分可能的主题,这类项目的实施,需要大量与之相关的材料,除了数学类教材外,需要其他书籍、杂志或者信息源.这类主题往往是隐含着数学,其数学价值不是直接体现,需要学习者提取.

未来的社会

这一主题的项目主要围绕如何通过数学应用促进社会的"进步"展开,不同的社会情境可以选择不同的主题,更为主要的是,在特定的情景下探讨数学引导下的"进步"价值,也可以选择如何用数学模型预测未来的发展,因此可能会涉及政治或道德方面的问题,例如:在校学习的时间;在交叉口改进交通流量;是否有一个理想的等候队伍的长度;星际旅行的规划;奥林匹克运动会是否太大了;和平的付出;生活标准的比较等.

从数学课程角度看,似乎上述选题较为离谱,但主要是表现数学有助于开创性和民主化思想的养成,有助于决策能力的培养,"决策性"是进步的显著特征.

总之,上述三个方面的例子,使教师有可能帮助学生了解数学力量及其局限性,了解数学的解释性和表征性,有助于了解控制和进步价值的相对意义.这里强调的是"使教师有可能",项目教学并不是说,学生处理其他人已经写过的东西,也不是说,教师退到一边,仅仅让学生做他们喜欢的.项目应该有助于发展学生的批判意识,探究关键价值.

3.3.3.3 基于探究的文化元素

为了完成数学的文化适应课程,有必要考虑这第三个要素,符号与社会元素将传达重要的关于数学思想在社会情境下的信息,但是学生不需要学习大量的数学内部活动本质,也不需要学习大量的数学思想起源.符号元素在一定程度上向学生表明,哪些数学思想是值得我们学习的,而社会元素则说明这些思想是如何被使用的.我们还需要另外一个元素来说明,这些思想是如何或者为何产生的,思考什么是数学.需要这文化元素的另一个理由就是,要认识到"数学及其用途"这一标题,可以用来刻画前面两个元素,可能会让人保持一种观念,即人们相信数学思想不仅是被发现的,而且是由于解决实际问题的需要而被发明的.

因此,这个元素的目的在于演示数学作为文化的本质,演示数学家从事抽象活动的经历,以及数学是被发明的这一事实.它旨在成为探索"开放性"价值的媒介,以便对抗那种由"神秘"引起的消极的感觉.因此这个元素的部分意义就是以学习者易于理解的方式,将学习者引导到数学文化的技术层面.因此这个元素也包括两个方面,作为文化的数学和作为科学的数学,尽管这两者很难区分.这两者都涉及思想、符号、概念和技术.与社会元素不同的是,这个文化元素探讨数学的内部标准,但是文化元素不是涵盖某个适当的目标,而是用"实用例子"来说明问题.毕晓普认为数学课程的文化元素应该以调研为基础.

探究(调研)是由个人(或者小组)承担的某个拓展性任务,但它是探索数学的任务,旨在模拟数学家的活动.一个探索活动包括两个不同的阶段,先是创造和发明阶段,去探索、分析和发展数学思想;然后是撰写探索报告阶段,第一阶段是"实验",第二阶段是反思,整理撰写实验.例如可以探索:取任意一组毕达哥拉斯数,将这三个数相乘,结果总是等于60.这个结论正确吗?它永远正确吗?为什么?

探究是解惑和挑战的过程,为的是获取抽象数学思想,它不仅是技术层面的,而且是智力层面的活动,另外探究的本质是没有固定的终结性结果.人们可以从另外方向探索下去.也就是说,就像项目活动那样,探究活动可以按照学生的个人需求继续下去,有的学生可能会探索得非常深入,几乎成为一名"数学家",对这些学生来说,这意味着未来生涯的专业性,也许他们真的愿意成为数学家.

下面同样是一些探索主题的建议.分两类,一是探索数学文化(小写),二是探索数学文化(大写).

数学文化(小写)探索主题:手指计数法;混合进位系统;其他文化中的地图;循环日历;等.

数学文化(大写)探索主题:毕达哥拉斯定理的各种证明;斐波那契数列;帕斯卡三角形;偶数和奇数;等.

§3.4 民俗数学与数学课程

民俗数学是 20 世纪 80 年代前后在国际数学界兴起的一个新的研究课题.巴西学者安布罗西奥(U. D. Ambrosio)等人是"民俗数学"研究的倡导者.他们强调不仅存在"学术数学",也就是学校教学的数学,还存在一些特定文化人群使用的数学,如某些民族及城市或者农村的某个社群、某些专业人士、某个特定年龄段的儿童等使用的数学,这些被称为"民俗数学",而这些特定人群使用的数学方式可能有别于专业数学人士.[23]因此数学教育的研究应扎根于某特定文化族群,探索其社会文化中蕴含的数学实践.例如有研究发现,对于美国的某些原住民而言,太大且不能数下去的数字,他们会用"不断进行下去"或者"没有止境"来表示;对于"11"和"12",会用"在 10 上的 1"和"在 10 上的 2"来表示.[24]萨克斯(J. Saxe)对巴布亚新几内亚奥克萨普明族(简称奥族)的数学学习进行案例研究,发现奥族人用身体的各个部位,包括肘部、肩部和脖子来计数(如图 3 - 2).[25]对他们来说,最初的数字问题不是算术问题,他们记数是为了告诉人们自己拥有的小猪数量,为了测量网袋(一种手工艺品)的长度,给人指路时标出位置顺序等.

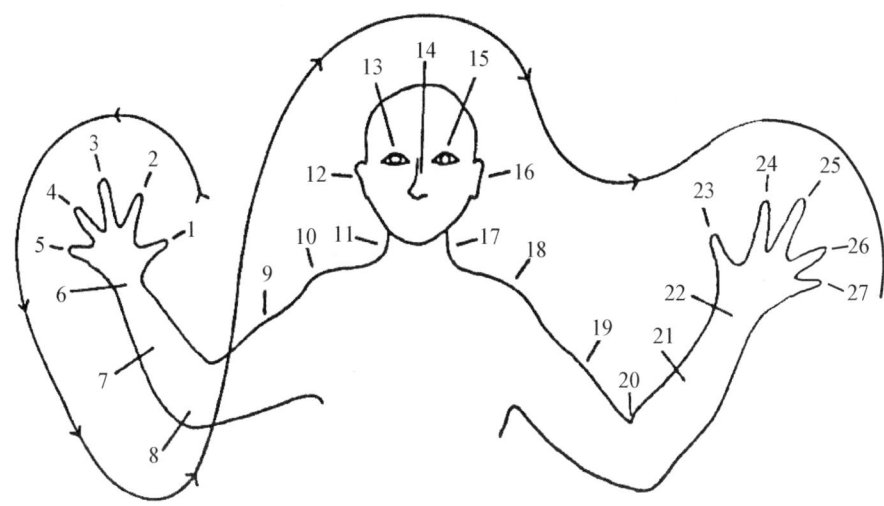

图 3-2 奥族身体部位记数系统

随着货币的产生,通过与西方人的接触,形成货币经济.许多奥族人开始谈论算术问题,参与商场中的经济交换.在经济交换实践活动中,他们要计算商品价格,逐渐进行各种完成算术问题的活动.在这过程中,身体各部分的功能逐渐发生变化,例如解决经济交换中 7+9 的计算.拥有丰富经济经验的奥族人会重建他们先前的全身记数策略,他们会把一个部位与另一个部位配对.问题的第一项"7"就用原始的身体表述(拇指 1 到前臂 7),涉及第二项"9"的时候,他们试图遵循"7"的计算轨迹.把肘 8 与拇指 1 配对,把两头肌 9 与食指 2 配对,直到把另一边的耳朵 16 与两头肌 9 配对,然后得出结论.显然他们的算法是在文化交流实践中形成的,可能完全不同于在学校中所学到的"正规数学".

"民俗数学"的研究强调的是数学的文化相关性,对数学持有一种广义的理解,认为数学的技术和事实都是文化的产物,而不同的文化则会发展出多种不同的数学形式.正如格迪斯(P. Gerdes)指出的,"在某些经济、社会和文化条件下,数学会在某个方向上得以形成和发展;在其他条件上,数学则会在不同的方向上形成和发展,从而,数学的发展是不高度统一的."[26]

郑毓信对民俗数学研究进行梳理,将其归结为两类:一方面,把民俗数学看作是人类文化学研究的一个组成成分,其主要着眼于历史的考察,认为"民俗数学"研究的一个重要任务是要努力重建那些在西方文明扩展的过程中受到压制和排斥的数学知识、数学技能和数学思维方式等,并依据多元文化的立场对此作出公正的评价;另一方面,"民俗数学"研究也关心现实的问题,特别是与数学教育直接相关的问题,对数学学习而言,我们不仅应当看到学校中的数学教学,而且也应看到整个文化环境,特别是日常生活的影响.[27]也就是说,学校中的数学学习不应被看成学生数学知识的唯一来源,恰恰相反,他们所具有的很多数学知识都是从学校以外的生活中获得的.就如上述提到的萨克斯的研究.

萨克斯还研究了巴西儿童糖果销售数学实践对学校数学学习的影响.研究发现,在实践中,巴西儿童在销售糖果时用货币来解决算术问题,他们往往不用教师所传授的算法,而是发明自己的方法来获得相关解答.例如把15张货币加起来,巴西儿童商贩也许会把它们分为便于相加的几组,如把5张面值200元的货币看作是1 000元,然后将中间值相加得出总值.同样,他们在零售中不是用笔来计算,而是使用策略结构,这些策略反映出局限于零售问题上的数学关系的概念化理解.这种知识形式表现出一种结合再结合的灵活性,这种灵活性通过学校操练式教学是无法培养的.[28]

巴西学者安布罗西奥等人的研究也发现,来自贫困家庭的巴西儿童在数学上表现出了两种截然不同的状态:他们在课后通常从事街头的叫卖工作,并在这种交易活动中表现出了熟练的计算能力;然而,同样是这些学生,他们在学校中的数学学习却往往失败.在研究者看来,事实上存在两种不同的数学,即所谓的"日常数学"和"学校数学".[29]这些具有特殊的教育意义,对于数学课程的发展提出了挑战.萨克斯提出,通过建立儿童的校外数学,教师也许能够将数学课程与儿童自己愿意投入的活动结合起来.例如,在巴西糖果销售案例中,教师与孩子能够交换经验.也就是,教师以学生的经验为起点,组织课堂教学活动.尽管这种方法有很多优点,但是现实的课堂教学情境不太理想."这种方法需要教师扮演人类学家的角色,构筑课堂活动与课堂教学,并与异质小组结合起来,使异质小组的孩子能够从事各种不同的实践活动,而在这些活动中只有一部分包含有丰富的数学内容."[30]

现实面临"日常数学"和"学校数学"这样两种不同的数学,我们究竟应该怎么办?能否完全放弃"学校数学"而仅仅保留"日常数学"? 这不是一个简单可以回答的问题,需要对"民俗数学"更为深入的研究,应该了解"民俗数学"既有明显的优点,它是与各种具体的情景直接联系的,从而使儿童清楚地意识到数学是与日常生活密切相关的,是一种有意义的活动.但是"民俗数学"也有明显的局限性,它始终与口算方式联系,面对较大数量时,所说的"自发的数学能力"往往会遇上困难.另外,由于"民俗数学"是与各个具体的情景直接联系的,因此,相应的数学知识和技能就不具有较大的可迁移性.在面对"民俗数学"与"学校数学"的冲突时,努力将这两者很好地协调.这对教师是一个挑战,一个好的数学教师应高度重视学生了解的文化背景,并应善于把它与学校中的数学教学活动联系起来.萨克斯建议,教师可以策划一次涉及数学内容、以日常实践为特征的班级实践活动,在实践活动中许多孩子保持热情高涨.每当开展与实践相关的数学时,教师可以帮助学生将他们自己形成的理解与以正规教学为目标的数学领域联系起来.

"民俗数学"为数学课程发展带来深刻思考,正如格迪斯提出的,将源自不同文化的素材纳入到课程之中,从而对所有学生文化背景作出正确评价,增强所有人的自信心,并学会尊重所有的人类和文化,这将有利于学生将来更好地适应多元文化的环境.[31]

§3.5 设计科学的视角

数学教育的发展与数学、心理学、教育学等其他学科的发展密切相关.但是,在研究数学教育问题时,如果简单地采纳来自其他学科的理论、方法或标准,不利于数学教育本身的发展,并且存在很大风险,也即,其他学科会掩盖数学教育应用性的本质.为了保护数学教育特定的地位以及相对的自主性,我们有必要以科学的视角设计探讨数学教育.[32]数学教育研究一方面发挥其实践应用性,另一方面需要构建与设计和实验研究教育实践相关的理论或理论框架.不少研究者主张将数学教育看作是一门设计科学.

3.5.1 关于数学教育的本质

数学教育的主要任务在于探索并发展各个层面的数学课程与教学假设、数学课程与教学目标及内容、数学课程与教学实施的社会环境等,因此对数学教育的研究需要跨越学科界限,有赖于各种不同领域的研究成果与方法,例如它与数学学科、教学论、教育学、社会学、心理学、科学史等有一定联系;但是数学教育研究不是这些领域成果的简单"拼盘".数学教育研究一方面需要与这些学科建立起稳固的联系,另一方面针对学校需要在实践与理论之间找到一种平衡,使得研究成果能够真正回答来自实践的问题.

鲍尔斯费尔德(H. Bauersfeld)称这种特点为数学教育"双重文化"的体现,数学教育如何才能整合各种不同的观点或者视角,同时又注重并处理理论与实践之间的那种"张力"?[33]维特曼(E. Wittmann)指出,只有在核心问题上数学教育的研究、发展与实践建立起特定的联系,并且在整体进程中促进实践发展,数学教育的任务才能够实现.他指出数学教育研究的核心问题包括如下方面:[34]

- 分析数学活动及其数学思维方式;
- 发展数学教育相关理论(例如关于数学化理论,问题解决理论,关于证明与操练技能的理论等);
- 探究有助于学习者领会与理解的课程内容;
- 依据一般数学课程目标反思性地检验并论证内容安排;
- 研究学习的前提条件以及相关的教与学过程;
- 发展和评估基本的教学单元、教学模块以及课程模块;
- 开发用于设计、实施、观察以及分析课堂教学的方法;
- 探讨数学教育史等.

研究这些核心问题,既需要研究者的兴趣,也应该贴近实际问题.但是,如果过于从实际出发探讨这些问题,容易导致狭隘的实用主义,将研究问题聚焦在具体细节上,可能会产生相反的效果.因此研究这些核心问题需要与相关领域的研究进行交流,以系统的方法探讨这些问题的各种根源.维特曼用图3-3展示数学教育核心问题研究与其他研究领域的联系.

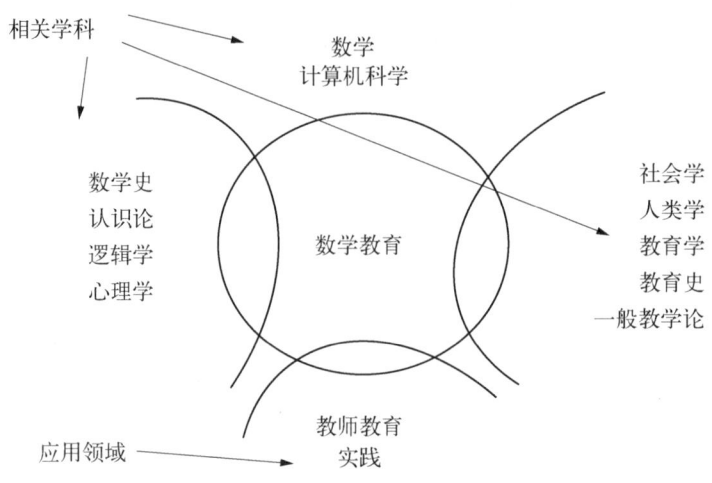

图3-3 数学教育核心问题研究与其他研究领域的联系

除了上面列举的数学教育核心研究问题以外,还有不少相关的研究问题,并且随着时间的推移,会产生出不少新问题,这里无法穷尽.我们以核心问题为参考,通过对核心研究的考量,来评估数学教育研究领域的发展.如同音乐、工程以及医学,都分别有着各自的核心研究问题.例如音乐的制作与表演应该是音乐学的核心任务.在机械工程中,机器的制造和发展对机械学、热力学以及新材料的研究;在医学领域,与医学社会学、医学史或者细胞研究相比,治愈病人是关键.

弗赖登塔尔(H. Freudenthal)也指出,数学教育研究的核心任务是构建和设计及实验探索数学教学有关的理论框架,这类研究应该是跨学科的、各种不同因素整合的建设性研究.

数学教育研究的这一特征说明,数学教育具有应用性的地位.数学课程要研究的是作为人类认知基本和自然元素的数学活动,另外,要把"数学"看作是广义的社会现象,它产生于并应用于科学、工程、经济、计算机、统计、工业、商业、加工业、艺术、日常生活等.我们设计数学教学单元时,要注重对学生、教师的真实数学活动的激发、观察和分析.因此组织和观察人类与数学的联系,是数学课程教学的关键,也是教师专业发展的主要途径,因为教师需要平衡数学活动与专业性数学之间的关系,两者有所偏激的话,都有可能影响数学课程教学的效果.

我们必须意识到学校数学不能直接选自专业性数学,相反,将学校数学看作是人类数学能力发展的基础,这种能力的发展有赖于宽广的数学情境.鉴于对数学课程的这种认识,需要建立一种科学标准来实施数学课程.如果仅仅采纳其他学科的模式,显然是不明智的.考虑到数学课程的这些特征,即把有建设意义的研究用到数学教学中,我们把数学教育归属于"设计科学"领域,设计是所有专业训练的核心,也是区分专业和学术的原则性标志.

维特曼明确提出数学教育是一种设计科学,是为了建立理论(概念)和实践创新的联系而进行的创造性设计.当研究、发展与实践建立起特定的联系,将实践进展与整个领域发展同步的时候,数学教育的这一特定任务才能得以实现.

3.5.2 关于设计科学

何谓"设计科学"？著名认知科学家、诺贝尔经济学奖获得者西蒙(H. A. Simon)将科学研究分为两大类,一是分析的、自然的科学,目的是通过分析的方法描述和解释自然发生的过程、机制和规律,诸如物理学、心理学等属于这一范畴;二是"人工科学"或"设计科学",诸如计算机科学和很多工程学科等,其目的是生成一定的过程、工具和活动原则,将当前状态转化为人所需要达成的目标状态.[35]"设计科学是以符合目的为出发点的工作原理与方法手段,而这个合目的性的问题是随着人类社会的发展变得越来越多样化、复杂化与建制体系化的."[36]

设计科学的发展基于人们对自然(包括人和社会的存在)规律的大量发现,这些规律也被称为科学原理,诸如意义重大的爱因斯坦(A. Einstein)的相对论原理、马克威尔的电磁场方程、经典的牛顿(I. Newton)定律、博弈论中的纳什(J. Nash)均衡原理等.西蒙认为,设计科学与分析科学就像一张纸的两面,它们是紧密联系的.分析科学得到了广泛的科学规律,设计科学则巧妙地组合运用科学规律建构人工系统或装置、社会组织等.西蒙在《人工科学》一书中写道:"人工界恰恰集中在内部环境与外部环境的这一界面上,它关心的是通过内部环境适应外部环境来达到目标.要想合理研究那些与人工界有关的人们,就要研究手段对环境的适应是怎样产生的——面对适应方式来说,最重要的就是设计过程."[37]

设计科学的成果不仅是提出某个概念或者发现某种关系,而且要发展能解决问题和满足目标需求的设计性知识.设计本身就是一个复杂的事物或系统,同时需要与其他设计系统相协调,共同满足某种功能要求.设计过程是动态的,具有结构性和不确定性.

设计科学的研究需要明确分析设计所试图实现的目标以及达成目标的条件和情境.在实际的设计过程中,大多数情况没有备选方案.明确设计目标后,需要寻求备选方案,这是设计的逻辑起点;或者知道要做什么,但具体目标并不确定,确定具体目标就成为设计的起点.[38]

3.5.3 设计科学与数学教育

维特曼在阐述数学教育本质的基础上,提出将数学教育看作是系统演化的"设计科学",这一主张对数学教育研究领域有着特别的意义.数学教育的核心任务在于建构"人工制品",例如构建教学单元,研制课程内容,编写教科书等,同时探讨这些人工制品在不同教育情境下可能产生的各种效果.这种建构的质量离不开理论的建设性思想,有赖于设计者的创造发明以及系统评价,这也是设计科学研究的特性.

数学教育作为一种设计科学也强调数学教育的特点以及相对独立性.数学教育不是数学的附属物,也不是心理学、教育学的附属物,因为设计科学都不是某个相关学科的附属物.如果试图利用其他相关学科的模式来组织数学教育,就会让数学教育失去立足点,因为其他学科会忽略针对概念和实践创新进行创造性设计的绝对重要性.

设计科学的特点

数学教育研究充分体现了设计科学关于系统的复杂性和自我组织的特性.例如从系统演变的角度看,关于教师与学生、理论家与实践者的关系已经不同于传统观点下的关系.知识不再是教师向学生单向传输的结果,而是学生与教师以及学生在社会互动下学习而获得的建设性成就.因此,数学教育家开发的课程与教学资源必须有助于这样的互动过程.特别是,这些课程教学资源为教师和学生提供足够的自由空间,让他们自己选择.为了促进并激励教师灵活使用以这种方式开发设计的资源,需要培训教师,把他们当作研究与开发团队的合作者,而不是结果的接收者.因此,教师通过培训可获得新的智慧,这是类似于培训工程师,在工程师培训中一般使用"反思性实践者"的概念.我国研究者顾泠沅针对教师经历种类繁多的培训之后仍然很难把学到的知识和技能运用到日常课堂上这样的困惑,提出从教师的需求出发,"教师的专业发展是需要实践性知识保障的,教师成长和发展的关键在于实践性知识的不断丰富和实践智慧的不断提升".[39]他所设计、开发并实施的"以课例为载体的教师教育模式"为解决理论如何向课堂实践转移的问题提供很有价值的行动策略.[40-41]

数学教育作为系统演变的设计科学可以有不同的发展路径,而不是像分析的、自然的科学那样,只能按照一种假设的"单一范式"发展.在设计科学中,不同过程与方法的同时出现,是发展的象征,而不是滞留不前.正如托曼(Thommen)在其管理理论中阐述的:"基于不断发展的经济世界,有可能在各种不同的形式框架或者模式下,重建(重构)经济环境.它们不是相互排斥,相反,它们可能是互补的,因为没有一个模式能够考虑到所有的问题,并且平等地对待它们.多元模式的存在,就有更多的问题可以去研究,相互纠正的机会就越大.因此,在管理理论中,我们把模式的多样性看作是这个领域向前发展进而发生演变的一个指标,并不是说在演变过程中,新的模式产生,旧的模式消失."[42]

进入21世纪,人们再次反思如何从设计科学视角思考数学教育研究.莱什(R. Lesh)和斯利拉曼(R. Sriraman)提出与数学教育密切相关的设计科学特征:[43]

1. 要探讨的主题往往是人类创造力的产物,它不同于物理学、心理学等,需要通过分析的方法来描述和解释自然发生的过程、机制和规律.设计科学家需要理解和解释的最重要的"主题"(subject)往往是由人类设计、发展或者构建的.例如,在数学教育中,这些主题涵盖了帮助学生或教师发展的概念系统,以及体现思维方式的课程材料或者教学过程.

2. 要探讨的主题是个复杂性系统.诸如在工程学和生物学中,这样的系统明晰地出现在开发人工制品的设计文本中,例如航天飞机、摩天大楼、增长模型和计算机信息程序系统;而在数学教育的设计文本中也能看见一些类似的系统,这些设计文本描述了在变化的情境中,何时、何地、何人、为何、如何来修正那些课程材料或者教学方案.遗憾的是,通常数学教育关注的往往是概念系统的发展,而不是如何建构表达概念系统的人工制品或工具.这里有两种情况可以使用"设计研究".

(1) 研究关注的是具体的人工制品或工具,也就是说,研究者要开发促进教学、学习或评价的资源.一般来说,高质量的产品需要能够与他人分享,并且在持续变化着的情境下再利用,因此产品需要组件化,并且易于修正完善.这就说明,为什么基本的设计原则是人工制品+设计的重要组成部分.

(2) 研究关注的是概念系统,也就是说,研究者想开发某些复杂的概念系统,它们是为学生、教师、课程开发者或者其他教育决策者提供基础的.但是,为了形成关于概念系统本质的有用构想,研究者需要用体现思想的人工制品(或者概念工具)来表达思路,而这些人工制品或工具是通过一系列循环设计、经过反复检验和修正而逐渐完善的.这样当检验人工制品时,基本的概念系统也得到了检验;往往会产生一系列可审计的文献资料,它展现出我们研究主题所开展的一系列活动的重要信息.我们可以通过展现数学演变,来显示社会思维方式的演变,数学演变展现出人工制品在符号表示法被理解之前所经历的一系列循环设计.

3. 研究者的设计目的在于功能、可共享性和可再用性,而不在于测试.有效利用才是决定改革项目和课程资源是否继续存在的主要依据,有效利用要从权力过渡到与他人分享和在其他情境下的可再用性.真正优秀的教师会不断地再开发他们所使用的教科书或者课程资源;真正优秀的课程资源应该是易于调整,以适应学生的发展变化.

4. 研究者要认识到所探索的主题是不断变化着的,因此需要去理解和解释相应的概念系统.其一,为了理解某个相关系统而开发的概念系统,会塑造并操作新的系统,因此,一旦我们理解某个系统,我们往往会去改变它;当我们去改变的时候,我们就需要发展自己的理解.

5. 社会的制约因素和社会情境会影响我们所研究的主题.例如工程师开发的系统以及相应的人工制品或工具的设计"说明书"是受人为意图影响的,同时也受使用系统或者工具情境的物理因素或经济因素影响.因为人为意图不断变化,人们也经常按照开发者意料之外的方式使用工具或其他制品,因此在使用工具或制品在被使用时,工具本身往往会发生变化.数学教育有类似的情况,那些工具(软件、课程资源、教学方案)的本质受到社会生成资本、社会制约因素、社会情境的影响,也会受到创造这些工具的个人能力的影响,或者受到设计这些工具时最初的情境特征的影响.

6. 没有单一的"宏大理论"可以为现实复杂问题提供实际的解决方法.在包含着复杂性系统的现实决策情境下,从来不存在无限的资源(时间、金钱、工具、顾问);另外,部分利益相关者的目标经常是相互冲突的,例如低成本与高质量.因此,在这种环境下,有用思维方法通常需要整合来自不同学科视角的概念和概念系统.

7. 通常,发展包含着一个不断往复的设计循环.为了开发有足够动力、可共享以及可再用的人工制品及其设计,设计者需要经历产品的整个设计过程,循环往复地按照特定的意图检测、修正产品.这样的发展循环就自动生成一个文档跟踪系统,它显示出产品产生的各种信息.

应用数学领域的核心内容——数值分析和算法分析的产生就是一个很好的例子,它们就是通过对历史产物的不断修正得到目前使用的概念.如阿基米德(Archimedes)创造的用来逼近圆周率的方法,是数值分析的基本概念之一,即一个简单有趣的迭代数列先例.阿基米德的方法与计算内接(或外切)于单位圆的正 n 边形的周长当 n 趋于无穷时的极限问题有关.当时,阿基米德用到了内接(或外切)于单位圆正 96 边形的周长,计算出圆周率的近似值,这说明阿基米德有极强的计算能力.21 世纪的现代计算工具可以分析阿基米德算法的计算复杂性.在阿基米德的算法中,算法的每一步需要再加上一个平方根,这被称为"神奇的"理性逼近法."神奇"在于,需要知道那时候是如何计算平方根的,阿基米德从未明确地展示出来.比较阿基米德的技巧和现代迭代技巧的计算效率,是很有用的数学练习.我们发现,一个 9 位数的圆周率的近似值,需要 16 次的迭代,需要一个正 393216 边形!计算效率可想而知.

这 7 个设计科学的特征与数学教育密切相关.在数学教育领域有许多问题是复杂性问题,仅仅靠单一的研究无法解决,单一研究导致理论与实践的脱节.例如美国数学教育出现两次革命,即"技术革命"与"建构主义革命".[44] 尽管有研究表明技术与数学教学的整合取得成功,但大量教学实践并非如此.对"建构主义课堂"的研究也表明"我们都是建构主义者",但是研究者提到的建构主义课堂教学只是教学的冰山一角.导致研究结论与现实实践不吻合的原因在于这些研究往往是一次性的验证,很难将其结论一般化.

关于设计研究

作为设计科学的数学教育主张以设计研究为最主要的研究范式.作为一种发展中的研究范式,设计研究自 20 世纪 90 年代以来在国际教育学界所受的关注与日俱增.它聚焦于理解自然情境学习和设计有效学习环境,通过迭代式的设计探究将理论与实践联结起来,是理解教育革新如何在实践中运作的重要方法论.[45]

目前对设计研究的定义没有达成一致.布朗(A. Brown)较早地将设计研究引介到教育研究领域,指出设计研究"旨在将课堂从学术工厂转变为能鼓励学生、教师和研究者之间进行反思性实践的学习环境".[46]巴拉布(Barab)和斯夸尔(K. Squire)的定义则关注这一方法论的三要素:理论、人工制品设计和实践,从目的上给出综合性定义,他们指出"设计研究与其说是一种方法,不如说是一系列方法,旨在产生一些新理论、设计一些人工制品和实践以潜在地影响自然情境之中的学与教并对此作出解释".[47]这一定义更为贴近数学教育中的设计科学的特征.杨南昌从不断涌现的设计研究的论述中归纳出一些重要特征,包括:干预主义与设计导向;迭代循环与过程导向;实用主义与效用导向;贯一性与理论导向;整合性;境脉性.[48]

设计研究把设计看作是知识建构的过程,而不仅是创造新产品的过程.它把以往剥离的理论研究和实践应用通过交织在一起的设计和研究过程整合起来,它有两个主要目的,同时满足研究者(开发者)与教学实践者(学习者、用户)的需要,一是面向实践,开发成果的设计或教育革新,解决教学问题并促进教学实践发展;二是提升理论,即提高我们对课程、教学、学习的理解,形成设计原则.

数学课程研究中的设计科学

20世纪末期以来,数学课程改革成为数学教育领域乃至整个教育领域发展的重要标志.21世纪,我们应该为学生设计什么样的数学课程?如何来设计这样的数学课程?这是数学课程改革中首要面对的问题.回答这样的问题,首先需要明确分析设计所试图实现的目标以及达成目标的条件和情境.在设计科学看来,确定具体目标是设计的起点.

以我国21世纪初的义务教育阶段数学课程改革为例.课程改革研究团队通过问卷调查和深度访谈分析数学课程现状、学生数学学习特点,通过文献研究分析数学发展进展,通过国际比较研究分析数学课程发展的国际潮流,基于这样的系统研究,提出数学课程目标,如,通过义务教育阶段的数学学习,学生应该能够获得适应未来社会生活和进一步发展所必需的重要数学知识、基本的数学思想方法和必要的应用技能;初步学会运用数学的思维方式去观察、分析现实社会,去解决日常生活中和其他学科学习中的问题,增强应用数学的意识等.制定数学课程目标是数学课程设计中具有决定意义的一项工作.[49]

另外课程改革是一个系统工程,需要吸收复杂性系统的思路和方法.以我国21世纪初的义务教育阶段数学课程实施为例.课程实施应该考虑四个方面:数学课程教学、数学教材编写、数学课程评价、数学课程资源开发,也就是说需要对这四个方面进行设计研究,而每一个设计本身是一个系统,这些系统之间需要相互协调,共同满足需要实现的数学课程目标.例如,在数学教材编写过程中需要思考教材在数学课程教学中的功能,数学教材不再是课堂教学中唯一的知识组织和呈现媒介.数学课程资源的开发,拓宽了数学课程的空间,为了让这些资源在数学课程教学中发挥应有的作用,在开发资源的过程中需要对照资源应有的数学意义和教育意义,不断完善资源体系.

设计科学主张在设计研究过程中,针对新目标领域和条件情境拓展研究范围和知识体系,这一主张对数学课程研究有着特别的意义.例如,数学课程研究也特别关注当今的数学课程是否为学生在校外能够进行数学的思考做好了准备,该设置怎样的课程内容有助于学生数学素养的培养等.近20年来,数学课程改革特别强调培养学生的数学问题解决能力,培养学生跨学科的数学能力,例如生物数学、工程数学领域内容的问题解决能力等.莱什和斯利拉曼建议采用自下而上的培养路径,也就是要转化视角.传统上先教授学生必学的内容,然后将所学的应用于现实情境,以此来掌握数学;现在应该将学生置于有意义的情境中,在这些情境下,学生将主动学到的概念情境化和形式化,以此学会将现实情境数学化.这种教学视角的转化为数学课程内容的变革打开空间.米切尔森(C. Michelsen)则提出在研究数学素养(能力)培养时要考虑文化因素,将数学带入我们的文化时,就需要我们重新思考数学课程创新,什么是学生应该知道和理解的.他建议,在数学课程中考虑关于危机、动态系统、自我组织,以及由数学和数学外因素引起一些主题,这样帮助学生更为显性地认识数学化过程,同时培养他们处理复杂问题的能力.[50]将学生的学习置于真实的目的、对真实问题的探究之中,这在中小学数学教育中并不常态化.可以这样说,20世纪60、70年代改革以后,几乎所有的中小学的数学课程内容都是属于科学定义的数学,也就是说,所教的概念都是数学的基本概念.因此数学课程研究中涉及的研究对象基本上是变量、函数、微分方程、极限等.只有少数研究是关于跨学科的、技术类的、社会科学类的数学课程内容.几十年来的数学课程研究成果表明,很少有研究关注数学和其他学科之间的教育关系.这类问题往往是复杂的,因为他们包含着两个明显不同的成分,数学外的领域和数学领域.作为数学课程研究者,我们认识到,数学对于有意义问题的解决以及促进社会发展有着很大的价值,因此我们需要设计对学生有意义的、有价值的学习环境.

匈菲尔德(A. Schoenfeld)也特别强调数学课程发展的重要目标之一,培养学生校外的数学能力,对这数学课程目标的研究有助于理论与实践的融合.要实现这种融合,需要将课程发展看作是旨在细致分析、系统描述做什么、为什么做和如何做的研究活动.[51]这样的数学课程研究,旨在探索新的课程内容领域的教育意义,通过实验或实证研究,去发现哪些核心概念、思想可以让哪些特定的学生群体学习.在此需要构建起分析数学内容结构的框架,分析这些内容的教育意义的框架,研究相应的教与学过程的框架,以及开发相应的教学过程或环节.

数学课程研究的另一个重要任务则是数学课程评价研究.在数学课程开发和项目设计中,有一句老生常谈的话"简单处理产生小的效果;但深入广泛的处理又不能完全落实","除非你让它运作,否则不会有任何创新".[52]因此在开发和评价课程项目时,仅仅演示课程的实施过程是不够的,更为重要的是解释为什么以及如何实施,要关注参与者和系统内其他部分的互动.因此,在设计过程中,首先要描述相关系统(课程、教师、学生等)之间期望的关系和互动,它是任何课程创新的最重要的因素之一.例如,20世纪90年代初,美国学校数学标准委员会(Commission on Standards for School Mathematics)开发了一个指导学校进行数学课程改革的框架,鼓励教师讲授大量的数学主题:数的概念、计算、估算、数据分析、建模、离散数学、函数、统计、概率、几何、测量等,并且强调不是孤立地去教这些主题,而是要体现出它们之间的联系.这个课程项目期望,教师按以下目标为学生创造学习机会,即让学生重视数学、相信自身的数学能力、学会问题解决、数学交流和数学推理.这个项目借助《儿童数学教学》(Teaching Children Mathematics)和《数学教师》(The Mathematics Teacher)期刊鼓励教师互动,开发适合所教学生的课程.[53]

其次设计应该是实用的,也就是说,设计的课程项目要易于被改造并且适应持久变化的环境.成功的课程创新,最重要的特征是,设计的模块化、可改造性、共享性.

《儿童数学教学》和《数学教师》期刊上发表了教师根据美国学校数学标准委员会开发的这个课程框架,自行开发的课程.例如,一个为期4周的课程单元"超越表面",帮助学生将许多概念和技能融会贯通,与其他分支学科相联系,与个人发展相联系.该课程单元围绕表面积与体积关系展开,并按照促进学生建立联系的基本原则进行再设计:数学应该与学生兴趣相联系;学生通过积极的、具体的学习任务建构自己的数学概念;利用一些数学工具展现数学关系;学生通过写日志、展示、研讨会讨论和参与项目学习,仔细揣摩学生数学体验之间的联系.显然,美国学校数学标准委员会开发的这个课程框架很好地体现出它的可改造性、共享性.

所有的课程项目有其优点和弱点,大部分项目在特定的时候、为了某些目的、在某些环境下运行良好,而没有项目是在任何时候、为了所有目的、在所有环境下都能运行良好.因此,课程实践者需要了解何时、何地、为何、如何、何人、在什么环境下,可以运作哪些资源.另外,如果一个学校的校长不理解或者不支持某个课程项目的目的,这个项目就难以成功.因此,评价某个课程项目时,也应该评价主要管理者的特征和角色,这些评价不能以模糊的方式进行.一个项目的成功有赖于运行到多大程度,运行质量如何.如果一个项目只运行了半程,或者实践者、管理者仅以一半的热情在实施该项目,那么这种项目是不可能百分百成功的.一个成功的/高级的创新课程往往要持续好多年的运行,在评价创新项目时,应该评价实施的质量,评价不是为了走过场.

§3.6 数学课程发展的审美视角

3.6.1 数学与数学美——客观视角

数学家在发明创造、发现论证严谨的数学同时,也展现着他们对数学的热爱,甚至痴迷，在他们眼里数学是如此的"美"．法国大数学家彭加莱曾经写道："数学的美感、数和形的和谐感、几何学的雅致感，这是一切真正的数学家都知道的审美感．"他也清楚地表明，这种数学美学因素对于数学发明创造具有重要意义．在他看来，"缺乏这种审美感的人永远不会成为真正的创造者．"另外，"数学家把重大的意义与他们的方法和他们的结果的雅致联系起来，这不是纯粹的浅薄涉猎．在解中、在证明中给我们以雅致感的实际上是什么呢？是各部分的和谐，是它们的对称、它们的巧妙平衡；一句话，雅致感是所有引入秩序的东西，是所有给出统一、容许我们清楚地观察和一举理解整体和细节的东西．可是，这正好就是产生重大结果的东西．"[54]彭加莱将和谐感与雅致感看作是非常主要的数学美学标准．

曾把数学比拟为艺术的著名数学家哈代对于数学美学有着自己的评判，他明确指出："数学定理的美丽在很大程度上依赖其严肃性．"哈代写道，"最好的数学是严肃而又美丽的．数学定理的严肃不在于它通常具有不可忽略的实践效果，而在于被它所联系的数学概念的重要意义．粗略地说，如果一个数学概念能够以一种自然的而又令人恍然大悟的方式与众多的其他数学概念相联系，那么它就是'具有重要意义的'．"[55]在哈代看来，数学美与数学的严谨性、有意义性密不可分．哈代列举了古希腊数学中的两个有名定理：其中一个是欧几里得关于存在无限多个素数的证明；另一个是毕达哥拉斯关于$\sqrt{2}$的无理性的证明．这两个定理都很"简单"，在思想和演算上都很简单，但毫无疑问它们是最高水平的定理．[56]

另外，波雷尔（E. Borel）也曾明确指出："我相信，我们的美学并不总是那么纯净而奥秘的，也包含几条较为世俗的检验标准，例如意义、后果、适用、用途——不过是在数学科学的范围内．"[57]我国著名数学家徐利治论述道："科学家和数学家从美学的观点去探索和研究客观世界，并有所发明创造，当是一件顺理成章和易于理解的事情．"[58]

我国历史上最伟大的数学家刘徽首次提出数学美的概念，他的数学就是具有"简单而和谐"特征的数学，而且认为数学美比数学的应用更重要．他在为《九章算术》作注时，用"割圆术"最终证明了圆的面积公式为"半周乘半径得积步"．在证明中，他多次明确地使用极限思想，且先作无穷小分割，后求其极限状态下的和的方法．这与现代积分方法近似，即与元素法本质一样，只是顺序不同而已．刘徽采用"分割，极限，求和"，而元素法是"分割，求和，取极限"．[59]刘徽在处理错综复杂问题时，使用"割之又割"的无穷小分割思想不仅证明了圆面积公式，还用刘徽原理解决了"阳马"和"鳖臑"公式．不仅如此，他利用极限思想解决了圆周率的近似计算问题．在其证明中刘徽析理以辞，解体用图，刘徽的逻辑证明严格准确，充分体现他对"简单而和谐"的数学的贡献．

关于数学美的论述可以追溯到公元前6世纪的古希腊．毕达哥拉斯学派把数视为过程宇宙的基本因素，数的和谐构成了宇宙的和谐，美就是从这一和谐中产生出来的．按他们的逻辑，一切按照数的秩序所构成的形式，如节奏、对称、多样性的统一等都是美的．古代哲学家、数学家普洛克拉斯(Proclus)曾断言,"哪里有数,哪里就有美".亚里士多德(Aristotle)也曾指出:虽然数学没有明显地提到美,但数学与美并不是没有关系.数学尤其会展示秩序、对称和极限,而这些是美的主要形式,这也正是数学研究的一种原则.亚里士多德将数学美归因于数学本身,而不依赖于数学家本身.例如,文艺复兴时期的著名画家达·芬奇(D. Vinci)曾像研究数学一样地研究过人体.他在他所画的一张人体比例图上注以下述文字说明:叉开两腿使身高降低十四分之一(如身高为 1.78 m,则下降 0.13 m),再分举两手使中指端与头并齐,此时肚脐眼恰是伸展的四肢端点的外接圆中心,两腿当中的空间构成一个等边三角形.[60]这段文字充分展示了以数体现美的寓意,不失为美学与数学间的关系的一种体现.

通过数学家对数学美的赞赏与研究可见,数学美镶嵌在数学的发明创造之中,来自数学学科本身的美,在他们看来数学美主要是一种理性内在的形式美.

3.6.2 数学审美——数学教育研究者的认识

数学家以客观的视角论证数学美,探索着数学美的标准、数学证明的美学价值等.根据这些来自数学本质的数学美的观点,一些数学教育研究者提出,这种数学美对学生来说是遥不可及的,也许和获得数学基础知识和技能相比,数学美学并不是十分重要的.激进建构主义的代表人物冯·格拉斯菲尔德(E. Von Glasersfeld)指出,不应该期待学生像喜欢彩虹和日落那样去喜欢数学.根据他关于学习是知识的主动建构的思想,学生学习数学时,由于其经验系统远离数学系统、远离数学家的经验系统,因此建构数学时很难感受数学家自身感受到的美.[61]德雷福斯(T. Dreyfus)和艾森伯格(T. Eisenberg)则论述道,美学对数学来说是重要的,但是教育工作者首先应该把注意力放在教学学生数学基础之上,而不是试图让学生获得像数学家那样的数学审美判断.他们在研究中要求学生把自己解决问题的方案与数学家擅长的解决问题方案进行比较,结果发现,学生的审美判断非常薄弱,因为他们的方案往往与数学家的不一致.[62]这个研究启发我们,学生和数学家也许有不一样的审美偏爱,这并不说明学生不具备数学的审美判断.西尔弗(E. Silver)和梅茨格(W. Metzger)通过对专家解决数学问题中美学的影响的研究提出建议,要学生获得数学问题解决中的审美反应,就需要学生达到更高的元认知水平,需要他们了解现代数学发展的动力.[63]张奠宙等人的研究则从对策角度提出,数学知识需要形式化的表述,但是学生掌握数学知识必须经过朴素而火热的思考.教师的责任是返璞归真,运用适度的非形式化方法,将数学的学术形态转化为教育形态.[64]

3.6.3 对数学美客观视角的挑战

当代伟大的数学思想家利奥纳(Lionnai)沿着两条轴线展开对数学美的探讨.首先,他强调依赖个人体验的审美反应的主观性(主体性).他对比了古希腊的狄俄尼索斯(Dionysian)和阿波罗(Apollonian),阿波罗体验的是平衡、融洽与秩序,而狄俄尼索斯往往被吸引而失去平衡,导致毁灭和病态.阿波罗寻求结构和图式,而狄俄尼索斯关注期望、反例,也许甚至是古怪的、奇异的概念.如果认可狄俄尼索斯的倾向,它与亚里士多德典型的数学表达形成鲜明对比,利奥纳建议,数学家要拥有不同的,甚至是对立的审美倾向.作为人类,数学家必定有自己的个人爱好和观点,这些会影响他们的数学价值观.

利奥纳也拓展了审美判断的对象,也即对数学事实和方法的判断.当事实包括幻方以及虚数(虚幻的数),方法就包括矛盾证明法以及归纳法.利奥纳的事实与方法的分类框架旨在说明能够引发审美反应的数学思想和对象的多样化.利奥纳的多元化思想,挑战了数学美学固有的观点,提出审美反应的主观性,挑战了数学家享有一种共同的审美判断的假设,也就是说,审美反应的方式不受象牙塔里的数学定理和证明所限制,而这些定理和证明很少出现的学校数学中.另外,数学审美不仅仅是美和雅致,而且有时也会是丑陋和通俗的.有时,更多狄俄尼索斯的反应保留在数学中,例如无理数、复数、奇异群或者零化子.

威尔斯(D. Wells)对数学家进行问卷调查,这些调查提供了基于实证的对数学审美固有观点的挑战,他收集了近 80 位数学家的回复.调查要求数学家从 24 个定理中识别出最美的定理,而这 24 个定理都是数学史上知名的定理.威尔斯发现数学家的判断差别很大,从他们对判断的解释看,数学家的丰富经验会影响他们对定理审美的个人反应.威尔斯提出,数学家们有着某种隐藏的关于数学美的观点.他指出在不同时间、不同文化下,对数学美的审美判断价值会发生变化.[65]

威尔斯的调查研究聚焦在已有的数学成果上(数学定理和证明).让我们再来看伯顿(Burton)的调查研究,她的调查聚焦在数学家的实践及其对那些实践的理解上.基于对数学家的访谈,她提出了一个"数学家的认识"的模型,该模型包括了含有审美的 5 个要素:不同的方法识别、个人或文化和社会关系的认识、洞察力和直观能力以及对它们之间联系的认识、审美认识.就审美认识,研究者主要调查了数学家对审美作用的看法.伯顿指出,数学家对于审美作用的看法,从不重要到非常重要构成了一个连续统.但有 3 位数学家忽略其重要性.例如,一个说"'美'没什么关系,在我生命中我从来没有见过一个美的数学论文."[66]另一位数学家一开始不重视数学美,但是后来,再一次审视的时候,他说道"如果它是一个很雅致的方法,我会倾向于允许一些错误".这个表述的第一句话对数学美做了界定,而第二句说明,对审美的看法影响数学家的决策和判断方式.这是比较实用的表述,描述该数学家的行动和经验的个性化意义.

辛克莱(N. Sinclair)的研究主要是关于数学审美的实用方法,也描述了数学家的数学实践,并聚焦在数学家的数学探究上.[67]基于数学家的访谈,基于对数学探究结构的分析以及所刻画的学科价值,辛克莱提出了一个关于审美价值的三角模型,她刻画了在选择数学问题、提出假设和推论、评价数学结论过程中审美价值体现的方式.伯顿访谈的是关于数学家对他自己的数学实践的理解,而这里三角模型主要是考虑在数学共同体中数学知识产生以及交流的方式.例如,当数学家不关心结论或证明的美以及雅致的时候,他们必须判断这个结论是"好的""有趣的",因为他们要决定他们的工作是否达到发表的要求了.类似地,数学家必须采用特定的书写格式,而这些格式往往是很美的,数学家也许没有直接意识到引导他们工作的价值,但这个价值在数学实践中起到关键作用.

这些研究都解释了,审美是判断的一种模式,它们既不是认识论的,也不是伦理的,而是与是否"好""有意义",或者"得到赞赏"等有关.作为判断模式,审美较多地被应用于对已有数学成果的判断,例如对数学定理和证明的判断,但这也可以在探究定理过程中进行审美判断.另外,审美作为一种判断模式,不同于人类其他行为模式,如情感和认知.

3.6.4 现代审美观的一般认识

大量研究结果拓展了对数学美的认识,也强调数学美的意义,培养数学审美自然也是当下重要研究工作之一.在探讨数学审美之前,先综述一下有助于理解数学审美的几个审美视角,包括:审美经验、审美体验认知、探究、进化的必要性等.

审美是一种经验

作为实用主义美学核心人物的杜威,在他的《艺术即经验》一书中指出,审美经验源于日常经验,但是日常经验要转变为真正的审美经验,还需要创造和满足多项条件.世俗的日常经验向审美经验的转化,这之间存在一个内在超越的张力场域.

在杜威看来,经验既关乎客体,同时也涉及了人的行为,浸透了人的情感,承载了人的意义.他在《经验与自然》中说:"它(经验)不仅包括人们做些什么和遭遇什么,他们追求什么,爱什么,相信和坚持什么,而且包括人们是怎样活动和怎样收到反响的,他们怎样操作和遭遇,他们怎样渴望和享受,以及他们观看、信仰和想象的方式——简言之,能经验的过程."[68] 由此,我们看到,经历既包括经历到的事物,也包括经历事物的方式、过程和经历的人,既包括人的认识,也包括人的情绪、意志和心理活动等.

杜威提出经验的生物自然主义根基的概念,杜威将审美这一高级的精神行为深入到生物学的本性中.在他看来,所有的艺术都是生命有机体和他所处环境之间交互作用的结果,这其中包含了能量的协调、冲突和平衡的运动过程.当有机体与环境在经历分裂与冲突之后实现了一种动态的平衡和秩序之时,就产生了原初意义上的审美经验.

在杜威看来,一切经验都具有审美的潜质."如果一个人看到耍球者紧张而优美的表演是怎样影响观众的,看到家庭妇女照看室内植物时的兴奋表情,以及她的先生照看屋前的绿地的专注神态,炉边的人看着炉里木柴燃烧、火焰腾起和煤炭坍塌时的情趣,他就会了解到,艺术是怎样以人的经验为源泉的."[69] 这些普通的日常经验,因为人的情感和想象的参与而带有审美的特征.杜威认为,审美并不是与理智活动和实践活动相抵触的.理智活动的发端和过程只有伴随令人满意的情感性质,才会是一个完整的思维事件,才能获得思维的果实.实践性的行动,只有伴随着兴趣的激发和意义的积累,才能被感觉为一个过程的完成.一切活动,如果是在自身冲动的驱动下完整实现的,那么都将具有审美性质.

杜威还提出了"一个经验"的概念,意指带着它自身的个性化的性质及自我满足,所经历的物质走完其历程而达到完满.我们的日常经验由于各种干扰因素,开始,又中断,不能形成一个完整的经验,所以不能称之为"一个经验".但人们都有获得一个整一、完满的经验的本能渴望,一个问题没有解决、一盘未下完的棋、一本未写完的书等,我们都会一直挂在心上,希望把它完成.所以,日常生活中琐碎零散的经验可以转变成令人满意的"一个经验".换句话说,当日常经验改变其无序、混乱和分裂的状态而达到臻于完满的状态时,就成为"一个经验".在杜威看来,只要获得"一个经验"就具有了审美的性质.小到一次聚餐,一场考试,完成一部作品,下一盘棋,只要能走完全程而达到自身的完满,成为"一个经验"就是一次审美享受.大到最精深的哲学与科学的探索和最雄心勃勃的工业或政治事业,当它们的不同成分构成一个完整的经验时,就具有了审美的性质."[70]然而,"一个经验"还不能称为审美经验.

当然,杜威的审美经验也可能发生在数学中,有不少描述令人赞叹、很有意义的数学家的经验,例如英国数学家安德鲁·怀尔斯(Andrew Wiles)非常感人的证明费马大定理的经验.这类经验也是数学家的终极目标.美国数学家和哲学家吉安-卡洛·罗塔(G.- C. Rota)有着类似杜威的观点,宣称数学美或者数学雅致记录着数学家从情感上交流各自经验的方式:"数学美是数学家发明的表述,以便直接确认这种启蒙现象,而避免这种现象的模糊性的出现……"[71]

在数学教育研究中,虽然类似审美经验的思想以不同的方式得以表达,但审美经验还是很少被使用,例如,从学习数学的认知和动机维度看,冯·格拉斯菲尔德(E. von Glasersfeld)写道:"如果要求学生在做数学时体验到数学家的某些满意,不要期望通过任何一种奖励成就的方式让他们找到那种满意,而只有让他们认识到在自己的概念建构中已经达到的匹配整齐度."[72]匹配的整齐度与杜威的"一个经验"相当,都谈到要满意,冯·格拉斯菲尔德描述的某些满意与杜威的审美经验比较接近.

辛克莱的研究颇有特色,她依据美国美学家比尔兹利(M. Beardsley)提出的关于审美经验的五大特征:即对象的引导性、感受自由、距离效应、积极发现以及完整性,[73]对自身的一次数学问题解决过程进行反省和分析.辛克莱的问题解决过程包括三个阶段:探究和范式筛选;获得理解;连接与令人深思.[74]

在探究和范式筛选阶段:辛克莱的同事呈现了用动态几何软件绘制几何图形:从任意一个三角形 ABC 出发,在三角形的三边分别构造一个正方形;找到每个正方形的中心,并且分别用线段将中心点两两连起来,形成一个"中心三角形 DEF".

辛克莱马上联想到自己熟知的拿破仑定理,也即以任意三角形各边为边分别向外侧作等边三角形,则它们的中心构成一个等边三角形.她试图探索上面的图形构造是否也有类似拿破仑定理的性质.辛克莱分析,这个经验阶段体现了对象导向性的特征.比尔兹利的对象导向性意指,人们的意识由对象所引导,使得人们的注意力关注于此并欣然接受这种导引.辛克莱在探究初始就被几何图形的形状、结构等吸引,从内心感觉这几何图形的构造与拿破

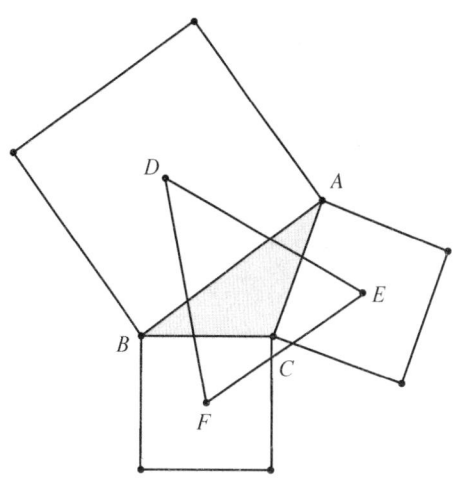

图 3-4 三角形的构造

仑定理有密切联系,这种感觉又深深吸引她继续尝试构造图形.这种有联系的感觉让她主动要测量角度并计算,乐此不疲地探究着.这一阶段的活动既有审美的特征也有动机的成分.辛克莱进一步希望并试图去寻找证明方法,这样她进入到第二个阶段.

从辛克莱的自我描述中可见,她问题解决的经验包括证明、积极发现和感觉自由.比尔兹利的"感受自由"就是在对象的呈现之中人们所感到的轻松与和谐,从而营造出一种自由选择的氛围;"积极发现"就是人们感觉到心灵那种激荡和振奋的建设性力量,往往表现为激昂的振奋感或者智力的成就感."积极发现"特别能反映数学家问题解决过程中的经验表现.作者反省自己的问题解决过程时描述道:"确实,我有一种洞察联系和结构的感觉,我享受这种对我所推断的联系的理解,这种推断是确定的,是真实的……"

作者所经历的两段数学问题解决经验体现着不同的审美性质,第一阶段是带着神秘的感觉,去发现新的、非形式化的内容;第二阶段可以抛开神秘感,开始用数学语言进行探索,有一种吸引力,能够从一种表达模式转换到另一种表达模式,发现形式模式如何将性质具体化,并且引导自己一步步走下去.

辛克莱这种反省、自述的分析研究,生动地揭示了数学审美经验的具体表现.

审美是一种探究

英国艺术史家贡布里希(E. Gombrich)在研究装饰理论时,形成其重要的著作《秩序感——装饰艺术心理学研究》(以下简称《秩序感》).他认为,在对事物知觉方面我们可以很容易根据原有的知识来进行外推,去主动预期世界.在这种情况下就会出现各种与预期不同的落差,正是这种落差在装饰中被认为是可以给创作者和欣赏者带来多样性的快感.他指出,审美快感来自对某种乏味和杂乱之间的图案的观赏.[75]贡布里希认为,装饰手工艺人学会装饰技巧的过程是一个试误过程,即尝试和纠错、猜想和反驳过程.我们在欣赏装饰纹样时会主动在延续中寻找中断,具体的制作程序则是构框、填补和连接.我们在周围环境

里捕获种种变化之中隐含着的秩序,只有当这种合乎规律的变化未能出现的时候,才会为之震惊.

杜威的探究逻辑观也强调探究的审美本质.杜威把探究定义为不确定情境向确定情境的受控的转变,而情境是出现于一些有机体或环境系统的持续活动中的不稳定的、不平衡的、不统一的、混乱的事例或者事件,是探究活动的开始.杜威的探究理论不同于传统的"旁观者似的认识论",而更多地具有行动主义的意味,强调认识者与周围环境的互动.[76]杜威认为,探究起始于惊喜或者问题感.他坚持认为,一个问题在被陈述之前,必须被感觉到.问题的本质是被感觉到的,而不是被想出来的,它很难用语言来表达.一个探究对本质的了解不是靠自己,而是通过发生探究的背景、线索和直接证据来了解本质.杜威认为各种惊叹和感叹,如表达羡慕和满意的"Ah",表达愉快和胜利的"Aha",表达遗憾、悲痛或不幸的"Alas",常常发生在科学探究中,这也许是有品质思想的最简单例子.对杜威来说,存在这种属于探究的审美本质,它是科学的或艺术的.

尽管哲学家、艺术家相信可以对探究过程进行实验研究,并且探究过程不仅仅是不可观察的、不明朗的心理状态的连续,但对研究者来说是,分析概念,如一个经验或一个诱导,是一种挑战.他们这些理论最重要的效果是,强调了探究最初阶段所起的重要作用,或者提供新的想法或者表述持续的品质.

杜威等的思想没能激活许多数学教育共同体的兴趣.其中一条假设是,数学的审美参与依赖于参与整个探究过程的机会,整个探究过程包括没有特定的目标的探究情境,提出问题,启动探究.我们认为,不是学生没有能力参与数学审美,而是学校数学很少提供参与探究的机会,参与数学探究应该是"像数学家那样活动"的关键.根据杜威的观点,要构造情境,让学习者有审美经验,获得最有价值的、最满意的经验,这应该成为数学教育的目标之一.

对照贡布里希的探究观,审美活动应该发生在数学课堂教学的更为公共的活动中,例如解决问题或者领会思想.尽管他强调审美判断的主观性、情境性的本质,但是,他认为人类会分享有意义的兴趣爱好,例如,他们经常围绕对称或平衡组织自己的感知,或者要降低复杂度,或者要与自身的对称性相联系.贡布里希提出要关注人们对对称的偏爱,例如,西方装饰艺术往往看重对称性的构造,而东方装饰艺术则会打破对称性.同样,困惑、厌恶等感觉也是高度个性化和情境性的.

审美是一种必要的演变

人类学家迪萨纳克(E. Dissanakye)将审美与演变(进化)联系起来,她试图理解为何任何地方的人们,尽管文化不同、历史时代不同,总会花很多时间去装饰自己或者周边的环境.花大量时间装饰似乎与生存演变相矛盾时,刺青的手臂、精致的舞蹈礼仪、装饰的门窗,无法满足人们对食物或者避难的需要.迪萨纳克把这种审美产物看作是"制造独特"的方

式.人类的审美能力,无非就是需要在经验过程中辨别出值得关注和渲染的内容.[77]

迪萨纳克的审美观点为数学教育开启不同的视角.她提出,需要通过强调和渲染来避免单调乏味或者混乱,可以有各种不同的方式了解这种需求如何在数学课堂中发挥作用.数学课堂不仅仅是概念学习的课堂,数学课堂也要关注,如何通过在平板电脑上乱涂,来打破教学的沉闷,或者寻找可替代的规则来克服代数运算的困惑.

平克(S. Pinker)的研究关注的是人类行为的审美维度,他解释了人类的情感是如何对审美反应产生深刻影响的.他关注人类对变化环境中的压力进行选择时如何做出调适反应,特别关注对一系列"主动活动"的反应,这些反应提升了他们在环境和社会冲突中的生存能力.他提出,大脑的潜意识里记录着那些"主动活动",也即对愉悦的感知,就好像利用对称来感知和收集关于家庭成员的信息.我们觉察出那种愉悦,并且进入到我们的意识中,这就是这个"活动"的特点."主动活动"发生在获取支配日常生活的那些奇异的、信息富足的、产生刺激的信息的时候.尽管这些可能是一次性的雨天预报活动,或者森林里的狩猎,或者对他人的慷慨大方,现代人类面对各种不同的情境.然而,平克论述道,这种觉察愉悦之感的机制是相同的,就是要面对丰富的信息量且产生潜在刺激,例如人们把专门的外国地铁地图留在宾馆了,我从能够认识基本图式得到快乐.[78]

平克和迪萨纳克探讨了人类行为的衍生领域,也即"制造特殊"和"记录主动活动"构成审美感觉(感受)基础的方式.他们的方法可以帮助提供有说服力的观点,关于在人类思维和行动中,审美是核心并且重要的,也提供了与学习有关的广义的审美的各种解释.

从理论观点看,平克提出了情感和审美之间的联系,特别是,从愉快反应中辨别"主动活动"的可能性,而不是探索学生发现美或者不美,研究者也许会探索发生在问题解决中的主动活动,什么样的行动或者转换能够产生平克描述的愉快的反应?在多大程度上不同学习者会分享这些行动?

迪萨纳克提出的审美概念,与认知有着不同的联系,她强调审美与情感的相互作用,这个情感是强调当人们"制造特殊"获得成功而带来的满足.什么是在数学或者数学课堂教学中"制造特殊"的活动?研究者会不会为了评价审美参与度使用"制造特殊"这个想法?从学科本身看,是否有数学家特定的"制造特殊"的方式?与数学学习有怎样的关系?

3.6.5　数学教育中的审美

关于审美的多方位的研究成果、观点,为数学教育中如何探讨审美开阔视野,在研究中需要考虑认知、情感和审美的整合,同样需要考虑数学课堂教学的社会因素,最后要考虑数学教育以及相关数学家的动态力量.在这些方面已经有一些有意义的研究.

认知、情感和审美的整合

西尔弗和梅茨格对数学家进行研究,发现"问题解决者经常出于审美的考虑做出决定或者评价,因为问题解决者感到要这样做,这取决于他或她对一个方法或结论是否感到满意."[79]正面或负面的感觉可能来自一种感知或一种意识,如这是值得的,这是重要的或者有趣的.也就是说,在问题解决过程中,审美和情感领域各自起着不同的作用:审美关注的是对现象(图式、关系、矛盾)的感知,而情感能够将这些感知成为对感知者有意识的关注.

从实用主义角度看,在描述和解释数学问题解决时,审美和情感应该保持概念上的区别,尽管它们有明显的联系.另外,数学教育中的情感理论无法解释审美价值的源起,它们在不同文化中的传播,以及它们在引导学科发展中起的作用.审美反应和审美价值不是作为生物构造而存在的,它们是从社会和历史角度形成的,在共同体中分享情境化实践,它们在决定什么是值得的、重要的、有用的时候发挥作用.[80]

另外,审美与认知也有着密切关系,从某一层面说,它也许是一种相当理智的东西,我们会谈到对简洁、结构、简明、清晰的感觉.雷德福(L. Radford)在研究中关注了身体运动和抽象数学概念化的直接联系.他展示了学生如何用有节奏的表达来构造代数图像的意义,这种节奏不是真正的文字,而是符号学的归纳性标记.节奏是一种制造意义的审美形式,因此通过身体,审美和认知联系起来了.[81]

审美的社会性视角

在数学教育中对审美的研究,还需要考虑社会性意义.以上对审美的分析,聚焦于人们在互动中如何形成、分享、交流以及辩论审美价值和审美感受.因此在数学教育中谈论审美的时候,不应该忽视审美的社会性视角,其中以交流和文化适应最为重要.

毕晓普指出,数学教育应该超越发展学生概念性的理解,应该包括学科历史的教学和学科价值的教学.[82]他将在课堂教学中形式价值的重要性与促进课堂的情感环境结合起来.毕晓普提出了数学文化适应的概念,它包含着数学文化价值的浸润和反思,提供一个数学教育审美的社会导向的视角.他建议,应该在课堂教学层面解释、分享审美价值,但这个过程需要长期的讨论和协商.数学文化适应意味着,给学生清晰地展示基本的价值,而不仅仅是展现学科的概念发展,价值的展现需要与其他社会目标对话互动.

辛克莱的一项研究,分析了课堂教学中对审美价值的交流.研究假设包括:至少应该在交流中间接地讨论审美价值.她分析了如下交流片段:[83]

[S老师开始教学第5节"解两边有变量的方程"]

S老师:书上说,如果你找到两边的变量,消除其中一边的变量.[他在黑板上写下$\frac{3}{8} - \frac{1}{4}x = \frac{1}{2}x - \frac{3}{4}$,并问学生如何解这个方程]

N学生:在方程两边减去$\frac{1}{2}x$.[N学生进一步说明,S老师跟着写]

S老师:我们是否可以做些什么,使得它更有效益?我们看书的时候,你会发现更多的技巧——你会得到把令人讨厌的代数打败的武器.我把全部项都乘以8.那就是在我口袋里的秘密武器.

正如预言的,教师其实很少用"美"或者"雅致"等词来表达数学思想,但他确实经常提到审美价值,让学生注意什么是数学的兴趣,什么是数学家喜欢的.上面的交流中,为了说明有不同的方法解决含有分数的方程,教师谈到如何"把令人讨厌的代数打败",把分数变为整数.一方面,教师说明这样一个事实,可以降低复杂性的技术是数学的价值;另一方面,教师表达了由数学审美得到的消极反应,也即,分数是恶心的,令人讨厌的.辛克莱的研究分析了在课堂教学层面协商审美价值的方式,分析了教师视野下无争议的价值可能高于学生的审美感觉和审美能力.

数学审美力量的发挥

法国大数学家彭加莱曾经写道,真正的数学家都知道数学的美感、数和形的和谐感、几何学的雅致感.遗憾的是,学习者很少有机会带着这样的美感来学习数学.对数学美的感受、体验或者创造仅仅是小众群体的权利.为此,数学教育承担着重要任务,改变这种状况,让所有学习者有机会走进数学美,真正感受数学的力量.

在数学教育的发展过程中,一些理论与实践研究开始关注如何发挥数学美的力量、如何创设教与学的环境,让学生有机会积累数学审美经验等.有一些研究者把数学看作是一门艺术学科来研究.沙利文(J. Sullivan)认为,数学家在工作时像艺术家那样富有激情,因为数学文学充满了美学公式,许多数学家不是对结果感兴趣,而是对方法的美更感兴趣.他也发现,数学家并没有像科学家那样,数学不会把自己与外部的真实做比较,这说明,当数学家在确定感兴趣的研究对象时,是有选择、有自由度的.[84]沙利文把数学描述为自由的产物,有创造力的想象,并且指出,数学和其他艺术一样也是"主观"的.关于数学是富有创造性的想象,数学家哈代也曾有类似的观点,他说,"我对数学感兴趣,仅仅因为它是一门创造艺术."[85]

在此,研究者将数学比作艺术,旨在提高数学的亲近度,而不是简单地将数学等同于艺术.与艺术共有的一些数学特征包括:创造创新和自由选择,以及美学公式的使用.将数学比作艺术,对非数学家来说,似乎是很诱人的,因为他们能将数学还原到自己熟悉的生活中.然而,有必要考虑区分数学和艺术,真正理解蕴含其中的动态力量.数学中和艺术中的审美判断存在关键性的差异:在数学共同体中没有许多"数学批评",而艺术批评则是艺术的重要成分,艺术家需要对作品进行解读、论述、批判、再争辩.数学也许是一门自由且有创造力的学科.然而,实际上,没有人能够站在数学创造性工作的生产性和解释性之间的宽广平台上.这不仅是非数学家的问题,他们很难对数学的发展作出评价,它还是数学本身的问题所在.

§3.7 社会政治的视角

3.7.1 作为社会政治实践的数学课程

从近现代数学课程发展来看,社会政治因素在课程变革中起着重要作用.瓦莱罗(P. Valero)的研究指出,数学教育是一种社会政治的实践.从广义的社会政治角度看,数学教育实践不应局限于教室内教师对特定数学内容的教学、与学生的交流互动,实践也会发生在其他场所.因为教育实践包括数学教育政策的制订、教师教育、教科书编制,甚至对这些实践的研究.瓦莱罗称其为数学实践网络(network of school mathematics practices).[86]

另外,数学教育实践的社会性还体现为,学习活动是社会性的,数学是社会建构的知识,并且数学的教与学植根于实践网络中.政策制定者和活动或市场需要在特定时刻为学校活动提供框架,数学课堂中构建的活动和意义不可能完全与网络中其他场所构建的活动和意义割裂开.

数学教育实践是政治的,因为它与社会关系中权力行使和权力分配有极大的关联.法国思想家福柯(M. Foucault)的知识权力理论指出,权力制造知识,权力和知识是直接相互连带的,不相应地建构一种知识领域就不可能有权力关系,不同时预设和建构权力关系就不会有任何知识.知识被权力生产出来,随即它又产生权力功能,从而进一步巩固了权力.[87]在福柯看来,传播真理的任务是一个永无止境的工作,重视它的复杂性,这是任何一种权力不可或缺的义务.

瓦莱罗受福柯的启发,提出权力是指社会行动者借用各种不同的资源,将其置身于各种不同情境的能力;权力不是社会行动者内在的、长期的特征,而是他们通过定位、确定条件参与社会实践的能力.因此,权力不是一个单一整体,而是分布在社会关系中,是不断变换的.这种变换不一定直接发生在公开的论战中,而是通过日常社会实践的参与发生变换,在创造意义中发生变换,在构成相关对话中发生变换.权力不是公然被识别的,而是微妙地在社会活动中或者通过社会活动行使的.

这些关于数学教育实践的本质应该成为研究者的研究对象.以往数学教育研究主要关注个体学习者、教师和教室,而不太关注学校组织、政策制定、工作场所或者家庭.因此数学教育研究需要开展关于数学教育实践的政治、社会本质的实证研究;学校组织是一个重要的研究对象.另外,从社会政治角度看,要研究数学教育实践发生的场所,只有通过分析微观和宏观社会实践层面的数学教育的意义,才能理解数学教育的复杂性.例如,关于数学教育的公平研究,是社会政治视角的重要课题.

瓦莱罗提出一种指向学校组织内部的数学教育(课程)改革模式,也即数学教育的制度系统(Institutional System of Mathematics Education,简称 ISME)模式.这种模式将学校内部的数学教育功能看作是一种系统,在这系统中,至少有三类行动者会发挥干预作用:学校领导、学校数学教师团队、在教室中的教师个体.[88]研究者开展了系列案例研究,对数学教师团队进行课堂观察,就数学教学实践与教师进行访谈,与学校领导及其相关人员进行访谈,收集教育政策文本、数学教育相关政策的信息等.基于这些素材形成一系列展现生动实践、表现学校组织中学校数学作用的关键性事件.研究者对这些关键性事件进行分析,探讨了五类问题:学校情境下数学教育变革的意义;数学学习者作为学校数学教育实践中的社会和政治群体;学校数学教育转型过程中,学校领导作为解决组织性矛盾的导航员;数学教师专业共同体的构成;学校数学教师成为社会政治人物,为在课堂教学和校外环境中构建学校数学意义作出贡献.这些分析促进了"数学教育实践网络"的概念的形成.

下面这个案例主要观察处于参与课堂活动边缘的学生,研究者和政策制定者重点关心的是学生被容纳或被排斥的过程,旨在让他们在数学教学实践中获得更多的公平和民主.

案例学校:南非的拉杰斯(Rajas)中学

该校的非洲学生总是跟非洲学生在一起;在操场上有他们在一起的身影,在教室里他们也是同桌或者同组,他们很少提问或者举手回答教师的问题.拉杰斯中学是一所在南非的印度学校,大部分学生来自印度家庭.教师似乎也不重视他们,他们在数学考试中的学习成绩很低.在外人看来,非洲学生构成一个默默无闻的少数民族(少数派),他们周边似乎有一堵高高、厚厚但是看不见的墙,这堵墙使得他们无法靠近其他人.拉杰斯中学在"新南非"时代的挑战之一,是推倒这堵厚厚的墙.拉杰斯学校校长建议,为其他种族的学生开放空间,所有南非的学生应该有同等机会,接受较好的教育.但是民主不仅仅是在条件较好的学校提供一些座位,还要考虑这些学生资源获取的权利,特别是要转变"黑人"学习文化.对数学教师阿伦(Arun)来说,语言是最大的障碍.这堵包围着非洲学生的无形的墙,是一座双层堡垒,是关于种族隔离和抗争误解的起因.

从社会政治的视角看,需要探讨研究非洲学生周边的墙是如何形成的? 只在班级中存在吗? 在此必须挖掘学校数学教育实践的组成,探讨这些非洲学生的地位.拉杰斯学校章程声明,学校的目标之一是,基于平等和自由,根除各种不公正的歧视,对学习者进行教育,并且为他们接受和处理社会变化中的挑战和要求作准备.形式上,存在一种制度承诺,对抗歧视和种族偏见.依照南非国家民主变革,以及关于积极行动的特殊政策,这些特殊政策旨在支持非洲民众,抗议种族的不平衡以及歧视.尽管在这所有影响的印度学校——拉杰斯学校中,没有明确政策,是否可以接受其他种族的孩子.先到先服务的准则为非洲学生打开了校门.大部分非洲学生住在远离学校的区域,必须支付交通费.尽管这些学生允许在学校,但他们仍然学业表现较差.

在与校长鲁伊卡尔(Ruikar)的访谈中,他指出这些学生在数学学习中存在困难,学校和非洲学生的学习文化的差异是成绩不理想的原因.鲁伊卡尔认识到学习文化的缺失与许多非洲家庭资源的缺失相联系.鲁伊卡尔强调,学校教学制度创设的学习环境不利于非洲学生的数学学习,但是导致这种"不利"的部分因素是因为来自印度家庭的学生本身不主动与大家分享和交流来自他们"祖国印度"的"学习文化",因此如何将"印度学习文化"与当下的学校学习文化相适应成为一个问题.

在与数学组组长的访谈中,她提到,为了提高数学学习成绩、获得学习的成功感,就需要学生努力学习,但是这种努力学习的文化没有在非洲学生身上发生.在与其他教师的访谈中,数学教师提到,他教学中最为失望的时刻,是学生不合作,没有按照要求完成数学作业等.但是班级中总有一些努力学习的学生,教师会渐渐地把精力花在他们的身上,鼓励他们继续努力,这可能会忽视其他不努力的学生.教师在访谈中,纷纷表达了他们对学生学习的期待:完成布置的家庭作业,阅读教材,完成额外的作业,解决学习上的难点,以便获得好的测试成绩等.

校长鲁伊卡尔指出,针对教师这样的期待,对家庭条件良好的学生有一定作用,因为他们家里有一定的学习资源.但是对大多数非洲学生来说,缺乏资源,没有足够的课外学习材料,没有足够的业余时间,因为在家里他们需要工作、照看家庭等.家长的支持也是微乎其微的,因此对非洲学生,他们没有努力学习的资源.

校长鲁伊卡尔又指出,学校数学教育机构需要额外的资源和经费,用于这些处境不利的学生,帮助他们跟上整体的学习节奏.

这一实践研究还发现,那些学生的母语非英语,这也导致学生数学学习困难.这个案例研究一方面通过观察和访谈,归纳得出非洲学生数学学习处于不利地位的原因:学习文化与语言上的原因为主.在该学校中,要求学生认识到努力学习的价值,期待学生课外学习,参加私人补课,用英语进行数学教学等,这些对与非洲学生所经历的文化有冲突,使得学生在这样的学习环境中处于劣势地位.

3.7.2　学校教育制度对数学课程的影响

研究者瓦莱罗指出,数学课程发展有着社会政治实践活动的烙印,同时建议从微观角度考察数学课程发展的社会场所——学校,并提出一种指向学校组织内部的数学课程改革模式,需要关注学校内部三类行动者的作用:学校领导、学校数学教师团队、在教室中的教师个体.

研究者珀尔克维兹(T. S. Porkewitz)则从学校教育制度角度研究对数学课程发展的影响,提出需要关注学校教育的社会和文化基础,教学数学的课程语言的意义,学校知识产生的社会条件等.[89]这些研究问题丰富了课程研究的社会政治视角的研究成果.

学校教育的社会文化基础

由于学校教育是一种社会的人为创建,在这创建的社会中,有些特定的知识形式被赋予特权,有些则被忽视.关于什么属于学校知识存在着激烈的争辩和矛盾,就像其他社会利益那样,人们总是寻找符合被创建的社会形象的知识.从这一角度看,数学教育也不是人类发展或者教化过程中自然的或者不可或缺的内容,它是一种社会构建过程,它的地位、对它的甄选都取决于学校教育的特定功能.因此学校教育中数学知识的学习也许很少与学科的形式逻辑相关.学校数学教育不仅意味着要获得内容,还包括要参与到拥有理想标准、实践规则以及知识概念的社会中,学校行为的这些社会范式(patterns)往往不是"中性的",而是与我们所在的各种社会和文化差异相关.

因此我们研究的问题在于,要理解如何在这种由社会组织和构造的学校教育中实现数学教育,要理解如何解释个体处在某社会情境中而接受的教育符号、行为以及日常条件.

为了理解教育活动的复杂动态系统,需要关注三个问题:学校教育体制背后隐含着哪些社会和文化观点?教学数学的课程语言的假定和意义有哪些?教育变化和改革实践是如何支持或者阻碍学校知识产生的社会条件的?

学校教育的制度规则

我们如何思考数学教育背后的制度规则?制度概念关注的是社会行为和价值范式,它们指导着学校实践.学校按照制度和规则运作,使得日常活动相互关联并有意义.这些制度和规则嵌入在常规化的行为范式中,也嵌入在与学校教育有关的特殊词汇和特定角色中.教师的儿童社会观,对儿童发展的预见,学校中同事的关系,以及评价标准和学校组织都与制度化的范式相关联.借助语言表述(含有特定的术语)将制度化的范式呈现出来,这些语言或术语对可能的事件解释和监督,也会影响我们对一些观点或行为的感觉.

这些制度设置的意义在于,通过制度保障,学校社会活动的参与者的思想和活动,被汇入到学校改革和教育实践及其知识体系中.制度化范式也会激活各种符号系统,如大众知识、神话或公共意识等.这些符号系统对学校改革,完善教育改革实践活动,使其成为合理的活动方式有重要影响.关于学生学习的讨论、课堂教学的讨论以及组织程序的讨论,不会独立于复杂的、发展的社会期待和要求、态度或者动机而存在.给予新教师的关于教学"实用性"的大众知识,会成为初任教师专业发展指南的一部分.制度的建设有充实的理论作指导,如有关的社会理论、课程理论、学习理论等,理论指导下的制度有助于为学校教育发展性活动建立相关标准和价值观.

制度化的范式对学校数学课程改革也有影响,由于无法改变期望课程的要求,在学校教育实践中,我们要关注数学内容和内容教学发生机构之间的相互关系.学校行为不仅受到数学领域中的传统的影响,而且受到其他通过课堂传递给学校组织的传统的影响.从这一观点看,改革学校数学课程,不仅仅是将一些新的实践和学校组织关系合并到某个现有的数学教育框架中.

学校教育的表层意义和深层意义

学校教育的表层意义和深层意义之间的区别,表明了制度范式的重要性.表层内容包含了被学校接受的判断成功或失败的标准或指标,编制的课堂教学目标,实施的微格教学,或者教师合作教学等公共性事件.然而看似简单的班级管理和班级规划不是独立性事件.这些表层内容需要有深层意义,也就是说,要使得这些公共性事件真正具有可信性和合法性,需要接纳合理界定的任何新的活动元素,如一些学校改革型项目.学校变革需要理解,新的实践的引进需要与现有的规则结构结合起来,使得挑战、变革等活动合法化.

研究者珀尔克维兹考察了美国城中心小学的一节数学课,来刻画这种表层意义和深层意义的关系.学生是黑人,来自贫穷的工人或者失业家庭,这节课的预设目标是,帮助学生学习减法,教师写了一个教案,用材料组织教学,根据预设的目标进行评价.他用下面的理由说明这节课的意义:减法是数学课程中的重要内容,以后的课程依赖这些将获得的知识.在课中,教师解释减法概念,学生参考教材,做练习册上的习题.

然而,学科内容仅仅是课堂教学的一个方面;课堂教学传递出和这些公开信息同样重要的社会信息.课堂教学导入包含着学生学习错误的讨论,教师认识到,因为学生的家庭背景,他们可能拥有一些不良习性,这需要在获得学习成就前先克服掉.教师谈论学习的缺陷与学生家庭的心理状况有关,教师感觉他们不会努力学习或者缺少对学校学习的认识.许多课堂教学中的互动都与教师的这种关于文化和个人缺点的信念有关,而没有体现"学习"教材上的概念.

在这节算术课上,我们不仅观察到与社会环境相关的现象,而且观察到学校教育中,对知识各种定义的选择和学生对知识的可获得性的现象.这节算术课是基于一种"赤字"学习模型,数学被看作有固定、刚性定义的内容,教师去填充学生大脑,它反映的是弗莱雷(P. Freire)所批判的"储蓄教育观".[90] 弗莱雷在《被压迫者的教育学》一书中指出,这种教育是一种储蓄行为,学生就像是银行里开的户头,教师则是储户.教师进行讲授,进行存款,而学生则被动地听讲、接受、记忆和重述,进行储存.[91]

对知识可能有不同的定义,例如,人们可能认识到某种建构的观点,它强调知识生成于共同体的参与中,是个体在积极建构知识中的符号媒介.不同于建构主义以及"赤字"模型的还有社会心理模型,它直接关注文化、社会情境和大脑发展的辩证关系.

这一数学课堂教学中的对话,有助于我们阐述课程知识和社会组织的深刻并复杂的关系.把孩子看作是一种缺陷,就是从原子论角度定义知识;个体本质上是一个接受的、反思的有机体,周边环境塑造了他的本质.因此认识论意味着一种政治理论,也即,个体被否认是创造历史和文化的行动者,社会生活被定义是固定的、刚性的干预.

相比而言,关注学习的协商赋予共同体以价值,赋予一体化以及相互强化以价值.例如,在数学教育中,协商被看作是对动机的贡献,协商思想并不是中立的,但它有特定的社会与文化意义,它强调聚焦在个体的功能性适应上,他们相互协作,促进社会发展.个性化的概念是政治意识的一个元素,它使专业组织的新的经济范式合法化.

认知、社会和儿童的各种不同观点,有利于我们理解在课堂讨论与实践中,数学教育、数学心理学以及政策理论之间不同层面的关系.这些例子说明,看似简单的课堂规划和课堂管理活动,事实上包含着深刻的与复杂的权威性、合法性、权利关系的原则.当关于数学推理和数学学习的教育学及心理学被纳入课程视角的时候,数学内容知识是中立的,但个体、知识和社会之间的关系反映着经济、文化和政治的思考.

学校教育的成功,不一定是正式掌握内容,它为社会思想的培养,以及成功者和失利者的智力发展提供方向.课程理论将数学看作是一种普适语言,其中回答问题的逻辑变得十分重要,而这一观点忽视了将内容变为制度化的范式以及学校教育的文化习惯的方式,忽视了转化数学内容的方式.上述案例可见,我们可以理解学校教育的形式和内容是相互联系的,它们不仅引导思想和行为,而且判断权威与控制的社会价值.

学校教育的同质性和差异性

我们也可以从学校教育的同质性和差异性角度,继续探讨在确定学校数学的意义和影响过程中,社会因素的重要性.

在许多国家,对学生进行数学教学时采用同质性的实践途径,面向共识性的目标.学校数学的理论和组织意味着,遵循一种统一的、共同的行为和意义范式.每个去学校的人期待着获得平等的待遇,学习相同的学科内容,如果出现差异,那么认为是成绩所致,而不是归咎于个性特征.课程的问题是为所有学生选择怎样的内容,教学要考虑的则是:如何最有效地组织内容,选择该应用的技术,以保证每个学生都能熟悉这些重要过程.

学校教育的这种形式是人们对同质性的幻想,而学校中实际的社会性活动,则表现出差异,主要在已教和已学的方面表现出差异,而不是同一类型的学校,对不同的人进行不同的学校教育.学校教育的各种不同形式强调,采用各种不同的方式思考,拥有各种不同的社会价值,坚持各种不同的合法性原则以及社会控制方式.

让我们一起考察研究者珀尔克维兹提供的这个例子.关于数学教育的公共话语系统建议,知识的组织要重视学习的普遍价值,但从历史角度考虑,当前课程结构体现了各种不同的社会价值.在美国学校数学教育出现时,人们对课程目标和组织产生争议,一类观点是关于教儿童如何合情思考和推理,这一观点假设,公立学校的数学应该为未来的社会以及经济机构领袖人物提供智力性学科内容和品质.数学课程方案则面向天才儿童或者那些为了进入高等教育的儿童.另一类观点是,课程定位是为那些不再进入高等院校的人提供实用性知识.数学课程主要是帮助学生学会管理日常生活实践,例如用算术计算家庭开支等.这两类课程目标引导下的课程教学都开展数学学习项目,组织相应的教学.但是社会差异的观点被隐藏在教学问题中,影响着个性发展和学习.

3.7.3 数学课程中的教育公平

国际数学课程发展遵循着一种以教育公平为其核心内涵的教育理念,倡导以一种公平的方式促进所有学生在数学上的最大发展.数学教育中公平的目标是很高远的.一些数学成就评价项目(如 National Assessment of Educational Progress,简称 NAEP；Scholastic Aptitude Test,简称 SAT；Program for International Student Assessment,简称 PISA)提出,成就的公平是一个难以把握的目标,因为从数据中发现,尽管各方力量努力追求教育公平,但仍然存在着因为文化、种族、社会经济的不同而导致学业成就的差异.数学教育倡导"数学为人人"的理念,追求公平,这需要多方面的努力,以及需要多方面资源的支持:如学校和教师、学校管理者、学生与家长、公众机构,以及各种数学组织.很多政策制定者、研究者都呼吁面向所有学生改进数学学习以及构建公平的、面向所有学生发展的数学教育体系与环境.美国数学教师协会(National Council of Teachers of Mathematics,简称 NCTM)自 20 世纪 90 年代起颁布了四个重要的数学课程标准,这四个标准均对数学教育的公平问题给予了极大的关注.强调要让全体学生在数学上享有公平发展的机会,并由此引起了美国诸多知名学者对数学教育的公平问题的讨论.21 世纪初,我国数学课程改革强调,义务教育阶段的数学教育要面向全体学生,使每位学生都能得到发展,并提出这样的理念:"人人学有价值的数学,人人都能获得必要的数学,不同的人在数学上得到不同的发展."近年来,讨论焦点开始发生转向,从对教育公平的理论呼吁,转为对实践层面上数学教育的公平达成的探究.以教育公平的视角探讨数学课程发展成为当下重要的研究任务之一.

关于教育公平

公平是一个复杂的概念,包括起点意义上的、结果意义上的以及过程意义上的多重指向.其追求的核心内涵有两个方面,一是全体性,强调公平的教育是面向全体的教育,即能为所有学生(特别是弱势群体的学生)提供发展的资源和机会；二是发展性,强调公平的教育能促进每个人的发展(相对地尽可能最大)的教育,并能为这种发展提供一切可能的资源支持、观念支持及教学支持.[92]对于教育公平的研究、分析、调查同样包含多个维度,例如可以从学习条件和学习结果透视教育的公平性.学习条件的公平性主要指学生学习机会均等问题,该问题涉及诸多内容,如"素材与人力资源的公平性分配,挑战性的课程,建立在学生的文化、语言、家庭环境和身份之上的教育经验,促进学生投入批评性思维和民主参与社会的教学法".[93]显然学习机会均等包含了资源、课程、经验、活动等多方面要素.

学习结果的公平同样重要.古铁雷斯(Gutierrez)指出,在一个公平的世界,不能够仅仅通过学生的种族、阶层、性别或者其他特征,去预言可能获得成就.[94]这些成就应该包括学生学业测试成绩和数学活动的参与度,分析和推理的能力,评论知识或事件的能力等.公平并不意味着相等,公平需要公共机构认识到当前和过去的不公平性,并致力于改变当今经济和社会的不公平和不公正现象.

教育公平定义呈现多元性的特征,研究者在不同时期,为了特定的目标,对教育公平进行界定.我们关注的则是,数学教育研究如何才能让我们进一步理解不公平性产生的原因和带来的后果,探索如何有效减少数学教育中经验和成就的不公平性.

教育公平的研究视角

关于教育公平的讨论为数学课程的研究提供广阔的思路.研究者选取课程改革、课堂教学、学习环境、教育制度、社会制度等内容,采用丰富多彩的研究方法,试图揭示教育公平所涉及的各类问题,例如,基于美国数学教育从20世纪80年代开始所表现出的显著的阶层、种族及性别间的成就差异,美国数学教师协会(NCTM)在其1989年颁布的举世闻名的《学校数学的课程与评价标准》(简称NCTM 1989)中首次提及了"公平"的问题,即:学校应当将"为所有人提供机会"(opportunity for all)作为新的课程目标之一.例如,NCTM 1989写道:"过去学校实践中的社会性的不公正将无法令人容忍.当前的统计数据表明,那些学习高级数学的大多是男性白人.女性以及少数民族人群学习很少的数学,并且因为他们在数学上的低发展水平,导致他们所从事的常常是低层次的工作……我们不能再让绝大多数人处于数学上的无知状态:公平已经成为经济发展的必须因素."[95]

课堂过程与教学实践是影响数学教育公平达成的又一重要因素.公平的数学课堂过程与教学实践指向让每个学生都能真正地参与到数学课堂学习与教学活动中来,让他们经历数学学习的快乐和成功.真正的参与(engagement)在深层意义上是与归属感(belongingness)紧密相连的.埃姆斯(C. Ames)认为:"归属感指的是每个学生的这样一种感觉,即在学习过程的所有方面他感到他都作为重要的和积极的参与者归属其中."[96]因此,当学生能形成一种归属于数学学习共同体的感觉时,他的参与感就会被激发出来.

研究者在选取与教育公平直接相关的主题进行研究的同时,也会将"教育公平"作为"透视镜头",分析其他研究中可能出现的教育公平问题.[97]例如,卡彭特(T. P. Carpenter)主要研究儿童数学思维的发展,在研究中也从性别差异角度揭示儿童数学思维特征的差异.[98]当他们以"教育公平"视角来分析他们的研究数据时,发现了思维发展的性别公平问题.他们描述道,"我们认真地观察每个班级,没有发现证据说明教师有区别地对待男生和女生."当初,不公平表现并不是十分明显,直到研究者从"教育公平"视角,专门访谈并提问,是否男生和女生使用不同的策略.他们发现,女生报告说,她们经常使用具体的问题解决的策略,而男生更擅长探究抽象的策略,试图获得更深的概念性理解.由此可以提出与教育公平相关的研究问题,男生早期使用的策略是否预言着,在今后理解性学习上会获得成功.尽管这个研究的主题是学生数学思维的发展,但当他们从"公平"角度分析这些数据时,发现了与公平相关的思维发展的性别差异.

数学课程中的性别公正

数学课程研究越来越关注性别差异问题,探讨课程政策的制定、课程资源的开发、课程评价等如何重视性别差异.已有研究表明,课堂教学实践逐渐重视男女生性别差异,试图以公平公正的方法对待男生和女生的教学.但是在现实中,数学课程似乎让更多的女生害怕,尽管她们的数学成绩未必落后于男生,且从事与数学相关工作的还是男生普遍多于女生.性别问题研究是一个重要的研究课题.威利斯(S. Willis)和同事,经过7年多的研究,提出关于数学课程、性别相关的教育劣势和社会公正之间的联系,研究者从4个方面分析在课程中存在的性别差异以及可能的不公正现象,然后从正面提出消除不公正的各种策略.[99]

第一,从课程整体规划看,学校课程或多或少是被规定的,包括学什么、怎么教以及如何评价.当然随着课程的发展,课程观念发生了一些变化,更多关注的是需要什么内容,什么样的教学和评价最受欢迎,但这些变化要看人们是如何决定的,是让"大众"学生喜欢,还是让"特定"学生喜欢.由于学生能力或者未来需求的不同,可能经历着不同的课程,这显然是不依赖学生的性别或者种族的.然而,有些学生社会群体似乎处于不利地位,因为这个群体可能意志力不强,没有充分准备好或者与其他群体相比,不太能够学好数学.

课程整体规划无法只照顾弱势群体或特定的群体.但由于学生的性别、种族、人种、社会阶层上存在差异,有些学生缺少知识、技能或动机去获得学校数学并且取得成功.以女生为例,她们被断言缺少特定的空间能力,或缺乏冒险精神,或者缺少在数学上成功的动力,使得女生在数学学习上处于不利地位.解决这类问题的方案可以是,帮助这样的学生为学校数学做更充分的准备,让他们获得学习的成就感.学校和教师的任务就是,给学生提供他们所缺少的,以保证他们在较好的状态下去获得学校数学并取得成功.关注或干预的焦点是学生,学生需要通过帮助去克服数学学习上的困难.对女生来说,也许需要特殊的工作坊,帮助她们发展特定的空间能力,或者在学习时给予鼓励性的话语,这是一种补偿的视角(或策略).

第二,从课程内容看,学习哪些数学、以怎样的次序学习这些内容,或多或少是固定的,不会因为弱势群体的特殊性或者性别差异而改变.但在设计如何教学以及如何评价的时候,我们应该考虑学生社会群体的差异,需要关注处于弱势的学生群体.通常,课堂管理策略、所实施的教学模式,以及在教学和评价数学中设定的情境与经验,并不有利于那些弱势群体学生的数学学习,渐渐地使得那个群体中的学生在学习所需的数学或者演示他们已经学的数学时,与其他群体比,处于更为糟糕的状态.

从这个视角看,期望课程可能是不起作用,而学生实际经历的课程会导致学生机会的不公正.学生群体获得数学成就的机会不一定公平,因为人们可能区别对待不同的学生.例如,男生和女生被安排学习不同的数学课程,这让他们有不同的机会去学习特定的数学,或者在同一个课堂中,他们经历不同的教学时间,面对不同的提问.另外,学习经验和评价没有公平地按照不同社会群体的学生的经验和学习风格来制定,如与女生相比,男生更为熟悉嵌入着数学情境.对此解决的方案可以是,改进课堂教学实践、学校数学教科书以及评价,使得所有社会群体的学生都能被公平地对待,以保证他们真正公平地获得他们必须学习的学校数学,公平地获得展示学习成果的工具或手段.教育的任务就是在课程实施过程中,公平地为学生创设丰富的、支持性的学习环境,提供更为有效和公平的评价机会.这个视角被称为"非歧视性"的视角.

第三,从课程选择看,学校数学课程除了规定课程外,还包括学校为学生选择、开发的课程.数学课程发展过程中的选择往往反映了主流文化的价值、特权、处事风格等.课程内容和编排秩序的选择也应该与主流文化下的学生群体的发展水平相吻合,让学生学习那些与他们经验、兴趣、文化实践和发展水平相关的数学,实施恰当的教学策略和评价.学校数学课程的抉择往往根据主流的社会群体的利益而开展,也有可能,给其他社会群体带来益处.

从性别角度看,学校数学的选择可能更吻合男性擅长的数学内容特征,而忽略女性擅长的数学内容.例如逻辑的内容多于直观的内容,无情境的内容多于日常情境相关内容,理性的内容和抽象的内容多于体现个人和社会现象的内容等.在高中阶段,学校在选择数学课程时,往往会假设学生是有理想的学生,他们应该学习更为丰富的、系统的内容,打好扎实的基础等.课程内容的选择更多按照经典的经验进行,例如微积分内容一般优先于统计主题.这样,对于那些确实希望进一步学习甚至研究数学的女生来说,学习这些高水平的、经典的数学课程刚好与她们的经验、兴趣和未来需求相适应.但是,那些未来从事其他领域工作的学生,他们同样选择这些经典内容学习的话,将会面临挑战,需要他们付出更大的努力,才能完成课程学习.

从这个角度看,有必要对课程内容和编排序列进行探讨,需要思考学校数学为了谁,学习什么样的数学,应该学什么,从谁那里学,以及什么时候开始学,从而提升学校数学课程实践的有效性,让数学课程体现更广泛的社会群体的需求,力求公平地对待所有社会群体的学生.教育任务就是,为学生提供的课程有助于给他们的知识和经验赋予价值和合法性,认识并尊重社会群体之间的多样性和差异性.这个视角称为"全纳视角".

第四,从数学课程的刻板印象看,人们理所当然地认为学校数学课程会导致不公平,学校数学坚持的是主流文化价值和群体兴趣特征,数学课程被看作是某群体特权的体现.数学课程内容的设置和实施实践,更易造就男性成为成功的学习者.由于这种刻板印象,人们认为,数学教科书中的内容表征或倾向于男性的理解或倾向于女性的理解,这些差异是根深蒂固的,不容易消除的.这些教科书的内容表征仅仅立足某个性别主体,为这一性别的数学学习提供便利.相似地,通过大规模的课堂教学实践,男生和女生开始相信,女生数学上的成功主要是靠勤奋刻苦、有自觉性、有规律的学习,而不是依据对数学的真实理解.

这些刻板印象体现的是课程霸权意识.解决这类问题的方案是挑战并且修正这种霸权思想,而挑战霸权需要课程设计者、课程实施者、课程学习者共同识别其中的霸权因素,而不是让这刻板印象蒙蔽大家,要让数学课程真正起服务社会公正的作用.对此,教育的任务就是重构我们自己关于谁是做数学的、谁是擅长做数学的观点.首先采用上述"全纳"视角,让课程内容、编排序列以及教学策略尊重社会群体的多样性和差异性;然后采用"社会批判"的视角,认识到课程内容设计、教学方案实施不可能是"永远正确的",但我们能得到"更正确的"方案.因此,希望帮助学生理解自己在学校数学中的地位,并且决定自己做什么,指导他们根据他们自己的兴趣使用数学的策略,学会从社会公正角度看数学.这个视角称为社会批判视角.

基于上述阐述,威利斯将这四个视角的内涵汇总在表3-2中.[100]

表3-2 数学课程中的性别公平

	视角1:补偿(补救)	视角2:非歧视	视角3:全纳	视角4:社会批判
数学课程	指定课程,包括学习内容、教学方法和评价方法等	规定课程,但前提是要尊重学习内容;而教学方法和评价方法都已给出	选择各种可能的课程,因此课程既不是给出的,也不是不可改变的	与社会不平等和再产生主动结合在一起,是维持主流文化价值和群体兴趣的途径
"弊端"	与其他儿童相比,那些由于种族、性别、社会阶层或残疾处于弱势的学生很少能获得该课程的利益	教学思想、评价实践会倾向于某些社会群体的学生的经验、兴趣和文化实践,而忽视其他学生群体	课程内容与结构反映主流文化的价值、特权和生活方式,符合儿童典型的发展规律	课程所构建的数学学习者学习方式,以及校内外使用数学的方式会支持特权,并产生特权
解决方案	帮助这类儿童更好地为学校课程做好准备	改变教学思想、评价实践,以保证儿童拥有真正平等接触数学的机会以及或者演示其学习过程的手段	重新思考,谁是"典型儿童",课程为谁开发,什么是学校课程,该学什么?向谁学习以及何时学习	通过支持社会公正,来挑战、变革数学以及使用数学的霸权意识
教育任务	为这类儿童提供所缺乏的技能、经验、知识、态度或者动机	借鉴并拓展儿童的经验,为他们提供支持性的学习环境以及更多有效的评价机会	为儿童提供认识、容纳、重视并反映他们自己经验、兴趣和需求的课程	帮助学生形成关于做数学以及数学能力意义的各种不同认识,让他们理解从社会公正角度使用数学的途径

数学课程发展的这四个视角旨在强调教育的公平、性别的公正,它为课程开发者编制课程,为教师实施课程提供很有参考意义的框架,有助于他们更好理解应该站在何种角度研制课程、实践课程,以便更好地体现性别公正、教育公平.

参考上述视角框架,垦维(J. Kenway)和威利斯通过个案研究,分析教师在实践数学课程过程中如何对待与女学生交流上的障碍与冲突.[101]一个女子学校的教师凯罗琳(Carolyn)叙述道:

"高中数学的重点是问题解决.我不断发现我熟悉的学生,他们拥有的概念和代数的技能可以成功地完成一个问题……他们似乎不能够去冒险犯一些小小的错误……

我的研究还未结束,这也是我不明白的地方,似乎有各种障碍……不管我如何努力把我的关注点退回到可操控的尺度,我时常意识到课程、考试以及社会对数学想象之间的矛盾……我不感到惊讶,他们在学科上不愿意冒险,从而使得学生会失败."

一方面,凯罗琳采纳的策略体现的是补偿模式,她要解决的问题是,她的那些女学生缺少重要的冒险精神.另一方面,她的补救措施似乎不够可靠,好像她在欺骗或者引导学生.

垦维和威利斯分析说,这个教师的部分问题在于,她想尽力解决这些矛盾,但是没有一定的理论工具.凯罗琳用沃克丁(V. Walkdine)的分析方法,[102]男性和女性认识数学的角度是有差异的,这有助于她理解所碰到的困惑,或者障碍.沃克丁的建议是,凯罗琳无法消除女生的这些矛盾.她们不仅要知道需要获得这些有用的知识,而且她的学生需要理解她们对数学的选择是社会建构的,并且是受约束的.她们需要知识和工具来理解性别的本质和权力的关系,理解数学如何会让这些关系不公平.但是,如果她形成的解决策略对未来数学学习没有建设意义(如要避免危机),那么她需要帮助她们克服这一点.然而,这种帮助不是为了"使得她们正确",而是要她们能够不受控制,不是为了她们去做,而是和她们一起做.

为了对复杂现象进行分类,在阐述这些视角的时候需进行简化,因此,可能会曲解实践.每个视角代表了一种特定的数学课程状况、实践和策略.重要的是,当数学课程与社会公正处于对立面的时候,一个视角建议的策略可以和另一个视角并存.因此,四个视角不是相互孤立的.这样的话,从社会批判视角分析的时候,同时要认识到,因为数学课程的建构方法,某些补救视角下的策略对一些学生来说也是合理的(例如帮助学生乐意在数学中冒险).

3.7.4 超越学科界限

对于教育公平的研究,其实是对传统研究的挑战,它大大拓展了研究视野,会跨越数学教育和数学之外的领域,例如人类学、组织理论、多语教育、教育政策、批判种族理论、女性主义理论、多元文化教育、批判教育学、教育文化学等领域.数学教与学的复杂性,它与公平和社会公正的相交,并遭遇来自多个领域的思想观点.数学教育研究者认识到这种多样性,课堂的真实世界的本质,拓展了研究视角,超越认知理论和心理学理论,形成社会文化和情境分析.这些拓展的视角,对于阐明数学教与学的复杂性十分有用.哈特通过为非裔美国学生、墨西哥裔美国学生等提供与其文化背景相关的"情境化数学"课程,得出了这样的论断:"与特定群体相关的文化相关策略具有如下的潜在力量,即能为学生提供各种类型的数学学习框架,我们认为这些框架对于促进具有不同种族背景、社会语言背景、社会经济背景的学生的深层归属感是十分必要的,如果没有这种归属感,这些学生常常不能真正参与到数学学习活动中来。"[103]

塞塔提(Setati)的研究将数学教育与语言政策结合起来,分析南非数学教育中的公平性。自从1994年消除种族隔离制度并获得民主,南非有11种官方语言。作为官方的政府政策,需要教师把学生的家乡语言作为课堂教学资源,以此建立理解,在必要时可以使用他们的家乡语言。然而,她的研究发现,第一母语不是英语的优秀教师,把英语作为数学以及评价的主要语言,有时他们也用学生的家乡语言,一般教师的家乡语言和学生的是一致的。这样,英语就成为官方用语,尽管教师也期待学生一起用自己家乡的语言。赛塔提的分析说明数学教育本身无法解释教师的行为,它是违背政策的。为了理解这个现象,赛塔提跳出教育领域,使用文化模式分析对话,解读教师的解释。她指出在南非,英语是一种政治权力语言,并且独立于政府声明。政治地位高于对多语教育家知道的实践,也即母语教学对于概念形成更有用和有力。反而,那些拥有英语的教师在用英语教数学,给那些正在获得英语的学生。为了理解这种教师行为中的复杂性,赛塔提必须超越数学教育的本身。

尽管不是所有数学教育研究者都是语言分析、语言政策、多语教育的专家,都有能力从不同学科角度进行研究。但我们应该不断积累知识、形成数学教育以外的视角,以便能理解什么是公平,思考如何将思想付诸实践,在达成公平的道路上存在哪些政治的、实践的、理论的或者个人带来的障碍。

参考文献

[1] 豪森,等.数学课程发展.陈应枢,译.北京:人民教育出版社,1991:107.

[2] KNOPP K. Mathematics as a Cultural Activity. The Mathematical Intelligencer. Vol. 7, No. 1, 1985: 7 - 14.

[3] 西奥妮-帕帕斯.发现数学——原来数学这么有趣.何竖芬,译.电子工业出版社,2008:目录.

[4] 哈代.一个数学家的辩白.李文林,等编译.南京:江苏教育出版社,1996:5.

[5] 张奠宙.20世纪数学经纬.上海:华东师范大学出版社,2002:12.

[6] 哈代.一个数学家的辩白.李文林,等编译.南京:江苏教育出版社,1996:4.

[7] 赫尔曼.数学恩仇录——数学家的十大论战.范伟,译.上海:复旦大学出版社,2009:138 - 168.

[8] 张奠宙.20世纪数学经纬.上海:华东师范大学出版社,2002:220.

[9] 王元,杨德庄.华罗庚的数学生涯.北京:科学出版社,2000:63.

[10] 王元,杨德庄.华罗庚的数学生涯.北京:科学出版社,2000:63.

[11] KNOPP K. Mathematics as a Cultural Activity. The Mathematical Intelligencer. Vol. 7, No. 1, 1985:

7-14.

[12] 罗生全.学校文化资本建设的现实选择.中国教育学刊,2010(1):25-28.

[13] 廖慧宜.学校赋予学生文化资本及社会资本之研究.台北:新竹教育大学,2006.

[14] 刘晓玫.国家数学课程的校本化实施.数学教育学报,2006(2):19-21.

[15] 华罗庚.统筹方法平话及补充.北京:中国工业出版社,1966.

[16] 谢弗.文化引导未来.许春山,朱邦俊,译.北京:社会科学文献出版社,2008.

[17] 张奠宙.20世纪数学经纬.上海:华东师范大学出版社,2002:161-167.

[18] 路德维希.数学与体育.徐斌艳,译.上海:上海教育出版社,2012:47-57.

[19] 孙进.文化适应问题研究:西方的理论与模型.北京师范大学学报(社会科学版),2010(5):45-52.

[20] WARD C, BOCHNER S, FURNHAM A. The Psychology of Culture Shock. East Sussex:Routledge, 2001.

[21] BISHOP A J. Mathematical Enculfration. A Cultural Perspective on Mathematics Education. Kluwer Academic Publishers,1991:5.

[22] BISHOP A J. Mathematical Enculfration. A Cultural Perspective on Mathematics Education. Kluwer Academic Publishers,1991:20-59.

[23] D'AMBROSIO U. Ethnomathematics. Sense Publishers,2006.

[24] BARTA J, SHOCKEY T. The mathematical ways of an aboriginal people:The Northern Ute. The Journal of Mathematics and Culture,2006(1):79-89.

[25] 斯特弗,盖尔.教育中的建构主义.高文,徐斌艳,等译.上海:华东师范大学出版社,2002:222.

[26] GERDES P. Ethnomathematics and Mathematics Education//BISHOP A. International Handbook of Mathematics Education. Kluwer,1996:909-930.

[27] 郑毓信.民俗数学和数学教育.贵州师范大学学报(自然科学版).1999,17(4),90-95.

[28] 斯特弗,盖尔.教育中的建构主义.高文,徐斌艳,等译.上海:华东师范大学出版社,2002:227-229.

[29] D'AMBROSIO U. Ethnomathematics. Sense Publishers,2006.

[30] 斯特弗,盖尔.教育中的建构主义.高文,徐斌艳,等译.上海:华东师范大学出版社,2002:230.

[31] GERDES P. Ethnomathematics and Mathematics Education//BISHOP A. International Handbook of Mathematics Education. Kluwer,1996:909-930.

[32] WITTMANN E. Mathematics Education as a "Design Science". Educational Studies in Mathematics,1995,29:355-374.

[33] BAUERSFELD H. 'Qou Vadis?:Zu den Perspektiven der Fachdidaktitk', Mathematica Didactica,1988,11:3-24.

[34] WITTMANN E. Mathematics Education as a "Design Science". Educational Studies in Mathematics,1995,29:355-374.

[35] 张建伟.关于美国教育技术研究发展的反思——设计科学的视角.北京大学教育评论,2013(7),第11卷第3期,32-48.

[36] 陈玉和.设计科学:引领未来发展的科学.山东科技大学学报(社会科学版),2012(8),第14卷第4期,1-10.

[37] 司马贺.人工科学——复杂性面面观.武夷山,译.上海:上海科技教育出版社,2004.

[38] 陈玉和.设计科学:引领未来发展的科学.山东科技大学学报(社会科学版),2012(8),第14卷第4期,1-10.

[39] 顾泠沅,王洁.以课例为载体引领教师发展.人民教育,2003(6):24-34.

[40] 顾泠沅,王洁.教师在教育行动中成长——以课例为载体的教师教育模式研究(上).课程·教材·教法,2003(1):9-15.

[41] 顾泠沅,王洁.教师在教育行动中成长——以课例为载体的教师教育模式研究(下).课程·教材·教法,2003(2):14-19.

[42] 司马贺.人工科学—复杂性面面观.武夷山,译.上海:上海科技教育出版社,2004:227.

[43] LESH R, SRIRAMAN B. Mathematics Education as a Design Science. ZDM, 2005, Vol. 37(6), 2005:490-505.

[44] WILIAM D. The impact of educational research on mathematics education//BISHOP A J, et al. Second International Handbook on mathematics education (pp.471-490). Dordrecht: Kluwer, 2003.

[45] 高文,等.学习科学的关键词.上海:华东师范大学出版社,2009:53.

[46] BROWN A. Design experiments: Theoretical and methodological challenges in creating complex interventions in classroom settings. The Journal of the Learning Sciences, 1992, 2(2): 141-178.

[47] BARAB A, SQUIRE K. Design-based research: Putting a stake in the ground. The Journal of Learning Science, 2004, 13(1): 1-14.

[48] 杨南昌.基于设计的研究:正在兴起的学习研究新范式.中国电化教育,2007(5).

[49] 刘兼,黄翔,张丹.数学课程设计.北京:高等教育出版社,2003.

[50] MICHELSEN C. Commentary to Lesh and Sriraman: Mathematics Education as a Design Science. ZDM, 2006, 38(1): 73-76.

[51] SCHOENFELD A. Looking Toward the 21st Century: Challenges of Educational Theory and Practice. Educational Researcher, 28(7), 1999: 4-14.

[52] LESH R, SRIRAMAN B. Mathematics Education as a Design Science. ZDM, 2005, 37(6): 490-505(494).

[53] 麦克尼尔.课程:教师的创新.徐斌艳,陈家刚,译.北京:教育科学出版社,2008:209-210.

[54] 彭加莱.科学的价值.李醒民,译.北京:光明日报出版社,1989:363.

[55] 卡普尔.数学家谈数学本质.王庆人,译.北京:北京大学出版社,1989:254-255.

[56] 哈代.一个数学家的辩白.李文林,等编译.南京:江苏教育出版社,1996:31.

[57] 邓东皋,孙小礼,张祖贵.数学与文化.北京:北京大学出版社,1990.

[58] 徐利治,朱剑英,朱梧槚.数学科学与现代文明(下).自然杂志,1997,19(2):68.

[59] 周畅,段耀勇.美学视角下刘徽的数学工作.西北大学学报(自然科学版),2012(2),第42卷第1期:169-172.

[60] 徐利治,朱剑英,朱梧槚.数学科学与现代文明(下).自然杂志,1997,19(2):69.

[61] VON GLASERSFELD E. Radical constructivism: a way of knowing and learning. London: Falmer Press, 1985.

[62] DREYFUS T, EISENBERG T. On the aesthetic of mathematical thought. For the Learning of Mathematics, 1986, 6(1): 2-10.

[63] SILVER E, METZGER W. Aesthetic influence on expert mathematical problem solving//MCLEOD D, ADAMS V. Affect and mathematical problem solving. New York: Springer, 1989: 59-74.

[64] 张奠宙,王振辉.关于数学的学术形态和教育形态——谈"火热的思考"与"冰冷的美丽".数学教育学报,2002(5): 1-4.

[65] WELLS D. Are these the most beautiful? The Mathematica Intelligence, 1990, 12(3): 37-41.

[66] BURTON L. Mathematicians as enquirers: Learning about learning mathematics. Dordrecht: Kluwer Academic Publishers, 2004.

[67] SINCLAIR N. The aesthetic sensibilities of mathematicians//SINCLAIR N, PIMM D, HIGGINSON W. Mathematics and the aesthetic: New approaches to an ancient affinity. New York: Springer, 2006: 87-104.

[68] 杜威.经验与自然.傅统先,译.南京:江苏教育出版社,2005: 7.

[69] 杜威.艺术即经验.高建平,译.北京:商务印书馆,2005: 3.

[70] 杜威.艺术即经验.高建平,译.北京:商务印书馆,2005: 50.

[71] ROTA G C. Indiscrete thoughts. Boston: Birkhaeuser, 1997: 132-133.

[72] VON GLASERSFELD E. Radical constructivism: a way of knowing and learning. London: Falmer Press, 1985: 16-17.

[73] 刘悦笛.作为"元批评"的分析美学——比尔兹利的批评美学研究.外国语文,2009(12): 76-80.

[74] SINCLAIR N. The kissing triangles: The aesthetics of mathematical discovery. International Journal of Computers for Mathematical Learning, 2002, 7: 45-63.

[75] 陈琳.《秩序感》中的"秩序感".兰州大学学报(社会科学版),2010(7): 158-160.

[76] 徐陶.论探究概念在杜威哲学中的重要地位.学术探索,2009(1): 9-13.

[77] DISSANAKYE E. Homo aesthetics. New York: Free Press, 1992.

[78] PINKER S. How the mind works. New York: W. W. Norton & Company, 1997.

[79] SILVER E, METZGER W. Aesthetic influence on expert mathematical problem solving//MCLEOD D, ADAMS V. Affect and mathematical problem solving. New York: Springer, 1989: 59-74.

[80] SINCLAIR N. The aesthetics as a liberating force in mathematics education? ZDM Mathematics Education, 2009, 41: 45-60.

[81] RADFORD L. Gestures, speech and the sprouting of signs. Mathematical Thinking and Learning, 2003, 5(1): 37-70.

[82] BISHOP A. Mathematics enculturation: a cultural perspective on mathematics education. Dortrecht: Kluwer Academic Publishing, 1991.

[83] SINCLAIR N. Attending to the aesthetic in the mathematics classroom. For the Learning of Mathematics, 2008, 28(1): 29-35.

[84] SULLIVAN J. Mathematics as an art//NEWMAN J. The world of mathematics, Vol. 3, New York: Simon and Schuster, 1956: 2015-2021.

［85］哈代.一个数学家的辩白.李文林,等编译.南京:江苏教育出版社,1996.

［86］VALERO P. A Socio-Political Look at Equity in the School Organization of Mathematics Education//FORGASZ H, RIVERA F. Towards Equity in Mathematics Education, Advances in Mathematics Education. Berlin Heidelberg: Springer-Verlag 2012, 373 - 386: 374.

［87］李孔文,王嘉毅.福柯知识权力理论及其教育学意蕴.华东师范大学学报(教育科学版),2011(9):1 - 9.

［88］VALERO P. A Socio-Political Look at Equity in the School Organization of Mathematics Education//FORGASZ H, RIVERA F. Towards Equity in Mathematics Education, Advances in Mathematics Education.Berlin Heidelberg: Springer-Verlag 2012, 373 - 386: 376.

［89］PORKEWITZ T S. Institutional issues in the study of school mathematics: Curriculum research. Educational Studies in Mathematics 1988, 19: 211 - 249.

［90］黄志成.弗莱雷解放教育课程建构论述评.全球教育展望.2003(2):58 - 61.

［91］黄志成,王俊.弗莱雷的"对话式教学"述评.全球教育展望.2001(6):57 - 60.

［92］吕林海.美国"面向全体的数学"教育理念的追求——基于NCTM标准变迁及达成策略的分析:一种教育公平的视角.外国中小学教育,2007(11),30 - 33.

［93］LIPMAN P. Regionalization of urban education: The political economy and racial politics of Chicago-metro region schools. Paper presented at the Annual Meeting of the American Educational Research Association, San Diego, CA, 2004.

［94］GUTIERREZ R. Enabling the practice of mathematics teachers in context: Toward a new equity research agenda. Mathematical Thinking and Learning, 2001, 4: 145 - 187.

［95］NCTM. Curriculum and evaluation standards for school mathematics. http://links.jstor.org/sici? sici=0040 - 5841％28200121％2940％3A2％3C93％3A％22FAHDW％3E2.0.CO％3B2 - 7, 2004 - 12 - 12. 1989.

［96］AMES C. Classrooms: Goals, structures, and student motivation. Journal of Educational Psychology, 1992, 84(2): 261 - 271.

［97］GUTSTEIN E. Equity in school mathematics education: how can research contribute? Journal for Research in Mathematics Education, 2005, 36(2): 92 - 100.

［98］CARPENTER T P, FENNEMA E, FRANKE M L, et al. Children's mathematics: Cognitively Guided Instruction. Portsmouth, NH: Heinemann, 1999.

［99］WILLIS S. Gender Justice and the mathematics curriculum: four perspectives//PARKER L H, et al. Gender, Science and Mathematics. Kluwer Academic Publishers, 1996.

［100］WILLIS S. Gender Justice and the mathematics curriculum: four perspectives//PARKER L H, et al. Gender, Science and Mathematics. Kluwer Academic Publishers, 1996: 47.

［101］KENWAY J, WILLIS S. Telling tales: Girls and schools changing their ways, Canberra, Department of Employment, Education and Trainings, 1993.

［102］WALKDINE V. Counting girls out, London: Virago Press, 1989.

［103］HART L E. Returning to the root: A culturally relevant approach to mathematics pedagogy. Theory into practice, 1995, 34(3): 166 - 173.

第4章

中学数学课程发展的现代特征

§4.1　基于标准的中学数学课程发展

§4.2　能力导向的中学数学课程发展

§4.3　评价引领的中学数学课程发展

§4.4　过程导向的中学数学课程发展

§4.1 基于标准的中学数学课程发展

4.1.1 关于课程标准

标准和标准化似乎是我们现代生活中不可缺少的概念.标准的基本功能是成为衡量事物的准则.在由瑞典教育家胡森(T. Husen)主编的《国际教育百科全书》中,"标准"一词被解释为"为了达到特定的目的所要求的极好程度;适当的尺度;社会或实践所期望的行为准则.从教育的角度来说,标准应当被看作是想要达到的目的,或者是顺应观念的期待或教学水平".[1]海德(H. Heid)指出,并不是说,规范化的事实情况以及行为形成的标志就是一种标准,这种标志描述的更多是被假定为标准或规范的事实.只有当被标示的行为形成是根据决策而规范的,这种行为形成的标志就变成标准.也就是说,标准制定是有一定政策要求的,并且体现一定的价值观.[2]《教育大辞典》对课程标准作如下界定:"课程标准是确定一定学段的课程水平及课程结构的纲领性文件."[3]对标准内涵以及标准功能的认识有着不同的观点.总体来说,课程标准是关于课程的一种尺度,它不同于一般宏观的教育法律和政策,是对各种具体教育活动和教育领域所期望的一种准则和规定.

课程标准或教育标准具有以下几种基本功能.[4]

1. 作为衡量和判别某种教育的标志和符号,通过标准可以使某种教育区别于另一种教育,且可以作为比较不同教育特征的基础.

2. 作为监测、评估或评价教育活动的一种手段和工具,旨在衡量某种教育活动是否符合一定的要求和规范,是否达到了必要的水平和目标.

3. 作为教育活动中的"一般等价物",它可使一个教育系统内部的各种不同的教育活动进行沟通、过渡和"交换".

显然,课程标准包含了特定的价值取向,体现了一定的价值观念,反映一定的价值要求;课程标准也体现和反映一个国家的教育主权,体现自己的民族文化和国家利益.在数学课程领域,一般认为 1989 年美国数学教师协会(National Council of Teachers of Mathematics,简称 NCTM)颁布《学校数学课程与评价标准》开启了基于标准的数学课程改革与发展的时代.1983 年 4 月,美国联邦部长倡议组建的全国优质教育委员会(National Commission on Excellence in Education)发表题为"国家处于危险之中:教育改革势在必行"的报告,提出美国教育上的平庸已使美国陷入深刻的危机之中,将直接影响到美国的竞争力.紧接着,美国国家研究委员会于 1989 年在题为"人人关心数学教育的未来"的报告中列出改革措施.这些国家层面的政策与措施引发一系列标准的制定.中国在20世纪90年代中期启动对素质教育实施状况的调研,提出基础教育要以培养学生健全的个性和完整的人格为己任,努力构建符合素质教育要求的新的基础教育课程体系;在21世纪初全面启动包括数学课程在内的课程改革,其中课程标准的制定为改革的主要表现.德国则对照分析国际学生评价项目(Programme for International Student Assessment,简称PISA)结论,发现各州学校教育质量发展不均衡问题,提出研制国家层面的数学课程标准.法国最新的数学课程改革也走上标准化之路.下面就以这四个国家的数学课程标准为例,分析基于标准的数学课程发展特征.

4.1.2 中国中学数学课程标准——关注学生的发展

1999年3月,中国正式组建数学课程标准研制工作组,依据国家素质教育的整体目标,基于前期对中国数学课程现状的调研以及国际数学课程的比较研究,工作组在第一次工作会议上提出:"数学教育要从以获取知识为首要目标转变为首先关注人的发展,要创造一个有利于学生生动活泼、主动发展的教育环境,提供给学生充分发展个性的时间与空间,建立一个具有时代特征,以学生发展为本的中小学数学课程体系."随后,中国展开了关于数学教育改革的大讨论.研制工作组于2000年在解答中国教育报记者问时,明确指出,促使学生在教育过程中得到全面、可持续的发展是义务教育阶段各学科教育的基本目标,也正是数学课程标准所追求的最终目标.因此,"关注学生的发展"成为21世纪初中国研制数学课程标准的指导思想.

依据中国教育部《基础教育课程改革纲要》对课程标准功能的定位,中国数学课程标准的基本功能包括:(1)数学课程标准为数学课程活动提供依据,为教材编写、教学实施、课程评价、考试命题提供依据;(2)它是国家评价数学课程的基础;(3)它体现国家对不同阶段的学生在知识与技能、过程与方法、情感态度与价值观等方面的基本要求;(4)它对基础教育阶段数学课程性质、目标以及内容作出规定,为课程实施的具体环节提出建议.

根据这样的功能定位,首个《义务教育数学课程标准》(简称《标准》)有了自己的结构,包括表达课程性质、课程基本理念、标准设计思路的前言部分;阐述知识与技能、过程与方法、情感态度与价值观目标的课程标准部分;描述内容领域及行为目标的内容标准部分;说明教学建议、评价建议、教材编写建议、课程资源开发与利用建议的实施建议部分,以及列举术语解释和案例的附录部分.这是中国数学课程发展历史上首个数学课程标准,之前相对应的文本为数学教学大纲.标准和大纲之间的差异体现了数学课程指导思想的变革,大纲的行为主体是教师,其重心是教师的教,它不仅对教学目的和教学内容作了明确的规定,而且用大量的篇幅具体规定了日常教学中可能涉及的所有知识点的要求,规定了具体的教学顺序及各部分内容的课时数.

而随着"关注学生发展"的指导思想的确立,标准的行为主体是学生,它关注的重点是学生的"学",是对学生经过某个特定的学习阶段之后的学习结果的行为描述;它关注的是学生学习的过程和方法,以及伴随这一过程产生的积极情感体验和正确的价值观.

我们以数学课程内容选择与组织为例,分析在改革与发展过程中发生的变化.数学课程标准倡导数学学习内容应当是现实的、有趣的、富有挑战性的,这些内容应当成为学生主动地从事观察、实验、猜测、推理与交流等数学活动的主要素材.学生在数学活动中经验的获得,也是数学学习中的重要目标.

改革前的教材主要采取"定义、公理-定理、公式-例题"的形式,而当下《标准》提倡以"问题情境-建立模型-解释、应用与拓展"的基本模式展开内容,让学生经验"数学化"与"再创造"的过程,形成自己对数学概念的理解,并在这一过程中体会和学习数学的思想方法.[5]

数学课程标准还继承了中国数学教育的传统,重视学生对必要的知识和基本技能的熟练掌握;同时考虑到时代的进步、数学的发展以及义务教育的性质,《标准》较大幅度地降低了繁杂的数字运算、代数式运算、几何证明的要求;淡化了某些非数学本质的术语和概念.与此同时,21世纪以来的课程改革还增加了统计与概率、空间与图形等密切联系学生现实生活、反映社会发展需要的新内容,并设立了"实践与综合运用",以促使学生体会各部分内容之间的联系,发展其综合问题解决的能力.

4.1.3 美国中学数学课程标准——改革教育平庸化

1983年4月美国全国优质教育委员会发表题为"国家处于危险之中:教育改革势在必行"的报告,指出改革虽然取得一定成效,但仍然存在一些问题,例如,高中的辍学率依然在30%左右,在数学和理科方面,美国学生与别的许多国家的学生还差很远等.报告提出美国教育上的平庸已使美国陷入深刻的危机之中,将直接影响到美国的竞争力,因此改革刻不容缓,并建议改革重点之一放在学校课程的实质上.[6]紧接着,美国国家研究委员会(National Research Council)于1989年发表《人人会算:关于数学教育未来的国家报告》,呼吁"醒来吧,美国!我们的孩子处于危险中".报告指出,四分之三的美国人尚未完成生涯准备就停止学习数学;大部分学生离开学校时没有拥有充分的数学能力,导致他们无法应对工作中遇到的问题,或者没有达到进入高等教育所需的数学素养.报告列出一系列改革问题,包括:(1)学校教育应从双重使命转到单一使命(为所有学生提供共同的核心数学);(2)数学教学从传授知识的传统模式转到激发学生学习动机的学生实践模式;(3)公众对数学的态度从冷漠和敌意转到承认数学在现今社会中的重要性;(4)数学教学从专注于常规技能的训练转到发展广泛的数学能力;(5)数学教学从强调为学习进一步课程的需要转到强调为学生现在和将来的需要服务;(6)数学教学从强调纸笔运算转到强调使用计算器和计算机;(7)公众对数学的理解从随心所欲的法则的不变教条转到关于模式的严格而又

生动的学科.[7]

同时,NCTM 于 1989 年发布有史以来第一个国家性《学校数学课程与评价标准》(简称《标准 1989》),这也开启了全球性基于标准的数学课程发展热潮.《标准 1989》通过分析现代信息社会对教育的各种需求,提出数学教育改革的必要性.《标准 1989》将美国数学教育的目标定位于"培养有数学素养的社会成员",提出"有数学素养"体现为 5 个方面:懂得数学的价值,对自己的数学能力有信心,有解决数学问题的能力,学会数学交流,学会数学推理.基于这 5 个具体目标,《标准 1989》对 K-12 年级的数学教学分三个学段作了具体的改革要求,明确提出哪些内容应当加强,哪些内容应当削弱,并制定相应的课程内容标准.

此后,在 1991 年 NCTM 发布了《数学教学的职业标准》(简称《教学标准 1991》),旨在为数学教师的日常工作提出指导性意见;1995 年发布了《学校数学的评定标准》,阐述了进行数学教学评定的方法.这两个标准与《标准 1989》对美国数学课程发展起到重要作用.尽管这些标准只是指导性文件,但美国许多州的教育机构在编制教材、设计课程计划和测试方法时将其作为主要参考依据.例如由拉彭(G. Lappen)和菲利普斯(E. Phillips)开发的连接数学项目(Connected Mathematics Project,简称 CMP)、由尤辛斯基(Z. Usiskin)领衔的芝加哥大学开发的学校数学项目(University of Chicago School Mathematics Project,简称 UCSMP)等是较为典型的基于标准的数学课程项目,且在美国有一定的影响力.

拉彭和菲利普斯当时提出如下理念开发基于标准的数学课程,他们提出:"所有学生应该能够熟练地用数学推理和交流.他们应该获得关于数学表征的词汇、形式的知识,并且掌握应用表征的技能;他们应该获得关于数学学科各种材料、工具、技巧和方法的知识,并且能够加以应用.这些知识包括定义的能力、合理解决问题的能力、洞察力、发明创造力以及技能的熟练性."[8]拉彭和菲利普斯以《标准 1989》为准绳,系统开发了 CMP 中学数学课程项目,它们不仅关注课程内容,而且为学生呈现一组组用来问题解决、推理和交流的"数学工具包".在这同时,他们也参照《教学标准 1991》指导教师精心设计相应教学活动,为学生创设精制的课堂学习环境,让学生从容面对他们暂时找不到答案的数学问题,给他们足够时间进行小组讨论和交流,给他们足够的鼓励.这样的教学模式对教师无疑是一个挑战,需要他们像指挥家那样引导学生围绕问题展开对话和讨论.下面的学习内容选自 CMP(图 4-1).

拉彭和菲利普斯指出,在设计课程项目时,最富有挑战性的就是设计学习任务,要为学生呈现一定的真实情境,使得学习的挑战有一定意义,但又不能因为非数学的因素分散学生的注意力.教师要根据课堂的实际情况、学生的实际能力和理解,按照学生的需求调整教学设计,这对教师是个挑战.这不是对教师知识的挑战,而是考验教师是否以恰当的方式、在恰当时候引导学生进行探索,并针对学生现场的理解调整教学节奏.

> **问题 1.1　整数与分数**
> A. 根据右边给出的第二天的记录情况,问校长可以描述 6 年级哪种进步情况?
> 6 年级提高了 100 美元;
> 6 年级达到了他们目标的 $\frac{1}{4}$;
> 6 年级达到了他们目标的 $\frac{2}{8}$;
> 6 年级离他们的目标还差 225 美元;
> 6 年级完成了他们目标的 50%.
> 按照这种速度,6 年级应该在 6 天以后达到他们的目标.
>
> B. 再涂上两段,校长可以用在通知中.
> C. 1. 如果 6 年级学生在第三天募集到 15 美元,那么他们能够作怎样的两个声明?
> 　2. 画出第三天的情况,并且涂黑.
>
> 家庭作业:见第 12 页.
> 　　我们可以用两个被线分开的整数记下校长用的这个分数,例如一半可以记为 $\frac{1}{2}$,八份里的两份可以记为 $\frac{2}{8}$.线上面的数称为分子,线下面的称为分母.
> 当你处理这个单元的问题时,你分数中的分子和分母告诉你什么情况.

目标
300 美元

第二天

图 4-1　CMP 学习内容

UCSMP 则从另外一个视角改革数学课程,它更为关注课程所依托的信念.在开发 UCSMP 时,研究者强调如下信念:[9]

1. 应该在各个内容领域拓展学校数学范畴,包括数与运算,代数和函数,几何和测量,概率和统计,离散数学.

2. 课堂教学要反映真实世界,一方面是活动和问题的选择体现真实,另一方面方法(纸笔,计算器,计算机)的选择也要体现真实.

3. 只有当学生积极投入到学习中,学习才是最佳的.通常为了达到掌握的程度需要学生长时间的练习和复习.

这些信念与《标准 1989》等是相吻合的.另外《教学标准 1991》非常强调要关注学生围绕相关的数学问题进行课堂对话.这不仅给教师提出很高要求,也给课程设计者提出很高要求,在课程设计中要为课堂对话创设环境、提供素材.CMP 为此提出"数学问题标准",以保证所设计问题引发课堂对话.研究者提出:

"一个好的问题应该要满足如下特点:问题植入在重要的、有用的数学之中;探究问题时应该有助于形成重要的数学思想框架;解决问题时要促进数学技能和技巧的发展;问题要有各种不同解决途径,或者需要作出各种不同的决策;问题中的数学内容应该与数学思想结合;问题需要高层次的思维、推理和问题解决水平;问题应该吸引学生、鼓励学生进行课堂对话;问题为教师创设机会,评价学生数学学习过程中碰到的难点."[10]

总之,自《标准1989》颁布以来,美国数学课程研究者、设计者开发各种形式的课程项目.随着项目的开展,有些研究对基于标准的数学课程发展进行调查分析.如,亨特利(M. A. Huntley)等将基于标准的数学课程"增强核心数学项目"(Core-Plus Mathematics Project,简称CPMP)与非改革的常规课程进行比较分析,比较聚焦在学生代数理解、技能以及问题解决能力的发展上.[11]

CPMP课程的主要特征为以新型的方式处理典型的数学专题内容,包括强调数学建模,利用图形计算器对代数思想进行多元表征,以合作模式学习并解决真实问题,将代数内容与几何、统计、概率、离散数学等主题整合起来,以"概念-技能-抽象"次序组织专题内容,削弱形式的符号操作方法.

研究对实验组(使用CPMP课程)与对照组(使用非改革的常规课程)的教师和学生进行访谈以及对学生进行代数问题测试,测试包括代数情境问题(图4-2)、纯代数问题(图4-3)以及开放问题(图4-4).

远距离航线

有些商业航班从美国的洛杉矶直飞澳大利亚的悉尼,航程为7 500英里①,飞行时间18小时,大部分时间在太平洋上空.因此,估计飞行时间和燃料需求量特别重要.某个航班用下面的公式预计风速为W时的飞行时间T.

$$T = \frac{7\,500}{500+W}.$$

回答下列问题2.1~2.3.记住要展示你的作业.如果你使用计算器,请说明如何使用的.
问题2.1 当$W=-50$时,求T,并且解释这个结果告诉我们什么样的飞行计划信息.
问题2.2 如果飞行时间为14小时,求风速W.
问题2.3 请解释解决下面不等式时所得到的信息.

$$T = \frac{7\,500}{500+W} > 14.$$

图4-2 代数情境问题的测试

---

2. 下面哪个表达式与$\frac{125+x}{5}$是等价的?

 A. $5x$ B. $5+x$ C. $100+x$ D. $25+\frac{x}{5}$

9. 解方程组 $\begin{cases} -2+3y=8, \\ x-y=2. \end{cases}$

图4-3 纯代数问题的测试

---

① 1英里=1.609 344千米.

> **电话销售**
>
> 　　许多公司通过长途电话预订把产品销售给顾客.例如,光盘俱乐部(CD Club)通过在美国纽约的总部向各地销售他们的音乐光盘.CD Club 的电话销售为平均每 4 分钟售出一张.俱乐部通过三种长途电话服务进行销售.
> 　　1. 苹果(Apple)通讯拨通一次收取 0.35 美元,然后通话每分钟收取 0.15 美元;
> 　　2. 贝尔(Bell)电信提供套餐:每周一次性收取长途通话费基本费 260 美元,然后通话每分钟收取 0.10 美元;
> 　　3. 长途通讯服务(Capital Long Distance Services)每周一次性收取 600 美元后可以无限制拨打长途电话.
> 　　问题:对光盘俱乐部来说选择长途电讯服务是很昂贵的.你建议他们选择哪个电话公司,为什么?
> 　　思考与推理:

图 4-4　开放式代数问题的测试

　　结果表明,当代数问题的呈现与现实情境相结合,并且允许学生使用图形计算器的时候,CPMP 课程在发展学生解决这类代数问题能力上更为有效.而非改革的常规课程对学生处理代数符号表达式能力的培养更为有效.

　　经过 10 年的实践,美国又开始对 20 世纪 90 年代初的数学课程改革进行反思.尤其是美国学生在大型国际测试(如 TIMSS 和 PISA 等)中的表现促动了美国对数学课程发展的再思考与再修正.1998 年秋美国提出国家数学标准的讨论稿,2000 年 NCTM 正式发布《学校数学的原则与标准》(简称《标准 2000》).《标准 2000》继续坚持《标准 1989》提出的数学教育面向全体学生的基本理念,即平等原则、课程原则、教学原则、学习原则、评定原则及技术原则这 6 条原则.与《标准 1989》相比较,《标准 2000》的发展体现为:

　　1. 将课程、职业、评定三个标准统编在一个标准之中,强调这三者在数学教学中的相互关联;

　　2. 为每个学段提出统一的 10 条标准:关于数学内容的"数与运算标准""代数标准""几何标准""测量标准""数据分析与概率标准",关于数学过程的"问题解决标准""推理与证明标准""交流标准""关联标准""表达标准";

　　3. 强调信息技术在数学教学中的重要地位.

基于标准的数学课程的反思

　　2001 年,美国国会通过了关于《不让一个孩子掉队》的教育法案(No Child Left Behind Act),提出相应的教育改革计划,强调美国公立学校应不分地区、不论家庭背景、没有肤色之别地发展学生心智、培养学生品格的历史使命和责任,呼吁民主、共和、独立等各党派通力合作以加强和振兴美国的初等和中等教育,并郑重宣布力争不让一个孩子掉队,从而最终实现中小学教育的高质量.[12]法案特别关注各州的政治权利,提出各州可以建立自己的标准以及基于标准的测试.数学课程发展逐渐成为测试评价驱动的课程.

　　2006 年 4 月,布什总统任命了国家数学咨询小组,该咨询小组是总统计划的一部分,主要是为了加强数学教育,使美国学生能够拥有适应 21 世纪的工具与技能.咨询小组将在如何最佳使用数学学习和教学的科学研究上,给予总统和教育部长关于数学学习和教学的相关建议.借鉴国家阅读小组的成功经验,国家数学咨询小组将召集专家评价数学教学的有效性和方法,建立一个改善教师教学方法的研究基础.咨询小组的中期报告将在1月31日交给总统和教育部长,在这份报告中将给出数学教育相关主题的建议.美国教育部长说:"我们期待收到咨询小组的报告,我们也希望报告能够形成如何改善数学教育的蓝图.我们的学生能够在低年级就接受有效的数学教学,为他们日后能够接受并成功学习代数及在中学里顺利度过课程挑战做准备,这一点非常重要."教育部长强调当今高中毕业生需要有扎实的数学技能.2006年9月12日,NCTM发布《数学课程焦点》,对2000年的《数学课程与评价标准》作了补充说明,力求在保持创造、发展的同时,强调数学基础的重要性.

标准会因国家层面政策的变化而发展.2009年4月,在美国国家科学院第146届年会上,奥巴马总统宣布了在科学研究、创新和教育等方面的新计划和投资,并宣布了一项名为"竞争卓越"的全国性计划.该计划的出发点是提高学生在数学和科学方面的成绩,让美国学生在国际数学与科学成绩的排名在未来10年内从中游达到优秀.奥巴马认为,美国学校是世界上资金最充足的学校,但是美国学生在国际排名上成绩平庸,这是不能接受的.[13] 其重要原因之一是,美国教育行政各州有着各自的典型的地方分权制,各州有着各自的课程标准,发展很不均衡,有些州的课程标准过低,导致各州基础教育质量差异过大.为此,美国各州州长和州教育专员一起致力于一项以州为主导的教育进程,制定K-12年级的《美国共同核心州立数学标准》(Common Core State Standards for Mathematics,简称CCSSM),并于2010年6月颁布.这个标准旨在为所有学生提供一个公平公正的数学教育,严格规定人人必须掌握的数学知识和技能,以及大学和就业所必备的高等数学知识.CCSSM强调:所有的学生都需要发展数学的实践能力,如问题解决、建立关联、理解数学思想的多种表征、证明推理等;在整个数学课程中,所有的学生都有机会进行推理和积累基本数学活动经验,并让他们相信数学是睿智的、富有价值并切实可行的.

近10年来,美国数学课程发展体现出评价导向的特点,我们将在下一节继续讨论.

4.1.4 德国中学数学课程标准——旨在教育质量保障

德国自2000年起始终如一地参与"国际学生学业评价项目"(PISA)和"国际数学与科学趋势研究项目"(The Trends in International Mathematics and Science Study,简称TIMSS)等大型国际比较研究.2000年及2003年PISA测试结果表明,德国学生的数学成绩并没有达到数学教学目标与要求,成绩仅处于国际的中等水平,这与德国位于世界前列的经济实力很不相称,也就是说,德国的教育体制并不是十分有效,其中原因是多方面的,从社会中的教育环境到学校的教学设计都应承担一定的责任.从教育学角度看,教学质量是影响学生学业成就的关键因素之一.而决定教学质量高低的指标又是多元的,最主要包

括如下三个方面:[14]

1. 专业内容丰富的教学设计,强调为学习者准备各种机会,让他们获得能力;建立起数学内部之间及数学与外部之间的关联.

2. 学习者的积极认知:激励智慧上的学生活动,包括元认知活动(反思);促进学习者的独立自主能力,以及对学生观点和问题的自适应能力.

3. 有效并以学生为导向的教学过程:灵活应用各种不同的方法;促进形成学习者友好的学习氛围,区分学习与评价,将学生错误看作是有意义的学习机会,课堂教学结构清晰,时间利用有效;适当地使用媒体.

国际评价项目的结果表明,德国数学教育改革需要促进质量的发展,包括要加强上述质量指标的完善.关于德国数学课堂教学的研究表明,在激活认知方面,在应用观念和能力导向数学任务方面,存在很大差异,不仅在学校之间教学质量存在差别,在不同联邦州之间也存在教学质量的差别.

对 PISA 结果的不满直接导致教育政策的重大变化,其中之一就是陆续颁布全联邦性的教育标准,包括 2003 年起颁布各类数学课程标准(即小学四年级毕业数学课程标准,主要学校九年级毕业数学课程标准,初中毕业数学课程标准).

在标准颁布之前,德国文化部长会议组建了由 10 名专家组成的专家团队,对数学课程标准功能、制定原则等进行系统研究,2003 年初发布"关于国家教育标准的开发"(Zur Entwicklung nationaler Bildungsstandards)的报告.报告指出,教育标准涉及一般教育目标,并且规定学生在哪个学段应该达到怎样的要求,由此将目标转化为对学生的要求.因此宏观理解,教育标准其实是成就标准.专家组提出,需要表述最低标准还是普通标准,德国文化部长会议决定制定普通标准.

报告也指出,教育标准并不规定,应该如何到达要求,因为这不是教学标准.教育标准为教学设计提供更大的自由空间;成就涉及专业要求,其实是学生应该或者能够获得的专业能力,而不是通过内容来定义.当然能力只有通过具体内容才得以获得,但标准聚焦在主要(核心)内容上.能力要求有序地构成一个能力模型,被分为几个发展水平.另外,能力通过具体的任务得以具体化.在任务或问题解决中的活动含有问题解决者的能力.通过考察是否满足特定准则,使得能力得到满足.这里的教育标准关注更多的是教育过程的结果,也就是输出.

报告进一步指出,教育标准在评价结果(教育输出)的同时,也需要重视确定内容及按年级设计内容的机制,报告提出了"核心课程"的概念,指出与原有的教学大纲相比,核心课程应该精选内容,应该关注那些与专业内容相关的能力.另外,德国有一些联邦正在开发的"核心大纲"与这种想法还是有些差别的.

教育标准有两个功能,即引导与评价.要引导教师、学生、家长以及管理人员明确标准中规定的能力要求,并且认清标准的客观性以及约束力,认识到这是一种不同于测试的学校评价形式.另外,个性化的诊断也需要依据标准.如何检验是否达到标准要求,这不仅要看教育过程发生的事件,而且要对教育结果进行跟踪.基于教育标准的测试首先是为了确定"提供教育发展何种支持",然后提出各个层面的支持措施,而不是将教育分门别类.基于标准检验成绩,主要是为了保障学生学业能力的发展.学校需要按照教育标准设计问题,评价学生是否达到所要求的学习目标以及能力水平.教育标准非常强调通过"评价"保障并促进学生发展.这里提出的能力是指"学生拥有或者学到的、能够解决特定问题的认知技能与技巧;是指学生具备的在变化情境中成功并负责地利用问题、解决问题的相关能力".[15] 当然,学生掌握的应该是与具体学科内容相关的能力,因此标准在描述能力时,始终围绕相关的学科内容展开.

德国文化部长会议(KMK)围绕上述认识,于 2003 年颁布了初中毕业数学教育标准,于 2012 年颁布高中毕业数学教育标准.

这次教育改革中颁布的数学教育标准是较为典型的能力导向的标准.以初中毕业数学教育标准为例,它包括三个维度:过程、内容和水平要求.过程维度描述宏观的数学能力,内容维度描述与数学核心概念相关的具体能力,水平要求维度描述数学能力的各个不同水平.数学教育标准提出六大宏观的数学能力,它们是:(1) 数学论证,(2) 数学地解决问题,(3) 数学建模,(4) 数学表征的应用,(5) 数学符号、公式以及技巧的熟练掌握,(6) 数学交流.教育标准又结合数学内容将这些宏观的数学能力具体化,并且按照数学核心概念领域对数学内容进行分类,这些数学核心概念是指:数、测量、空间与形状、函数关系以及数据与随机现象.

由于学生在处理不同数学内容时需要不同的数学活动,这些数学活动对认知活动又有不同的要求,如再现内容、建立联系或者概括与反思.根据不同的认知要求,标准分别将宏观的数学能力划分为几个不同的能力水平:[16]

水平一是指再现内容.它包括在规定的内容领域重复以及直接应用基本概念、定理以及方法.

水平二是指建立联系.它包括综合利用在各个不同的数学领域获得的认识、技能与技巧加工处理熟知的事实.

水平三是指概括与反思.它包括加工处理复杂的事件,以便形成各自的问题表述,获得解决方案,论证、推理、解释或者评价解决方案.

数学教育标准描述的能力思想来源于研究者温特(Winter)所提出的每个学生应该在数学教学中获得的"基本经验",包括:[17]

1. 借助数学以特殊的方式感受并理解周边世界的现象,如自然界的现象、社会以及文化现象;

2. 认识并理解数学对象是一种特殊世界中的精神杰作;

3. 在数学学习中获得超越数学的方法与能力.

4.1.5 法国中学课程改革走向标准化

法国本是一个数学家云集的数学大国,但其学生在国际测试(如 PISA,TIMSS)中的数学表现却在近十几年来呈现明显的退步趋势.强调公民教育与教育公平的法国,自 20 世纪 90 年代便开始有意识地进行数学课程改革,并在"共同基础"的课程改革理念上取得诸多成效.结合数学学科在法国教育中的发展历史与法国当前课程改革教育现状,表明法国的数学教育具有如下特点:

1. 因受政治裹挟而造成的非连续性;
2. 课程改革从非标准走向标准;
3. 数学课程的"活动化"与"跨学科"趋势.

4.1.5.1 法国数学课程概览

法国的教育体系与我国有较大的区别.法国的幼儿教育为 2 到 3 年,小学教育 5 年,中学教育从 11 岁开始,分为初中和高中,高中包括普通高中和技术高中、职业高中.普通高中和技术高中学制为 3 年,职业高中为 2 至 4 年不等.应届生前后两者五五开,我们此节中重点关注普通高中的数学教育情况,因为他们才是未来数学学科发展的主力军.根据法国 1991 年高中教育改革,目前普通高中在高中二年级的时候分三大方向:L(文学、语言、哲学和艺术等);ES(经济和社会科学)以及 S(自然科学).到了高中三年级,专业会进一步细化,如自然科学方向的数学、物理、生物等.各个年级各个专业都有全国性的教学大纲,教科书据此自由编制,各个学校有一定的自主权和选择权.

自从 20 世纪 80 年代法国政府决定高中教育大众化,即至少 80% 的适龄学生要达到法国高中会考文凭(BAC)水平.法国教育部希望中学提供的更为生动的数学,能够使得学生更加积极向上,让学生全方面了解数学领域的发展,了解数学及自然科学的发展现状等.

2000 年法国高中教育改革由教育部旗下国家教学大纲委员会(CNP)发起.数学学科专家组包括数学家、中学教师、数学教育工作者以及教育部的其他工作人员组成.主席由统计学家罗贝尔(C. Robert)担任,因为这次的课程改革主要目的之一是在中学数学课程中加强统计与概率的内容.根据最新的法国数学课程标准,在高中一年级要求学生掌握应用统计数据的平均值的线性性质,理解数据频率的分布和实践发生的频率等;在高中二年级的教学中,加大了概率论与数理统计的内容,尤其是典型随机实验模型,如投一个或多个可区分正反面的硬币,在一个投票箱中随机抽取选票等.与此同时,通过大数定律教授概率分布与频率分布的联系,观测数据的平均值收敛于数学期望以及数据的方差收敛于随机变量的方差,并通过简单模型的模拟给出直观的展示,比如对 $n=10,100,1\,000$ 各做 100 次模拟并用盒形图加以说明;而在高中三年级的教学内容中概率统计的重点则落在条件概率和概率分布上.例如,离散分布、Beinoulle 分布、二项分布、指数分布等,以及这些分布的数学期望和方差.除此以外,此次课程改革还考虑到了数学在当今社会以及学生未来的学习和就业中的需求,因此尤为注重数学教学与其他学科之间的联系.例如,在高中二年级的教学内容中强调将实数用 2π 的倍数表达,极坐标与笛卡尔坐标的联系等;在高中二年级的教学中引入"导数"概念,标准中特别说明有几种推理方法可供选用,如直线运动从平均速度过渡到瞬时速度;计算机屏幕上的图形表示的连续地带等来说明导数符号和单调性的关系;在数列教学中,强调研究有递推关系的数列的通项公式,推荐用计算机或表格计算数列的各项,并观察等差数列与等比数列的增减速度.

经济合作与发展组织(Organisation for Economic Co-operation and Development,简称 OECD)公布的"国际学生评价项目"(PISA)结果显示,在全球 65 个国家或地区在校中学生里,法国学生数学水平持续下降,从 2003 年的 511 分降至 2013 年的 495 分,远低于全球排名第一的上海中学生的 613 分,也低于新加坡、韩国、芬兰、德国等国,仅排在全球第 25 位.这一调查结果,引发了法国社会的一次大讨论和对自身教学的反思.

数学其实是一种思维体操,慢慢推算才是锻炼思维能力的最佳途径,而不是靠题海战术.虽然法国的数学课程大纲内容难度系数不高,但其考查重点是学生的推理、变通等思维能力.与此同时,法国中学的教学评价体系中非常重视学生的参与度,课堂气氛以讨论为主,并以引导性的授课方式为主.除去这些我们耳熟能详的西方教学特征以外,法国的数学教学尤其是在 2000 年全国性的教学大改革后呈现出了其独特的发展趋势,即多元化交互影响.例如,我们在法国初三数学教材《数学 4e》中关于"不等式、序与运算"一节中就可以看到数学教学与实际生活的联系,教材内容涉及分期付款、交通违章罚款、邮费及旅行等.

2000 年法国高中数学课程改革的一个重要变化就是注意与多学科联系,突出数学的文化价值和应用意识.数学与自然科学学科,尤其是与物理学科的紧密联系一直是法国数学教育的一个典型特征.为让学生适应数学和社会发展、科学发展和专业发展的需要,法国数学教学做出了种种努力和尝试.例如,在最新法国数学课程标准中,高中二年级关于数列的学习内容中,要求学生能利用计算机或计算器,从数值上来研究利率固定时资本获得翻倍所需的时间,放射性物质衰变的周期等.

为了增进数学和其他学科之间的融合,法国在高中二年级引入了跨学科项目(The Multidisciplinary Projects,简称 TPE).项目要求学生以 2 至 4 人小组为合作形式,在一个学期时间内,合作完成一个研究项目,最终成果可以是具体实物,如器械等,也可以是计算机编程软件等.培养学生运用多学科知识发现问题、解决问题的能力,调动学生学习的积极性和自主性.与此同时,也培养学生有效搜集、选择信息的能力,尤其是对网络资源的运用等.而在这一过程中,师生之间也将建立更为良好和开放的关系.

现阶段,在法国中学里,选择物理、生物专业的学生人数明显远超数学专业,这就导致数学学科培养定位还没有摆脱"精英"体系的影响.这不仅仅是教育的问题,也是整个国家文化和社会长久以来的问题呈现.据此,法国教育部拟在中学结业考试中引入试验考试,来推动实验技术活动的推广和运用,并进一步加强计算机科学和数学教学的融合,激发学生的学习和研究兴趣.

教学改革的初衷就是希望教学能紧密联系社会,并动员社会教育力量支持改革.数学作为一种活生生的学科领域,给予人们一些生活或社会生存的启迪.实际上,数学也帮助人们避免日常言谈中经常出现的推理或逻辑错误.这类学习都是数学教育的一部分.也正是基于这一考虑,法国的数学教学的多元化发展并不仅仅局限于自然科学,也已与人类学、建筑、艺术等人文社科学科进行了一定程度的交互影响.

法国教育学者舍瓦莱(Y. Chevallard)指出应将人类行为学(praxéologie)融入数学教学法中.人类学的教学法(la théorie anthropologique du didactique —— la TAD)强调我们对异文化的理解和避免误解的可能性.通过人类学的研究方法我们能够更好地了解人类的行为,而数学思维也是其中之一,有助于我们理解其特殊性,也能打破我们的思维定式.[18] 从生活实践中获得的问题能激发很多数学思考.事实上,一旦数学工具被开发,它们经常改变它们的效应和扩大不仅是一个经验,并且还有一个人的想象力.反之亦然,人类源于生活的智慧为我们的数学教学提供了鲜活的案例和全新的思维模式.

众所周知,欧洲在艺术教育方面非常领先,尝试将艺术教育与数学教学融合也是法国数学教育的一大特色.在法国贝兰(Belin)版的中学数学教材中,有非常丰富的绘画、建筑等人文艺术内容.例如,在"对称"学习中介绍巴黎圣母院的玫瑰花窗,在"幻方(Magic Square)"教学中通过德国画家丢勒(Albrecht Dürer)的名画《忧郁(Melencolia)》来引入等.

图 4-5 丢勒的代表作《忧郁》和幻方

菲尔德(M. Field)早在20世纪90年代就着手开发研制一套名为PRISM(Program For the Interactive Study of Maps)的计算机软件.1999年,菲尔德将该软件在中学教师培训中开始推广和试用,结果发现学生通过软件提供的建筑与艺术等信息发散其数学思考和学习的效果显著.他非常支持中学数学教师在教学过程中的创新举措,尤其是跨学科的交融,实证研究结果显示往往事半功倍.多元化学科交融互动是时下的发展趋势,也必将为我们下一步培养复合型人才打下基石.

4.1.5.2　法国民众的忧虑

法国人以他们拥有大量杰出的数学家而自豪,但当前中学生数学能力的下降让法国全社会焦虑不已.

截至2014年,全球共有57人获得了菲尔兹数学奖(数学界的诺贝尔奖,由国际数学家联盟组织评定),法国占了其中12席.虽然数量上仍不及美国,但从人口比例来看,法国数学强国的地位可见一斑.法国数学协会主席埃尔费(B. Flfer)表示,法国的数学传统可上溯到拿破仑时期.20世纪40年代,布尔巴基学派的出现在当时形成一股风潮,该学派以数学家尼古拉·布尔巴基(Nicolas Bourbaki)的名字命名,这一学派至今仍对法国数学界有着很大影响.事实上,从天才少年埃瓦里斯特·伽罗瓦(Évariste Galois),到提出"彭加莱猜想"的大博学家亨利·彭加莱(Henri Poincaré),再到2014年获奖的阿维拉(A. Avila),法国在数学领域总是人才辈出,硕果累累.这其中既有历史的积淀,也得益于教育部门对数学学科的重视.

与法国数学大家辈出相悖的是近些年来法国学生的数学表现.在65个经济体中排名25,在34个OECD成员国中排名18;2012年的PISA结果(平均495分)和2003年的PISA结果(平均511分)相比,法国学生的数学排名九年之间已经下降了16分,作为OECD国家中领先的国家,法国学生的数学的平均值直接掉进了OECD国家的平均水平.而在法国民众心中,最令人担心的问题还不是法国学生成绩的整体下滑,而是成绩背后折射出的教育不平等现象,包括男女生之间,以及区域之间,和家庭社会经济背景的情况.综合OECD的2003、2006和2009年的报告显示,最强学生和最弱学生之间的鸿沟越来越大,而且这种差距和家庭出身越来越相关.在法国,家庭经济条件不好的学生不仅在分数上更低,而且在学校的参与感、归属感也很低,和OECD国家平均水平相比,他们的焦虑感更强.平均来说,OECD国家中,78%来自欠富裕家庭的学生在学校有家的感觉,而在法国这一比例仅为38%.正如一位教师所言,皮格马利翁效应和马太效应如果发生在校园的话,也只能是发生在那些好学生身上.因此,自21世纪以来,课程改革开始在法国民众心中有着举足轻重的地位.

4.1.5.3　法国数学课程的地位变迁:历史与政治因素

法国的教育系统在经历法国大革命的破坏之后,在19世纪初开始复兴,但是这种复兴一直在受政治的裹挟,一方面,教育属于国家特权领域;另一方面,由当权者组建教育系统更有利于其巩固社会的阶级结构.因此,从法兰西第一帝国(1804—1815)开始一直到法兰西第三共和国(1870—1940),法国一直在两套截然相反的教育体系中摇摆.整体而言,法国的数学课程发展欠缺一种连续性,但是不可否认的是数学在法国的课程系统中的地位正在变得愈发重要.我们可以从三个关键时间来解释这种非连续性中的重要性:1802年,1902年和2002年(这不仅是三个世纪的时间变化,而且是经济、社会、政治等条件的变化).

1802年:拿破仑共和历14年霜月19日法令(1802年12月10日)声明"要在国立中学(lycée)教授拉丁语和数学"."在男性中等教育课程(male secondary curriculum)中要把数学和拉丁语放在同等地位,这条法令把法国大革命之后的情况考虑进来,将结合了理论与实践的数学变成智育的一个核心学科."[19]但其实从帝国期间一直到19世纪40年代,拉丁和古典人文学科开始在中学教育中占据主导地位,控制着当时为未来精英设立的教育.在旧制度时期(Ancien Régime),数学在军事工程专业的准入考试中保持着很核心的地位.但和其他一般的古典教育科目相比,数学因为是为特殊行业做准备的,所以仍被视为"特殊"的科目,在中学(无论是国立的还是市立的)并不太被认可.和物理自然科学一样,数学一直到国立中学两个最高年级(也叫"人文年级",从这个名字就能看出人文古典学科在科学学科面前至高无上的地位)才开始涉及,而且数学的实践应用部分被剔除,主要关注的是抽象严密的假设与论证部分.然而,数学在一些特殊科目,比如备考国立的"大学校(Grandes Écoles)"(如巴黎理工学校 École Polytechnique)的专业课上还是占有很重要的地位的.蒙日(G. Monge)和拉克鲁瓦(S-F. Lacroix)在1800年起草的"大学校(École)"录取规范,在之后的半个世纪逐渐加大了数学内容的比重,包括几何和代数(尤其是方程理论),而微积分及其应用要到大学校(École)才教.

1902年:继法国国会发起的大调研之后,"是时候结束经典人文学科在中学里的垄断地位了,至少在理论上应把现代课程提到经典课程同等的地位.这样一些新学科(如现用语言、科学和数学)也得到了发展".[20]一个新的改革重申了数学教育的以下两个结构:

1. 数学与科学的教育重要性;
2. 数学学习经验及其与科学相联系的重要性.

1999年,法国教育部批准设立数学教育反思委员会(Commission de réflexion sur l'enseignement des mathématiques,简称CREM),目的在于重新思考新世纪的数学教学.2002年,CREM的报告声明"数学是具有永恒价值的古老科学".[21]它把数学置身于科学之列,强调科学教学要严谨与想象力并重的重要性.

除了这些表面的连续性,实际情况更为明显.首先,在两个世纪里,学校系统发生了真正的变化,从面向男性和精英的学校到面向几乎所有人的学校,义务教育年龄拓展至16岁.其次,在规定课程和现实课程之间存在着巨大鸿沟,例如,1802年法案之后,吉斯佩尔

(H. Gispert)发现,"事实上在法案颁布之后一直到19世纪末,现实教学仍然是继续以拉丁和古典人文学科为主,并且理论和实践一直是割裂开来的";也就是说,根据社会课堂和学校教育结构(中学与小学)存在着两类数学教学:一种是思维的形成,一种是实践训练.再次,数学教学的核心问题对社会与政治事件来说很敏感(20世纪正值法国的多事之秋)."20世纪初的改革曾被指责是受德国实科学校模式影响,有损基于拉丁和古典人文的法国精神."[22] 1923年,议会被保守派控制,投票取消了1902年的课程大纲和法则.中等教育(包括数学)在几十年内又被理论与抽象的观念控制.20世纪30年代末,当时的人民阵线左翼政党又开始相反的变革.

此外,法国的"罢工文化"导致每一次教育法令颁布之后,都会迎来一大批罢工潮.比如,2015年,初中课程改革大纲初稿颁布,教育部面向全社会征集意见.7个组织(代表80%的初中老师)在5月19日在全国各地组织了一次大规模罢工,反对此次初中课改,其诉求主要围绕在:(1) 希腊语和拉丁语的课程内容骤减;(2) 跨学科实践教育作为本次初中课改的一大基础,让每位教师最担心是这些跨学科课程会不会占用各自学科的课时,数学教师希望学生有更多的时间学习纯数学;(3) 撤销双语班,从7年级开始普及双语班,要求所有学生在7年级开始学习第二外语,这不仅对师资提出挑战,而且引起一些亲德家长担心德语消失的顾虑.[23]

4.1.5.4 新初中数学课程改革:标准化的建立

自2013年7月8日《重建共和国学校》法案颁布之后,建设公正的、高水平的、包容性的学校,迄今为止已经初见成效.该法案以提高教学质量为行动核心,为提高学生水平和减少教育不平等创造了条件.学校的目标是为所有学生构建一个共同的文化,帮助每个学生建立与知识的积极联系,发展个性和社交能力,融入社会并承担公民角色.然而在法国存在很多"科学盲"现象都不能使得公民履行公民职责所需要的批判性思维得以发挥,很多人无法理解数字数量以及统计与概率,比如某位生了三个孩子的母亲固执地认为自己下一个宝宝一定是个女孩,只因为前三个孩子都是男孩,这不是个案,而是整个社会公民的一大问题.[24]

2014年12月4日,法国教育部发布"数学战略"文件,开始新一轮围绕数学教育的全面改革,内容涵盖数学课程、数学与社会的关系、数学教师的培养与招聘、数学教学资源以及数学教学法等一系列举措."数学有非常特殊的作用,它能帮助锻炼思维,发展想象力,保持思维的严谨性和准确性,并形成推理直觉.同时,在现实生活中,数学能帮助人们理解身边的模型和工具,更好地适应新世纪以来的诸多深刻变化.对所有学生来说,掌握和理解数学知识应该比以往任何时候都要重要."在法国新一轮初中课程改革进行得如火如荼之时,法国教育部的这份"数学战略"文件,无疑再次强调了数学在基础教育中的特殊地位.

2015年5月,"2016年的初中"课程改革草案公布,并计划于2016年9月开始正式实行.这次课改形式上最大的变化是对学段的重新划分.法国从2013年开始将初等教育和中等教育系统划分为四个学段(cycle),学前3年划入学段1,小学1~3年级划入学段2,小学4年级、5年级和初中的6年级划入学段3,而7年级、8年级和9年级则被归入学段4,因此,本次"2016年的初中"课程大纲涵盖的范围是学段3和学段4.课程大纲文件的格式也较以往发生了变化:以学段为单位,总体阐述每一学段的整体目标,这对法国的数学教学改革也是一个机遇和挑战.因为在法国现行的教师资质考试中,小学教师为通科教师,而中学教师是分科教师,小学教师和中学教师的资质考试不同导致学生从小学升入初中有很大的不适应,新学段的划分对中小学教师在课程衔接问题上的沟通频率提出了更高的要求,无论是对学生快速适应小初转换和教师合作促进专业发展而言都有利,但对如何沟通协商如何分配职责以及对今后教师资质认证的改革等问题都提出了挑战.

法国初中新课改的另一个亮点是国家课程大纲委员会(Le Conseil Supérieur des Programmes,简称CSP)的建立.CSP是法国教育部2012年"重建共和国学校"法案提出之际建立的,由学者、教育问题专家和各界代表组成,该委员会的使命是接受机构委任或者针对社会问题提出解决方案.[25] 2014年,CSP负责拟定《教学大纲基本法》.该基本法:(1)界定了教学大纲的实质(活动中的整体)、诞生条件、变革条件等;(2)界定教学大纲、教与学过程的参与者与整个社会两两之间的关系;(3)引导教学大纲,教育研究和教师培训之间的互动.本次初中课程改革可以说经历了完整的课改流程:

第1步,法国教育部发出指令给CSP,让他们修改教学大纲或者重新拟定教学大纲;

第2步,CSP接受指示,经过讨论,提出一个大纲的设计框架;

第3步,CSP再委任一组专家拟定第一稿课程大纲;

第4步,这个专家小组把方案拟定好以后提交给CSP;

第5步,CSP经过讨论和修改之后提交给教育部;

第6步,教育部负责面向全国发起讨论,听取各方意见,尤其是中小学教师的意见;

第7步,教育部汇总讨论结果,交给CSP让他们修改,拟定新版本;

第8步,修改后的新版本会提交给高等教育委员会(Le Conseil Supérieur de l'éducation,简称CSE)审定;[26]

第9步,教育部结合CSE的意见,通过教学大纲;

最后一步,大纲会以教育部官方通报的形式正式发布.

CSP的建议意味着法国的教育改革被政权交替而裹挟的历史暂告一个段落,今后的课程改革将以《教学大纲基本法》为依据,逐渐从规范化走向连续性.

4.1.5.5 法国初中数学课程改革:数学的活动化与跨学科趋势

法国的新世纪课程改革强调共同基础,日常课堂教学强调活动,在新课程大纲中,法国教育对教学活动的倚重十分明显.

新版课程大纲文件以学段为单位,在每一学段初会对该学段的特殊性作一些简单介绍.比如在学段 4 中,文件强调:"对学段 4 的学生来说,他们还是青春期的孩子,身体和精神都在发育,与他们自身,尤其是和自己的身体和他人都处在一种新的关系构建之中."第二部分会从五个领域阐述本学段对共同基础和差异化教育的主要贡献,这五个领域包括:

① 思考与交流的语言;

② 学习的方法与工具;

③ 公民与个人的培养;

④ 自然系统与科技系统;

⑤ 世界的表达与人类活动;

文件第三部分是针对具体学科的要求,不同于以往的三列(知识点、能力与备注),新大纲以两列表格(知识能力和教学建议)的形式阐述.数学的六种能力包括:探究(②④),建模(①②④),表达(①⑤),推理(②③④),计算(④)和交流(①③),括号内的数字代表该数学能力能够对上述共同基础的五个领域的贡献.在数学内容上,整个学段包含五个主题:

——数与计算;

——数据的组织管理与函数(方程);

——量与策略;

——空间与几何;

——算法与编程.

每一主题有本学段结束时的目标,例如"数与计算",大纲中的能力之列写明要求学生会使用数据进行比较、计算、解决问题,理解并会使用整除和素数的概念,会使用书面计算.在每一种能力之后,会有对应教学活动以及教学资源的建议,这也是新课程的一个特点,同时也是对教学资源统一开发与配备的一个新挑战.法国教育部正在筹建的全国在线教学资源库正在开发之中,并会上线公测.

学科融合是本次课改的第三个亮点.在每一学科之后,会有针对跨学科的教学建议,包括:(1) 身体健康与环境;(2) 艺术创作和文化;(3) 可持续发展和经济转化;(4) 信息、交流与公民;(5) 古代文化与语言;(6) 科学、科技与社会.数学在跨学科教学实践中的地位非常重要."它提供计算和表述的工具(利用图表)、方法(不同的推理类型),来让学习者组织、分级和整合不同来源的信息,它们带来新的概念,提供建模方法.但是学生也要明白数学不是静态的,数学也在成长并偶尔遭遇危机.它是人类思考的产物,可以是客观产物,也是社会文化产物."[27]

与学科融合相呼应的举措是跨学科教学实践.法国的这次改革对教师的工作模式也会带来巨大的影响.因为它提出的跨学科实践教学中的八大元素,要求以学校为单位,每个学校要从这八大元素中选出至少 6 个来在本校进行跨学科实践课,时间是每周 3 小时.本来法国教师面对学生的教学时间是 18 小时,改革就意味着教师每周要抽出 3 小时来和其他科目的教师合作开课.这八个元素分别是:经济和职业;古代语言和文化;外国语言和文化;生态学和可持续发展;科学技术和社会;身体、健康、幸福和安全;信息交流和公民资格;文化和艺术创新.

法国初中数学课程改革仍在进行之中,全国性的"数学战略"教育改革将为法国的数学教学内容、走向以及数学教师的培养与资格考试等要素带来翻天覆地的变化.例如,在数学中加入编程与算法的内容,将对教师的计算机能力提出新要求,师范生培养、新教师的资格考试、教师的在职培训等将会随之改变.对教学活动的倚重将促使法国无论官方还是民间加紧开发高质量的教学资源.跨学科实践教学将对法国教师"独来独往"的工作方式提出挑战,促进教师之间的合作与交往.CSP 等组织的建立促进了课程改革的规范化,将为教育变革的连续性免受政权更迭裹挟保驾护航.

§4.2　能力导向的中学数学课程发展

4.2.1　课程中的能力概念

21 世纪以来,能力概念在各国课程改革中占有重要地位.尽管关于能力的研究不是一个新话题,但是在课程研究中使用能力概念还是相对较新的一个领域,课程研究者把能力看作是课程的组织原则.

当课程将能力看作是组织原则,那么方案必须将情景作为出发点.这是因为能力有必要在情景中发展,人们不能脱离情景而发展其能力,然后期待在情景中或者未来应用它.例如,学生仅仅学习记忆函数的数学定义、重复操练函数的运算规则,将来很难在现实生活中发现对自己非常重要的不同变量之间的依存关系(例如出租车计价的规则,商场打折的奥秘等),这也会影响他们发展数学地思考问题的能力.如果将能力界定为课程的组织原则,那么需要回答两个问题:在情景中一个有能力的人会承担什么活动?为了能够在情景中活动,一个人需要哪些资源?这是人类行为学视角下对能力的认识,它强调期望课程中规定的内容、活动、资源需要与情景结合.课程设计者以及教师需要认识到,能力发展是贯穿在整个教育体系之中的,课程的设计者和实施者需要遵循能力发展的内在逻辑.

将能力看作是课程的一种组织原则,主要意图是强调让学生在学校中学得更有意义,换句话说,基于能力的课程是将现实生活带回到课堂的一种途径.为了把握这种界定,需要理解官方课程文本(期望课程)中是如何定义能力的,以及在设计实施方案(期望实施课程,教材等)中如何应用能力的.

针对上述认识,研究者菲利普·琼纳特(Philippe Jonnaert)等从人类行为学角度提出了要区分实际能力和虚拟能力的观点.实际能力意指某人为了适应情景,在活动中发展起来的能力,这可以是教学情境,也可以是真实生活情景或者工作场所的情景.实际能力是所有活动的结果,这些活动是某个人为了处理情景使用或者操作资源所进行的.如某个外在的观察者能够描述出某人在做什么,他的行动以及他所使用的资源.观察者也能够描述情景是如何激发他的理解的,通过这些问题:这个人能够处理情景吗?处理情景时哪些是成功的?这人满意自己处理情景的方式吗?总之,实际能力是在活动中和情景中的能力.[28]

与之对应,虚拟能力仅仅是一种在教育方案或者课程方案中提出的假设,说明一个人如何潜在地处理情景.虚拟能力是编写教育方案过程的某一部分.他们被编撰以及描述成能力的参考框架.他们应用于所有群体而不是个体.这类能力的作用在于,识别、定义和组织一系列(教材)资源.在一种方案(教材)中,虚拟能力用于识别可能对处理情景有用的活动与资源,它这样来设计潜在的活动和资源.因此在课程研究中关注虚拟能力概念的同时,更应该关注实际能力概念,这体现了官方课程与实施课程之间的区别.

4.2.2 数学课程中的能力概念

2000 年开始的 PISA 对学生数学素养或数学能力进行测试评价,推动了世界相关国家对于数学能力的重视,数学课程发展过程中数学能力的地位不断凸显.由于各国数学教育目标的差异,对数学能力内涵界定以及相应的要求也各有特色.PISA 将数学素养定义为"识别和理解数学在现实世界中所起的作用,作出有理有据的数学判断,以及使用并参与数学以满足作为一个有独创精神、关心社会、善于思考的公民的个人生活中各种需要的个人能力".PISA 主要依据三个维度来评价数学素养.这三个维度是:数学内容(mathematical content),首先包括数量、空间与形状、变化与关系、不确定性这四种主要观念,其次为具体的课程内容,如数、代数和几何等;数学过程(mathematical processes),包括思考和推理、论证、交流、建模、问题提出和解决、表达、使用符号及规范的语言、运用辅助工具这八种数学能力,并更细化出三种能力群(即再现群、联系和整合群及反思群);数学情境(mathematical situations),包括个人情境、教育情境、职业情境、公众情境和科学情境五种情境.[29]

我国 2004 年版《全日制义务教育数学课程标准(实验稿)》首次修改了传统教学大纲中"三大能力"(数学运算能力、空间想象能力、逻辑思维能力)加"数学应用能力"的说法,在课程目标中提出了"数学思考"和"问题解决"两个概念,这种提法一直延续至今.

纵观世界各国数学课程改革的进程,丹麦和德国的数学课程具有较为明显的数学能力导向性.在此进行详细分析.

4.2.3 丹麦中学数学课程中的数学能力

2000 年起丹麦进行数学课程改革项目,针对"掌握数学"展开讨论,丹麦学者尼斯(M. Niss)指出,掌握数学就意味着拥有数学能力(mathematical competence),它指能在不同的数学背景与情景内外理解、判断和使用数学.这个项目中的能力特别强调,人们面对所给情景的数学挑战时,能够富有洞察力地准备行动,也就是说能力以行动为前提,能力不是简单地基于知识或者技能.在尼斯看来,能力具有情景性,能力发展是一个可持续的过程.该项目提出八大具体能力,它们是数学思维能力、表征能力、符号和形式化能力、交流能力、使用辅助材料与工具的能力、推理能力、建模能力以及拟题与解题(数学题处理)能力.[29]

数学思维能力内涵为:(1)能提出有数学意义的问题,并能辨识何种答案为数学答案;(2)对于给定的概念,能清楚其适用范围;(3)透过抽象化与类比扩展数学概念的范围;(4)辨识各类数学叙述(条件、定义、定理、假设臆测、数量值的叙述、案例).

数学推理能力则包括:(1)能理解别人论证的条理,并能评估该论证是否有效;(2)知道什么是数学证明,并能区分数学证明与直观的不同;(3)能从论证的条理中找到基本的想法;(4)能将直观论证转化成有效的证明.

数学建模能力是指:(1)分析数学模式的性质与属性,并评估该模式适用的范围及其效度;(2)转化或解读数学模型在现实问题中的意义;(3)在给定情境中建立数学模型.

数学拟题与解题能力主要指:(1)确认、提出及说明不同类型的数学问题(纯数学或应用;开放或封闭);(2)能解自己或别人提出的不同类型的数学问题;(3)如果合适,能以不同方法解题.

数学表征能力内涵为:(1)能解读、诠释及辨识数学对象、现象、情境的各类表征;(2)了解相同数学对象不同表征间的关系,并掌握不同表征的优势与限制;(3)可以在表征之间进行选择与转化.

符号化与形式化能力内涵为:(1)解读与诠释符号的形式数学语言,并了解它们与日常语言的关系;(2)了解数学语言的语境及语法;(3)日常语言与数学公式或(符号)语言间的转换;(4)处理和转换包含符号与公式的叙述与表达式.

数学交流能力内涵为:(1)了解别人以书面、视觉及口语所传达的数学信息;(2)能使用精确的数学语言表达自己的思想(口语的、视觉的或书面的).

辅助材料或工具使用的能力意指:(1)知道已有的数学活动工具或辅助工具的性质,并清楚其功能与限制;(2)能批判地使用这些工具或辅助工具.

这八个能力与学生心理过程、数学活动有关,这些能力形成一个重心不相交却相互重叠的连续体,如图4-6所示.

这一数学能力模型强调的是数学能力首先应该是体现数学学科性的,数学能力被定义为面对特定情景中的数学挑战,人们做出有洞察力的行动准备,然后识别、直接表示和举例说明这一系列数学能力,这些数学能力各自的维度应该是相互独立的.

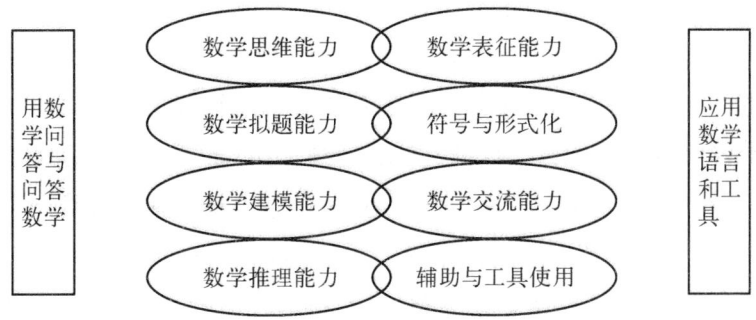

图 4-6 丹麦课程改革项目提出的八大数学能力模型[30]

在数学课程中,这一系列数学能力与一系列数学专题,构成了一个数学内容矩阵(如表 4-1),数学能力则是课程的焦点,它成为教学整体目标和教学大纲之间的纽带.

表 4-1 数学内容矩阵表

能力＼内容	数	算术	代数	几何	……	
数学思维						
问题处理						
建　模						
推　理						
表　征						
符号与形式						
交　流						
辅助工具						

数学课程改革经验已经表明,这是一个解决教学中参与问题的途径:在形成矩阵结构中作为独立维度的能力系统,使得为每项学习任务建立一个非常清晰的"合同",一旦理解能力的本质和核心要素,学生就能够决定哪种选择是与教育重心相关的,哪种是与个人兴趣相关的.

用这种途径构造内容的主要挑战是,开发一些方法来帮助学生理解各种能力的本质与核心内涵.

4.2.4 德国中学数学教育标准中的数学能力

德国数学教育标准的功能之一是评价学生数学能力水平,为了反映学生能力水平的个性差异.德国提出了包括六大数学能力的能力模型:数学论证,数学地解决问题,数学建模,数学表征的应用,数学符号、公式与技能的熟练掌握,以及数学交流;教育标准根据所需的认知要求的不同,分别将六大能力分为 3 个不同的能力水平.[31] 以初中数学教育标准为

例,对数学能力的界定如下:

数学论证能力

数学论证能力包括,一方面会把数学思想与数学的逻辑证明结合起来,另一方面能理解并批判性地判断各种形式的数学论证,如结论与假设的证明,数学定理与公式的推导,或者数学方法的有效性的检验.这些能力的培养应该贯穿于整个基础教育阶段,让学生从最简单直观的思考开始,直到严格证明的学习与应用.这些论证过程包含着基本的数学法则和规则的学习与体验.另外数学论证能力包括,学生能认识到某些不依赖具体内容的数学证明方法的普适性.

论证能力的外延是很广泛的,从再现已知的论证模式(如反证法),到反思论证模式的适用范围.标准将数学论证能力分解为如下3个水平:

水平一:能够重复并应用常见的论证过程(利用已知的定理、方法以及推论),会给出简单的运算或证明,用日常知识进行论证.

水平二:理解、阐述或提出直观的多步骤论证过程.

水平三:使用、阐述或提出复杂的论证过程;依据关于适用性、逻辑性等标准判断各种不同的论证方法.

教育标准强调,数学论证的质量不依赖于其形式化的程度,人们可以用各种不同的表达方式合理地表述相关的数学论证.

数学地解决问题的能力

问题解决能力是指:拥有适当的数学策略去发现问题解决思路或方法,并加以反思.这里的策略包括各种数学原则和辅助工具的使用,而不仅仅是数学算法的使用.这些策略在问题解决过程中应该是目标指向的,如利用分解原则、类比原则,或者根据已给数据进行推导;收集数据进行证明;系统尝试;用数学图像、表格等将问题直观化.

数学地解决问题的能力被分解为3个水平:

水平一:通过辨析以及选择某个容易想到的策略,解决某个简单的数学问题.

水平二:通过多步骤的策略性方法找出问题解决的途径.

水平三:构建一种精致的策略,进行完整的证明,或者概括出某个结论;反思检验各种不同的解决方案.

数学建模能力

数学建模过程强调用数学方法去理解现实相关的情景,提出解决方案,并认清和判断现实中的数学.这里数学模型起着关键作用,它是关于现实的简洁的数学表征,这种表征只考虑某些特定的因素,便于现实问题的处理.我们一方面可以用数学模型描述真实现象,如海藻的繁殖或者幸运转盘游戏(描述性模型);另一方面可将模型用于表现某些事实的特定意图,如选举程序或者产品评估(标识性模型).

数学建模过程分为如下步骤：

(1) 理解现实问题情境；

(2) 简化并结构化所描述的情景；

(3) 将被简化的现实情景翻译为数学问题；

(4) 用数学手段解决所提出的数学问题；

(5) 根据具体的现实情景解读并检验数学结果.

每个步骤对应某种数学能力，这些能力构成数学建模能力的全部.这里的关键是其中的翻译过程，学生有目标地在数学以外的情景与数学内部的内容之间建立联系.这种翻译过程也发生在数学内部，如将几何问题代数化等，这个过程也被称为数学内部的建模.

数学建模能力被分解为 3 个水平：

水平一：熟练并直接辨别可利用的标准模型（如勾股定理）；直接将现实情景转换成数学问题；直接分析说明数学结果.

水平二：在一定的限制条件下进行建模；分析说明这类建模的结果；将数学模型对应适当的现实情景，或者调整模型使其适应现实情景.

水平三：针对复杂情景建立某个模型，在这个模型中需要重新定义假设、变量、关系以及限制条件；检验、评价并且比较模型.

例如，"加油站"问题可以检验水平三所要求的能力.

【例】小斯先生住在特利尔(Trier)城，离卢森堡 20 千米，他开着大众高尔夫(Golf)车到卢森堡去加油.在卢森堡边界有一个加油站，那里每升汽油的价格是 1.05 欧元，而在特利尔城每升汽油是 1.30 欧元.小斯先生是否值得前往卢森堡边界去加油呢？请论证你的回答.

为了解答这个比较复杂的问题，我们可以分几步完成：

(1) 理解问题情境：这里关键是要考虑，是否值得开上 20 千米去比较便宜的加油站加油.

(2) 将问题精确化并结构化："值得"可被解释为降低个人的直接支出（而不考虑环境或者其他经济因素），因此需要找出并确定油箱容积这个参数（如 45 升），要确定耗油量（如每 100 千米耗油 8 升），以及离特利尔城某加油站的距离（1 千米）等.

(3) 问题数学化：$K = K_{特利尔} - K_{卢森堡}$（K 为支出的费用）

$K_{特利尔}$ =1.30(欧元/升)×45(升)+1.30(欧元/升)×2(千米)×0.08(升/千米)（在特利尔加油需要的直接开支）

$K_{卢森堡}$ =1.05(欧元/升)×45(升)+1.05(欧元/升)×40(千米)×0.08(升/千米)（去卢森堡加油需要的直接开支）

(4) 数学解题：这里主要是项和等式的应用与掌握.

(5) 说明并检验结果：在特利尔城加油约贵 8 欧元，因此开到卢森堡边界还是值得的.这是比较实际的结果,因为在卢森堡加汽油的话,每加 4 升油可以节约 1 欧元(总共可节约约 10 欧元),但是开 40 千米需要支出几个欧元(约 6~8 欧元).

针对现实情景提出的这个模型应该是有效的.但是这个模型没有考虑另外一些重要的因素,例如汽车的损耗或者时间的消耗,因此可以使这个模型进一步精细化.通过建立数学模型分析解决现实问题时不仅仅是为了得到某个确切的答案,而是要给现实问题一个认真的回答.

数学表征的应用

这个能力包括,不仅会自己提出对数学对象的表征,而且理解性地应用已经给出的数学表征.这里除了图像表征形式,例如示意图、插图、照片、真实事件的草图、统计图表等;还有其他的表征,如公式、语言表征、动作或身体语言、程序语言等.

数学教育标准强调,某些表征例如插图不一定是数学信息的载体,可能仅仅起着美化作用或激发兴趣的作用,因此仅仅根据是否使用了表征,还不足以判断学生是否表现出数学表征的应用能力.在数学中要求把数学表征看作是数学内容的载体,只有当学生用某种表征形式来表达数学内容时,才有可能培养学生的数学表达应用能力,例如,提出或改变数学表征的能力;解释或评价给出的数学表征能力;转换各种不同的表征形式的能力.

这个能力被分解为 3 个水平:

水平一:针对数学对象与情景提出标准化表征并加以利用.

水平二:清晰地解释或者改变给出的数学表征;转换不同的表征形式.

水平三:理解并应用不熟悉的数学表征;针对问题制作自己的表征形式;有目的地评价各种不同的表征.

数学符号、公式与技能的熟练掌握

这个能力包括,数学符号与公式的使用或者数学技能技巧的应用.符号与公式的使用可以被看作"知道是什么",例如知道直接可以回忆起来的内容(两点之间的中垂线的定义,或者结合律的应用);技能的应用是指"知道如何",例如应用某种算法,保证运算的自动运行(已知 $a+5=12$,计算 a).这个能力具体包括如下要素:

数学定义、规则、算法或者公式的认识和应用;

变量、项、等式或者函数的形式化应用;

按照特定步骤,检验答案与过程;

几何基本构造的利用;

辅助工具的使用,如公式表或计算器.

这个能力通常与其他能力一起发挥作用,如数学建模中将现实问题翻译为数学问题时,需要用到上述能力,它被分解为如下 3 个水平:

水平一:使用基本的解决方法;直接应用公式和符号;直接利用简单的数学工具(如公

式表、计算器等).

水平二:综合应用数学方法;熟练掌握变量、项、等式以及函数;有目的地根据情境和目标选择并使用数学工具.

水平三:应用复杂数学方法;判断解答以及检验过程;反思数学工具应用的多样性以及可能的局限性.

数学交流能力

这个能力包括对文本的理解或者数学的语言表达,也包括对数学思考、解决方式以及结果的清晰的书面或口头表达.数学交流能力一方面能够接受数学事实、理解数学事实或判断数学事实;另一方面会表达数学事实,因此对认知有很高的要求.数学交流能力可以具体分解为如下3个水平:

水平一:表达简单的数学事实,从简短的数学类文本中识别并选择信息;

水平二:理解地表述数学解决方法、思考以及结果,解释他人对数学类文本的说明(正确的或错误的),从数学类文本中识别和选择信息(信息的复杂程度不直接对应数学运算的难度);

水平三:设计能完整呈现某个复杂的解决与论证过程的方案,领会复杂数学类文本的意义,比较、评价并纠正他人的理解.

例如,"家庭宠物"问题的解决需要水平二上的数学交流能力.

【例】(摘自某报纸:德国家庭宠物越来越多)德国有越来越多的家庭宠物,从2004年到2005年,家庭宠物中的狗、猫、鸟以及其他小动物(不包括鱼类)的数量增加了1.3%,达到23.1百万,其中狗的数量增加了6%,达到5.3百万条;猫增加了2.7%,共7.5百万只;而鸟的数量下降8.7%,现在为4.2百万只.根据统计,宠物拥有者的年龄大多在40～49岁,占拥有宠物人数的25%.然而24%的宠物拥有者是60岁以上的退休人员.2004年在德国有多少只鸟以及多少条狗属于家庭宠物?

这个问题首先要考虑的是,如何从文本中提取相关的信息,以便进行数学建模活动,这里就需要中等水平的数学理解能力,在文本中辨认出相关信息.当然根据这段文本不仅仅可提出这个问题,还可提出其他有意义的问题,如这篇报道中是否有足够的信息,用来计算2004年其他小动物的总数量;请论证.或者一些跨学科的问题,如家庭宠物对小孩或者退休人员有何意义?

德国数学教育标准中提出的能力模型,不是静态指标,而是强调能力的发展是一个可持续的过程,它要求教学能从学生现有能力出发,根据现有学习内容,设计符合学生发展并且促进发展的数学类问题,使得所有学习者在整个学习生涯中数学能力得到可持续发展.

我国数学教育在关注知识体系的同时,也强调发展学生的数学能力.在研究数学能力的过程中,如何从我国实际出发,既吸收、发扬数学教育的传统特色,又借鉴国外已有数学能力研究的优点,建构一套完备的、符合社会发展所需的、细化显现的数学能力界定、评价体系,是今后我国数学能力研究需要做的.

§4.3 评价引领的中学数学课程发展

4.3.1 中学数学课程与评价

进入 21 世纪,世界各国不再关起门来进行数学课程改革,而是纷纷参与相关的数学教育国际比较研究,对照研究结果,反思并改革教育,其中得到公认的两大国际评价研究项目为 TIMSS 和 PISA. TIMSS 指由国际教育成就评价协会(International Association for the Evaluation of Educational Achievement,简称 IEA)主持的国际比较研究项目"国际数学与科学研究"(Trends in International Mathematics and Science Study);它不定期地对中小学生进行数学和科学学业成就评价. PISA 全称为"国际学生评价项目"(Programme for International Student Assessment),是由经济合作与发展组织(OECD)主持的,它是一种国际标准化学业素养测试,仅针对 15 岁学生.这一国际性测试开始于 2000 年,以后每三年一次,每个周期测试一个主要领域,2000 年以阅读能力为主,2003 年以数学素养为主,2006 年以科学素养为主.

这两个国际性测试结果震惊了一些经济发达的欧美国家,因为这些国家学生的学业成就并没有达到他们所期待的标准;相反,学生的学业成就往往低于平均分数,这与他们发达的经济是不相吻合的,尤其是教育质量的区域性差异严重.美国布什总统曾于 2006 年 4 月组建国家数学咨询小组,希望得到关于数学学习和教学的相关建议.美国教育部长说:"我们期待收到咨询小组的报告,我们也希望报告能够形成如何改善数学教育的蓝图.我们的学生能够在低年级就接受巩固的数学教学,为他们日后能够接受并成功学习代数及在中学里顺利度过课程挑战做准备,这一点非常重要." 2008 年 3 月,美国国家数学咨询小组向全美公布报告并召开新闻发布会.咨询小组建议最佳地使用科学研究结果,改进数学教学与学习,特别关注代数学习的前期准备与成功经验.国家数学咨询小组发现,大部分学生在其上幼儿园前就有了一些数学知识.但是,那些家庭收入较低、父母教育水平较低或是单亲家庭的孩子进入学校时所拥有的数学知识比那些家境较好的孩子少,这似乎妨碍了他们日后的学习,需要在这些孩子进入幼儿园时做一些补习.而为了使学生为其代数学习做好准备,课程必须同时培养学生的概念理解、算法、知识以及问题解决能力,练习与所教的概念结合能有效减少学生脑中需要记忆的内容量,使学习达到最有效.同时,咨询小组还提出美国的数学教科书普遍很厚,通常为 700~1 000 页,过长的书本使一些不必要的内容进行延伸,被形象地刻画为"一英里宽,一英寸深".

随着 2003 年 PISA 测试结果的正式公布,德国对教育质量的大讨论达到高潮,并直接导致教育政策的重大变化,其中之一就是陆续颁布全联邦性的教育标准,这意味着享有教育自主权的各联邦州,必须依照全联邦统一的学科教育标准,改革各自的学科课程与教学.这对一个联邦制国家来说无疑是一次巨大挑战.2003年以来德国的文化部长联席会议(KMK)已经颁布针对10年级毕业生的德语、数学以及英语教育标准,并要求从2005年起各州按照相应的教育标准测量学生的学业成绩,评估学校的教育质量.全联邦性教育标准有两个功能,即引导与评价."引导"功能意指,引导教师、学生、家长以及管理人员明确标准中规定的能力要求,并且认清标准的客观性以及约束力.另外标准又是检验成绩的基础,是学生学业能力发展的保障.针对10年级毕业生,学校需要按照这类教育标准设计问题,评价学生是否达到所要求的学习目标以及能力水平.教育标准非常强调通过"评价"保障并促进学生发展.

接下来将以澳大利亚、瑞典、德国、美国等国家为例,在介绍其数学课程的基础上,详细介绍评价在其中所起的作用.

4.3.2 澳大利亚中学数学课程

4.3.2.1 澳大利亚课程发展概览

20世纪80年代以前,澳大利亚的六个州可以自行制定课程标准和编写教科书.随着州联邦两极分化的加剧、跨州转校学生以及移民学生人数的增加,"分而治之"的局面已难以维持.20世纪80年代初,澳大利亚联邦政府着手成立课程合作中心,各州联合开展课程项目,共同提升学校教育质量.1999年围绕八大核心学科启动研制国家课程大纲,为保障学生学业成就提供统一的基准.2005年澳大利亚再次兴起关于国家课程大纲、学生评价以及学校报告的讨论.2008年4月,以墨尔本大学麦克高(B. McGough)教授为主席的国家课程委员会(National Curriculum Board,简称NCB)负责起草英语、数学、科学和历史的课程标准,标志着全国统一课程改革正式启动.2009年5月,澳大利亚课程评估报告机构(Australian Curriculum, Assessment and Reporting Authority,简称ACARA)成立,负责监督从基础年级到12年级的全国统一课程的实施过程以及开发全国性测试.ACARA指出,全国统一课程的意义在于:促进学生学习,从而达到国家目标;注重让学生获得今后积极、自信地立足社会所需的技能、知识和综合能力;更有效地开发优质教育资源;保证学生和教师流动中的可衔接发展.[32]

从1989年至2008年的20年间,澳大利亚先后发布3个宣言:即《霍巴特宣言》(*Hobart Declaration*)(1989年),《阿德莱德宣言》(*Adelaide Declaration*)(1999年),《墨尔本宣言》(*Melbourne Declaration*)(2008年),促进数学课程发展为澳大利国家课程.

(一)《霍巴特宣言》

自20世纪80年代中期到90年代中期,以1989年《霍巴特宣言》为标志,澳大利亚开展了有史以来影响较大的课程改革.这个宣言首次提出国家协作(national collaboration)框架,以提升澳大利亚学校整体形象.宣言包括六个方面:共同商定澳大利亚学校发展全国性目标;提交全国学校发展年度报告;开展全国性合作课程项目;建立澳大利亚课程合作中心;商定共同的入学年龄;提升教学质量等.

宣言中提出学校发展中数学教学的目标,要培养学生的计算素养与能力以及其他数学技能.这里的计算素养强调学生要能够有目的地在其他学科中利用数学、在学校外的情境中利用数学.宣言提出要提交学校发展年度报告,其意图要监控学校成就,了解学校落实国家目标的情况,其核心是学校要评估报告学生参加学业评价的表现情况.联邦政府期待建立课程合作中心,为各州交流和分享课程发展经验、教训提供平台.宣言中没有使用"国家课程"概念,但期望各州在全国层面加强合作.

(二)《阿德莱德宣言》

1999年《阿德莱德宣言》取代《霍巴特宣言》,提出了21世纪学校发展的国家目标,它保留了《霍巴特宣言》的关于联邦层面合作的精髓.《阿德莱德宣言》提出为八大核心学科(学习领域),即艺术、英语、健康与体育教育、语言、数学、科学、社会和环境制定国家标准,以保证学生知识、能力和理解上达到统一要求.教育部长提出"学生应该获得计算素养和英语素养,使得每个学生应该有一定程度的计算能力、阅读能力、书写能力以及交往能力".但是该宣言说明,各个州要承担起对学生学业水平监测和报告的责任,可以进行特定形式的评价和测试.

自20世纪90年代初以来,澳大利亚数学课程发展注重形成性评价,重点描述有价值的学生结果以及根据这些结果对于学生学业成就的报告.因此在课程发展过程中,开发并使用参考标准的报告框架.[33]教师的课堂观察是主要的评价实践,同时学生的自我评价也有助于教师观察到学生学习的关键要素.研究者提出的"数学文档"(Mathematics Profile)的评价工具,即收集官方(各州)对数学课程的要求,也收集学生的工作单,"数学文档"传递课程观点,教和学的过程,并报告学生的学业成就.以形成性评价——学生工作单档案袋的形式对学生学习质量进行评估,这是澳大利亚课程的原有特色.

(三)《墨尔本宣言》

近20年的各州学校教育积极参与课程发展,为真正意义上全国性课程标准的制定打下基础.2008年,联邦政府发布《墨尔本宣言》,指出课程发展进入关键期,各州要通力合作,保证澳大利亚建设世界级的课程.宣言正式提出,要建设全国性课程,要制定全国性评价标准,保证"以有意义的方式测评学生的学业成就,各州要合作开发全国性和学校层面的评价标准,为了学习而评价、对学习进行评价,以及把评价作为学习内容,从而对照国家标准和目标评价学生的学业表现".

在发布《墨尔本宣言》之前,2007年澳大利亚政府创立了国家课程委员会(NCB),负责开发世界级的课程和评价,包括负责起草英语、数学、科学和历史的课程标准,这标志着全国统一课程改革正式启动.

4.3.2.2 澳大利亚首个数学课程标准

首个数学课程标准的形成

2008年,NCB启动起草数学等各科课程标准,这也标志澳大利亚开启首个全国性数学课程标准的研制过程.2009年,NCB公布"澳大利亚课程框架:数学",指导编写相应的数学课程标准,包括内容和过程两个维度,其中内容标准包括数与代数、测量与几何、统计与概率三个领域;过程标准由四个水平:理解、熟练、问题解决和推理构成.澳大利亚首个国家数学课程标准的研制体现出如下三个特征:[34]

第一,强调以提升数学教学质量为目标,在教学过程中积极组织学习者参与复杂问题解决;第二,关注公平性,强调不同学生群体的各种不同学业成就,考虑由于社会经济条件、地理位置、文化背景等差异而导致的学业成就差异;第三,根据"让所有学生都经历完整的数学课程"理念,提高数学的可达性.

在课程标准研制过程中,澳大利亚课程评估报告机构还收集来自研究者的建议,作为完善课程标准制定的科学依据.例如研究者西蒙(Siemon)指出,内容标准中的课程内容"数"没有清晰地反映"核心概念"(big ideas)的思想,内容的序列和表述前后不够连贯,她提出内容标准研制团队之间应该相互沟通,形成一种良性竞争机制,而不是各自依据研究和实践经验作出"强制性"的决定.[35]另外,研制过程中,其他研究机构或团体也提出意见和建议,例如建议减少内容要求,为问题解决、建模等提供更多的时间等.[36]研制专家对各种意见和建议进行思考和探讨,重新审视内容的组织与编排,完善过程标准中的不同水平要求的表述.2011年3月公布澳大利亚F-10年级的数学课程标准.在这个课程标准中,研制者提出学生需要达到的四个不同水平的能力精熟度(过程标准),如表4-2.

表4-2 澳大利亚课程标准中能力精熟度的不同水平[37]

理 解	学生形成关于可适应和可迁移的数学概念的稳固知识基础,他们建立相关概念之间的联系,逐步应用熟悉的内容形成新的想法;他们理解关于数学"为何"与"如何"之间的联系等.
流 畅	学生能够选择适当的方法与手段,灵活、精确、有效并且恰当地实施这些方法和手段;会快捷地回忆事实性知识和概念.他们会流畅并高效地计算结果,顺利地认识到回答问题的路径,顺畅地选择合适方法等.
问题解决	学生能够做出决定,进行解释,进行表述,建立模型,探究问题情境,能够有效地交流解决方案.学生在用数学表述(表征)不熟悉或者有意义的情境时,会表述和解决问题.
推 理	学生形成一种日益复杂的能力,进行逻辑思考和行动,例如分析,证明,评价,解释,推断,证实和概括.学生在解释他们的思维时,会进行数学的推理,在演绎和证实他们得到的策略和结论时,进行数学的推理.

这个关于能力精熟度的要求源于美国研究者基尔帕里克(J. Kilpatrick)的研究成果,描述的是数学成功学习的表现,而不是反映数学过程和数学经验的表现.随着数学课程标准的公布,对数学课程标准的研讨成为数学教育研究的热点.本章将在 4.4 中详细介绍对与澳大利亚课程标准中过程维度的探讨.

F-10 年级数学课程标准

首个全国性的数学课程标准(F-10 年级)注重整体设计,包括两大部分:课程标准概览以及课程内容标准.课程标准概览部分对课程的理念和目标、内容的组织架构、成就标准、学生多样性、一般能力等作简要说明.课程内容标准部分则分别对 F-10 年级的学习内容、达到的成就要求进行描述.

数学课程理念与目标

澳大利亚统一的数学课程标准提出如下理念:要重视数学自身的价值和美,试图让学生欣赏到数学推理的美;要重视数学思想悠久的发展历史;同时重视数字技术发展对数学思想发展的贡献;要使数学各部分内容与其他学科联系紧密,确保所有学生能在经历数学推理的过程中受益.

基于上述数学课程理念,澳大利亚数学课程将目标定位于:

- 确保学生成为有信心、有创意的学习者,并且作为数学的交流者,还能够研究、描述并解释他们个人及工作生活中的情境,做一名积极有用的公民.
- 培养对日益复杂的数学概念的理解和认识,完善分析过程的顺畅程度,能够提出并解决问题,在数与代数、测量与几何、统计与概率领域能进行推理.
- 认识到数学各个领域与其他学科之间的联系,并将数学看作是可以学好、乐于学习的一门学科.

课程内容结构

澳大利亚的数学课程标准设定的课程内容包括 3 个模块、4 个等级.三大模块是数与代数、测量与几何、统计与概率;四个等级是理解、熟练、问题解决和推理."理解"指能进行数学概念间的转化,建立相关概念的联系,根据所学知识产生创造性的想法;"熟练"指能作出合理选择,在解决问题过程中快速进行联想;"问题解决"指根据情况作出选择、预测、规划、建立模型并探究问题;"推理"指发展逻辑推理能力,如分析、证明、评价、解释、推广等.4 个等级描述了学生数学学习的过程,与 3 个模块相互融合,以提高学生的数学能力和技能.

一般数学能力

澳大利亚课程标准强调包括知识、技能、行为和态度等一般能力,这些能力的培养一方面与学科密切结合,另一方面要重视跨学科学习中的能力培养.因此澳大利亚针对数学课程提出 7 个一般能力:包括读写能力,运算能力,信息通讯技术的能力,批判思维和创造性思维,个人与社会能力、合乎道德的理解,跨文化的理解.

课程的学业成就标准

课程标准在明确课程目标、内容标准的同时,提出学业成就标准(成就标准)这个概念.成就标准指明学生通过学校的学习应该达到的学习目标,它包含一份已经写好的说明以及学生的工作单样本.

成就标准描述学生的学习质量(知识程度、理解深度以及技能的熟练度),若学生的学习质量良好,说明学生很适合开始下一个阶段的学习.这样的成就标准贯穿 F-10 年级,描述着学生在整个学习领域中的学习进程,为教师设计并实施教学提供参考框架.

在成就标准中,学生的工作单样本在评价是否达到标准所描述的预期效果方面起了重要作用.每个工作单样本都包括相关的评价任务、学生反馈以及有关学习质量的一些解释.总之,成就标准的说明以及一系列伴有注解的工作单样本,会帮助教师判断学生是否达到了课程标准的要求.

以 8 年级的数学课程为例,课程标准描述 8 年级学生应该学习的内容,例如,数与代数模块包括数与位值、实数、货币与金融数学、图形与代数、线性与非线性关系;测量与几何模块包括测量单位的使用,几何推理;统计和概率模块包括随机性,数据表征与解释.

针对 8 年级的数学课程的成就标准:

在 8 年级结束的时候,学生能够解决包含比率、比例、百分数的日常问题.他们能够认识指数运算律且能应用于整数.他们会描述有理数和无理数.学生能够解决包含利润和亏损的问题.他们会把展开代数表达式和对代数表达式的因式分解结合起来.学生会解棱柱体积问题,他们能够理解真实应用中时间的持续性.他们会识别三角形全等的条件,并且推断四边形的性质.学生会用二维图表和文氏图表对真实情境建立模型.他们会选择合适的语言描述事件和实验.他们会解释与数据收集相关的观点,以及奇异值对平均值的影响,数据的中位数.

学生会使用有效的心算和笔算策略进行整数的四则运算.他们能够化简各种各样的代数表达式.他们会解线性方程,并在笛卡儿平面上画出线性关系图.学生能够转换面积和体积的测量单位.他们会通过计算确定平行四边形、菱形和等形的周长和面积.他们能认识到圆的性质并能计算圆的面积和周长.学生会确定互补性事件,且计算概率总和.

8 年级学生的工作单档案袋

对成就标准的评价主要依据学生工作单档案袋的记录,也就是说,有丰富记录的学生工作单档案袋有助于 8 年级课程的实施.

每个档案袋是学生学习的一个记录,是与成就标准相关的一份证据.针对每个成就标准有三种档案袋,分别表示很满意、满意和不满意的学生学业成绩.

每份档案收集了学生完成各种评价任务的工作单,事先没有规定一份档案袋里收集的工作单的数量以及顺序.每张工作单表明学生参加的或解决的不同的学习任务,或者教师提供的各种学习帮助.档案袋里有学生工作单的原件,也可以有学生的草稿纸、订错纸等,关键是工作单上内容是学生工作的内容.

教师或者其他课程专家需要对档案袋进行筛选、注解以及评语.澳大利亚课程评估报告机构在课程标准中为教师呈现学生工作单样本.下面是针对8年级数学学业成绩标准获得满意的工作单样本,涉及的内容是数与测量,针对的标准是学生能够解决包含百分数的日常问题,他们会通过计算面积解决日常问题.

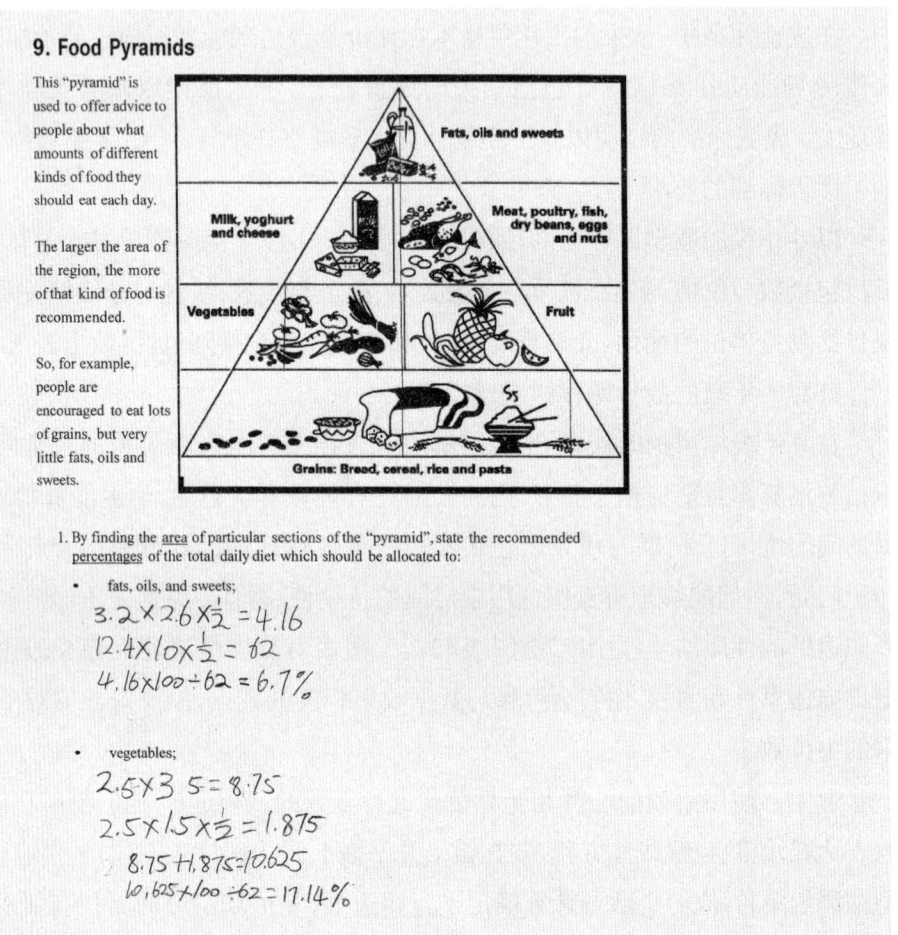

图 4-7　8 年级数学学业成绩标准获得满意的工作单样本

上述工作单中的数学任务是"食物金字塔",是为了复习巩固先前学习的比例、比率和百分数,教师给学生布置的任务,工作单上留下学生的解答过程、教师的注解.教师的注解为:将图形分为三角形,以便计算面积,但没有标出测量的长度;计算出面积;熟练百分数计算,但没有在问题情境下进行解释;将梯形分为长方形和三角形,以便计算面积.

下面是同样内容和标准下,获得非常满意的工作单样本.

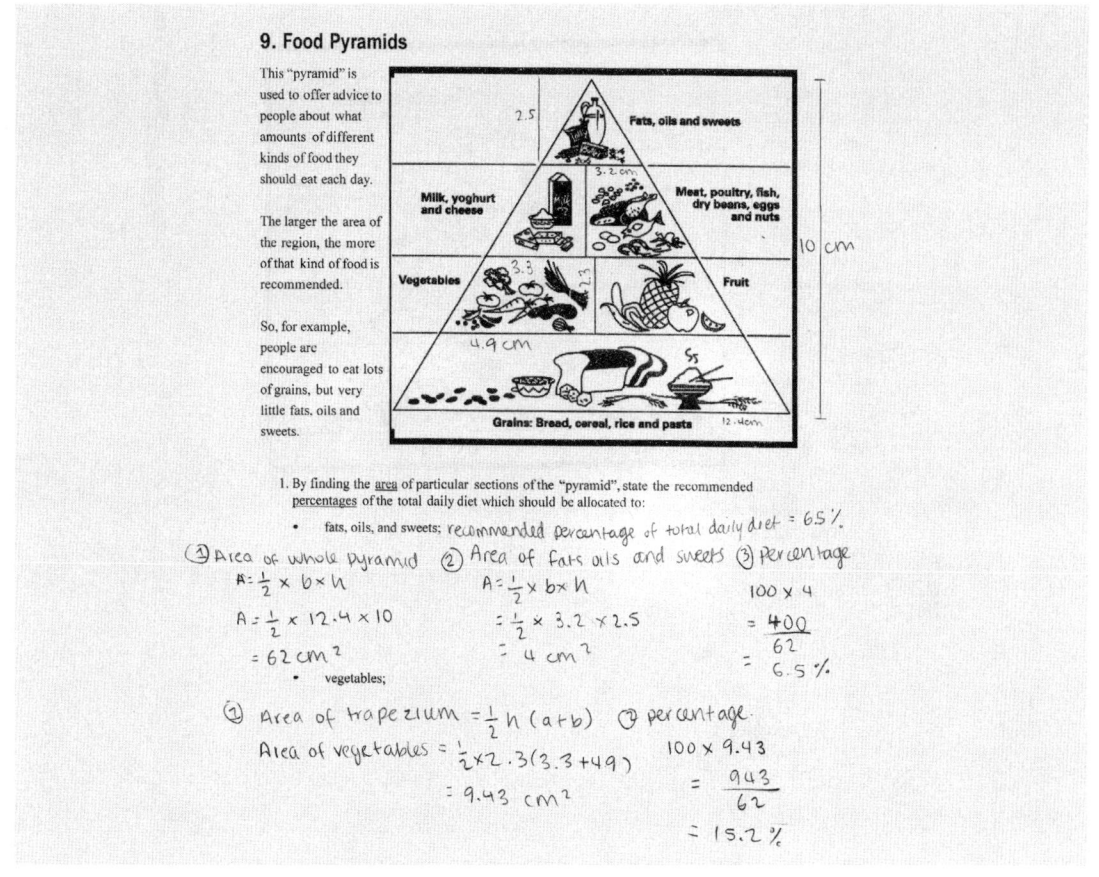

图 4-8　8 年级数学学业成绩标准获得非常满意的工作单样本

作业单上留下学生的解题过程以及教师的注解(评语).在这张非常满意的工作单上,教师这样注解:测量并记录所需的长度,以便计算面积;呈现每个解题步骤;熟练选择和应用适当的面积公式计算面积;百分数和计算熟练;使用合适的面积单位;基于问题情境解释计算出的答案.

下面是同样内容和标准下,获得不满意的工作单样本.

教师在这张"不满意的"作业单上留下这样的评语:测量并记录所需的长度,但是进行不必要的或不正确的测量;为计算面积将图形分割为三角形和长方形;回答了百分数问题,但没有给出理论或者计算;知道梯形面积公式可以用来计算必要的面积.

4.3.2.3　澳大利亚高中数学课程标准

澳大利亚高中数学课程由四门课程目标各异的课程构成.高中数学课程标准结构在重视整体设计的同时,特别强调发挥成就标准的作用.高中课程标准由两个相对独立的成就标准和课程内容标准组成.

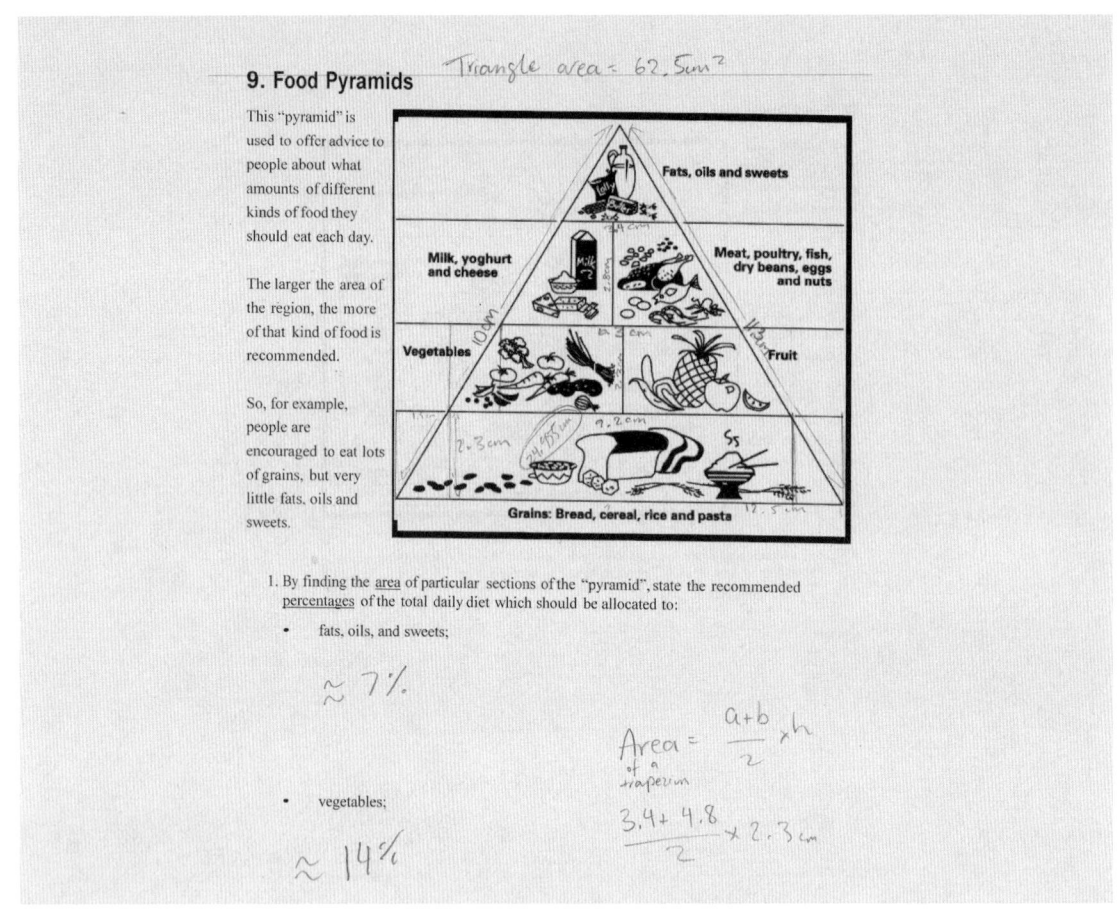

图 4-9 8 年级数学学业成绩标准获得不满意的工作单样本

高中数学课程的目标

高中(11～12 年级)学段设置的四门数学课程为:《基本数学》(Essential Mathematics)、《普通数学》(General Mathematics)、《数学方法》(Mathematical Methods)和《专业数学》(Specialist Mathematics).

《基本数学》强调有效、批判性地运用数学进行非正式决策,为学生提供数学知识、技能和理解,从而去解决来自工作场或个人领域的真实情境问题,解决进一步学习和共同体领域的问题.

《普通数学》强调利用离散数学技术解决来自不同领域的问题,包括金融模型,网络分析,项目规划、决策以及离散增长和衰减,使学生能够分析和解决大量几何问题,例如测量,比例,三角测量,定位系统等,并发展学生的系统策略,从而回答统计问题,包括比较分类,探索关联性,分析时间数列等.它是面向将来从事农业、健康、社会科学、商业和教育的学生.

《数学方法》强调微积分和统计分析应用.微积分研究为理解物理世界提供基础,这些物理世界包含有变化率、函数的应用、导数、物理过程模型化等.统计研究有助于发展描述和分析不确定性和变式现象的能力.

《专业数学》重点面向对数学有浓厚兴趣以及希望在大学学习数学、物理或工程专业的学生,重点发展严谨的数学论证和证明,深度应用数学模型.它包括函数,微积分,以深化数学方法中介绍的思想,以及展示在不同领域的应用.专业数学也有助于拓展学生关于概率、统计的知识和理解,也介绍向量、复数和回归方法.

高中数学课程的结构

高中数学课程标准主要包括内容标准以及相应的学业标准,其中内容标准描述给定领域内需要学习和教授的知识、理解和技能;学业标准描述期望学生到达的学习质量,包括理解的深度,知识的广度以及技能的精度.

每门数学课程包括四个单元,后面两个比前面两个单元更具挑战性.每个单元学习半学年(一个学期).每个单元都有细化的内容标准,对单元一和二以及单元三和四分别有一个细化的学业标准.

课程标准也包括学科目标,学科介绍,学科的一般能力以及跨学科特色,以及专业词汇表.

高中课程与F-10年级课程的衔接

每个澳大利亚高中数学课程旨在拓宽学生在F-10年级课程学习基础上积累的数学经验.数与代数的重点是利用离散数学技术解决情境问题.测量与几何聚焦在分析和解决各种几何问题上.概率和统计强调通过统计调研过程获取系统性策略.另外,高中课程强调信息与通讯技术的使用与应用.高中课程继续发展一般能力以及跨学科特长.每个课程都描述了让学生发展一般能力和跨学科理解的机会.

高中数学课程之间的联系

澳大利亚数学课程根据内容以及预设的目标进行分类.《基本数学》旨在利用数学去感受世界.《普通数学》为继续深造而设计,使得数学知识可以推动问题解决和进行决策.《数学方法》主要针对有数学兴趣并且今后在大学继续学习数学的学生设计.《专业数学》会与数学方法连接起来,并为有强烈数学兴趣的学生而设计.

《基本数学》课程标准

这里以《基本数学》课程为例,分析标准提出的目标、课程内容标准以及学业标准.

《基本数学》课程目标在于,让学生能够使用、有效、有益并且创新地应用数学,为其日常生活做出非正式决定.基本数学为学生提供数学知识、技能和理解,以便解决现实情境下的问题,现实情境涉及工作场所的、个人的、进一步以及继续学习和共同体下的情境.《基本数学》给学生提供机会来准备继续学习或培训.

具体而言,《基本数学》课程旨在发展学生:

- 理解数学和统计概念以及技术;

- 利用数学和统计概念和技术解决应用问题的能力;
- 数学和统计情境下的推理和解释技能;
- 以简约和系统的方式,利用数学和统计语言进行交流的能力;
- 适当选择和使用技术的能力.

从课程内容角度看,《基本数学》共有 4 个单元,每个单元由不同的主题组成,所教授的主题与学生的需求以及兴趣相关.在学习《基本数学》时,学生将有机会利用他们的知识和技能探究含有数学应用的现实问题.表 4-3 是《基本数学》的单元内容.

表 4-3 《基本数学》单元内容表

单元 1	单元 2	单元 3	单元 4
计算,百分比和比率,测量,代数,图像	表征和比较数据,百分比,比率和比例 时间和运动	测量,规划和模型 图像,数据收集	概率和相对频数 平面几何与时区,借贷与归还利息

高中数学课程中的学业标准

高中数学学业成绩标准包含两个维度:概念和技能,推理和交流.这两个维度反映学生的理解和数学学习的技能.学业成绩标准首先提供一个由 5 个不同水平(从 A 到 E)成绩的指标框架,然后结合学科内容将理解、技能等具体化,并以具体的例子(学生工作,成绩,反馈等)说明学业成绩标准的意义.

学业成绩标准也是动态发展的,即经过对学生学习工作、反馈等对学习任务进行评价,从而完善学业成绩标准.

国家课程标准强调,澳大利亚各州或者地区的课程、评价以及证书机构要承担起高中课程的组织与实施,要确定方案,如何将国家课程标准的内容与学业成绩标准渗透在课程中,形成一套良好保障机制.

澳大利亚课程评估报告机构根据如下的原则构建学业成绩标准:

1. 给出一个特定的情境;
2. 界定一致性或精确性的水平;
3. 学生扮演特殊的角色(用动词来表现);
4. 课程的价值;
5. 精准度,难度,复杂度的界定.

依据这些原则,课程标准提出一个个学业成绩标准.

在高中阶段,每个课程针对单元一和单元二,单元三和单元四分别提出一个学业成绩标准.学业成绩标准规定了学生应该掌握的概念和技能,以及推理和交流.以《基本数学》为例,概念和技能的掌握标准包括:

表 4-4 《基本数学》中概念和技能的掌握标准表

A	B	C	D	E
展示概念知识、测量知识,各种不同背景下的常规和非常规问题中的金融数学和统计	展示概念知识、测量知识,在常规和非常规问题中的金融数学和统计	展示概念知识、测量知识,在常规问题中的金融数学和统计	展示对测量概念的熟悉,对金融数学和统计的熟知	展示对测量概念的一定的熟悉,对金融数学和统计的一般熟知
选择和应用测量技术、金融数学和统计来解决各种不同背景下的常规和非常规问题	选择和应用测量技术、金融数学和统计来解决常规和非常规问题	选择和应用测量技术、金融数学和统计来解决常规问题	使用简单的测量技术、金融数学和统计	使用来自结构化情境下的简单技术
有效利用数字化技术展示并组织数学和统计信息,以便解决各种不同背景下的常规和非常规问题	适当利用数字化技术展示并组织数学和统计信息,以便解决常规和非常规问题	利用数字化技术展示并组织数学和统计信息,以便解决常规问题	利用数字化技术展示并组织数学和统计信息	利用数字化技术进行算术计算

表 4-5 《基本数学》中推理和交流的掌握标准表

A	B	C	D	E
针对各种不同背景下的常规和非常规问题,用数字、图像和符号形式表征数学和统计信息	针对常规和非常规问题,用数字、图像和符号形式表征数学和统计信息	针对常规问题,用数字、图像和符号形式表征数学和统计信息	用数字、图像和符号形式表征简单的数学和统计信息	表征简单的、结构化情境下的数学和统计信息
利用适当的数学和统计语言交流,清晰地并合理地观察和判断	利用适当的数学和统计语言交流,清晰地观察和判断	利用适当的数学和统计语言交流,观察和判断	利用适当的数学和统计语言描述观察	描述简单的观察
解释各种不同背景下的常规和非常规问题的解答	解释常规和非常规问题的解答	解释常规问题的解答	描述常规问题的解答	识别常规问题的解答
阐释不同情境下常规和非常规问题的答案以及解答过程的合理性	阐释不常规和非常规问题的答案以及解答过程的合理性	描述结论和解答过程的合理性	描述结论和解答过程的合理性	描述计算结果的适合性

4.3.3 瑞典中学数学课程对国家考试的影响

自 1994 年以来,瑞典学校义务教育管理从中央集权转变为地方负责制,教育活动的主要责任由省市级部门负责.学校体制是目标管理型的体制.瑞典议会和教育部制定全国性目标,颁布义务教育课程、义务教育学科大纲等引导性文件,来指导各省市学校教育,帮助提高学校目标的均衡发展与实现,使其反映社会发展、职业场所以及个人的需求.国家教育部也通过测试评价,指导瑞典公立学校的发展.其中国家测试是评价的主要手段.教育部委托不同的高等教育机构开发测试试题,其中强调将知识与学习的课程视角渗透在测试之中.

知识和学习的课程视角包括三个方面:建构、功能和情境性.建构方面意指,知识是让世界成为可理解的一条途径,知识的发展在于想要达到的、已经有的知识以及拥有的经验之间的互动.功能方面是指,知识被看作是一种工具,用以解决问题或简化工作.情境要素是指,知识总是在情境之中的,是一个实践的、社会的、语言的情境.学生必须理解知识产生的背景,同时,学校要创设有意义的情境,让学生获取知识.[38]

瑞典教育部提出,学校特殊的任务是为学生提供在校外无法获取的知识,学生必须面对并且熟知不同知识领域中的知识,将它们作为智力工具应用于其他情境.

4.3.3.1 课程与数学课程大纲

瑞典教育部从课程视角提出学校教育目标,同时于1994年启动义务教育阶段国家课程改革,提出学生通过义务教育阶段课程获取的必要能力,包括:"能够在拥有大量信息的复杂现实中找到方向;能够独立地处理各种信息资源和知识资源;能够批判性地检验事实与条件,能够预见各种不同活动和决定产生的结果;能够对问题进行思考并且逐步形成日益科学的态度."[39]围绕这些国家层面的课程要求,瑞典针对每个学科制定国家层面的课程大纲,并要求大纲的制定围绕国家层面的目标,以便通过国家的测试系统评价课程的发展.在这样背景下形成的数学课程大纲,首先明确提出,数学是学习其他学科的基础,是继续教育和终身学习的基础.另外,强调数学在社会中的重要性及其作用,"数学应该为学生创造机会,在有意义的、相关的情境下,通过积极而开放地追求理解,从事数学实践与交流,从而获得新的洞察力,找到各种不同问题的解决方案".数学课程大纲还刻画了数学的意图,在于探究理论与实践问题,作为符号语言精确并逻辑地表达复杂思想和假设.课程大纲也强调新技术的作用,让学生学会如何利用计算器和计算机,进行恰当的判断.

在这样的理念下,数学课程大纲提出让学生在数学上获得成功的前提是,需要在创新性的问题解决与数学概念、方法与表达方式等知识之间找到平衡.

针对"创新的问题解决能力",课程大纲提出的目标是,发展学生使用和批判地检验简单数学模型的能力,发展学生的创新性以及数学问题解决的坚持,以及提出结论将其一般化的能力,还有用数学语言和表达,口头和书面展示自己工作的能力.

课程大纲针对义务教育阶段数学教学,提出"为了数学能力"与"获得数学知识"的宏观要求,然后提出各年级学习结束后应该达到具体目标.义务教育阶段数学教学"为了数学能力"的目标涉及:通过数学教学,学校旨在保证学生:

- 形成对数学的兴趣,以及对自我思维的自信和对自我在不同情景下学习和利用数学能力的自信;

- 发展理解、实施和使用逻辑推理的能力,提出结论并将其一般化的能力,以及口头和书面表达与论证思维观点的能力;
- 发展利用数学阐述、表达以及解决问题的能力,并且解释、比较和评价问题解决方法的能力.

义务教育阶段数学教学关于数学内容的目标涉及,学生发展其数与空间的理解,以及理解和使用这些内容,如基本的数的概念、实数计算、近似值、比例与百分比等.

4.3.3.2 评价分级系统

在数学课程改革的同时,瑞典也提出新的分级系统,分级系统也是与目标相关的,也就是说,结合大纲中给出的目标,对学生学业成就进行评价,共分三个等级:通过(G)、良好(VG)、优秀(MVG).

根据课程要求,教师在给予评分的时候,应该结合大纲要求利用学生所有的知识,对学生获得的知识作出综合评价.综合评价分三个方面:(1) 利用、发展并且表达数学知识的能力;(2) 参考、理解并检验数学推理的能力;(3) 反思数学在文化和社会生活中影响的能力.

评价的三个等级都有相关的标准,例如,良好(VG)等级的标准是:学生在问题解决过程中演示精确性,并会使用不同的方法和过程;学生会遵照和理解数学推理.又如,优秀(MVG)等级的标准是:学生提出问题并且利用一般策略规划与落实任务,以结构化的方式用正确的语言分析并呈现工作;学生会参与和他人的讨论,基于那些论点提出自己的数学观点.

4.3.3.3 测试(测验)系统

随着课程改革的推进,除了常模参照测验外,瑞典研制了一套测试系统,包括各种不同测试题目,让学生有机会以不同的方式展现他们的数学能力.瑞典全国性测试的设计,主要参考课程大纲中的知识体系以及评价分级系统,纸质测验由不同部分组成,尽量做到不同题型、不同情景之间的平衡,给学生以机会展现自己的能力.具体分为数学诊断材料、5年级数学测试、9年级数学测试.数学诊断材料帮助教师进行形成性评价,它由一套评价模式和一系列诊断性学习任务组成,其目的在于帮助教师分析和说明学生数学知识的形成和发展.

9年级全国性数学测试是所有9年级学生都必须参加的测试.测试的主要意图是帮助教师评价学生在多大程度上达到了课程大纲中要求的目标,为教师给学生评价分级提供参考.测试由不同部分组成,学生可以个人、两人一组或者小组完成测试任务,学生可以口头或者书面解决问题,为此教师需要利用各种评分形式,如对或错,以等第方式评分,或者以分析评语方式评分.有两个部分题是传统题目,其中一部分题目不能用计算器;第三部分题是附加题,第四部分题是口试题.

- 一般题目

瑞典全国性测试,不是引导教师给学生分级,而是帮助教师来评价,学生是否以及如何到达数学课程目标.在原来的测试系统中,经常问"多少,多高,何时,估算,计算等",而课程改革

以来的测试会关注"为什么,请解释,请探究,请描述"等要求.下面是 9 年级测试用试题:

> 丽萨参加射箭比赛.每一箭计分,从最低 0 分到最高 10 分.
> 在一次比赛中,丽萨射了 5 箭,平均得分为 8,中数为 10.请问她是怎么射的?请解释你的答案,并讨论各种可能性.

图 4-10 瑞典全国性测试——9 年级测试用样题

瑞典全国性测试旨在评价学生在多大程度上达到了课程大纲要求,因此评价学生的目的是分析,通过对学生解答的各种问题的分析,检测学生是否找到解答方法,是否理解问题,他们展示了哪些概念,学生使用的策略质量如何等.因此教师要根据预先确定的评价指南中每个问题的评分细则进行评分,根据评价分级指标对学生学业成就评价.例如下面的测试问题:

> 安德烈和丽萨都涨了工资,增长的工资一样多.安德烈的工资涨幅为 5%,丽萨的工资涨幅为 2.5%.通过计算来探究,并说明他们的工资分别为多少.

图 4-11 学业成就评价用样题

在评价指南中给出的评分细则如下:

> 解答:丽萨的工资是安德烈的 2 倍.
> 得分:通过水平得 1,良好水平得 1.
>
> 如果答案是:丽萨的工资比安德烈高.
> 得分:通过水平得 1.
> 如果有计算,再加良好水平得 1.
>
> 学生可能的解答:
> 一开始他们的工资不一样.丽萨的工资比较高,因为丽萨涨幅比较小.安德烈涨得多,因为从一开始他工资比较低.
> 得分:通过水平得 1,良好水平得 0.
>
> 我们假设丽萨一开始的工资是每小时 200 克朗,安德烈是每小时 100 克朗.如果丽萨的工资增长 2.5%(0.025×200),就是每小时增长 5 克朗.安德烈的工资增长了 5%(0.05×100),就是每小时增长 5 克朗.因为丽萨一开始拿的工资是安德烈的两倍,所以两个人增长到一样多的工资.
> 得分:通过水平得 1,良好水平得 1.
>
> 丽萨原来的工资:x 克朗.
> 丽萨的工资增长 $0.025 \cdot x$ 克朗.
> 安德烈原来的工资:y 克朗.
> 安德烈的工资增长 $0.05 \cdot y$ 克朗.
> 如果增长的工资是一样的,那么
> $0.025 \cdot x = 0.05 \cdot y$,$x = 2y$.
> 也即,丽萨原来的工资是安德烈的两倍.
> 这个学生的解答表明他到达优秀水平.

图 4-12 图 4-11 样题的评分标准

瑞典在编制全国性测试时,需要就每个试题及其小题考虑与评价分级的某个指标对应,尤其考虑某些题目与优秀水平的指标对应.

● 附加题

测试系统中的第三部分题为"附加题",对学生更有挑战性,找到一个好的解决方法显示学生达到最高水平.这类题往往扎根于真实情境,对这类题的评分方法不同于一般题目的分析.如下是一个用于测试9年级学生的附加题.

会 议 室

Ⅰ. 在新教学大楼将装修一间会议室,会议室第一排有10个椅子,第二排有13个椅子,第三排有16个椅子,以后每一排增加3个椅子,直到最后一排有31个椅子.问:
(1) 第6排有几个椅子?
(2) 会议室共有几排?
(3) 用文字或者公式描述,如何计算第 n 排的椅子数.

Ⅱ. 在另一个会议室,第 n 排的座位数可以用公式 $12+5n$ 来计算.请解释这个会议室是怎样布置的.

Ⅲ. 卡拉认为,把中间一排的座位数与总排数相乘,就能够算出会议室座位总数.探究卡拉的观点是否有理.

老师评价作业时将考虑如下方面:
你所表现的数学技能;
你解释问题的质量;
你作的描述以及得到的结论.

图4-13　测试9年级学生的附加题

教师需要对学生的解题进行全面的评价.瑞典的全国性测试是直接由教师评分、评价的,他们专门开发了一个特别的评分指南,帮助老师评价学生附加题的解题情况,以保证评价的公正性.瑞典开发一种一般化的评价矩阵,主要依据数学课程大纲要求的数学问题解决过程的各个方面以及评价分级指标.下表为"几何图形"测试的评价矩阵.[40]

表4-6 "几何图形"测试的评价矩阵

评 价 要 素	问 题 解 决 质 量 水 平		
理解 ——学生表现对任务的理解,积极推导出结论 ——学生使用关系和一般化	通过描述如何计算图形的面积或周长,表现对面积或周长概念的理解	在解释两个图形的周长和面积是否相同时,表现出对这两个概念的很好理解	在进行一般推理和拓展问题时,表现出对周长、面积以及它们之间关系的很好理解
语言 ——学生的解释清晰和明确 ——学生使用相关的数学语言和术语	能理解所采用的数学语言	善于把握同学使用的语言,会使用被认可的数学语言和术语	很有结构地、清晰地使用相关的数学语言和术语
参与 ——学生参与讨论数学思想和数学解释	只会处理自己的图像	跟着他人的解释或者在最后的讨论,会提出自己的思想和解释	会进入他人的观点中,推动讨论

在瑞典，当学生离开初中或高中是没有外部统一考试的，教师往往是自己完成对学生评价和分级，与其他国家相比，这可能是瑞典比较独特的教育现象.20世纪90年代中期数学课程改革以来，瑞典开展全国性的测试，并不是监控教师进行评价，而是帮助他们，对照数学课程大纲中表述的目标，自主地对学生进行评价.另外，开展全国性测试，也是为了创建一个全国统一的评价基础，以保证数学课程的均衡发展，促进数学教学质量的提升.

4.3.4 德国高中数学教育标准的评价功能

4.3.4.1 高中数学教育标准的结构

研制能力评价导向的教育标准成为德国教育改革的亮点之一，2012年底德国文化部长联席会议(KMK)颁布首个《完全中学高中(gymnasiale oberstufe)毕业生的高中数学教育标准》(以下简称《德国高中标准》).《德国高中标准》，有着较为独特的结构，也就是将数学能力模型与学生学业能力测评整合在一个标准之中，强调基于能力标准设计教学、发展学生能力.《德国高中标准》主要包括三个板块：数学能力标准、毕业文凭考试实施标准以及考试和教学用样题分析(如表4-7).

表4-7 德国高中数学教育标准结构

板块	栏目	
学科说明	一般学科目标与学科教育基础	
	能力领域	
	能力要求水平	
	数字化数学工具	
数学能力标准	数学能力	
	数学核心内容	
毕业文凭考试实施标准	一般说明	能力领域与笔试和口试试题的说明
		笔试试题
		口试试题
	专业要求	数学笔试试题(试题结构、试题编制、测试成绩评定)
		数学口试试题
考试样题分析	提高课程的样题	
	基础课程的样题	
学习例题分析		

4.3.4.2 高中数学教育标准中的能力标准

高中数学教育理念

德国完全中学高中教育是普通基础教育的深化，旨在为学生进入学术研究领域或职业领域提供入门体验式教育.高中教育强调促进学生个性发展,让学生学会规划对于社会负责、影响民主社会的个人生活;让学生掌握学术领域以及职业领域必需的专业基础知识,培养学生信息的利用和辨别能力,自主和自我负责的能力以及团队交流与合作的能力.数学作为高中最主要学科之一承担着实现这些高中教育目标的任务.德国高中数学教育理念强调,通过高中数学教育,学生必须获得三种基本经验:(1)数学是一种工具,学生用此以特定的方式去感受并理解自然、社会、文化、职业等世界中的现象;(2)数学是一种精神活动,也是一种以演绎方式呈现的艺术世界;(3)数学是一种手段,学生用此获得超越数学的解释能力.[41]

能力模型的要素

《德国高中标准》中的能力模型由四个维度构成.前三个维度与初中数学教育标准中的能力模型相当,它们是能力、水平和内容.能力维度包括数学论证、数学地解决问题、数学建模、数学表征的应用、数学符号、公式及技巧的熟练掌握以及数学交流.《德国高中标准》对各个能力分别提出三个水平的能力要求(水平Ⅰ、水平Ⅱ、水平Ⅲ),称为水平维度.内容维度包括算法与数、测量、空间与形状、函数关系以及数据与随机现象.

另外,德国充分尊重高中学生认知水平差异、学习与专业兴趣差异,将高中数学课程分为基础课程和提高课程,这是两个相对独立的课程.基础课程主要涉及基础类数学知识,其考试内容重点反映水平Ⅰ和水平Ⅱ的能力要求.提高课程涉及更为广泛的数学内容,特别是较为复杂、有深度、更为精确、形式化的内容,其考试内容重点反映水平Ⅱ和水平Ⅲ的能力要求.因此能力模型的第四个维度是课程分层.

促进数学能力发展的数学问题设计

德国颁布的教育标准一方面描述了期望的数学能力及其对数学核心知识的要求,使其发挥保障教学质量均衡化的功能;另一方面强调能力的发展是一个可持续的过程,它要求教学能从学生现有能力出发,根据现有学习的内容,设计符合学生发展且促进发展的数学问题.[42]《德国高中标准》提出设计相应数学问题的建议,激活学生学习过程,并通过问题解决对学生核心能力的发展进行监控,构建能力发展导向的数学课堂教学.

4.3.4.3 高中毕业文凭考试实施标准

德国高中毕业文凭考试实施标准被纳入《德国高中标准》之中,也是德国教育改革的举措之一,旨在通过考试评价检验并监测学生能力发展水平、保障学校教育质量.这一考试实施标准充分尊重文化教育部长联席会议(KMK)颁布的高中毕业文凭考试协议.[43]这一考试旨在检测学生在高中毕业时达到了怎样的教育标准规定的数学能力水平,因此考试标准主要提出试题的设计原则与标准,保证通过这些试题可以描述学生获得的能力水平,并且对学生毕业文凭考试成绩给出评判.

笔试和口试题的一般要求

根据教育改革的总体思路,考试标准提出,设计的考试试题需要能评判学生学业成绩的三个水平.

学业成绩水平Ⅰ是指,学生能再现已学事实和知识,能理解、应用并表述练习过的技能和方法.学生成绩水平Ⅱ是指,学生会用规定的、练习过的视角和方法,独立地选择、排列、加工、解释以及表述熟知的内容,能独立地将已学的知识应用到有关联的新内容上.学业成绩水平Ⅲ是指,学生在解决综合性问题时能够独立解答、设计或者表意、推导、概括、论证以及判断.在此学生会自主选择方式方法来解决问题,将方法和技能用于新的问题情境,并对自己的过程进行反思.

试题编制者在编制试题时,需要认真考虑整个试题或者某一小题分别可以检验学生哪个水平的学业成绩.考试的重点应该是检验学生在水平Ⅱ上的学业成绩,同时兼顾检测水平Ⅰ和水平Ⅲ的学业成绩.试题涉及的内容不能局限于某个学期所学内容,而是要考虑整个学段学到的内容.考试标准规定了笔试和口试题设计的要求,下面以数学试题为例进行说明.

数学考试笔试题的设计要求

数学笔试题设计充分考虑《德国高中标准》中规定的核心知识、数学能力水平.从试题结构要求看,笔试题应该由多个相互独立的题目组成,每个题目包括若干个有一定联系的小题,但是每个小题又有一定的独立性,也就是说,某个小题做错不会对下面解题带来困难.如果必要,在试题结构中可以含有中间结果,小题设计不要太详细.

从试题编制原则看,试题至少要涉及教育标准中提出的分析、线性代数/分析几何和随机等内容领域中的两块内容.至少三分之一的内容属于分析内容,但另外两个内容领域也不能长期被排除在外.试题设计时,要考虑多个核心知识和一般数学能力,使得高中的数学内容尽量被考虑进去.要注意形式化的数学试题与应用类数学试题之间的适当关系.

从试题评分标准看,在对考试成绩作评判时,不仅要考虑纯的解答,而且要适当考虑其中对数学的理解.因此说明、点评以及论证性的文本也是考试评价不可忽视的部分.学科上的错误包括:不完整的归类,专业用语出错,作图上不精确或文本与图之间的关系没有正确表现出来.

数学考试口试题的设计要求

口试分为两段,第一段,即口试的三分之一时间给考生机会独立解决问题,进行准备后报告出来;第二段口头表述专业问题或进行专业对话.口试一般是以个体为单位,如果是以小组为单位,要注意给每个考生明确的评价.要以书面方式或者口头说明方式说明考试要求,考试过程被记录下来.口试至少涉及教育标准中提到的两个数学知识领域.试题在设计时要考虑多个核心知识和数学能力,以便涉及高中阶段尽可能多的内容.问题设计要包括一个简单的入门问题,可以让每个考生都能拿到分数.

口试问题的设计不同于笔试的,要避免大量计算和耗时的问题,更多的是让考生自由表述数学事实,就数学提问表达自己的态度.特别适合口试的问题是,表达解题思路和过程,而不需要额外的计算,以及给出结果、解题过程,让学生阐述主要的思维过程.

下面的数学问题"海豹"是为基础课程修学者设计的考试用样题,主要涉及算法和数的核心思想,对应着线性代数的内容领域.这一问题的解决将与核心能力数学建模、数学符号、公式及技巧的熟练掌握和数学交流密切相关.这个问题是关于转换图像、转换矩阵、标准向量的简单应用,借助数学工具针对现实情境进行建模.成功的解题过程包括用数学描述现实,以及将数学应用到现实.而最后两小题,需要将这个模型与变化了的情境拟合.[44]

海豹:在拥有 20 000 只海豹的聚集区,有一种可置动物于死地的传染病正在蔓延.一名海洋生物学家在传染病暴发后前往该海豹聚集地,她发现已有 60 只海豹死于这种传染病.

这位生物学家推测有一种特殊的病菌存在.根据已有的经验,可以通过一个模型来了解传染病的蔓延情况.这个模型描述的是:在传染病蔓延的期间,从某天到其第二天动物在可能有的"状态"(如健康动物 G、生病动物 K、死亡动物 T)之间的转换比重.表 4-8 显示了这些状态转换的比重:

表 4-8

转到＼从	健康动物	生病动物	死亡动物
健康动物	0.996	0.2	0
生病动物	0.004	0.5	0
死亡动物	0	0.3	1

(1) 用图像表示表格中给出的信息,并结合问题情境,解释第三行数据的意义.(能力水平Ⅰ)

(2) 使用表格或者图像所提供的信息,至少结合两种状态,说明根据这个模型海豹将全部死亡.(能力水平Ⅰ和水平Ⅱ)

(3) 生物学家利用此模型,根据首次观察到的 60 只死亡海豹,便能推导出病情暴发的时间.请证明:她是在病情暴发后的第 3 天开始首次观察的.(能力水平Ⅰ和水平Ⅱ)

(4) 直到某一天为止,共有 380 只海豹死于这个病情,一天后生物学家发现又死了 47 只海豹,这个观察现象符合现有模型.请说明:在这两天之间健康海豹数量是如何减少的.(能力水平Ⅱ和水平Ⅲ)

(5) 这个海洋生物学家的同事推测有另一种病菌.为了拟合病情进展情况,他认为应该改变这个模型.举例说明与所改变的条件相对应的转换矩阵,并论证你的方

法.(能力水平Ⅱ和水平Ⅲ)

(6) 进一步调查发现,海洋生物学家关于病菌的推测还是正确的,然而,不同于原来模型的是,逐渐康复的动物长期以来有了对这个病菌的免疫能力.关于病情的其他数据没有发生变化.(能力水平Ⅱ和水平Ⅲ)

现在这个模型又多了一个状态"有免疫性的动物"."健康动物 G"是指健康的,但还没有免疫性的动物.

- 假设在病情暴发前还没有动物有免疫性.
- 请画出现在这个模型的变化图像,并给出转换矩阵.
- 根据这个图像,说明为什么约 40% 的海豹从这传染病中存活下来了.

4.3.4.4 对我国高中数学课程改革的启示

德国 2003 年颁布的初中数学教育标准与 2012 年底颁布的高中数学教育标准之间保持高度的协调,数学教育标准研制的可持续、可衔接理念,对我国的高中数学课程标准修订有不小意义.德国高中数学教育标准还将数学能力标准和毕业考试标准放在一份标准之中,始终提醒人们,一方面对照标准设计教学,将具体数学能力发展纳入常规数学教学中,另一方面也明确将通过配套的考试评价诊断数学能力水平,监测数学教学质量.教学内容与考试内容达成高度一致,使得教学更具目标性.而反观我国高中数学课程改革,仍然存在课程标准与考试大纲分离的问题.为了追求高考成绩、追求升学率,教师更乐意以考试大纲为依据,而忽视数学课程标准的作用,课程改革以来应试风有增无减.当然,目前高考的彻底改革的春风已经吹来,在高考中对数学能力的考量也将成为主流.

4.3.5 美国中学数学课程走向评价驱动

NCTM 于 1989 年颁布有史以来第一个国家性《学校数学课程与评价标准》(简称《标准(1989)》),开启了全球性基于标准的数学课程发展热潮.但是随着 2001 年《不让一个孩子掉队》的教育法案的颁布,美国政府再次鼓励各州提出自己的课程改革方案.2009 年 11 月美国教育部发布《"力争上游"计划实施摘要》(Race to the Top Program Executive Summary),正式宣告"力争上游"计划开始实施.也就是,美国联邦政府将投资 40 多亿美元,推进教育改革.[45]但是这些资金并非平均分给各州,而是采取了一种竞争性机制,以鼓励和奖励那些一直致力于教育创新和变革或在提高学生成绩、促进升学和就业方面取得卓越成就的州."力争上游"计划聚焦在四个关键领域:(1) 新型评价和标准的采用,由此能够让学生在大学或工作岗位上取得成功,并最终在全球经济范围内具备竞争力;(2) 测量学生成长和成功的数据系统的建立,旨在告知教师和校长如何提高教学水平;(3) 优质教师和校长的招聘、培养、奖励和留任;(4) 薄弱学校的转变.该计划强调教育评价和教育测量,要求到 2014 年 100% 的学生达到各州制定的测量与评价标准.[46]但是通过分析某些州的数学测试,可见测试仅仅关注学生一般的数学技能,例如加利福尼亚州立测试(California State Tests)以选择题为主,见图 4-14.

【题 23】$4x+2y=12$ 的图像与 y 轴的交点是(　　).

A. -4　　　　　　B. -2　　　　　　C. 6　　　　　　D. 12

【题 25】下列图像中,表征 $y=2x-2$ 最贴切的是(　　).

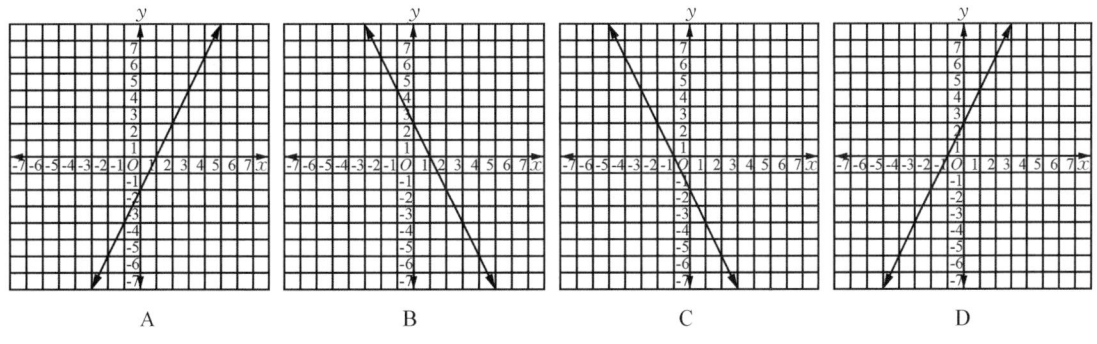

图 4-14　加利福尼亚州测试题

这些测试题有一定的代表性,为了兼顾学生的整体水平,有些州在设计测试题时,不太考虑对数学复杂问题解决能力的测评,导致教师缺乏通过教学培养学生复杂问题解决能力的动力.因此任由各州设计符合当地水平的评价标准,很难实现美国联邦政府关于提高美国教育质量的理想.近年来,美国各州州长和州教育专员一起致力制定了 K-12 年级的《美国州共同核心数学标准》(Common Core State Standards for Mathematics,简称 CCSS-M),并于 2010 年 6 月颁布.这个标准旨在为所有学生提供一个公平公正的数学教育,严格规定人人必须掌握的数学知识和技能,以及大学和就业所必备的高等数学知识.与各州自己制定的测试标准相比,CCSSM 不仅强调人人须掌握的数学知识和技能,也强调:所有的学生都需要发展数学的实践能力.

CCSSM 开启新一轮的评价导向的课程发展.迫于教育问责制的压力,CCSSM 也为学年末的学业评价提供标准.在当下系统下,成功的定义就是学生每年测试成绩的提升,以及与国际水准的相符.[47]为强化评价的功能,美国联邦层面支持成立两个评价机构:现代均衡评价机构(Smarter Balanced Assessment Consortium,简称 SBAC)和大学与就业准备评价协同机构(Partnership for Assessment of Readiness for College and Careers,简称 PARCC),他们将承担对 CCSSM 下的学生学业质量测评.目前,美国有近一半的州采用《美国州共同核心数学标准》,并且与其中某个评价机构签约,使用他们的测评工具.美国各州将依据 CCSSM 开始不同风格的学业评价.

这两个评价机构已经开始研制期望评价方案以及相应的样题.例如"跨栏比赛"(图 4-15).[48]

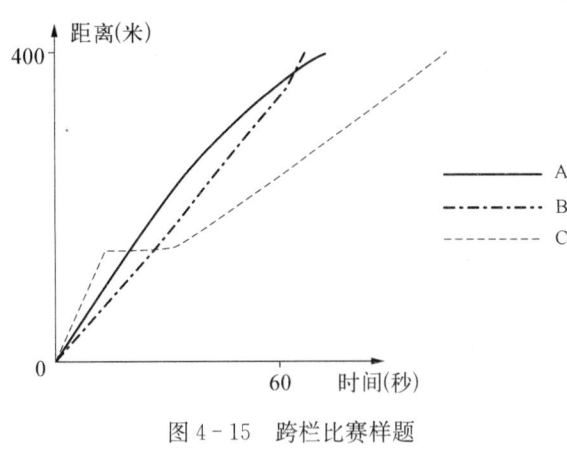

图 4-15 跨栏比赛样题

左侧的图像描述 3 个运动员 A，B，C 参加 400 米跨栏比赛的情况．假设你现在是比赛解说员．尽量仔细地描述你所看到的情况．你不用精确地测量任何数据．

与题 23 和题 25 相比，这题设计显然更为开放，不仅仅局限于对知识的测试．为了成功解决这问题，学生需要基于真实情景解释距离—时间图像．这包括要识别在这个情景下"靠左边"是较快的（靠左的运动员图像与直线 $d = 400$ 相交时，用时较少），也就是要解释，两个运动员的图像相交意味着，在跑步中两个运动员在这一点上相互追赶上了，也意味着要认识到，运动员 C 起跑后是跑在前面的，C 的图像有一段是水平的，意味着 C 停止向前跑（可能正在跨栏）．

另外，学生需要利用所有的信息解释图像所记录的情况，要求学生有耐心，要求学生有条理分明的、符合真实事件的表述．这体现的是 SBAC 的评价理念．SBAC 从四个维度评价学生的数学成绩（或成就）：

维度 1，概念和方法："学生能够精确并流畅地解释并应用数学概念，能够解释和利用数学方法"；

维度 2，问题解决："学生能够解决较为复杂的、结构良好的纯数学问题和应用性问题，会创造性地利用知识和问题解决策略"；

维度 3，推理："学生能够清晰地、精确地提出切实可行的论证，以支持自己的推理，质疑他人的推理"；

维度 4，建模："学生能够分析复杂、真实世界的情景，能够建立和使用数学模型解释和解决问题"．

这种测试也许是"高风险"的，如果课堂教学活动更多关注数学活动，而忽视对数学知识、技能的训练，那么概念和方法维度上的成绩可能会受影响．

PARCC 评价理念与 SBAC 有相似之处，但也有自己的特色．PARCC 的评价包括三种类型的任务：(1) 测试概念、技能和方法的任务；(2) 测试表达数学推理的任务；(3) 测试建模和应用的任务．PARCC 针对每个年级提出一份任务细目表，另外 PARCC 尝试基于计算机的测试．

美国教育决策层正在探讨这两个机构提出的评价理念，人们的意见尚未统一，关于以评价驱动课程发展正在进行中．

4.3.6 重视评价的英国中学数学课程发展

4.3.6.1 英国数学课程发展概览

1988年英国国会通过《教育改革法案》(Education Reform Act),该法案在英国教育发展和课程改革史上具有新的里程碑的意义.法案从根本上改变了英国传统课程中的中央、地方和学校之间的伙伴关系,包括要求建立全国统一的课程、全国性的考试以及颁布学校排行榜等,将许多原属地方和学校的课程决策权上交给了教育大臣,取消了学校和教师的课程自主权.法案将11年的义务教育划分为四个关键学段(Key Stage,简称KS):KS1(5~7岁)和KS2(7~11岁)覆盖整个小学阶段;KS3(11~14岁)和KS4(14~16岁)则为义务中学教育阶段;规定所有义务教育阶段学生分别在7、11、14岁和16岁时要参加四次全国性统考.实施统考的目的是希望能监控学生的学习以确保他们获取扎实的基本知识和技能,同时也为评价学校工作提供有效的依据.其中,学生在第四学段末(16岁)参加的是普通中学教育证书(GCSE)普通水平(O-水平)考试,这标志着义务教育阶段学校教育的结束.此后,绝大多数的16~18岁的学生会选择继续求学,其中将来要升入大学的学生一般会进入所谓的第六学级修读A-水平课程,以参加普通中等教育证书高级水平考试,共两次,第一年参加AS-水平考试,第二年参加A2-水平考试.对于这一非义务教育阶段,国家没有统一的课程和教学要求,但有关的考试机构提供的考试大纲可以看作是该阶段教育的最主要教学依据.[49]

法案对课程(包括数学课程)发展的直接影响之一,就是政府成立了专门的工作小组来制定具体的国家课程标准.首次制定的国家课程由英国政府于1989年颁布.而国家数学课程标准的制定则与著名的《考克罗夫特报告》密切联系.《考克罗夫特报告》是由考克罗夫特(Cocroft)博士为首的"学校数学教学调查委员会"对20世纪70—80年代英国的中小学数学教学作了详细调查和深入研究形成的报告,并于1983年提交给了英国政府,报告题为《数学算数》.[50]报告就数学教育为何、如何满足学生今后在成人生活、就业和进一步学习这三方面需要展开具体论述,成为英国20世纪80年代学校数学教育和课程改革的纲领性文件.

1989年的国家数学课程标准围绕着为绝大多数学生设立的14个"成绩目标",分为"三大部分"展开:数与代数;形状、空间和数据处理;以及数学的实际应用.针对这14个成绩目标,课程具体设置了10种学习水平.结合每个成绩目标,课程对每个水平的数学学习设定了具体的标准,并且为每个学段的学习提出了适合的水平范围.这体现了《考克罗夫特报告》提出的适应学生个性差异的理念,也反映了报告强调的数学应用性的思想.随后,英国政府对国家数学课程标准进行多次修订.尤其在进入21世纪之际,英国政府颁布了2000年课程(Curriculum 2000),首次对数学在学生教育上的重要性作了一种概况性的论述:"数学为学生理解和改变世界提供了一套独特而有力的工具.这些工具包括逻辑推理、问题解决技能以及进行抽象的思维的能力.数学在日常生活、就业领域、科学和技术、医药、经济、环境和开发及公共决策中都是重要的.不同的文化对数学的发展和应用都作过贡献.在今天,这一学科已超越了文化的界限并且其重要性已为世人所共识.数学是一门创造性的学科.它能在学生第一次解决一个问题、发现更优美的解法或是突然感悟内在联系时,激发他们的愉悦和惊喜."[51]

著名数学教育学者欧内斯特(Ernest)指出,各个利益群体皆为国家数学课程的发展和实施作出不同的贡献,而他们对于数学教学都持有各自不同的目标.[52]这些利益群体(产业培训者、技术实用主义者、保守的人文主义数学家、进步主义教育家、大众教育者)的争论使得英国国家数学课程具有三大目标:让大多数人掌握"基本技能",为少数人传授一定的符号操作和运算的知识,培养"现实生活"应用所需的技能.为此,英国的数学课程被赋予注重实用和工具的色彩.例如2000年的数学课程强调,数学课程要促进学生在交流、应用数量、IT、与人一起工作、改进自身学习和表现以及问题解决等关键性能力发展的机会,促进学生在课程其他方面诸如思考技能、理财能力、进取精神和创业技能以及和工作有关的学习等发展的机会.2007年英国修订国家课程,修订的国家课程强调中学数学课程的目标为:培养成功的学习者、自信的个体和有责任感的公民.[53]正是这些利益群体的关心、争论,英国国家课程处在动态发展过程中.2011年1月20日教育部部长迈克尔·戈夫(Michael Gove)宣布成立专家委员会,启动国家课程的调研.2011年12月颁布专家调研报告.在这基础上启动新一轮的国家课程改革,2013年9月颁布最新国家课程,从2014年起陆续实施.

4.3.6.2 表现性的国家数学课程

最近(中学)国家数学课程

2014年颁布的(中学)国家课程标准旨在为学生提供成为有教养公民所必需的知识,向学生介绍最精彩的思想和观点,帮助他们会欣赏人类的创造和成就.国家课程提供一个核心知识框架,教师可以围绕框架开发生动而有意义的课堂教学,以促进学生知识、理解、技能的发展.[54]

国家课程包括四个学段的12门学科,被分为核心学科和其他基础学科两类.每门学科的国家课程以学习纲要(programmes of study)的形式呈现,而学习纲要的主要构成为学科的达成目标(attainment targets).下面以第三学段(11~14岁)的数学学习纲要为例,分析英国国家数学课程的特点.

国家课程的数学学习纲要(第三学段)

数学学习纲要主要对学习意图和达成目标作说明.

学习意图

学习纲要提出学习的意图以及目标,指出数学是若干世纪发展而形成的具有创造性和内在关联性的学科,为历史上各种有趣问题提供解答,它对日常生活是必要的,对科学、技术和工程是关键的,对金融素养是必要的.因此,高质量的数学教育是理解世界的基础、发挥数学推理能力的基础,也是欣赏数学美与力的基础、保持乐趣和好奇的基础.

学习纲要提出了数学课程的一般目标,旨在保证所有学生:

(1) 熟练掌握数学基本原理,包括通过练习解决各种日益复杂的问题,使得学生发展概念理解,提高快速、准确回忆和应用知识的能力;(2) 会数学地推理,包括探索、推测关系和归纳,展开论证,利用数学语言进行论述或证明;(3) 会将数学应用在各种常规和日益复杂的非常规问题中,进行问题解决,包括将问题分解成一系列简单步骤,直到寻找到解答.

学习纲要强调,数学是内在联系的学科,学生需要有能力熟练地转换数学表征,学生在第二学段学习的基础上,发展数学流畅性,数学推理能力以及复杂数学问题的解决能力.他们应该会将数学知识应用于科学、地理、计算机以及其他学科.学习纲要特别强调,在保证学生理解的基础上决定学生发展进程,为下一阶段的进步做好准备.应该为那些会迅速掌握概念的学生提供一些有挑战性的内容和问题,为进入第四学段新内容学习做好积累,那些掌握知识不够流畅的学生应该先巩固他们的理解,包括让学生进行额外练习.

达成目标

学习纲要的达成目标列出对学生学业表现的期望标准,即第三学段结束后学生被期待了解、应用和理解的知识、技能和过程.达成目标分为三个维度:发展流畅性、数学地推理、解决问题.

所谓发展流畅性是指:巩固第二学段学习的算术和数学能力,拓展对数系和位值的理解,包括小数,分数,指数和根;选择和使用适当的计算策略解决复杂问题;利用代数将算术结构一般化,包括用公式表示数学关系;替换数学表示式中的值,重组和简化表示式,会解方程;会在算术、代数、图像和图表表征之间自如变换;发展代数和图像流畅性,包括理解线性和简单二次函数;会使用语言和性质精确地分析数、代数表达式,二维和三维图形,概率和统计.

所谓数学地推理是指:拓展数系的理解;建立数字关系及其代数和图像表征之间的联系;在学习测量和几何过程中拓展关于比率和比例的知识,并将其形式化;识别变量,并且代数地、图像地表示变量关系;提出并检验关于模式和关系的假设;寻找证明或反例;开始在几何、数与代数之间进行演绎推理,包括利用几何作图;探究在统计和概率领域什么能推测什么不能推测,并正式表述观点.

所谓解决问题是指:部分地通过解决问题和评价结果,发展数学知识,包括多步的问题解决;发展利用正规数学知识解释和解决问题,包括金融数学;从数学角度对情境进行建模,用正规的数学表征表达结果;选择适当的概念、方法和技术,将其应用于不熟悉的、非常规的问题中.

在教学内容的安排上,学习纲要按四大知识块组织内容:数与代数(包括比率、比例、变化率)、几何与测量、概率和统计,具体阐明了第三学段在这些内容上有关熟练、推理、解决问题的要求,也即学习的表现.例如,在第二知识块"几何与测量"上共有 16 项具体表现,其中两项为"应该教学生会计算并解决关于二维图形直径(包括圆)、圆形面积和复合图形的问题;会作出并测量几何图形的直线段和角度,包括解释比例图".[55]

国家课程对每个学段设计一个学习纲要,最新的第四学段学习纲于 2014 年 7 月颁布,在 2015 年付诸实践.第四学段学习纲要的结构延续了第三阶段的结构,先提出学习意图,然后描述达成目标,最后按四大知识块具体阐明第四学段在这些内容上有关知识、技能和理解的要求.

数学功能性技能标准与评价

学习纲要在阐述三个维度的达成目标时,始终注重数学的应用性,"数学应用性"贯穿于英国各学段的数学课程,并成为英国数学教育的特色.2007 年英国修订国家课程过程中,明确提出将数学的应用功能和思维训练功能有效融合的"功能性技能"概念,将"功能性技能"的考核加入普通中学教育证书(General Certificate of Secondary Education,简称 GCSE)考试中.[56]

"功能性技能"是数学、英语、信息和通讯技术课程中的核心元素(core elements),是人们自信地、有效地和独立地处理学校学习、日常生活、社区和工作中各种问题所必备的综合性技能.数学功能性技能是指人们能够自信地、有效地和独立地运用数学知识、方法和模式处理日常生活、社区、教育情境和工作中各种问题所必备的综合性技能,是数学表达、分析、解释、评价、交流和反思等基本技能构成的复合性技能.[57]

英国国家数学课程要求 GCSE 考试必须重视对功能性技能评价,规定所有学生必须达到相应关键阶段的数学功能性技能标准.在 GCSE 考试中,功能性技能所占分值一般在 20%~40%.在 GCSE 指南中,数学功能性技能被单独列出,例如在几何的"毕达哥拉斯定理"内容中,知识要求为"在平面几何中,能够理解、记忆和使用毕达哥拉斯定理",对应的功能性技能为"能够使用毕达哥拉斯定理解决与周长和边长相关的问题".

英国国家数学课程非常重视数学功能性技能的教学,并对数学功能性技能教学提出两点建议:一是功能性技能应该有机整合于数学课程中,既包括学校数学课程,也包括校外课程;二是要贯穿于数学教学活动全过程.数学功能性技能养成的有效途径就是数学活动,数学活动能给学生亲自参与数学知识形成、发展和应用过程,并为积累数学活动经验提供机会.例如英国倡导数学课题活动,以此作为数学功能性技能培养的载体.数学课题活动是基于数学课程设计的,以某一部分"功能要素"为核心的一类问题构成的学生熟悉的综合性问题情境.学生根据所学的知识和生活经验,在独立思考的基础上,一般采取小组合作的形式,经历发现问题、提出问题、分析问题和解决问题的全过程.

例如"我们社会有多公平"的课题,综合考查 9 年级学生统计知识的理解和掌握情况.首先,实施这个课题有助于激发学生提出问题,比如学生提出:现实社会中还有奴隶存在吗？我们社会是如何进行财富分配的？其次，学生要根据自己所提的问题，选择合适的收集数据方式，比如通过网络、问卷和访谈等方法.再次，学生要对收集到的数据进行处理，得出结论.最后，学生还要把本小组的研究过程和结论写成小论文，或形成学术海报，供他人评价和提出进一步的研究建议.

随着2013年最新国家数学课程的颁布，GCSE考试内容以及评价目标也做相应调整，最新《数学GCSE学科内容和评价目标》（简称《数学GCSE2013》）于2013年颁布，具体的考试纲于2015年正式实施.该评价目标提出数学GCSE所涉及的内容和学习结果，这些内容应该在第三和第四学段逐步教授.

数学GCSE评价目标

《数学GCSE2013》提出，数学GCSE为学生提供广泛的、相关的、满意和有价值的课程，应该鼓励学生发展对数学的信心，对数学的积极态度，并且认识到数学对于他们生活和社会的重要性.课程也应该为学生提供坚实的数学基础，以便他们在高年级或大学阶段有扎实的基础继续学习数学.

数学GCSE的目标强调，使学生能够：[58]

- 发展流畅的数学知识和技能，理解数学方法和概念；
- 获得、筛选并应用数学技巧解决问题；
- 数学地推理、推论、推断并作出结论；
- 以各种不同的、适合情境的形式，领悟、解释并交流数学信息.

数学GCSE评价的内容

为落实上述目标，《数学GCSE2013》提出三个层次的评价目标，强调内容教学要考虑这评价框架（表4-9）.

表4-9 GCSE-2013评价框架表

评价目标		权重	
		高于	基本
A01	使用和应用标准技巧 学生应该能够 ● 准确地回忆事实、术语和定义； ● 正确地使用和解释符号； ● 准确地完成日常过程或设置需要多步骤解答的任务	40%	50%
A02	数学地推理，解释和交流 学生应该能够 ● 根据数学信息进行演绎，推断和作出结论； ● 构造一系列推理，获得给出的结果； ● 准确地解释和交流信息； ● 展示论证和证明； ● 评估论据的有效性，并且批判地评价给出的展示信息的方法	30%	25%

续 表

评 价 目 标	权 重	
	高于	基本
A03　解决数学问题以及其他情境问题 学生应该能够 ● 将数学或非数学情境问题翻译为某个过程或一系列数学过程； ● 在数学不同内容之间建立联系并使用联系； ● 在所给问题情境下解释结果； ● 评价所使用的方法和获得的结果； ● 评价解答以识别他们如何受到假设影响的	30%	25%

《数学 GCSE2013》在设置数学内容时区分了三类内容，第一类是所有学生都应该要学习并达到要求的标准内容，要对这些标准内容树立信心、形成能力；第二类是为期待达到高要求的学生提出的重点内容；第三类是为达到最高要求的学生提出的特定内容.以代数部分的解方程和不等式内容为例，此内容共有 6 条内容标准，其中重点内容用 * 标注，特定内容用 ** 标注：

　　学生会从代数角度解含有一个未知数的线性方程(* 包括等式两边都含有未知数的方程)；利用图像找到近似解；

　　* 通过因式分解，从代数角度解二次方程(** 包括需要重新排列的二次方程)，** 或者通过完全平方法和二次求根公式解；* 利用图像找出近似解；

　　* 将简单的情境或过程用代数表达式或公式来表示；* 得到方程(或联立方程)，* 解方程并且解释这个解；

　　* 解还有一个或 ** 两个变量的线性不等式，** 解含一个变量的二次不等式；* 在数轴上表示解的集合，** 利用集合符号和在图像上表示.

　　显然，针对解方程部分，GCSE 的基本要求就是会解含有一个未知数的线性方程，并且用图像法找出近似解；其他则都是对高水平以及最高水平学生设立的要求.具体的评价框架见上述表 4-9.

§4.4　过程导向的中学数学课程发展

　　21 世纪初，一些大型国际学生评价项目(如 PISA)引发了一系列教育改革.PISA 的评价内容、评价对象和评价目的不在于进行结果性的学业选拔.它强调：(1) 关注学生应用知识和技能解决实际问题的能力；(2) 以抽样方法对教育系统进行整体评价；(3) 研究教育系统、学校、家庭、学生个人特征等方面的背景对成绩的影响，为教育决策提供依据.这些评价项目重视的是教育或课程的整体发展.PISA 对数学素养的界定也体现出这一特征，它认为数学素养是个体作为一个有创新精神、关心他人及反思性公民所应具有的数学能力，包括能判断和理解数学在现实世界中的作用,能运用数学作出有理有据的判断,能在个体当前和未来生活需要时使用和渗透数学.

与此同时,不少国家也在共同探讨数学课程发展与21世纪人才培养的关系,探讨数字化世界下成长的一代应该具备怎样的素养和技能.如2007年美国整合21世纪应具备的基本技能发布了"21世纪技能框架",提出培养21世纪技能的核心学科教学需要遵循以下原则:(1)让学生参与知识获取的过程;(2)增加学科知识的深度;(3)注重知识的实际运用;(4)融入跨学科问题.[59] 2010年新加坡教育部提出关于发展学生21世纪能力的框架,指出为了让学生更好地利用未来全球化世界的各种机会,学生需要拥有为未来生活做好准备的各种素养和能力,包括文明素养,全球化意识和跨文化技能,批判和发明才能,信息和交流能力等.这些人才培养政策也会对数学课程发展产生影响.在一些国家数学课程标准的制定或者修订聚焦于这样的人才培养政策,关注学生的整体发展过程.荷兰、澳大利亚、韩国等的数学课程发展亦关注学生整体发展.

4.4.1 新加坡中学数学课程发展的现代特征

4.4.1.1 新加坡数学课程发展概览

新加坡是一个多民族的城市国家,其中华人约占77%,马来人约占14%,印度人约占8%,其他民族约占1%.在1965年独立以前,新加坡曾经在很长的一段时间里是英国的殖民地.因此,英语是除了华语、马来语和淡米尔语之外的通用语言.于是最初新加坡存在以这四种语言为教学语言的学校制度,不同学校中的数学课程是各不相同的.这种"各自为政"的状况直到1959年才有改变.1959年,新加坡首次颁布了适用于新加坡所有学校的数学教学大纲.1979年新加坡实施了新教育制度(New Education System),四大语言的教学体系得到统一,英语成为唯一的教学语言,华语、马来语和淡米尔语作为母语成为所有学生必须学习的第二语言.同时,考虑到学生学习能力的差异并为了更好发挥学生的潜能,学生分流制度被引入.为响应和贯彻新教育制度,新的小学和中学数学教学大纲从1981年开始逐步取代了原来的大纲,新的大纲体现了分流的特征.新加坡的学生分流制度随着时代的进步也在不断改革.中学阶段的分流是根据小学离校考试(Primary School Leaving Examination,简称PSLE)的结果进行的.前10%左右的学生学习特别课程(Special),其次约50%的学生学习快捷课程(Express),余下学生学习普通学术课程(Normal Academic)或普通工艺课程(Normal Technical).这即为现在新加坡中学里所设的四种源流课程.学生完成前四年或五年的中学课程后要参加剑桥普通教育证书"O"或"N"水准会考(后者程度较低).在新加坡,"O"水准会考的成绩被认为是一项基本的学历资格;"O"水准成绩良好者可以继续修读两年的初级学院(Junior College)课程,然后参加剑桥普通教育证书"A"水准考试;"A"水准成绩良好者可进入大学深造.[60]

1990年新加坡教育部再次对数学教学大纲进行修订.1990年的大纲将发展学生数学问题解决能力列为数学课程的基本目标,首次提出了数学课程框架的五边形模型,数学问题解决被定位为该框架的核心(如图4-16所示).

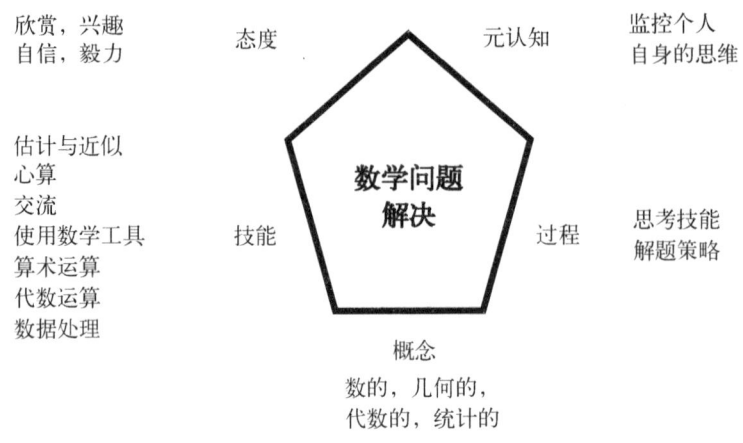

图4-16 新加坡数学课程框架——五边形模型

1997年新加坡教育部提出了"思考的学校,学习的国家"(Thinking Schools, Learning Nation)的总目标.具体包括三个方面:思考技能(Thinking Skills)、信息技术(Information Technology)和国民教育(National Education).针对这些理念,新加坡教育部对1990年大纲进行修订.新的小学和中学数学教学大纲于2000年颁布,至今仍在实行.2000年大纲沿袭并发展了1990年大纲中数学课程框架的五边形模型,数学问题解决的核心地位得到巩固,但教学内容有大幅度的删减.

进入21世纪,新加坡教育部启动新的课程改革,试图建立更具灵活性和多样性的教育制度,能为学生提供更多选择,能适应不同学生的兴趣、潜力和发展需要.同时强调全方位的教育,让学生从小掌握重要的生活技能,养成学习及发问并重的习惯,培养独立学习和创造性思维的能力.2006年颁布中学数学教学大纲.该大纲从两个方面对数学进行了刻画.一方面,数学被看成是发展和提高学生逻辑推理、空间想象、严密分析和抽象思维能力的极好工具,而且学生只有在学习和应用数学的过程中才能发展计算能力、推理能力、思考技能和问题解决能力.大纲进一步说明重视数学教育是培养能应对21世纪挑战的竞争人才的重要保证.另一方面,数学被看成是一门充满趣味的学科,让学生有机会进行创造性的活动,带给学生启迪和愉悦.可见,大纲从适应社会需要、发展自身竞争能力和获得精神满足这两方面对数学进行了诠释,充分体现了"育人为本"的理念.这与我国现阶段数学课程改革的出发点不谋而合.

新加坡数学课程始终处于动态发展过程中,试图满足学生需求、为学生建立坚实数学基础、提升数学教育质量.来自新加坡全国性考试以及大型国际比较研究如TIMSS和PISA的学生学业表现,也助推着数学课程的发展.在新加坡,数学课程发展不仅仅关注内容的变化,更多关注成为 21 世纪优秀学习者应该具有的技能和能力,学习过程要比教什么和记住什么更为重要.2013 年新加坡实施最新的数学教与学大纲,该大纲的关键特征是除了学习结果以外,更为关注学习经验,为教师理解"学生是如何学习的"提供指导.大纲展示了从小学到大学预科的数学课程设计思路及其目标,然后聚焦在 O 水准和 N(A)水准数学大纲上,详细说明其目标、内容、学习成果以及教学方法.

4.4.1.2 最新数学课程的总体目标

2013 版的数学教与学大纲提出数学课程总体目标,旨在保证所有学生掌握一定的数学,以便更好地为他们的生活服务;对那些学有兴趣又有能力的学生,保证他们能追求尽可能高水平的数学.因此数学教育的宏观目标在于:

- 让学生获得并应用数学概念和技能;
- 通过问题解决的数学过程与方法发展学生的认知和元认知技能;
- 发展学生积极的数学态度.

大纲以宏观的方式描述数学课程宏观目标,旨在为教师创新和定制校本课程提供指导,也帮助教师继续关注大量的学习结果.

4.4.1.3 数学教学大纲

该大纲汇总三个学段共 12 年级的数学教学大纲.从课程目标上看,小学数学课程强调打好扎实的基础;中学数学课程在于逐步树立特长;大学预科的数学课程目标则是为大学教育做好准备.从内容设置上看,大纲采用螺旋上升的策略,让学生从学习基础概念与技能出发,有序地接触到高等概念与技能.三个学段的大纲是相互联系的,以满足学生的不同需要和能力.2013 版的大纲将数学课程作为整体呈现给教师.另外,2013 版大纲设计既有灵活性,又有选择性.例如中学数学课程共有 5 个具体的教学大纲.O 水准数学、N(A)水准数学和 N(T)水准数学分别通过课程为学生提供广义教育情境下的核心数学知识和技能.N(A)课程中有数学能力的学生可以选择四年制的 O 水准数学.同样,可以为 N(T)课程中有能力的学生提供 N(A)水准的数学.这体现了中学数学课程的灵活性和选择性.在高中,学生如果对数学感兴趣,并且数学偏科的话,可以选择 O 水准或 N(A)水准的选修课程作为补充课程,以便让学生有机会学习更多数学,为进入大学深造做准备.

面对大纲的灵活性和可选择性,教师需要有宏大的认识,以便更好地理解每个大纲的作用,上下水准之间的联结,大纲之间的依赖关系.这有助于教师更好理解如何在自己从事的水准上进行教学,如何规划和指导学生学习数学.

4.4.1.4 数学课程框架

2013 版大纲中数学课程框架基本沿用 2006 年大纲中的框架,它发展了 2000 年大纲中的五边形框架(如图 4-17 所示).

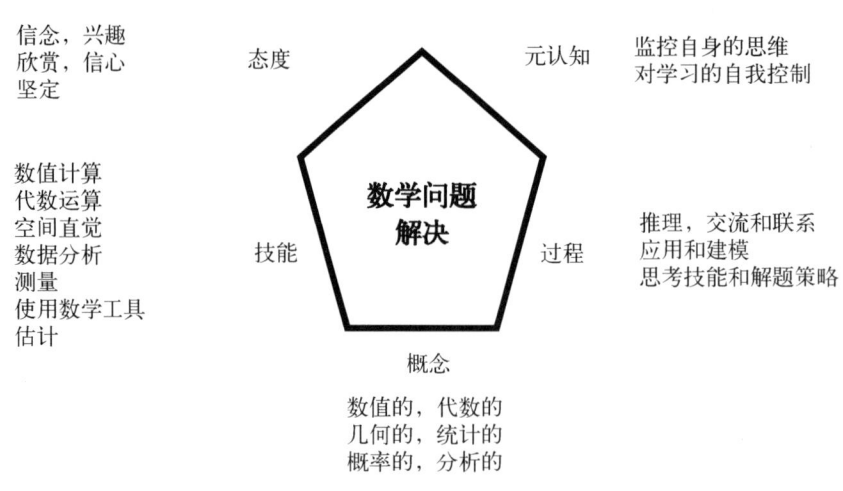

图 4-17 新加坡的数学课程框架

数学问题解决仍处于该框架的中心,寓意数学学习的核心是利用数学解决问题.数学问题解决指在包括非常规的、开放的和现实的等各种问题情境下获得和运用数学概念和技能.数学问题解决能力的发展需要五个相对独立要素的支持:概念、技能、过程、态度和元认知.对这五个要素,大纲作了如下的说明和分析.

(1) 概念:包括数值、代数、几何、统计、概率和分析概念.数学教学帮助学生发展对数学概念的深层次理解,弄清不同数学思想的含义,并认识它们之间的联系和应用.学生应该积累各种不同的学习经验,包括动手操作活动.借助技术辅助工具帮助学生将抽象的数学概念与具体经验结合起来.

(2) 技能:包括数值计算、代数运算、空间直觉、数据分析、测量、使用数学工具和估计等程序性技能,如使用软件学习或做数学.

为了提高学生数学技能的熟练程度,应该为学生创造使用和实践技能的机会,但应该避免在不理解涉及的数学原则的情况下过分强调程序性技能.

(3) 过程:指包含在获得和应用数学知识过程中的过程性技能,具体包括数学推理、交流和联系,应用和建模,思考技能和解题策略.

数学推理指分析数学情境并给出逻辑论证的能力.交流指运用数学语言准确地、简明地、有条理地表达数学思想.联系指认识并建立不同数学思想之间、数学和其他学科之间、数学和日常生活之间的关联.

应用和建模允许学生将所学的数学与真实世界联系起来,增强对关键数学概念和方法的理解,发展学生的数学能力.学生应该有机会应用数学问题解决和推理的技能处理各种问题,包括结论开放和真实世界的问题.数学建模是表述和完善数学模型的过程.通过数学建模,学生学会处理模棱两可的问题,建立联系,选择并应用适当的数学概念和技能,验证假设和反思对真实问题的解答,基于所给或收集的数据,作出非正式的决定(如图 4-18).

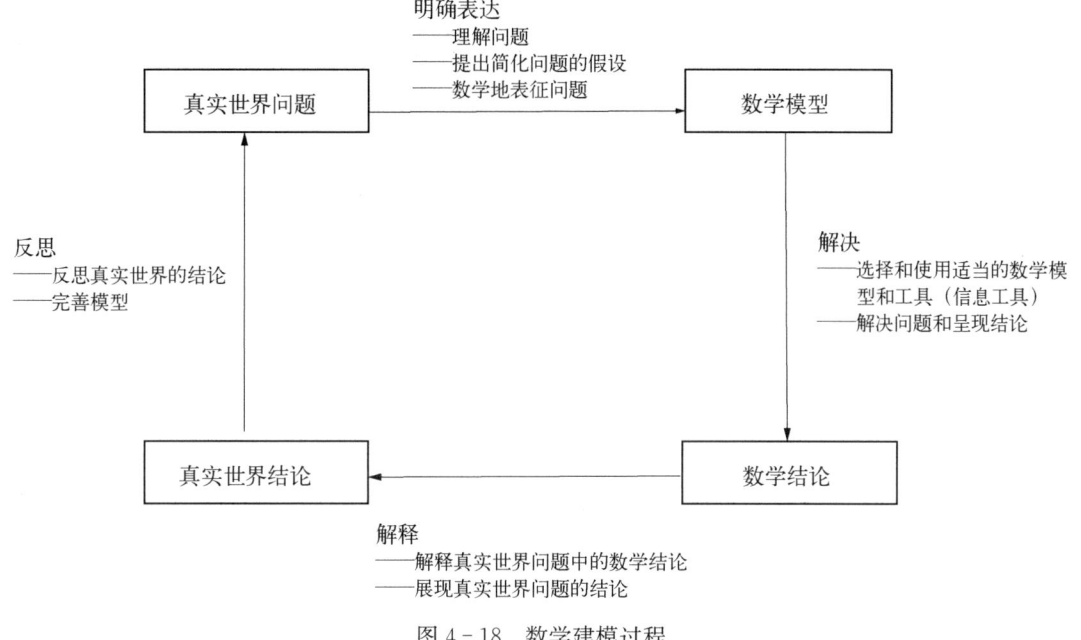

图 4-18 数学建模过程

思考技能指在思考过程中用到的技能,如分类、比较、排序、分析部分与整体、识别模式与关系、归纳、演绎和空间想象.解题策略分为四类:给出数学表示,如画图、构造序列和用方程;给出恰当猜测,如猜想和检验、寻找模式和作假设;经历解题过程,如实际演示、逆向作业和使用前后概念;改变问题,如重新表述问题、简化问题和分部分解题.

(4) 元认知:指对自身思考过程的认识和控制,尤其在选择和使用解题策略时.它包括对自身思考过程的监控和对学习的自我控制.为了发展元认知意识和元认知策略,了解何时以及如何使用策略,学生应该有机会解决非常规问题和结论开放问题,以便讨论其结论,出声思维,反思他们正在做的,跟踪事情走向,如果必要,那么改变其走向.

(5) 态度:指数学学习的情感方面,如关于数学是否有用的信念,学习数学的兴趣和快乐,对数学美和数学价值的欣赏,用数学时的信心以及解决数学问题的毅力.学生对数学的态度与他们的学习经历有关.

面对这样的课程框架,教师应该做什么呢? 教师应该在教学中关注这些要素,以便提供一种吸引人的、学生中心的和技术支撑的学习环境,促进学习的多样性和创新性.

对学习经验的关注

2013 版的教学大纲提出学习经验的概念,也就是关乎学生如何学习的.学习数学不只是学习概念和技能,学习认知和元认知的过程技能同样重要,学习经验的构建伴随着过程技能的学习.为了培养学生的好奇心,学习经验就应该包括让学生有自主地发现数学结论的机会.为了发展学生合作、交流的技能,需要给学生创造机会,让他们共同处理一个问题,利用适当的数学语言和方法,呈现他们的思想.为了发展他们自主学习的习惯,需要给学生机会,有目的地设立学习目标和相关的学习活动.充满这类机会的数学课堂,才会为学生发展 21 世纪的能力提供平台.

教学大纲提出学习经验的概念,旨在去影响教师教学和学生学习的方式,以便实现课程目标.

回顾新加坡的数学课程,给我们以下几点启示:

第一,新加坡的分流制度有利于所有学生在数学上都得到发展.就中学数学课程而言,特别和快捷课程的学生学习更多和更深的数学,而普通学术和普通工艺的学生则学习更基础更实用的数学.这既能提高教师的教学效率,也能维持更多学生学习数学的兴趣和信心.我国是一个幅员广阔的国家,各地区之间的经济发展水平很不均衡,学生的数学水平和学习能力也有差异.新加坡数学课程的多样性和灵活性对如何全面提高我国中小学生的数学能力有一定的启发.

第二,新加坡的数学课程尤其强调数学应用能力.这在 2013 版中学数学教学大纲的基本理念、基本目标、课程框架和教学内容上均有体现.对于普通工艺课程的学生,大纲还特别补充了"综合背景"的板块,以培养他们运用数学解决现实问题的能力.正如李秉彝教授所说,数学应该更多地被看成是实验性的而不是理论性的.我国现阶段的数学课程改革也大力倡导发展学生的数学应用意识.新加坡数学课程在这方面的做法和经验能为我国落实和贯彻这一点提供参考.

第三,新加坡的数学课程一贯重视对学生思考技能和解题策略的培养.1990 年以来的教学大纲不仅明确指出思考技能和解题策略的具体内涵,还给出实例加以说明.新加坡现行的许多中小学数学教材还专门对这些思考技能和解题策略进行解说,并设计相应的习题让学生实践.这对如何提高我国学生的数学思考能力有操作层面上的指导意义.

4.4.2 荷兰中学数学课程发展的现代特征

4.4.2.1 荷兰数学课程简介

荷兰教育的基础教育分为两个阶段:小学和中学.小学教育阶段包括两年的幼儿园和六年的小学(4~12 岁).完成小学教育后,学生面临第一次选择,因为中学教育分为四个教育类别,学生可以进入:

职业预备教育(VBO)(12~16 岁);

普通中等教育(MAVO)(12~16 岁),它是为今后进入高等职业教育做准备的;

普通高中教育(HAVO)(12~17 岁),它是为今后进入高等教育做准备;

大学预备教育(VWO)(12~18 岁).

荷兰数学课程发展与世界著名数学家、数学教育家弗赖登塔尔(H. Freudenthal)紧密联系在一起,他所领衔的荷兰数学教育团队创立具有世界影响的现实数学教育思想,他们倡导的数学课程观可归结为两个基本方面:(1)数学在本质上是一项人类活动,通过数学课程让学生重复人类数学发现的过程是可能的;(2)数学课程应当从学生熟悉的现实开始和结束.[61]

荷兰的数学课程强调数学是一项人类活动,学校中的数学不是封闭的系统,而是从现实生活开始的数学化过程.数学课程应当要引导学生重复人类数学发现的过程,实现数学的再发现和再创造.根据弗赖登塔尔的观点,数学课程不能从已经是最终结果的那些完美的数学系统开始,不能采用向学生硬性嵌入一些远离现实生活的抽象数学结构的方式进行.数学课程应当从学生熟悉的现实生活开始,沿着数学发现过程中人类的活动轨迹,逐步通过学生自己的发现去学习数学、获取抽象化的数学知识,再及时把它们应用到新的现实问题上去.

在1993年之前,荷兰没有一般意义上的国家数学课程标准.从1998年起,荷兰政府教育与科学文化部开始颁布全国统一的"教育获得性目标"(attainment targets).

4.4.2.2　2004年的荷兰数学课程改革

20世纪90年代末,对国家课程标准质疑的呼声逐渐高涨,1999年发布了教育督导评估报告,指出数学课程实施过程中存在的问题,课程内容过于"自上而下"地设计,学校没有足够的自由度为了学生的发展而调整教学等.因此2002年荷兰教育部根据荷兰教育咨询委员会的建议,推出"变革基础中等教育"的任务,其主要功能之一就是调整、更新课程的核心目标.2004年公布全新的中等教育数学课程"核心目标"(core goals),更为宏观地描述了中学数学课程应该追求的目标.中等数学课程的核心目标包括:[62]

- 学会使用适当的数学语言整理自己的思维,并且解释给他人听,学会理解他人使用的数学语言;
- 在独立工作或与他人合作时,学会识别并且使用数学,解决实践情境中的问题;
- 学会提出数学论证,并且会辨别数学论证的观点和表述,学会从相互尊重思维方式的角度给出以及接受数学评论;
- 学会理解正负数、小数、分数、百分数和比率的结构和关系,学会处理那些有意义实践情境中的数;
- 学会以精确的以及估算的方式计算,基于对精确、对规模秩序、对所给情境的错误边界的洞察,进行推理;
- 学会测量,学会理解十进制的结构和关系,学会用普通场景下的量的测量单位进行计算;
- 学会用非正式的符号、图像表征、表格、图像、公式,理解常量和变量之间的关系;

- 学会用二维或者三维形状和结构,学会制作并表征这些性质,学会利用这些性质和测量计算和推理;
- 学会系统描述、排列数据,并将数据具体化,并且学会批判地评判数据表征以及结论.

尽管这些核心目标没有描述教学过程,但反映了现实数学教育(RME)原则,也即数学应该是有用的并且有意义的,在形式化之前产生意义.数学教学重要的是,学生要经历各个层面的理解,从非正式并且具体的到更为形式的和抽象的理解.教师在这个过程中要引导学生.

显然2004年的荷兰中学数学课程核心目标的表述并没有像以前那样具体细致,其主要目的在于,给学校更多的自由空间,来定义具体的内容,计划教学时间,以适应所教学生的情况.当学校有更多自主权时,学校就应该有更多的机会为学生量身定做学习计划.因此,这"核心目标"体现三个功能:满足不同类型学校的需求;实现"量身定做"的解决方案(补习教学,补充材料);形成学校特色.

这样的课程发展体现出如下的特点:重点强调学生以各种方式、在各种不同的情境下需要数学,在学校外需要数学.因此学生应该发展其在数、量、测量、形状、结构、关系、运算与函数等领域的洞察力和基本技能,而且持续地发展他们的数学语言、素养和计算能力.

从荷兰教育部角度看,就是让中学数学教育具有如下特点:

"在中学数学教育阶段,大部分学生将受到数学活动的挑战,数学活动将在有意义的场景中开展.而其他学生可能受到更为抽象、理论的方法的挑战.这两部分内容将在应用情境中展开."[63]另外,还应该关注数学与其他学科的联系,这种联系有两层意思:在数学教育中利用来自其他学科的情境;其他学科会关注数学的某个方面.总之,这些"核心目标"体现的特点是符合RME原则的.

这些一般意义上的2004年"核心目标",为创新型学校和教师带来更多的自主选择权,来选择、设计他们自己的课程,以适应政府的一般政策,以区分学校,给学校更多的责任.在这课程改革的过程中,通过与学校管理层以及教师的商谈,发现大部分人乐于改革.

这样的改革对教师是很大的挑战,因为教师往往不参考甚至不知道这样的核心目标,他们过于依赖教科书.因此在新的改革面前,由于目标不再那样翔实,传统的教师希望更新教科书,便于他们继续依赖于教科书.创新型的学校希望实施基于能力的教育,他们困惑于如何处理数学.他们的问题聚焦在:如何以主题的方式表达数学;如何将数学与其他学科结合起来;作为独立的科目数学应该教些什么.

问题解决导向的高中数学课程

正是由于荷兰国家课程标准为数学课程发展提供很大的自由空间,领衔荷兰数学教育发展的弗赖登塔尔科学与数学教育研究所(Freudenthal Institute for Science and Mathematics

Education)提出问题解决导向的数学课程思想.[64]

在现实数学教育思想引领下,问题解决成为荷兰数学课程发展的核心.问题解决被看作是解决非常规问题的一种艺术,所谓非常规问题是指对学生来说还没有已知的解决策略,但是为学生探索新的解决策略提供机会.问题解决中的问题并不局限于现实问题,也包括产生于"数学世界"的问题.1989 年以来,荷兰高中数学课程被分为两类,数学 A 与数学 B.数学 B 包括专业技术学习、大学数学和科学学习所需要的数学,其核心是微积分.数学 A 为那些希望从事社会或经济科学或相关领域研究的学生准备的,其重点是数学的应用以及数学建模,让学生更多经历利用数学解决"现实问题",充分体现"现实数学教育"的思想.

原则上,数学 A 体现着数学问题解决导向的数学课程思想.但是受书面的统一考试评价的影响,数学 A 越来越不重视数学问题解决、数学建模、促进高层次数学思维发展的开放式问题解决等.因为考试题似乎与现实情境相关,但是很少要求学生数学建模能力或问题解决能力的发挥.因此研究者认为,数学 A 陷入了一个死循环:"糟糕"的统一考试导致"糟糕"的教育.为了打破这个死循环,人们在考试制度之外设立了数学 A 竞赛.其意图是,设计这样一种"任务",它体现数学 A 的课程目标,并且要求团队活动完成任务.这种任务设计的特点是,学生进行团队的竞赛活动.

数学 A 竞赛是由 11 年级和 12 年级修读数学 A 课程的学生参加的,学生需要以团队(3~4 人)为单位,完成挑战性问题.竞赛包括学校层面的初赛,及在某会议中心的决赛.数学任务是开放式的,意味着团队编制一个完整的任务解决路径,从定义问题开始,然后定义策略,解决方案,论证方案,呈现解答过程.结果以完整报告形式给出.

目前这个数学 A 竞赛有 150 个学校参加,近 1 500 个团队,也就是说有近 6 000 名学生参与以团队形式解决一个开放的真实的问题.例如,在某次竞赛的最后一轮,学生拿到了"生物多样性"的任务.每天都有植物和动物死亡.学生任务是,确定某种标准来决定哪些植物和动物需要优先拯救,以保持足够的物种多样性.

前三个问题是团队需要熟悉生物多样性的概念,然后编制衡量物种遗传关系的量表,利用这个价值量表决定,为了保持从遗传学角度看尽可能大的多样性,最需要保护哪个物种.

首先给学生这样的任务:"一批不同植物(A、B、C 和 D)组合的照片给不同的科学家,然后他们根据多样性的递减对这些植物排名."学生团队利用这些信息,来确定哪些因素对多样性重要.团队不要求建立关于排名的函数,但是团队努力要找出有关函数.

任务的第二个部分是学生要从遗传多样性角度,来确定哪些物种最好保护,其间使用遗传关系的遗传树.对学生来说,寻找合适的量表就好像是盲目地寻找合适的公式,团队任意进行加、减、乘、除,过程中经常会遗忘合理的论证.还可以观察到对任务的批评或者对学生的批评.另外,在设定量表时会有批评声,有时缺少明确的公式、符号等.问题解决过程中,学生经历着用数学语言与他人交流,进行合理的数学论证,用数学符号进行表征,学会小组分工合作,团队之间的合作等.因此问题解决导向的数学课程案例在落实过程中,也充分体现了数学课程的核心目标要求.

荷兰的数学课程发展就是基于这种现实数学教育思想,实施问题导向的课程,倡导数学建模以及技术的整合利用.但是在具体实施过程中,会与统一考试发生矛盾,因为统一考试没有涉及数学问题解决活动,实施过程中的另一个障碍则是数学教材所致,教材没有完全对问题解决开放,没有强调对于问题解决的学习.

4.4.3 澳大利亚中学数学课程中的问题解决

2008年澳大利亚启动全国性的数学课程改革,2011年正式颁布第一个全国性统一的数学课程标准(F-10),强调通过数学课程改革,提升数学教育的质量、公平性和可达性.课程标准对内容提出一定要求的同时,提出了四个水平的能力精熟度要求,尽管其表述是学业成就导向的,但是这次课程改革强调的是学生在学习过程中获得这些成就所进行的数学活动和积累的数学经验.为了使学生达到课程标准提出的能力要求,教师需要克服"肤浅教学综合征",[65]为学生创设情境,让他们在复杂问题解决过程中,进行数学活动,积累数学经验.

澳大利亚数学课程研究者、开发者认识到,如果发展学生有意义地使用数学、应用数学的能力,为学生创设环境、积累问题解决经验是关键.学生通过问题解决,形成数学思想的深入理解,积极又激情地投入到数学课堂教学中,欣赏数学的实用性和有效性.

澳大利亚的首个全国性数学课程标准,对问题解决提出如下要求:"学生能够做出决定,进行解释,进行表述,建立模型,探究问题情境,能够有效地交流解决方案.学生在用数学表述(表征)不熟悉或者有意义的情境时,会表述和解决问题;在设计数学探究、规划探究过程时会表述和解决问题;在应用已有策略寻找解决途径时会表述和解决问题;在验证答案合理性时会表达和解决问题."[66]

学生要成为一个成功的问题解决者,需要在数学教学中有机会积极参与数学活动;这也意味着,教师需要选择、设计适当的任务,驱动学生选择可以利用的数学知识,选择相应的问题解决策略,探究数学情境,建立相应的模型.同样重要的是能够有效地交流解决途径.为了强化教师对数学课程中能力精熟度的理解,课程标准在各个年级标准中都指明,关于理解、流畅、问题解决和推理的"能力精熟度"(proficiency)的四个方面是数学内容的有机组成部分,渗透在三个内容领域:数与代数、测量与几何、统计与概率之中.能力精熟度强化利用内容开展数学活动的意义,描述探索和发现内容的途径,他们从发展的视角表述数学学习过程.

在这个总体能力要求下,每个年级标准分别提出相应的数学问题解决要求,见表 4-10.

表 4-10 不同年级数学问题解决要求表

年级	问 题 解 决 要 求
6	问题解决包括会用分数、小数、百分数和测量表示和解决真实问题,会解释二级数据,找到未知角的大小
7	问题解决包括会用数和测量表示和解决真实问题,会转换并识别对称,会计算角度,会解释由随机试验得到的数据
8	问题解决包括用公式表示含有比率、盈利、亏损、面积统计图、条形统计图的实际情境,并进行建模,会用双向表和文氏图法计算概率
9	问题解决包括用公式表示含有四棱锥表面积和体积的实际情境,并且进行建模,会用将比率和比例因子应用于类似的形状,会解决直角三角几何问题,会从二手资料中收集数据,并进行探究
10	问题解决包括计算各种不规则棱锥的表面积和体积,解决实际问题;会利用三角几何的应用找出未知长度和角度,会利用代数和图像法找到等式和不等式的解,会调查事件的独立性

这些对问题解决的表述包含着学习数学的活动,如解释、收集、调查等,并且将问题解决与特定内容结合起来,如分数、百分数、四棱锥、表面积、比率等.为了让教师更为明确如何创设所谓"真实问题"或"实际情境",为学生设计合适的问题解决任务,课程标准在表述内容要求时,将问题解决思想镶嵌其中,有助于教师围绕特定的数学内容设计相应的数学问题解决任务或活动.表 4-11 以数与代数为例,列举涉及问题解决的内容要求.

表 4-11 涉及问题解决的数与代数内容表

年级	涉及问题解决的数与代数内容
6	解决涉及分数加减的问题;选择和应用高效的心算和笔算,以及适当的数字化技术,解决涉及整数四则运算的问题
7	解决涉及异分母分数加减的问题;探究、解释并分析来自真实数据的图像
8	解决涉及百分数应用的问题,包括百分数增加和减少;解决涉及盈利和亏损的问题
9	解决涉及正比例的问题;解决涉及单利的问题
10	探究多项式概念,并且应用因式分解和余数定理解决问题

澳大利亚数学课程标准通过在内容要求中整合问题解决思想,再次强调问题解决是首个全国性数学课程标准的显性目标.另外在学业成就标准中,课程标准也给出关于数学问题解决的具体样例,帮助教师进一步明确在数学课堂教学中进行数学问题解决教学的重要性.

【样题】计算[67]

这是一个与数的计算有关的问题,适合 6 年级学生,要求他们解决这个涉及小数乘法的日常情境问题.题目如下:

票价
13岁以下 10.50澳元
成人   14.50澳元

点心
爆米花
　小份 2.50澳元
　中份 3.50澳元
　大份 3.50澳元

饮料
　小份 2.50澳元
　中份 3.00澳元
　大份 3.50澳元

巧克力棒 1.95澳元
巧克力蛋糕 3.25澳元
水   1.95澳元
炸土豆条/脆饼 2.95澳元

你和朋友去看电影,轮到你买单.请看左侧的价目表.利用乘法策略回答下列问题,并说明你的思考.

(1) 买四张"13 岁以下"的票,你需要支付多少?

(2) 你的一个朋友想要一份大杯的饮料,另一个朋友想要一袋中份的爆米花.你要付多少?

(3) 你和另外一个朋友分别想要一块巧克力蛋糕和一份大杯饮料.你要付多少?

(4) 看了半场电影,你们都口渴了.你出来买了 4 瓶水,你付给营业员 20 澳元,你要拿到多少他找回你的钱?

【样题】真实世界中的线性关系[68]

这是一个与代数领域相关的真实情境问题,适合 8 年级学生,要求他们探究澳大利亚首都领地(ACT)和新南威尔士州(NSW)的出租车价格问题.在问题解决过程中,学生要用到笛卡儿坐标系图像以及方程等知识,比较来自两个真实场景的数据,作出判断,并且利用数学推理对判断进行论证.如表 4-12 中的数据先提供给学生:

表 4-12

出租车价	澳大利亚首都领地(ACT)	新南威尔士州(NSW)
起步价	4.70 澳元	3.50 澳元
每千米单价	1.90 澳元	2.14 澳元

题目如下:

1. 在表 4-13、表 4-14 中填上价格,比较 NSW 和 ACT 的出租车价.

表 4-13

起步价	起步距离+1 千米	起步距离+2 千米	起步距离+5 千米	起步距离+10 千米

表 4-14

起步价	起步距离+1 千米	起步距离+2 千米	起步距离+5 千米	起步距离+10 千米

2. 将表格中的数据,用不同颜色标示在给出的图像上(图 4-19).

3. 列出一个反映 ACT 出租车价格的代数方程(提示:起步价+每千米单价=乘车价).

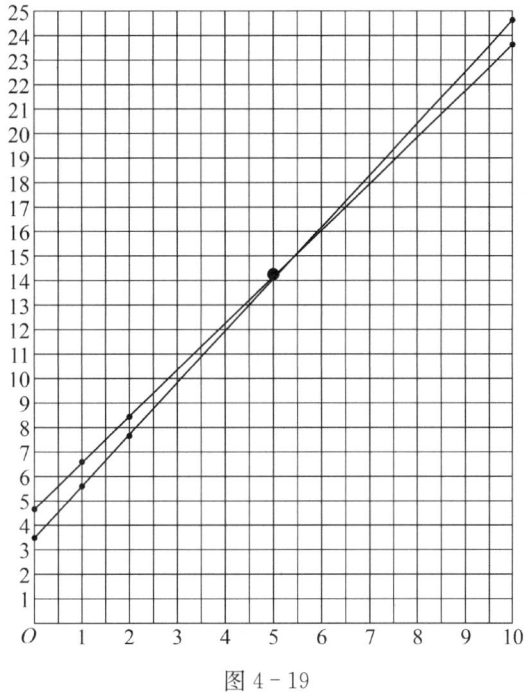

图 4-19

4. 列出一个反映 NSW 出租车价格的代数方程.

5. 用文字解释你所列的方程.

6. 乘多少距离后,NSW 出租车比 ACT 的贵？为什么？

7. 如果你有 20 澳元,在 ACT 乘出租车,你能坐多远距离？

一般来说,安排学生用 1～2 周时间解决这个真实的、开放的问题.在问题解决过程中,学生要应用在课堂上训练的关于解决真实世界问题的策略,要利用相关数学知识,探究这个真实问题,建立模型,进行计算,得出结果,然后加以验证等.

显然,澳大利亚首个全国性的数学课程改革,旨在加强学生的数学问题解决能力的培养,这个目标和思想不仅体现在能力目标中,而且渗透在内容标准中,并且通过学业成就评价框架来评价数学问题解决能力发展的状况.

当然,有研究者对数学课程标准进行分析后发现,课程标准的重点在"理解和流畅"这两个能力精熟度上,对问题解决和推理的要求只放在低水平层面.例如,他们对 8 年级的内容标准进行分析,发现 56% 的内容与流畅能力相关,仅有 12% 的内容与问题解决相关.[69]

4.4.4　韩国中学数学课程发展

4.4.4.1　韩国数学课程发展概览

从 1946 年首次颁布全国数学教学大纲,到 2011 年最新数学课程修订,韩国数学课程发展经历了若干次的重大改革,每次数学课程改革与国家的政治、文化、经济以及教育价值密切相关,同时也经受着国际数学课程思潮的影响.庞(J. Pang)将韩国数学课程发展各个阶段的特征归结如下(见表4-15).[70]

表4-15 韩国数学课程发展特点概览

课　程	颁布年份	特　　　点
教学大纲	1946年	大纲列举重点教学内容 学生学习的难点内容和繁杂内容
第一次	1955年	学科内容中心的课程 强调日常生活中的数学
第二次	1963年	经验中心的课程 强调数学系统
第三次	1973年	学科中心的课程 受美国"新数运动"的影响 强调数学的本质和结构
第四次	1981年	受美国"回到基础运动"的影响 削减数学内容 重视数学问题解决
第五次	1987年	问题解决中心的课程 进一步削减数学内容 淡化符号的严格意义
第六次	1992年	为信息化社会做准备 继续削减数学内容 强调多元评价
第七次	1997年	学习者中心的课程,阶段性差别化的结构 将数学内容合理化 强调学生活动、兴趣和信心 强调多元化学习工具、教学方法和评价方法
修　订	2007年	进一步将数学内容合理化 强调数学思维和数学交流能力 强调多种多样的数学价值观和学习数学的情感因素
修　订	(2009年)2011年	创新为中心的课程 强调学生性格特点的养成 强化数学过程 削减数学内容 采用学段结构

韩国每次数学课程改革体现着那个时代数学教育的价值.例如,20世纪50年代初的第一次数学课程改革重视日常生活情境中的数学,体现了实用数学的思想.数学课程强调数学内容直接联系真实生活情境中的问题,希望学生会计算日常购物相关的问题.20世纪60年代初的第二次数学课程改革突出数学的逻辑性和理论性.20世纪70年代的第三次改革受美国"新数运动"的影响,重视现代数学的早期导入,强调结构良好的数学演绎和数学抽

象的本质,强调数学的严谨性.但是,20世纪80年代初期的第四次数学课程改革开始考虑到学生认知水平,优先重视学生获得精确的知识和技能,逐渐缓解了理解数学逻辑证明的要求.[71]接着第五次和第六次数学课程改革开始重视数学问题解决,并将数学问题解决能力作为学校数学教育培养的基本数学能力之一,数学课程从"算术"更名为"数学",并且提出,学习数学要超越基本数学技能的联系,学习数学是发展对各种事物的逻辑思维以及数学应用能力.

20世纪90年代末的第七次数学课程改革与之前的数学课程发展有着本质的变化,它突出了基于水平差异的课程结构.课程包括两个部分:(1)分为20个不同水平的、所有1～10年级学生的公共核心课程;(2)高中阶段含有不同主题和不同难度水平的选修课程(例如,实用数学、概率和统计、微积分等).由于学生数学能力差异的增加,驱动第七次数学课程改革,因此韩国教育部提出要顾及学生个性化的学习需求.2007年、2009年和2011年分别对第七次数学课程进行修订,尤其是2009年的修订涉及韩国整个课程政策与课程管理的变化,2009年韩国教育部提出要开发学生创新潜能,满足未来社会发展的需要;另外要重新审视学校学习的有效性,培育学生的性格特征,加强学生的核心能力,支持学生多样化发展.因此2011年修订课程旨在体现2009年全国性的课程政策变化.2011年修订的数学课程就具有了突出创新、培育个性、强调过程等特点.下面重点分析2011年以来韩国数学课程发展的特点.

4.4.4.2　韩国数学课程发展的现代特征

由于韩国课程改革政策的整体变化,数学课程也发生较大变革,尤其在课程目标(为何教)、课程内容(教什么)、课程实施方案(如何教、何时教)等方面发生着变革,形成了当下韩国数学课程发展的特征.

课程目标的最新特点

韩国数学课程发展坚持三个基本目标:获得数学知识和技能;提高数学思维能力;培养问题解决能力和态度.自2007年以来,考虑到现代社会发展的需要,现代个性发展的特点,数学课程目标得以拓展,增加了关于数学交流、积极态度、数学创新、个性养成等四个过程性的目标.

数学交流能力有助于学生深化数学思维、促进与他人积极交流.而研究表明,与美国或澳大利亚学生相比,韩国学生在数学课堂教学中较为羞涩和安静,不够主动表达,这与课堂教学中数学交流能力的不足密切相关,因此最新数学课程明确将数学交流能力培养作为显性的课程目标之一.

2007年的数学课程修订版突出了学生数学的积极态度目标.以往,韩国数学课程发展较为注重数学教学的认知维度,重视向学生传递适合他们认知水平的内容,而较为忽视数学教学的情感维度.仅仅在20世纪80年代末的改革中提到要重视数学学习的兴趣等情感维度.近 10 多年来,一些大型国际评价比较项目(TIMSS,PISA 等)结果表明,韩国学生在数学技能和方法、数学问题解决等方面表现优良,而在数学兴趣和信心方面韩国学生表现较为消极.正是这些国际性评价项目的影响,韩国数学课程强调,要重点培养学生数学学习的兴趣,提高学生对数学的鉴赏态度与鉴赏能力.[72]

在 2009 年修订 2007 年版数学课程时,教育部明确提出要重视创新意识和创新能力的培养,它是提升国家竞争力的重要因素之一.以往较为重视英才学生的创新能力培养,当今则重新思考,如何对所有学生开展创新能力的培养.韩国提出对一般意义上的创新进行分层、细化,有针对性地开展创新意识、创新能力的培养,它与其他能力是相互支撑的,也就是说问题解决能力、交流能力、推理能力都是提高学生创新性必不可少的能力.

韩国数学课程最新拓展的课程目标为通过学校数学培育学生的性格特征,2011 年的修订版明确提出这个课程目标.韩国教育、科学和技术咨询委员会(Advisory Council on Education, Science & Technology)主席提出要培养有全球视野、创新精神和有文化的人才,因此在课程修订时,课程研制者将培育学生性格特征与培养创新能力一同作为课程目标.养成良好的性格特征,包括诚实,有责任心、上进心、同情心,公正,合作以及和谐等.

课程内容的最新特点

上述理想的课程目标成为教学现实,其中重要环节就是对课程内容进行审视和变革.韩国在最新的改革中,对内容的变革表现出三大特点:(1)根据学段安排内容.这有助于发现哪些知识分散在各个年级,但又只出现一次,且不影响其他知识的学习,这些知识将酌情被放弃.另外,根据学段安排内容有助于加强数学内容之间的相互联系,例如,6～8 年级作为一个学段,从数系的角度组织整数、有理数等内容以及它们的运算;又如,将方程或不等式概念与它们在解决现实问题中的应用安排在一个学段,取代以往先教授概念再练习应用的线性序列.(2)对数学主题精致化处理.例如,强调数感,削弱纯粹的计算;通过强调估算等的运算感,削弱繁杂运算;强调有效利用计算器,削弱复杂计算;强调理解可测性质,削弱对这些性质的计算;强调数学验证,削弱严谨的几何证明等.在对课程内容进行精致化改革中,非常重视数学过程性的内容或方法.(3)高中阶段将学生数学能力分为三个层级,基础、普通、高级,然后为学生提供差别化的课程.如图 4-20 为高中数学课程内容的层级结构.[73]

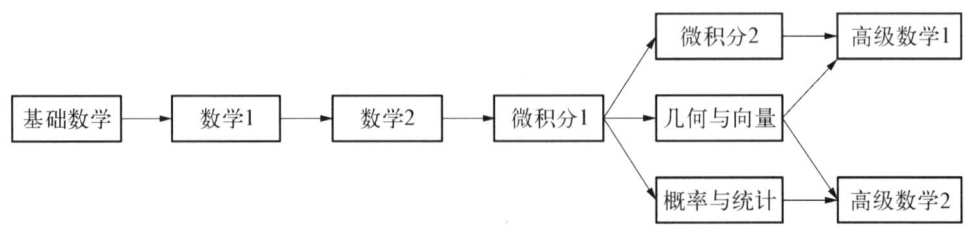

图 4-20 高中数学课程层级结构

对于数学能力属于基础层级的学生，他们在数学学习中有一定困难，因此建议他们修读"基础数学"课程；对于数学能力属于普通层级的学生，建议修读"数学1"和"概率统计"课程；对于数学能力属于高级层级的学生，他们修读"高级数学1"和"高级数学2"．当然这里还需要探讨，如何评价学生数学能力，对此进行分层．

课程实施方案的最新特点

鉴于新数学课程目标的提出，2011年修订的数学课程标准对课程如何实施也进行相应的修订，为落实那些期望的过程性目标提供有意义的建议．

针对如何在课堂教学培养数学交流能力，课程标准首先明确学生的数学交流能力的具体表现：(1)学生理解和正确使用数学表征，如项、符号、表格、图像等；(2)学生高效地与他人交流，用文字和写作活动解释数学思想，形象化地表达数学思想；(3)学生认识到交流对于学习和使用数学的重要性，学习数学就需要通过表达和讨论数学来澄清和反思自己的思维．针对这样数学交流的表现，课程标准认为有成效地开展数学交流的基础就是设计有意义的问题，它建议教师设计开放式问题，激发学生积极主动的回应．这对于韩国数学教师是很大的挑战，因为他们更擅长开展结构化的、按部就班的教学．

针对如何在课堂教学中培养学生数学问题解决能力，课程标准也提出了指导性建议：(1)问题解决教学应该是跨内容领域的，而不仅仅局限于某个知识点开展问题解决教学；(2)学生需要有机会探究问题情境，基于一定的数学知识基础和思维策略找出合适的解决方案，进而解决问题；(3)在问题提出和问题解决的过程中找出并使用的方法和过程，和找到答案同样重要；(4)学生需要有机会在问题解决的过程中探索数学概念和规则，并将它们一般化．

针对如何养成对数学的积极态度、形成数学学习的兴趣和信心，课程标准指出，希望学生在各种不同的情境中探究数学，让学生认识到数学的价值和必要性，也就是说，数学教学不能局限于数学情境，而是应该利用其他学科情境或者日常实践情境，让学生投身其中，找寻数学、感受数学，进而赞赏隐藏其中的数学．

针对如何培育所有学生的数学创新能力，数学课程标准也给出一定的建议：(1)数学教学应该重视数学问题解决、数学推理和交流能力；(2)利用能生成各种不同思想的数学任务，激发学生发散性思维；(3)学生利用各种不同的方法解决问题，并加以比较；(4)学生要认识到数学概念或数学表达式的必要性，并且学会定义它们，而不是接受教师传递的概念．

最后针对如何促进学生性格特征的养成，课程标准建议如下：(1)学生要尊重同伴们提出的不同的解决方案和意见；(2)学生要有逻辑地表达数学观点，进行合理的推理，由此养成作为民主公民应该有的素养；(3)学生认识到在解决数学问题时，过程具有重要意义．

纵观韩国最新的数学课程发展特点,数学课程的目的不局限于数学知识、技能、思想方法的培养,而是将数学课程作为培养未来社会需要的人才的基础平台.当然要将这些期望变成现实,还需要大量的理论研究和实践探索.

参考文献

[1] 胡森.国际教育百科全书,第8卷.丁廷森,丁昀,等译.贵阳:贵州教育出版社,1991:447.

[2] HEID H. Was vermag die Standardisierungwuenschenswerter Lernoutputs zur Qualitaetsverbesserung des Bildungswesensbeizutragen? //BENNER D. Bildungsstandards. Schoeningh, 2007: 29 – 48.

[3] 顾明远.教育大辞典,第1卷.上海:上海教育出版社,1991:280.

[4] 谢维和.我国应该建立自己的教育标准.教育研究,2001(11):21 – 23.

[5] 刘兼,黄翔,张丹.数学课程设计.北京:高等教育出版社,2003:96 – 98.

[6] 高卫兵,史海峰,编译.国家仍处在危险中——美国教育改革最新动态.课程·教材·教法,1988:12.

[7] 孙晓天.数学课程发展的国际视野.北京:高等教育出版社,2003.

[8] LAPPEN G, PHILLIPS E. Challenges in US mathematics education through a curriculum developer lens.Educational Designer, 1(3). Downloaded Feb. 09, 2015, from http://www.educationaldesigner.org/ed/volume1/issue3/article11/. 2009:4.

[9] SCHOENFELD A H. Reflections on Curricular Change//LI Y P, LAPPAN G. Mathematics Curriculum in School Education (pp 49 – 72), Advances in Mathematics Education. Springer, 2014:58.

[10] LAPPEN G, PHILLIPS E. Challenges in US mathematics education through a curriculum developer lens.Educational Designer, 1(3). Downloaded Feb. 09, 2015, from http://www.educationaldesigner.org/ed/volume1/issue3/article11/. 2009:8.

[11] HUNTLEY M, RASMUSSEN C, VILLARUBI R, et al. Effects of Standards-Based Mathematics Education: A Study of the Core-plus Mathematics Project Algebra and Functions Strand. Journal for Research in Mathematics Education, 2000, 31(3): 328 – 361.

[12] 胡庆芳.不让一个孩子掉队——新世纪美国政府的教育理想和改革方向.外国中小学教育.2001(5):1 – 6.

[13] 杨光富.奥巴马与美国中小学数学和科学教育.外国中小学教育,2013(11):10 – 15.

[14] BLUM W, DRUEKE-NOE C, LEISS D, et al. Zur Rolle von Bildungsstandards fuer die Qualitaetsentwicklung im Mathematikunterricht. ZDM, 2005, 37(4): 267 – 274.

[15] WEINERT F E. Leistungsmessung in Schulen. Weinheim und Basel: Beltz, 2003:17 – 23.

[16] KMK. Bildungsstandards im Fach Mathematik fuer den Mittleren Schulabschluss. 2003:15.

[17] WINTER H. Mathematikunterricht und Allgemeinbildung. Mitteilung der Gesellschaft fuer Didaktik der Mathematik, 1995(61): 37 – 46.

[18] CHEVALLARD Y. L'analyse des pratiques enseignantes en théorie anthropologique du didactique, Recherches en didactique des mathématiques, 1999, 19(2): 221 – 265 (11 ref.).

[19] GISPERT H. Mathematics education in France, 1900 – 1980//KARP A, SCHUBRING G. Handbook on the History of Mathematics Education (229 – 240). New York-Heidelberg-Dordrecht-London: Springer,

2014.

[20] GISPERT H. Mathematics education in France, 1900 – 1980//KARP A, SCHUBRING G. Handbook on the History of Mathematics Education (229 – 240). New York-Heidelberg-Dordrecht-London: Springer, 2014.

[21] KAHANE J P. L'enseignement des sciences mathématiques. Rapport au ministre. 1275 Commission de réflexion sur l'enseignement des mathématiques. Odile Jacob, 2002.

[22] GISPERT H. Mathematics education in France, 1900 – 1980//KARP A, SCHUBRING G. Handbook on the History of Mathematics Education (229 – 240). New York-Heidelberg-Dordrecht-London: Springer, 2014.

[23] LATROUITTE P P. Réforme du collège: Pourquoi les professeurs seront en grève mardi? http://france3-regions.francetvinfo.fr/basse-normandie/2015/05/18/reforme-du-college-pourquoi-les-professeurs-seront-en-greve-mardi-727029.html.

[24] Journée Défense et Citoyenneté. http://cache.media.education.gouv.fr/file/2014/06/4/DEPP_NI_2014_13_JDC_2013_maths_317064.pdf.

[25] Évolution des acquis en début de CE2 entre 1999 et 2013. http://cache.media.education.gouv.fr/file/2014/61/7/DEPP_NI_2014_19_evolution_acquis_debut_C E2_entre_1999_2013_325617.pdf.

[26] http://www.education.gouv.fr/pid31771/le-conseil-superieur-des-programmes.html.

[27] http://www.education.gouv.fr/cid56490/organismes-consultatifs.html.

[28] JONNAERT P, MASCIOTRA D, BARRETTE J, et al. From Competence in the curriculum to competence in action. Prospects, Vol. XXXVII, No.2, 2007.

[29] Organization for Economic Co-operation and Development. The PISA 2003 assessment frameworks — mathematics, reading, science and problem solving knowledge skills. Paris: The Author, 2003.

[30] NISS M. Mathematical Competencies and the Learning of Mathematics: The Danish KOM Project. http://w3.msi.vxu.se/users/hso/aaa_niss.pdf.2011.

[31] BLUM W, DRUEKE-NOE C, LEISS D, et al. Zur Rolle von Bildungsstandards fuer die Qualitaetsentwicklung im Mathematikunterricht. ZDM Mathematics Education, Vol. 37 (4), 2005: 267 – 274.

[32] 郭玉峰,由岫.澳大利亚数学课程的最新变化、特点及启示.课程·教材·教法,2012(3): 118 – 121.

[33] MORONY W, OLSSEN K. Support for informal assessment in mathematics in the context of standards referenced reporting. Educational Studies in Mathematics, 1994, 27: 387 – 399.

[34] ACARA. Australian curriculum information sheet: why have an Australian curriculum? Sydney: ACARA, 2010.

[35] SIEMON D. Realising the "big ideas" in number — vision impossible? Curriculum Perspectives, 2011, 31(1): 66 – 69.

[36] ANDERSON J. Forging New Opportunities for Problem Solving in Australian Mathematics Classrooms through the First National Mathematics Curriculum//LI Y P, LAPPAN G. Mathematics Curriculum in School education. Advances in Mathematics Education (209 – 229), Springer, 2014.

[37] Mathematics Education Research Group of Australasia[MERGA], MERGA response to the Australian curriculum (mathematics). MERGA, May 2010. http://www.merga.net.au/node/49. 2010.

[38] KJELLSTROM K, PETTERSSON A. The Curriculum's view of knowledge transferred to national tests in mathematics in Sweden. ZDM, 2005, 37(4): 308-316.

[39] KJELLSTROM K, PETTERSSON A. The Curriculum's view of knowledge transferred to national tests in mathematics in Sweden. ZDM, 2005, 37(4): 308-316.

[40] KJELLSTROM K, PETTERSSON A. The Curriculum's view of knowledge transferred to national tests in mathematics in Sweden. ZDM, 2005, 37(4): 308-316.

[41] WINTER H. GDM-Mittelungen, Heft 61, 1995.

[42] Kultusministerkonferenz. Konzeption der Kultusministerkonferenz zur Nutzung der Bildungsstandards fuer die Unterrichtsentwicklung. Koeln: Wolters Kluwer Deutschland GmbH, 2010.

[43] Kultusministerkonferenz. Vereinbarung ueber die Abiturpruefung der gymnasialen Oberstufe in der Sekundarstufe II, 1973.

[44] Kultusministerkonferenz. Bildungsstandards im Fach Mathematik fuer die Allgemeine Hochschulreife, 2012: 44-45.

[45] 凡勇昆,邬志辉.美国基础教育改革战略新走向——"力争上游"计划评述.比较教育研究,2011(7): 82-86.

[46] SCHOENFELD A H. Reflections on Curricular Change//LI Y P, LAPPAN G. Mathematics Curriculum in School Education, Advances in Mathematics Education. Springer, 2014: 49-72.

[47] REYS B J. Mathematics Curriculum Policies and Practices in the U.S.: The Common Core State Standards Initiative//LI Y P, LAPPAN G. Mathematics Curriculum in School Education, Advances in Mathematics Education. Springer, 2014: 35-48.

[48] SCHOENFELD A H. Reflections on Curricular Change//LI Y P, LAPPAN G. Mathematics Curriculum in School Education, Advances in Mathematics Education. Springer, 2014: 49-72.

[49] 孙晓天.数学课程发展的国际视野.北京:高等教育出版社,2003.

[50] 英国学校数学教学调查委员会.数学算数.范良火,译.北京:人民教育出版社,1994.

[51] 孙晓天.数学课程发展的国际视野.北京:高等教育出版社,2003.

[52] ERNEST P. The national curriculum in mathematics: Political perspectives and implications//NICKSON M, LERMAN S. The social context of mathematics education: Theory and practice. London: South Bank Press, 1992: 33-61.

[53] NOYES A. Whose "Quality" and "Equity"? The Case of Reforming 14-16 Mathematics Education in England//ATWEH, et al. Mapping Equity and Quality in Mathematics Education. DOI 10.1007/978-90-481-9803-0_14.Springer Science + Business Media B.V. 2011: 191-204.

[54] Department of Education. The national curriculum in England. Key stages 3 and 4 framework document. https://www.gov.uk/government/uploads/system/uploads/attachment_data/file/381754/SECONDARY_national_curriculum.pdf. 2014.

[55] Department of Education. Mathematics programmes of study: key stage 3. https://www.gov.uk/

government/uploads/system/uploads/attachment_data/file/239058/SECONDARY_national_curriculum-_Mathematics.pdf. 2013.

[56] NOYES A. Whose "Quality" and "Equity"? The Case of Reforming 14–16 Mathematics Education in England//ATWEH et al. Mapping Equity and Quality in Mathematics Education. DOI 10.1007/978-90-481-9803-0_14.Springer Science + Business Media B.V,2011:191-204.

[57] 白静,张彬.英国数学功能性技能标准及评价研究.教育测量与评价,2014(1):26-31.

[58] Department of Education. Mathematics. GCSE subject content and assessment objectives. https://www.gov.uk/government/uploads/system/uploads/attachment_data/file/254441/GCSE_mathematics_subject_content_and_assessment_objectives.pdf. 2013.

[59] 靳昕,蔡敏.美国中小学"21世纪技能"计划及启示.外国教育研究,2011(2):50-54,77.

[60] 范良火,朱雁.思考的学校,学习的国家——新加坡的数学课程//孙晓天.数学课程发展的国际视野.北京:高等教育出版社,2003:305-357.

[61] 孙晓天.数学课程发展的国际视野.北京:高等教育出版社,2003.

[62] VAN DEN HEUVEL-PANHUIZEN M,WIJERS M. Mathematics standards and curricula in the Netherlands. ZDM:Mathematics Education,2005,37(4).

[63] VAN DEN HEUVEL-PANHUIZEN M,WIJERS M. Mathematics standards and curricula in the Netherlands. ZDM:Mathematics Education,2005,37(4).

[64] DOORMAN M,DRIJVERS P,DEKKER T,et al. Problem solving as a challenge for mathematics education in The Netherlands. ZDM Mathematics Education,2007,39:405-418.

[65] ANDERSON J. Forging New Opportunities for Problem Solving in Australian Mathematics Classrooms through the First National Mathematics Curriculum//LI Y P,LAPPAN G. Mathematics Curriculum in School education. Advances in Mathematics Education. Springer,2014:209-229.

[66] ACARA. Australian curriculum:mathematics,version 7.0. Downloaded 20. February 2015 from http://www.australiancurriculum.edu.au/Mathematics/Curriculum/F-10. 2015.

[67] Australian Curriculum Mathematics. Work sample portfolio summary. Year 6 Satisfactory,2014:21.

[68] Australian Curriculum Mathematics. Work sample portfolio summary. Year 8 Satisfactory,2014:11-13.

[69] ATWEH B,GOOS M,JORGENSEN R,et al. Engaging the Australian curriculum mathematics:perspectives from the field. Online publication of MERGA. http://www.merga.net.au/sites/default/files/editor/books/1/Book.pdf. 2012.

[70] PANG J. Changes to the Korean Mathematics Curriculum:Expectations and Challenges//LI Y P,LAPPAN G. Mathematics Curriculum in School Education. Advances in Mathematics Education. Springer,2014:261-277.

[71] 曹一鸣.十三国数学课程标准评价(小学、初中卷).北京:北京师范大学出版社,2012:216-217.

[72] WONG K,KOYAMA M,LEE K. Mathematics Curriculum Policies:A Framework with Case Studies from Japan,Korea,and Singapore//LI Y P,LAPPAN G. Mathematics Curriculum in School education. Advances in Mathematics Education (79-91). Springer,2014:88.

[73] PANG J. Changes to the Korean Mathematics Curriculum: Expectations and Challenges//LI Y P, LAPPAN G. Mathematics Curriculum in School Education. Advances in Mathematics Education. Springer, 2014: 261-277.

第5章

中学数学课程发展的现代功能

§5.1 数学创新与中学数学课程

§5.2 数学素养与中学数学课程

§5.3 数学推理与中学数学课程

§5.4 数学问题解决与中学数学课程

§5.5 中学数学教材与数学课程

§5.6 中学数学教师与数学课程

§5.7 信息技术与中学数学课程

数学课程的不断发展使人们越来越关注诸如数学创新、数学素养、数学教材、数学教师等因素对数学教学效果的影响,数学教育研究者们也开始从不同角度研究、分析这些主题.本章通过分析已有的关于数学创新、数学素养、数学推理、数学教材、数学教师、数学问题解决、数学内容及信息技术的研究成果,阐述数学课程发展所带来的这些现代功能.

§5.1 数学创新与中学数学课程

林崇德先生曾指出,人的创造力最重要的表征便是创新,创新是知识价值的核心.[1]其中创造力一直都是心理学界关注的热点.在数学教育研究领域,人们往往不区分"数学创新"与"数学创造",两者通用,且一般用"数学创新"表示.而课程价值在于通过促进人的发展来推动经济发展和社会发展.因此在课程的选择、设计、编制与实施的过程中,始终应关注学生的发展,一方面促进学生思维的发展和智力的开发,另一方面重视创新能力的培养和文化修养的提升.本节在介绍数学创新研究成果同时,分析数学课程如何发挥其培养学生数学创新能力的功能.

5.1.1 创造与创新

5.1.1.1 创造力研究

人的创造力(Creativity)是心理学界关注的热点.对于创造力的研究始于描述那些被认为拥有创造力的人的行为,但至今没有一个统一的可以接受的界定,每位研究者都从自己的角度出发提出有关创造力的概念.根据《辞海》的解释,"创造"指"首创前所未有的事物".在英语中"创造"对应的单词通常是"Create"(动词)或"Creation"(名词).心理学早期对创造力的研究主要通过分析文学、音乐创作、数学思维的特点,得出创造力是一种"天赋"(genius)的观点.它是一种稀少的心理技能,个体拥有创造力这种天赋,便能快速且轻易地进行这种特殊的思维过程.[2]创造力产生于具有天赋的个体偶然、突发的洞察力,而非学校教育中所进行的稳步前进的教学过程.近 20 年,心理学界开始重新关注创造力.与之前的"天赋"观不同,现代"创新力"研究认为创新能力与内容领域深层次的、灵活的知识密切相关,它受个体接受的教学、经验的影响,源自个体长期努力、深思,而非快速、特殊的洞察力.

芬兰神经心理学家马蒂(B. Matti)认为创造力是个人产生新的或不可预测的行为.[3]斯滕伯格(R. J. Sternberg)将创造力与智力测量联系起来,将其看作是抽象与概括能力,解决复杂问题能力.吕巴尔(T. I. Lubart)将创造力定义为进行意想不到的原创性工作的行为.数学教育研究者斯利拉曼(B. Sriraman)参照斯滕伯格和吕巴尔的定义,认为创造力是生成新颖的原创作品的能力,是对于给定的问题能用非常规方法、有见解地解决问题的能力,而不管其层次如何.[4]

研究者们,尤其是心理学界的研究者从不同角度或用不同方法对创造力展开研究,其研究方法主要有如下几类:

斯滕伯格的分类

斯滕伯格通过分析当时已有的关于创造力的研究,将创造力的定义根据研究方法分为6类:[5]

神秘主义法:认为创造力是神灵感应的结果或精神生活过程,这类研究任务与古希腊时代数学家的信念、数学本质及创新之间有着特殊的联系.

务实法:主要关注发展的创造力,如波利亚(G. Pólya)强调的运用各种启发式方法解决数学问题.

心理动力法:对创造力的研究基于对有意识的现实与无意识驱动之间的紧张关系.四阶段格式塔模型是该方法的例子之一.

心理测量法:使用纸笔方式测量创造力.如由托兰斯(E. P. Torrance)开发的创造性思维测试,该测试使用资优课程识别那些有天赋和创新能力的学生,并通过设计口头的或含人物情境的任务考查学生的问题解决技能和发散思维.

认知法:侧重于理解人类创造力思想的心理表征与过程.如韦斯伯格(R. Weisberg)认为创造力产生于一般的认知过程,源自人体对已存知识所进行的认知活动.

社会人格法:侧重于将人格、动机变量及社会文化环境作为创造力的资源.大量的研究都认为创造力与文化多样性、战争、榜样的作用、经济的支持及竞争有关.

创新的合流理论(Confluence theories of creativity)

最常引用的有关创造力研究的三个"合流"方法为:系统法、用于发展系统法的案例研究、投资理论法.

系统法重视创造力的社会和文化特点,而不仅将创造力视作个人的心理过程,它强调创造力的产生需要人与人之间、人与社会文化之间的交流.系统模型提出创造力是个人、领域、范围之间交汇的部分.[6]创造力的系统模型认为,为了使创造力产生一系列的规则并使其付诸实践,必须使创造力由领域范围转向个人,然后个人必须在领域内容上产生一些新颖的变化,且这些变化能被选择进入所属领域之中.

格鲁伯(H. E. Gruber)和华莱士(D. B. Wallace)借助发展系统法进行案例研究.他们提出一个研究模型,将个人看作独特的创新与思想的进化系统,因此,个人的创新活动必须由他们自己研究.在这个模型中,创新工作是新颖且有价值的.值得注意的是这个模型强调的不是创新的原创性,也不是创造个人的个性,而是创造性工作如何进行.其中主要探讨:

(1)当创新型人才形成创造力时,他们做了什么?(2)创新型人才如何调动有用的资源完成那些独特的任务?[7]

合流理论的另一种方法为投资理论法,它认为,创造性人才就像优秀的投资者,即低买高卖.[8]创新人员提出一个想法不管是否受到欢迎或尊重,都希望他人能确信其想法的内在价值,当他们将这些想法向他人成功传播之后,创新人员将继续构思下一个想法.投资理论认为形成创造力需要拥有六个要素:理解力、知识、思维风格、个性、动机及环境.

创造力研究的领域之分:一般领域与特殊领域

以往人们常将创造力看成是一般领域的内容,如创造力测试的广泛应用,利用口语和图像形式进行测试的托兰斯创造性思维测试(Torrance Tests of Creative Thinking,简称TTCT).TTCT主要用于评价儿童与成人的创新思维能力,测试评价创新的三个要素为:流畅性、灵活性、新颖性.流畅性指根据提示所形成观点的数量;灵活性指根据提示产生方法的转移;新颖性指根据提示所产生观念的原始性.由于研究者开始意识到将创造力看作一般领域的内容进行研究,过度依赖于运用多重思维测试去定义并研究创造力,易使其一般化,因此数学创新能力的研究开始从普通领域转向特殊领域.特殊领域的提法主要受加德纳(H. Gardner)多重智力理论的影响,他于1988年提出了创造力应类似于智力.至此,心理学者、教育学者们开始将其视作特殊领域的内容.普卢克(J. Plucker)和贝盖朵(R. A. Beghetto)提出了一个模型(图 5-1),尝试结合创造力普通领域与特殊领域的特点研究创造力.该模型通过一条直线形象地描绘个人年龄与经验、兴趣与承诺对个人完成特殊领域的创新性工作的影响.[9]

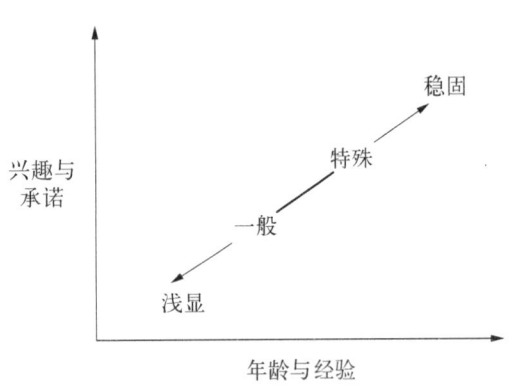

图 5-1 特殊与一般领域创造力的概念化图

5.1.1.2 创新研究

"创新"一词早在《南史·后妃传上·宁世祖殷淑仪》中就曾提到,意为创立或创造新东西.在《现代汉语词典》中,"创新"解释为:抛开旧的,创造新的.英文"创新"为"Innovate"(动词)或"Innovation"(名词),《韦氏词典》将"创新"定义为两点:引入新概念、新东西和革新.

创新是知识经济时代大力弘扬的理念.知识经济是一种智力支撑经济形态,知识成为经济发展的基础和经济增长的驱动力.在知识经济时代,由于知识经济的兴起而带来的社会转型与挑战,使社会各界对人的本性、创新精神和创新人才的培养有了重新的认识.人们常引用经济范畴的创新理论理解创新.20世纪初,"现代创新之父"美籍奥地利经济学家熊彼特(J. A. Schumpeter)在《经济发展理论》(1912年)一书中首次提出了"创新"的概念,他将"创新"视为经济增长的内生变量,之后又在其他著作里加以应用和发展.熊彼特认为,创新就是建立一种新的生产要素组合的生产函数,这种新组合包括:

(1) 引入一种新产品或提供一种产品的新质量;

(2) 采用一种新的生产方式;

(3) 开辟一个新的市场;

(4) 获得一种原料或半成品的新的供给来源;

(5) 实行一种新的企业组织形式等.

对于创新过程,熊彼特提出必须把知识"引入经济系统"才算完成.

熊彼特以及他的后继者发展了新熊彼特主义经济学派,其理论构成了现代创新研究的基础,也是国家创新体系(National Innovation System,简称 NIS)的研究起点.有研究者根据熊彼特关于创新理论的论述,将创新定义为:新的或重新组合的或再次发现的知识被引入经济系统的过程.该定义有三个不同层次的要素:创造是创新,重新组合和再次发现也是创新.[10]

随着知识经济时代的到来,国家和地区的知识创新体系和创新能力在国家、地区经济和社会发展中所表现出来的竞争性作用越来越明显,而提高国家创新能力的基础工作便是培养创造性人才.教育作为国家创新体系的重要组成部分和支柱产业,是知识创新、传播和应用的主要基地,也是培养创新精神和创新人才的摇篮.

随着第三次全国教育工作会议的召开和中共中央、国务院《关于深化教育改革全面推进素质教育的决定》的落实,我国教育改革将实现中小学课程从学科本位、知识本位向关注每一个学生发展的历史转变,以学生发展为本,把学生的身心全面发展和个性潜能的开发作为核心,培养符合 21 世纪需要的、有创新能力和开拓精神的高素质人才."创新"已成为教育界关注的热点.数学具有高度抽象性、严密的逻辑推理性,是培养学生创新能力的重要学科.国家教育部制定的《全日制义务教育数学课程标准(实验稿)》中也将"培养学生创新意识"作为初中数学学科的教学目标之一,并摆在非常重要的位置上.

5.1.2 数学创新

20 世纪末以来,一方面,数学以其数量、关系、图形、结构、逻辑等方面的特点,渗透在生活、技术发展各领域;另一方面,在进入信息时代的今天,数学逐渐成为现代创新的有力工具,新科学知识和新生产技术的产生都离不开数学.创新思维自身具有的独立性、灵活性、探究性、推测性等特点与数学学习探究过程的特点不谋而合,使数学成为培养、发展创新思维的良好载体.

在数学教学中,让学生经历知识的形成过程,并在此过程中着力培养学生的创新素质是数学教学的重要任务.然而,在应试教育的桎梏下,数学教育在学生的再次发现的探索能力、"重组知识"的综合能力和应用知识解决问题的实践能力等方面的培养基本被忽视.正如布鲁姆(B. Bloom)所描述的那样,"他们以往过分强调了教育目标的最低层次——知识,因而,把90%的教学时间用于这一层次,而很少把时间花在更高层次的智力活动上,让学生创造性地应用知识."如此教学不但无益于培养学生的创新素养,更会降低学生学习数学的兴趣,将数学学习视作应试的需求.那么何为数学创新？如何培养学生的数学创新素养呢？

关于数学创新,目前仍没有统一的界定,研究者们往往从自己的研究出发定义数学创新.但学者们都认为数学创新既是一种结果,更是一个过程,它存在于数学学习和数学研究的各个环节和整个过程.若根据熊彼特对经济领域中创新的界定,数学创新可定义为:新的或重新组合的或再次发现的知识被引入数学知识系统的过程.国外学者对数学创新的研究主要关注数学创新能力形成的过程与特点.近年来,国内研究者则热衷于数学创新教育的分析.

5.1.2.1　国外数学创新研究概述

21世纪以来,培养学生创新能力已成为数学课程改革所追求的重要目标之一.创新能力不仅仅是艺术家、科学家们所独具的能力,它也存在于人们日常生活中,它是"数学大众化"教育思潮的本质诉求.由于数学活动及成果具有创造性特征,数学历来被人们认为是培养个体智力发展的首选学科.尽管大多数学生认为数学与创新两者之间没什么联系,数学家们却非常坚持数学与创新的紧密联系.如数学家基思韦特(K. Kiesswetter)认为灵活思考是数学研究过程中最重要的一个能力;毕晓普(A. Bishop)认为在数学学习、探究过程有两种非常重要的数学思维:创造性思维(如直觉)与分析思维(如逻辑性).[11]普卢克等人认为创造力是在一定社会背景下个人或团体能制造出新颖、有价值结果能力与过程之间的相互影响.[12]

数学创新阶段理论——数学家的研究

20世纪法国著名数学家彭加莱(J. H. Poincaré)认为数学创新已经被简单地描述成洞察力、选择能力.他运用发现富克斯函数(Fuchsian functions)的过程对数学创新过程进行了描述,该过程分为四个阶段：

第一阶段：对已有的问题进行深入分析,彭加莱称之为自觉工作的初步阶段.

第二阶段：暂时放下所探究的难题,思考其他问题.

第三阶段：在从事其他无关问题时,突然产生解决难题的思路.

第四阶段：运用语言或文字将解决问题的结果表达出来.

彭加莱对于创新能力的演讲,启发了其同事,另一位20世纪数学家阿达玛(J. Hadamard)对探究数学创新心理的调查.阿达玛对一些美国著名的数学家、科学家进行了非正式的调查,如伯克霍夫(G. Birkhoff)、波利亚、爱因斯坦(A. Einstein),调查他们在解决数学问题时的心理图式.阿达玛研究得出的数学创新能力形成过程受到心理学中格式塔四阶段模型的影响,其研究结论延续了格式塔四阶段,即数学创新过程经历如下四个阶段：准备阶

段—潜伏阶段—明晰阶段—证明阶段.[13]

阿达玛提出的四个阶段与之正好对应,但是其借鉴的格式塔模型存在着两个不足:一是模型中所指的问题主要是数学家们先验的问题,忽视了对从现实中所产生问题的关注.二是潜伏阶段—明晰阶段主要是潜意识的驱动,没有指出问题如何解决,对此,埃文克(G. Ervynck)提出了数学创新的三阶段:[14]

阶段 0:初步的技术阶段,该阶段包括数学规则、程序的技术或实际应用,使用者没有应用理论基础的意识.

阶段 1:算法活动阶段,主要运用数学方法进行算法活动.

阶段 2:创造(建构)阶段,这是真正数学创新发生的阶段而非使用算法进行决策.

虽然埃文克尝试用阶段 0 与阶段 1 描述数学家解决问题的过程,但是他的描述与彭加莱、阿达玛提出阶段相似,其中非算法决策与彭加莱提出的选择隐喻相似.在问题解决过程中,波利亚则强调使用多种启发式方法解决数学问题,如验证结论、先后验证多个结论、验证一个不可能的结论、推断性地类比、深入类比.

阿达玛在其著作《数学领域中的发明心理学》中以"无意识思维"为核心的数学发明心理过程.他和彭加莱有如下观点:在数学的(乃至一般的)发明创造过程中,往往存在着创造灵感,或称之为"顿悟"现象.这种顿悟的出现使经历了一种复杂的、至今尚未被我们完全认识的"无意识思维"过程之后的结果.无意识思维,是指思维者本人既没有意识到它的存在,也没有受到意识支配的一种思维过程,它在发明创造中占有举足轻重的地位.发明就是将各种"观念原子"(彭加莱用以描述各种基本思想元素的一个形象化比喻)进行千千万万的组合,再从中选出有用的组合,这种选择的标准是所谓"科学的美感".

无意识思维在发明过程的组合选择过程中不受理智的条条框框的约束,仅服从于人的直觉中和谐的美感.因此,人的直觉思维对于数学发明创造有着特别重要的作用.首先,创造阶段,科学家的思维载体是各式各样的、因人因事而异的符号、图表或其他形象,亦即此时的思维方式往往是形象的和直觉的.其次,直觉型思维比逻辑型思维的无意识程度深,且散射面更宽,因此直觉型更有利于创新.诸如费马大定理、黎曼猜想、伽罗瓦(E. Galois)关于一类积分周期的知识,彭加莱关于变分计算中一个极小值的充分条件等一系列著名例子,皆说明,在严格的逻辑推导之前,这些天才人物的惊人的直觉力,能准确无误地预见结果.[15]

为了探究数学家们如何创造性地发现数学规律,这个创造性过程有何特点,同时测试格式塔模型的应用性,斯利拉曼访问了 5 位数学家对数学创新的认识.为了从定性的角度研究创造力的特点,因此选择较为正式的访谈法,访问力求尽可能地使受访数学家自由地说出其想法,同时兼顾测试格式塔模型的应用性.

研究结果显示这些数学家在数学创新中主要有如下特点:[16]

(1) 研究指导与社会互动:指导研究生进行数学研究,并相互讨论与交流.

（2）准备与应用启发法：对发现的新主题，了解已有的研究现状.同时尝试解决多个问题，在解决各个问题时，使用波利亚提出的启发式探究法，不断使用正、反例，使用各种解题方法尝试解决问题.

（3）意象：所有受访的数学家在进行数学研究时，都没有使用电脑，因此很难揭示他们在数学研究时的心理意象，数学家们工作主要是应用了彭加莱提倡的选择隐喻法，埃文克的非算法决策.

（4）孵化与明晰：虽然前期的准备工作很重要，但是问题解决有时也受随机事件的影响，一些偶然事件常在问题解决过程中发挥着重要的作用，数学家们善于捕捉这些有利于问题解决的偶发事件.

（5）直觉、证实和证明：通过潜伏期明晰问题的解决过程，最后一步便是证实和证明.数学家们证明的过程与教科书中的逻辑证明方式有所不同，逻辑证明是一种模拟重建发现的方法，它受制于推断系统之中，而数学家们的证明过程则是直觉引导的有缺失的发现过程.

上述是数学家们的数学创新过程，那么，在学校的数学创新是怎么样的呢？

学校数学创新能力研究——问题解决教学

研究者认为学校教学中开放式问题与创造力联系比较紧密，在数学课堂教学中使用结果开放的数学问题有助于促进数学讨论，因此，开放式问题在20世纪70年代开始流行于日本的数学课堂教学，几乎在同一时间，开放式问题在英国的数学课堂教学中也开始流行.20世纪80年代开始，开放式数学问题出现在世界各国的数学课堂中，当然，不同的国家对于开放式问题的称呼有所不同，荷兰称之为现实数学.

虽然传统心理学界与现代心理学界对创新能力的定义并不统一，但双方都认识到问题解决过程对于创新能力产生的重要性.爱德华（A. Edward）根据创新力的三个核心能力：流畅性、灵活性、新颖性，提出了通过教学加强学生数学问题解决和提出问题能力，从而培养学生的创新能力（表5-1），它说明了如何通过不同的问题解决、问题呈现形式的教学发展学生的核心创新能力.[17]

表5-1 依据核心创新能力设计数学解决问题和提出问题教学活动

问 题 解 决	创 新 力	提 出 问 题
学生探究那些含有多种解释、解题方法或答案的开放性问题	→ 流畅性 ←	学生提出许多有待解决的问题；学生共享他们所提出的问题
学生用一种方法解答（表达或证明）；然后用其他方法解答	→ 灵活性 ←	学生提出那些可用多种方法解决的问题；学生使用"有没有其他解决方法"来提出问题
学生检验多种解法或答案（表达式或证明过程）；然后提出另外的解法	→ 新颖性 ←	学生检验提出的那些问题；然后提出一个不同的问题

佩赫科宁(E. Pehkonen)使用人脑的功能不对称理论解释了在问题解决过程中培养创新能力的重要性.人的左脑通常联系着逻辑性思维,右脑则负责协助视觉思维.神经病学研究发现,超过 90% 的正常人大脑左半球处理刺激顺序是一个接连一个,而右半球处理刺激的顺序则是平行的.人们在观察学生问题解决技能及高水平的思维过程中发现左脑活动异常活跃.如果个体过度关注逻辑演绎,则其创造力将下降,平衡大脑左右半球的活动对培养个体的逻辑能力、创新能力十分重要.个体右脑掌握着问题解决过程中的全部数据,左脑主要处理逻辑性任务,当得出解决方案时,问题解决者将全面思考问题(启动右脑功能),核实问题解决过程的合理性.[18]

5.1.2.2 国内数学创新研究

1999 年中共中央国务院《关于深化教育改革全面推进素质教育的决定》明确提出,要"以培养学生创新精神和实践能力为重点"实施素质教育.2006 年,中共中央亦提出在 2020 年建成创新型国家的目标,创新性人才是创新型国家的主要力量."创新"成为近年来国内数学教育界讨论研究的热点,培养学生的数学创新能力是当前数学教育的一个重要目标.国内有关数学创新教育的研究主要集中于对数学创新能力涵义的分析与评价.

罗新兵等人认为人们主要从显现的认知结果和潜在的认知过程这两个视角来剖析数学创新能力的涵义.[19]

基于显现的认知结果视角的代表性观点有:

(1) 对于给定的数学问题,能够提供新颖的、独特的、合适的解决方法;

(2) 对于所呈现的文字的、图像的、表格形式的数学情境,能够提出许多不同且合理的问题;

(3) 能够识别技能领域与应用领域之间的联系,在以前不相关联的数学思维之间建立起一种联系;

(4) 学习新知识的再发现和已有知识方法的独特应用,能够发现问题、提出问题,敢于质疑,勇于对他人(教师或者同学)的见解发表不同看法;

(5) 独立表征数学问题,找出解决问题的方法,发现定理的结论和证明,独立推导数学公式,找到非标准(非常规)问题的独特新颖解法.

基于潜在的认知过程视角的代表性观点有:

(1) 轻松自由地从一种思维操作转换到另一种思维操作;

(2) 以多种方式分析问题、观察模式、辨别问题的差异性和相似性;

(3) 以全新的方式把数学思想、数学技能和数学方法有机地整合在一起;

(4) 用数或形扩展数学模式,重新组织数学模式和数学关系,根据具体问题情境适当变形转换,预知结论;

(5) 能够在不同的数学表征系统之间自由地进行推理和转化.

基于上述观点,研究者认为数学创新能力存在于数学学习的每个环节和整个过程,应以认知过程与认知结果相结合的方式解释数学创新能力的涵义.数学创新能力是以自由轻松地从一种思维转换到另一种思维操作和一个问题的众多不同解法而体现出来,那些聪明的学生在必要时总能够抛弃传统的做法而找到一些新颖的解法.同时,结合已有的研究结果提出了培养与评价学生的创新能力的六个途径:问题解决(主要是开放性问题解决)、提出问题、改编问题、重新界定、探究性学习、反思.并提出了三种评价学生的数学创新能力的方法:一是通过对学生处理问题的整个过程进行录像,多角度分析学生的数学活动过程.二是通过出声思维方法,观察学生在学习过程中的行为表现,评价学生的数学创新能力.三是托伦斯开发的两种创造性实验:言语的和图形的,对所有任务的反应都根据独创性、流畅性、灵活性三个方面来评分.

许多教育工作者则从创新能力意义上理解数学创新能力,认为创新能力是指在运用一些信息开展思维活动,产生某种新颖、独特的有社会或个人价值的能力,是对已经掌握的知识和方法进行推广和拓展,对未知领域的探索.[20]因此对数学创新能力的培养主要体现在数学知识和方法上,如通过用类比或推广的手段对某些定理和公式的结论进行深化或延伸,培养数学创新能力.

§5.2 数学素养与中学数学课程

随着社会经济的发展,数学在日常生活中的应用越来越广泛.社会发展对公民的数学素养提出的要求越来越高.20世纪中叶以来,数学素养成为世界各国课程改革、数学教育研究及国际数学教育评价关注的焦点.尤其是国际经济合作与发展组织(Organization for Economic Cooperation and Development,简称OECD)自2000年开展国际学生评价项目(Program for International Student Assessment,简称PISA)以来,数学素养更是倍受重视.

国内外有关数学素养研究主要集中于对其涵义的界定,对数学素养教学的研究或实验相对较少.为厘清数学素养的概念,我们从数学素养的提出、国际比较、课程标准及其他相关研究这四个方面介绍数学素养.

5.2.1 数学素养的提出

英语中表示数学素养最常用的是 Numeracy, Mathematical Literacy, Quantitative Literacy 三个词,但是这三个词的内涵有差别.英国、澳大利亚等国家常用 Numeracy,美国常用 Mathematical Literacy, Quantitative Literacy.

Numeracy 最早出现于1959年英国克劳瑟报告(Crowther Report).该报告主要关注

15~18 岁年龄组的教育状况,它认为数学素养(Numeracy)一方面是对科学研究方法的理解(观察、假设、实验、证明),另一方面是对出现在各种问题中的数学量化思考的需要.

Quantitative literacy 最早出现于 1974 年,美国马萨诸塞州工程学院的扎卡赖亚斯(J. Zacharias)教授首次将数学素养(Quantitative literacy)定义为公民必需拥有的用来处理影响自己、国家和世界的事情和论证的能力.Mathematical Literacy 是美国学校数学标准委员会在 1986 年着手拟定学校数学改革任务时,首次作为课程与教学的重要内容提出讨论.[21]

PISA 项目中数学素养设计主席朗格(J. de Lange)则给出了三者之间的关系,如下图 5-2 所示:

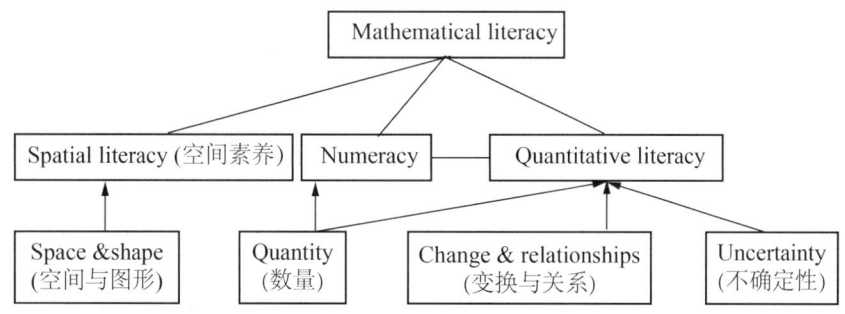

图 5-2 Numeracy,Mathematical Literacy,Quantitative Literacy 三者关系图

国内提出"数学素养"的时间早于"素质教育"的提出时间,1979 年的文章《莫斯科大学附属函授数学学校介绍》就有提及数学素养.数学素养的提出在于区别数学知识的传授,强调数学教学应该关注学生在现实生活中应用数学知识的能力.但数学素养的研究与素质教育研究紧密关联,素质教育的提出推动了数学素养的研究,在数学教育中数学素养与数学素质也常常互用.[22]

5.2.2 国际比较研究中的中学数学素养

虽然国际上一些大型评价项目(如 PISA,TIMSS,美国的 NAEP 测验,英国的 Kassel 测验,日本的学力测验和法国的诊断性测验等区域性的重要评价项目)探讨中小学阶段学生学业状况的数学测评体系背景和重点各不相同,但都反映了一个共同特点——聚焦于学生的基本数学素养.它们突出对学生数学素养发展的引导作用和对教学的反馈作用,淡化不同的课程和教材的差异,淡化升学的需要对考试的影响.[23] 推进数学素养养成,已成为 21 世纪以来数学课程的重要目标之一.

在上述评价项目中,由 OECD 发起的国际学生评价项目 PISA 对数学素养的测评比较突出.

PISA 从阅读素养、数学素养和科学素养三个领域评估学生适应未来生活的能力.为在全球范围内考查学生的学业成就和检测教育成就,PISA评价内容以成人生活中的基本知识和技能为依据,体现了社会生活对个人能力的要求.该项目从2000年开始实施评估,每三年一次,每次从上述三个领域中选择一个作为主要评估领域,另外两个作为次要评估领域.其中2003年和2012年以数学素养为主要评估领域,测试的对象为15岁的学生.

PISA在界定数学素养的概念时,使用了演绎的方法,即先定义Literacy,再界定Mathematical Literacy. PISA2003将数学素养定义为:数学素养是个人能够鉴别和理解数学在世界中所起作用的能力,作出有根据的数学判断的能力,以及作为一个有建设性、关心社会、善于思考的公民,为满足个人生活需要而使用和从事数学活动的能力.[24] PISA2012将数学素养定义为个人在不同的情境中表达、应用、解释数学的能力,它包括数学推理,使用数学概念、规则、事实、工具描述、解释、预测不同的现象.它有助于个人认识到数学在世界中所起作用,以及作为一个有建设性、参与性、善于思考的公民作出有根据的数学判断与决策.[25]

PISA 2003主要从内容、过程、背景三个维度调查学生的数学素养,框架如下图(图5-3):

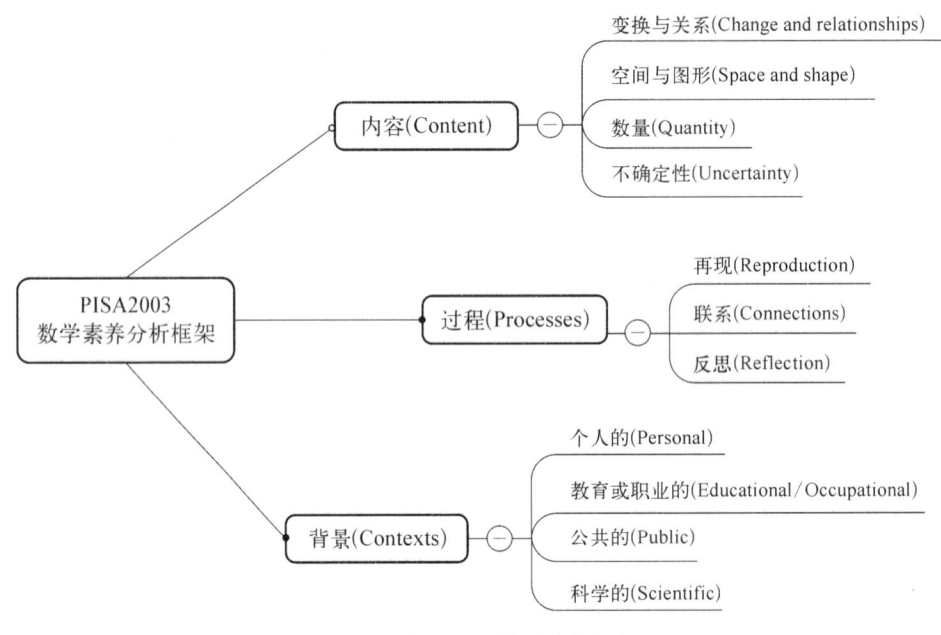

图5-3 PISA2003数学分析框架图

内容维度:PISA2003测试的知识内容主要分为变换与关系、空间与图形、数量、不确定性这四个领域.

过程维度:PISA2003根据丹麦研究者尼斯(M. Niss)及其同事提出的学生应该拥有的8种典型数学能力:数学思维和推理,数学推断,数学交流,建模,问题提出与问题解决,表述,运用符号化、形式化、技术性的语言和运算,使用"帮助"和数学工具,按照认知水平,将其分为三个能力群,以此考察学生的数学素养.

再现能力群：标准化的呈现和定义，常规计算，常规问题解决.

联系能力群：模式化，标准问题解决转化和解释，多种明确的方法.

反思能力群：复杂问题解决和呈现，反思和洞察，新颖的数学方法，多种复杂的方法，推广.

背景维度：PISA2003 从学生个人的、教育或职业的、公共的和科学的这四种背景出发设计问题.

PISA2012 主要从内容、过程、背景三个维度测试学生的数学素养，框架如下图(图 5-4)：

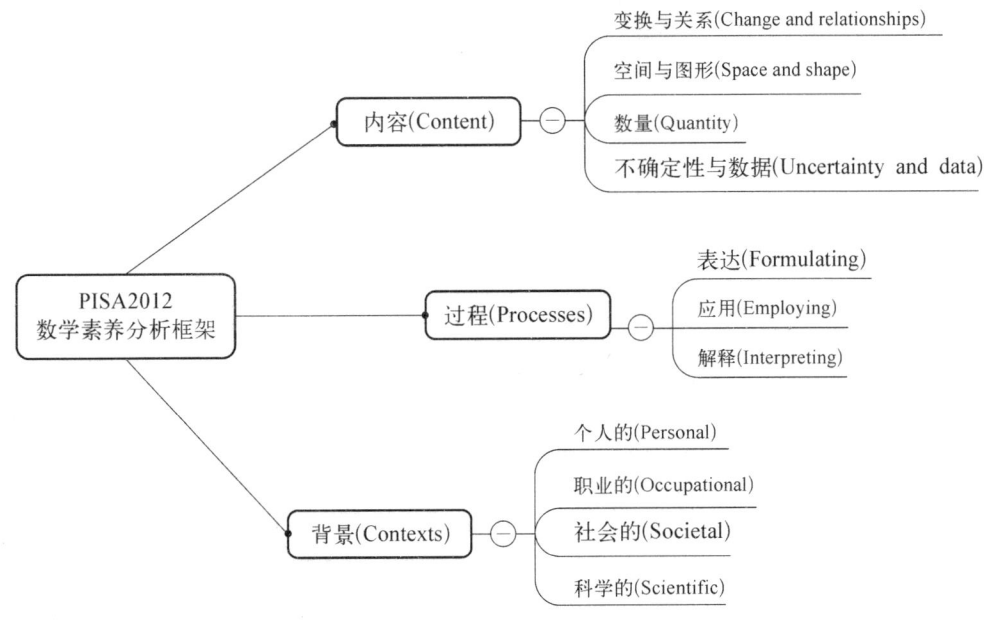

图 5-4　PISA2012 数学素养分析框架

内容维度：PISA2012 测试的知识内容与 PISA2003 相似，主要分为变换与关系、空间与图形、数量、不确定性与数据①这四个领域.

过程维度：PISA2012 将尼斯提出的学生应该拥有的 8 种典型数学能力修正为 7 种能力：数学交流，数学化，数学表征，数学推理与论证，设计问题解决策略，运用符号化、形式化、技术性的语言和运算，使用"帮助"和数学工具. 并首次将这 7 种数学能力通过表达、应用、解释这三个过程考察学生的数学素养.

表达：数学化地表达问题情境.

应用：应用数学概念、事实、规则及推理.

解释：解释、使用并评价数学结果.

背景维度：PISA2012 从学生个人的、职业的、社会的和科学的这四种背景出发设计问题.

---

① 内容领域中"不确定性与数据"与以往测试框架中的内容相似.

5.2.3 中学课程改革中的数学素养

5.2.3.1 英国

20世纪70年代中期爆发的经济危机使英国政府对当时的教育不能适应社会经济发展感到失望,同时舆论也要求政府干预教育,监控学校教育质量.为此,对数学学科而言,政府于1978年成立了以考克罗夫特(W. H. Cockcroft)博士为首的"学校数学教学调查委员会",对英国中小学数学教学进行深入的调查研究.该委员会于1983年向英国政府提交了数学教学改革的纲领性文件——《考克罗夫特报告》(Cockcroft Report),它成为英国20世纪80年代学校数学教育和课程改革的纲领性文件.[26] 报告认为数学教育的根本目的是为了满足学生今后在成人生活、就业和进一步学习这三方面的需要,同时指出满足这些需要的数学素养包括两层含义:一是指个人具有处理日常生活中所必需的运用数学技能的能力;二是有能力理解和正确评价用数学专门术语表征的信息,如曲线图、图表或表格以及表示增长与减少的百分数图等.报告同时对为满足学生这些需要,学校应提供的课程内容与教学方法进行了分析.《考克罗夫特报告》公布以后,引起了全世界对提高学生数学素养以满足他们成人生活的需要的关注.

英国政府于20世纪90年代中期推出了与国家数学课程发展和实施有紧密关系的国家数学素养策略(National Numeracy Strategy,简称 NNS).数学素养指人们生活在现代社会所需的进行基本数学运算、定量思考、理解用数学术语(尤其是各种图表)表达的信息等能力,含有基础性和实用性的意义.英国政府对数学素养的再次关注起源于人们对英国工业竞争力的忧虑引起的对雇员的数学素养的关注,因为一般认为劳动力的基本数学素养和工业竞争力存在相关性.NNS的实施给数学教师的教学方法带来了较大的影响,NNS提倡的教学方法基于以下四个原则:每天开设专门的数学课;对全班和小组进行直接教学及口头互动交流;注重心算;控制分化,让所有学生参与相同主题的学习.

5.2.3.2 美国

1989年,美国数学教师协会(National Council of Teachers of Mathematics,简称 NCTM)发布了第一个国家性课程标准《学校数学课程与评价标准》(Curriculum and Evaluation Standards for School Mathematics),标准强调数学素养是学生成功完成学业并最终参与到成人生活的关键,数学教育的目标应培养具有以下5项数学素养的公民:[27]

(1) 懂得数学的价值;

(2) 对自己的数学能力有信心;

(3) 有解决数学问题的能力;

(4) 学会数学交流;

(5) 学会数学推理.

普加理(D. K. Pugalee)认为美国 NCTM 1989 年公布的《学校数学课程与评价标准》的数学素养可以建立为两个圆环的模型,外环是四个形成数学素养的过程:表征、操作、推理和问题解决,内环是促进数学素养形成的三个部分:交流、技术和评价,核心是做数学(Doing Mathematics).[28]

其中形成数学素养过程中的表征指个人能够建构、转换不同数学模型,如方程、矩阵、图表及其他符号或图形形式;操作指能成功进行计算或使用算法或程序;推理指能进行推测并收集证据论证观点;问题解决指学习者能正确理解问题,能设计解决问题的方法并执行,最后合理评价问题解决过程及结论的合理性.促进数学素养形成的交流是帮助学生理解数学的工具;技术是指要求个人能使用技术性工具调查数学观点,寻求解决问题的途径;价值包括个人在做数学时的情感、信念、态度.

5.2.3.3 中国

1993 年我国数学教育研究小组分析英国的"考克罗夫特报告"、美国 NCTM 的"课程标准"、德国和日本的"数学教学大纲"之后,认为数学素质应包括数学意识、问题解决、逻辑推理和信息交流四个部分.

我国于 20 世纪 90 年代在《九年义务教育全日制初级中学数学教学大纲(试验修订版)》《全日制普通高级中学数学教学大纲》中提出数学教育要培养学生的数学素养,并在新课程改革实施中发布的《义务教育数学课程标准(实验稿)》《普通高中数学课程标准(实验)》中更加强调了数学素养对于现代社会公民的重要性.《义务教育数学课程标准(实验稿)解读》强调数学素养是公民基本素养不可或缺的重要部分.《普通高中数学课程标准(实验)》在前言中指出:数学是人类文化的主要组成部分,数学素质是公民所必备的一种基本素质.但课程纲要和课程标准都没有对数学素养的内涵进行明确的界定.

5.2.4 数学素养其他相关研究

在数学教学中,数学素养的重要作用主要体现为功能性思维.功能性思维是指以问题为导向在数学功能领域中应用认知知识,这是数学素养中很重要的一部分.功能性思维不仅包括解决代数方程的能力,同时也包括用数学处理日常生活中问题的能力.在有关数学素养的相关研究中,也侧重将数学素养的作用体现为功能性思维.

如,美国国家教育与学科委员会(The National Council on Education and the Disciplines,简称 NCED)的负责人斯蒂恩(L. A. Steen)于 1990 年提出,不同数学素养的价值取向应当反映数学的不同面向,从而将数学素养分为 5 类,如表 5-2 所示.

表 5-2 数学素养价值取向分类表

价值取向	涵　　义
实用数学素养	着眼于个体利益,将统计等数学技能应用于日常生活中
公民数学素养	着眼于社会利益,在于确认公民能了解来自重要公共议题的数学概念
专业数学素养	着眼于工作场合的需求,不同工作皆对数学能力有所需求
休闲数学素养	着眼于考量许多休闲娱乐皆需要的数学素养
文化数学素养	着眼于个体能体会数学的力量与美,并且是有关哲学、历史与认知的

2001年,斯蒂恩又提出具备数学素养的公民需要知道更多的公式和程式.如,有用数学的眼光观察世界的预感性,会定量地思考普通争论中的利益和危险.在仔细评估的基础上有信心处理复杂问题.数学素养能够使人们用数学工具思考,并机智地回答专家提出的问题,自信地面对权威.他所给出的数学素养包括:对数学的自信,文化欣赏,解释数据,逻辑思考,决策,情境中的数学,数感,实践技能,必备的知识,符号感.[29]

NCED于2001年指出数学素养有5个主要组成部分.概念理解:对数学概念、操作、关系的理解;过程流畅:灵活、准确、有效、合适地执行程序的技能;策略能力:公式化、表示和解决数学问题的能力;合适推理:逻辑思维、反思、解释和判断能力;价值倾向:把数学看作理性的、有用的、有价值的习惯性倾向,以及勤奋和自我效能的信念.

江苏省连云港市教科所从1993年开始在数学教学中进行数学思想方法教学,提出了"发展学生数学思想,提高学生数学素养"教学实验研究课题(简称为"MA"课题,"MA"是Mathematical Accomplishment 的缩写).课题组定义数学素养为以人的先天生理特点为基础,在后天的环境和数学教育影响下形成并发展的心理方面的稳定属性.[30]

数学素养包括数学意识、数学语言、问题解决和思维品质四个要素.数学意识指能用数学的观念和态度去观察、解释和表示事物的数量关系、空间形式和数据信息;数学语言指能初步运用数学这一人际交流不可缺少的工具简捷、准确地表达思维;问题解决指不仅具有一般解决数学问题的能力,而且能运用数学思维方式去处理现实问题;思维品质指具有一定的数学思维能力,形成良好的思维习惯和方法,并发展忠诚、坚定、自信、严谨求实的精神品格等.

§5.3　数学推理与中学数学课程

数学是一门关于数学结构及其模型的论证科学,21世纪的数学学习不再只是关注记忆、练习,而更注重自主探究、合作学习等积极主动的学习方式.当然,也只有在数学教学中反映出这些重点时,学生才有机会把数学作为一门探索性的、动态的、发展的学科来学习.[31] 数学推理作为理解数学抽象性的有力工具,是数学探究、发现的重要途径,在数学中占核心地位.

5.3.1 数学推理的界定

思维是在人的意识中反映客观世界的一个积极的过程.从形式逻辑的观点看,思维表现为三种基本形式:概念、判断、推理.推理是一种高级思维形式,通常会实现由一个或几个互相联系的判断向一个新的判断过渡,而新判断包含了关于研究对象的新知识.因此,从一个或者几个已知的判断得出一个新的判断——结论的过程,成为推理.

数学推理在认识数学知识方面具有极其重大的作用.虽然数学的最后结果是定型的形式,但是其创造过程是富有推理性的.大部分数学语句是由为数不多的基本判断推导出来的,而基本判断通常是借助直接经验获得的,它反映的是我们关于现实对象的最简单的和一般的知识,因此,数学推理扩大了我们对于现实世界中的对象和知识的认知范围.

学者们对数学推理的认识大致经历以下三个阶段:

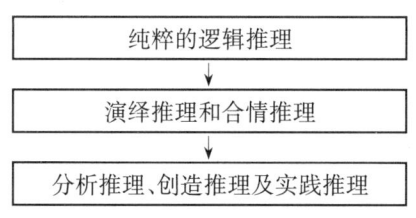

图 5-5 对数学推理的认识过程

长期以来,数学推理被认为本质上是一种纯粹的逻辑推理,常被作为思维训练的良好素材.20 世纪,数学家彭加莱在其"数学推理的本性"中对沿袭了两千多年之久的数学"三段论",提出了质疑.他认为数学推理除了纯粹分析,还存在着归纳的性质,具有创造的特征.

随后数学家波利亚将数学推理概括为两种:论证推理(演绎推理)和合情推理,两者相互补充.数学家的创造性工作成果是演绎推理,但是这个证明是通过合情推理,通过猜想而发现的.其过程如下:

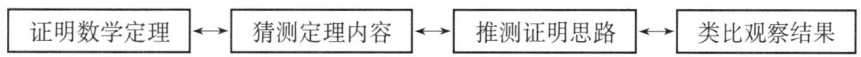

波利亚认为用演绎推理来肯定数学知识,而借合情推理为猜想提供依据.无疑,论证推理是可靠的、无可置辩和终决的.合情推理是冒风险的、有争议的和暂时的.但演绎推理本身(如数学本身那样)并不能产生关于我们周围世界本质上的新知识,我们所学到的关于世界的任何新东西都包含合情推理.

合情推理与演绎推理的区别在于其结论性质不同.合情推理是根据已有的知识和经验,在某种情境和过程中推出可能性结论的推理,其结论仅仅是似真的(当前提为真时"可能为真"),合情推理的主要形式是归纳推理和类比推理.法国数学家拉普拉斯(P. S.

Laplace)曾认为,在数学里,发现真理的主要工具是归纳和类比.[32]演绎推理的前提和结论间具有蕴涵关系,是必然性推理,其结论是真实的(当前提为真时"必然为真"),演绎推理的主要形式是三段论(大前提、小前提和结论).演绎推理即逻辑的推理,带有形式化的性质,这个性质就是,在我们的推理证明中,某一个命题是由其他几个命题推出的,其根据是命题的形式、结构之间的一定联系,而与这些命题的具体内容无关.[33]法国数学家阿达玛在阐述演绎的(严密的)证明的作用时说过,数学严密性的目的就是肯定直觉的成果,并使之有根据,除此之外,数学的严密性绝没有其他目的.

近年来,著名心理学家、数学教育家斯腾伯格在几十年的教学、实践调查和对学生认知过程分析的基础上,提出三类数学推理——分析性推理、创造性推理和实践性推理——同时起着重要作用.分析性推理倾向于演绎式逻辑分析,创造性推理倾向于猜想与发现的活动过程,而实践性推理则指在具体、真实的问题情境中,推断、策划解决问题的办法.[34]此外,斯腾伯格认为进行这三类推理有一个共同的基本过程,在解决数学问题和其他各类问题时,需要这个过程.这个过程包括:确认问题本质——表述解决问题的策略——心理表征问题——策划解决问题的办法——检验评价解答.[35]

各国数学课程标准是数学课程目标、内容及实施的纲领性文件,下面从各国数学课程标准中探析数学推理对数学课程的影响.

5.3.2 中学数学课程标准中的数学推理

5.3.2.1 中国数学课程标准中的数学推理

在课程目标方面:为了改变长期以来我国数学教材只注重数学形式演绎推理的状况,新课程改革中突出强调了数学归纳等合情推理的重要性.2012年发布的《义务教育数学课程标准(2011年版)》(简称《课标》)中明确提出推理能力的发展应贯穿于整个数学学习过程中,推理是数学的基本思维方式,也是人们学习和生活中经常使用的思维方式.[36]推理一般包括合情推理和演绎推理.合情推理是从已有的事实出发,凭借经验和直觉,通过归纳和类比等推断某些结果;演绎推理是从已有的事实(包括定义、公理、定理等)和确定的规则(包括运算的定义、法则、顺序等)出发,按照逻辑推理的法则证明和计算.在解决问题的过程中,两种推理功能不同,相辅相成.合情推理用于探索思路,发现结论;演绎推理用于证明结论.《课标》在第一学段中,没有对数学推理提出具体的要求,而是要求学生"在观察、操作等活动中,能提出一些简单的猜想".在第二学段中提出"在观察、实验、猜想、验证等活动中,发展合情推理能力".在第三学段中明确提出"体会通过合情推理探索数学结论,运用演绎推理加以证明的过程,在多种形式的数学活动中,发展合情推理与演绎推理的能力".

在课程内容方面,数学家默里(J. A. H. Murray)认为:"在严格的意义下说,数学是一种抽象的科学,它的各部分内容都是演绎推理地展开."[37]除了几何,在代数、概率中都可以展开数学推理.长期以来,我国数学教育中培养学生数学推理能力的内容主要为几何,内容形式比较单一.且由于学生在小学阶段长期进行算术运算,到七八年级时突然出现追求严谨性、形式化演绎推理,给学生的数学学习带来了一定的困难.数学新课程改革对此作出了回应,《课标》指出:数学教学中培养学生推理能力的载体不仅在于几何,而且广泛地存在于"数与代数""概率统计""实践与综合应用"之中.

5.3.2.2 美国《原则与标准》中的数学推理

美国 NCTM 于 2000 年 4 月发布的《学校数学的原则与标准》(*Principles and Standards for School Mathematics*,以下简称《原则与标准》)中明确指出数学推理和证明为探索和表达不同现象的内在关系提供了行之有效的方法.能进行推理是理解数学的关键.在各个年级水平、各个数学内容范围内,可通过提出观点,探索现象,验证结果,作出数学猜想,使学生明白数学的意义和合理性.[38]

《原则与标准》指出学前期至 12 年级的,推理与证明的标准是,教师应该使所有的学生都能够认识到推理和证明是数学的基础,提出并探讨数学猜想,发展和评价数学推理和证明,选择和运用不同的推理和证明方法.此外,《原则与标准》对不同年级学生提出数学推理的要求不同,它将学前期至 12 年级分为:学前期至 2 年级、3～5 年级、6～8 年级、9～12 年级这样 4 个学段.并在每个学段说明如何结合学生年龄特点设计教学,发展他们的推理和证明能力.

学前期至 12 年级学生主要的推理方法是猜想和感知.这个年龄阶段的课堂教学要有各种具体实物,为学生提供操作.教师应创设一个学习情境帮助学生认识到,他们能够也被要求应当理解所有的数学概念.同时,教师应当在学生已有知识的基础上,通过提问来促使学生提出探讨数学猜想,并鼓励学生通过自己的实际经验或推理来验证自己的猜想.

3～5 年级阶段学习的重点应放在数学关系的推理上,学生应该对他们正在学习的数、形或运算关系进行推理.教师在课堂上应使全班变成一个数学团体一样,不断地提出、试验和应用有关数学关系的猜想.

6～8 年级学生通过对他们的假设和猜想的评价及利用归纳和演绎推理来建立数学论证,学生能够加深和扩展他们的推理能力.教师可以通过经常地让学生在课堂中思考和推理,来帮助他们欣赏和运用数学推理的力量.

9～12 年级的数学推理和证明,不仅仅保留给数学课堂中某些特定时间和特定课题的特殊活动,不论什么课题,它应该始终是课堂中自然进行着的一部分,在一个真正的数学课堂环境中,应期望学生作解释,提根据.教师通过营造课堂气氛和环境,把数学规律和事实进行推理的重要性传达给学生,帮助学生分析论证的逻辑结构.

《原则与标准》同时强调教会学生推理和证明,不能只在几何的所谓"证明"单元里教(也可以在数与代数、概率等内容中教),且推理和证明应是学前期至 12 年级的学生不断学习的数学的一部分.

5.3.2.3 德国数学课程标准中的数学推理

2003年,德国颁布了数学课程标准,该标准(针对10年级毕业生)提出六大宏观的数学能力:数学论证,数学地解决问题,数学建模,数学表征的应用,数学符号、公式以及技巧的熟练掌握,数学交流.

数学论证能力包括两方面,一方面是会把数学思想与数学的逻辑证明结合起来,另一方面是能理解并批判性地判断各种形式的数学论证,如结论与假设的证明,数学定理与公式的推导,或者数学方法的有效性的检验.这些能力的培养应该贯穿于整个基础教育阶段,让学生从最简单直观的思考开始,直到严格证明的学习与应用.这些论证过程包含基本的数学法则和规则的学习与体验.另外,数学论证能力包括学生能认识到某些不依赖具体内容的数学证明方法的普适性.

同时,标准将数学论证能力分为如下三个水平:

水平一:能够重复并应用常见的论证过程(利用已知的定理、方法及推论),会给出简单的运算或证明,会用日常知识进行论证.

水平二:理解、阐述或提出直观的多步骤论证过程.

水平三:使用、阐述或提出复杂的论证过程;依据关于适用性、逻辑性等标准判断各种不同的论证方法.

标准强调,数学论证的质量不依赖于其他的形式化过程,人们可以用不同的表达方式合理地表述相关的数学论证.

5.3.3 中学数学课程对数学推理能力的影响

课程材料作为实施课程标准的主要载体,是发展学生数学推理能力的重要资源.教师决定了在课堂教学中具体教什么、怎么教,如何运用课程材料,这是培养学生推理能力最重要的助推力.下面从数学教学内容、数学教学两方面分析各自对数学推理能力的影响.

5.3.3.1 数学教材对培养学生数学推理能力的影响

不同数学教学大纲下编制的教材对培养学生数学推理能力的影响

我国新一轮基础教育数学课程改革在数学课程目标、课程内容等领域发生了很大变化.从实施以来,各方对其改革的合理性和科学性的讨论不断.为了调查使用不同课程目标指导下的数学教材进行教和学对学生推理技能的形成和发展的影响,王晓辉等人对新旧两类教材对初中生数学推理技能的影响进行了比较研究.

这两类教材分别是在《九年义务教育全日制初级中学数学教学大纲》(以下简称《大纲》)和《全日制义务教育数学课程标准(实验稿)》(以下简称《标准》)指导下编写的初中数学教材(以下分别简称为旧教材和新教材).研究选择某地区4个县8所普通高中,并从每所高中选取两个班学生为研究对象,其中两个县的初中毕业生已使用三年新教材,另两个县的初中毕业生一直使用旧教材.研究主要采用问卷形式测试学生的演绎推理和合情推理技能.

测试结果显示:在演绎推理技能测验中,使用旧教材的被试学生成绩的平均分比使用新教材的高出 1.4487,且两组被试成绩差异非常显著.在合情推理技能测验中,使用旧教材的被试学生成绩的平均分仅比使用新教材的高出 0.194,两组被试成绩差异不显著.从总体上看,使用旧教材的被试学生成绩的平均分比使用新教材的高出 0.8213,两组被试推理技能测试成绩差异非常显著.

研究者从《大纲》和《标准》中寻找上述研究结果产生的原因.首先,与《大纲》相比,《标准》对"推理技能"的要求不够明确,对"演绎推理能力"的要求也有所降低.这可能会使教师产生一定的不适性,会降低学生"演绎推理能力"的培养.从而导致使用新教材学生的演绎推理技能低于使用旧教材学生的演绎推理技能.《标准》中虽然提出了"合情推理"的要求,但没有明确其定义与如何在教学中操作.其次,在内容上,新课程对传统内容进行了一些调整,如将几何拓展为"空间与图形",降低了几何证明的要求,从而可能降低了对使用新教材学生的演绎推理能力的培养.[39]

图解对培养学生数学推理能力的影响

德夫勒(W. Dörfler)等人根据美国杰出科学家和逻辑学家皮尔森(C. S. Peirce)提出的,数学思维很大一部分由对各种图表进行变换及其产生结果的观察和猜想形成的观点,认为图表可作为数学理解的方式和对象.[40]

如高斯(J. C. F. Gauss)小时候提出的 1 到 100 相加之和的解法:

| 1 | 2 | 3 | 4 | ⋯ | 49 | 50 |
| 100 | 99 | 98 | 97 | ⋯ | 52 | 51 |

同样的 $k+1$ 到 $k+2n$ 之和亦可以表示成以下形式:

| $k+1$ | $k+2$ | ⋯ | $k+n$ |
| $k+2n$ | $k+2n-1$ | ⋯ | $k+n+1$ |

而 $1+3+5+\cdots+2n-1$ 亦可用下图表示:[41]

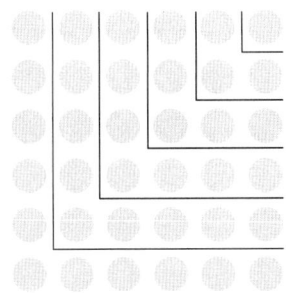

$$n^2 = 1+3+5+\cdots+(2n-1)$$

研究者同时指出,在使用图像推理时需注意以下几点:

(1) 图表结构包括了解具体图形各部分和元素间的空间排列与空间关系.

(2) 基于图表结构,可对图形进行变换、分解、重组、组合,这些图表运算和转换称之为各图表的内部意义.

(3) 虽然图表推理需按照一定的变换和运算规则,但通过一些创造性的图表操作亦能探究数学的性质与关系.

(4) 在图表推理过程中,主要关注图表结构,而非其可能的参考意义.

(5) 图表推理可源自不同的资源,因此可用于不同的目的,如模型结构与过程可源自自主设计与建构,或对实践经验的理想化和抽象化,因此其用途也不一样.

(6) 有效、成功的图表推理需要提前拥有大量有关图表操作的经验.因此学习数学必须拥有大量的图表知识.

5.3.3.2 数学教学对培养学生数学推理能力的影响

类比式推理

有研究者认为学生数学学习的基本过程——类比式的推理,有助于培养学生的各种推理能力.类比式推理任务是通过与已知事物的比较去认识新事物.尽管类比推理的本质在日常生活中存在,但是在数学教学中却往往被忽视.

在1996年进行的第三次国际数学和科学研究与测试(Third International Mathematics and Science Study,简称 TIMSS)中,发现大部分学生不能用类比进行推理,他们不能发现数学概念间的结合与联系,无法把握新情境.因此数学教育家呼吁在数学教学中要进行类比式的推理的培养,它是学生学习的基本过程.数学学习中的类比推理需要学生将注意力集中在某个问题情境或想法的相关性上,而不是在表面特征上.所以,培养学生数学学习中的类比推理可从如下几方面入手:考虑数学类比物是否清晰、明确;鼓励学生探测问题结构(集中在某个问题情境或想法的相关性);在活动中强调类比推理的过程.

元认知教学

在过去的20多年中,元认知研究已经逐渐被引用至课堂教学,如在数学教学中通过有关元认知过程教学,提高学生的数学推理能力.有学者建议通过组织学生进行小组交流的方式对学生进行元认知训练,这些训练主要聚焦于学生对任务的认识,意识到对所需应用的策略进行自我控制,建立新旧知识之间的联系.

梅瓦雷希(Z. R. Mevarech)和克拉马尔斯基(B. Kramarski)于1997年提出了进行元认知教学的方法,该方法被称为 IMPROVE,它使每个学生都能在数学推理中使用元认知问题.这些问题主要围绕以下几点展开:[42]

(1) 思考问题的本质.例如,这个问题是关于什么的?

(2) 使用合适的策略解决问题.例如,解决这个问题最合适的策略、方法是什么?为什么?

（3）建立新知识之间的联系.例如,新问题与以前已解决的问题之间有何相似和不同的地方?

IMPROVE 所呈现的元认知的教学过程如下：

第一步：向全班介绍新主题(Introducing)；

第二步：在小组中使用元认知问题(Metacognitive)；

第三步：练习(Practicing)；

第四步：检查(Reviewing)；

第五步：获得较高或低的认知技能(Obtaining)；

第六步：证实和丰富(Verifying and Enriching).

梅瓦雷希和克拉马尔斯基的研究结果显示,在需要高技能的问题解决中,接受 IMPROVE 教学方法的学生表现优于那些没有接受该方法的学生.在合作学习过程中,那些使用 IMPROVE 方法的学生关于数学推理表现优于那些没有使用该方法的学生.

研究者也设计了三种有关元认知策略（MMT、UMT 及控制组）对数学推理影响的教学方法,探究不同元认知策略在促进学生数学推理能力方面的效果.他们随机选取了 6 个班 182 名 7 年级学生参与该项研究.其中 MMT 指在数学教学和英语教学中都使用元认知教学 IMPROVE（60 名学生参加）；UMT 指在数学课中实施元认知教学 IMPROVE（60 名学生参加）；控制组指在课堂教学中没有使用元认知教学 IMPROVE（62 名学生参加）.研究结果显示：MMT 组学生的数学表现优于 UMT 组学生,且更加优于控制组学生.在此又可以引发新的思考,数学推理能力与（数学）语言的理解和反思是否也密切相关?

§5.4　数学问题解决与中学数学课程

正如第 1 章所述,数学课程发展呈全球化和国际化的趋势,纵观各国期望的数学课程目标,其类似之处在于强调学生应该掌握丰富的数学技能,获得数学概念的深入理解,通过灵活有效的数学概念与数学技能的应用,处理和解决纯数学问题或者现实情境中的数学问题；数学课程要让学生体验到学习和使用数学的乐趣,进而提高他们学习的兴趣.[43] 尤其是近 20 年来,数学课程发展聚焦于数学问题解决能力的培养.本节综合分析相关国家数学期望课程中数学问题解决的内容和要求.

5.4.1　数学问题解决

20 世纪初以来,心理学界已对问题解决及其相关思维做了大量研究.这些研究主要涉及问题解决的理论与模式、影响解决问题的因素、问题解决的策略、问题解决中的元认知因素等.数学教育界对问题解决的关注源于波利亚对数学解题的研究.波利亚认为问题解决作为一个大系统,由"提出问题"和"解决问题"这两个小系统组成.在"提出问题"这个系统中,波利亚通过对归纳、类比、一般化、特殊化等发现问题的方法的分析,得出了一系列合情推理模式.在"解决问题"系统中,波利亚给出了一个四步骤的解题程序:弄清问题——拟定计划——实现计划——回顾.

美国数学教育家舍费尔德(A. H. Schoenfeld)将元认知和情意因素引入解题系统,并且作了一些实证性的研究,发展了波利亚的数学启发法思想.他指出,数学解题的智力活动含有四个方面:

① 认知的资源——解题者所具有的与问题有关的数学知识;
② 启发法则——克服困难的思维策略;
③ 调控——对资源和策略的选择和执行作出相关的决策,对解题过程进行调控;
④ 信念系统——解题者对自我、数学、问题以及环境的看法和认识.[44]

国内对数学问题解决的研究主要聚焦于对习题理论(戴再平)、解题系统(罗增儒)、解题方法(徐利治,喻平)、解题思维(郭思乐)、解题策略与能力等.此外,许多研究从认知心理学出发,从数学问题表征、数学解题策略、解题能力的心理结构、解题的迁移、解题中的元认知等方面对数学问题进行了研究.这些研究中涉及的问题多为复杂综合的但是结构良好的问题,对他们来说"数学问题解决"与"数学解题"相当.

目前在国际数学教育研究领域还有另一种比较公认的关于"数学问题解决"的概念,人们将"问题"定义为一种符合如下特征的任务:[45]

非常规的:最主要的挑战是想办法如何处理这些任务.一般学生面对的问题,往往能找到对应的已经学过的解决方法,这些是练习,而不是任务.

数学信息丰富的:一般来说完成一个称之为问题的任务,往往需要一系列的推理,且需要多个步骤才能完成.

清晰提出的:问题情境和需要的各种解答都是详细表述的.一般来说问题情境是定义的,但学生需要提出问题并且回答问题,探究隐藏在讨论中.

聚焦推理的:仅仅给出答案是不够的,在问题解决中,希望学生解释得到答案的过程以及说明答案正确的原因.

这些特征使得一个问题比定义良好的练习更为"难以解决"或者更有挑战,尽管它们都围绕同样的数学内容展开.解决"问题"与做练习相比,所需的技能技巧要简单一些,所需的数学知识往往也是已经教过的或已被学生很好吸收消化的.但是问题解决更需要学生发现数学内容之间的联系,以及数学与其他领域内容的联系.下面两个问题具有"问题"特征.

【问题】桌面上的瓷砖

玛丽制作一张正方形桌面,在上面贴瓷砖.正方形桌面的边长为 10 cm 的倍数.玛丽在角上用四分之一的瓷砖,沿着边用半块瓷砖.一张 40 cm×40 cm 的桌面分别需要多少块不同的瓷砖?

描述一种快速计算的方法,一张较大的正方形桌面分别需要多少块不同的瓷砖.

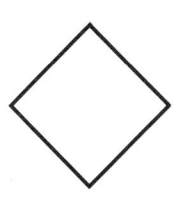

整块瓷砖　　　　半块瓷砖　　　　四分之一块瓷砖

【问题】飞镖

菲尔与凯特为学校的活动制作飞镖并义卖.他们计划做两种尺寸的:小的和大的.菲尔会在木质飞镖上进行雕刻,小的飞镖需要雕刻 2 小时,大的需要雕刻 3 小时.菲尔只有 24 小时用来雕刻飞镖.凯特装饰飞镖,她只有装饰 10 个飞镖的时间.

在义卖中,小的飞镖卖 8 元;大的卖 10 元.他们希望挣到尽可能多的钱.

他们要做多少大的和小的飞镖?他们能挣多少钱?

各国在数学课程发展中都非常重视数学问题解决的界定、分析与研究,并将其内涵体现于期望课程或落实在具体课程中.下面从美国、德国、荷兰、新加坡及中国的课程标准出发探析数学问题解决.

5.4.2　美国中学数学课程中的问题解决

20 世纪 70 年代至 80 年代,问题解决成为美国数学教育研究的一个重点,问题解决的兴起源自美国对课程"回到基础"的反思.1980 年,NCTM 公布了一份名为《行动纲领》(*An Agenda for Action-Recommendation for Mathematics of the 1980's*)的文件,该文件提出了八项建议,强调在数学教育过程中开展"问题解决"教学.行动纲领第一条明确提出:问题解决是 20 世纪 80 年代学校数学教育的中心.数学课程围绕问题解决组织,问题解决的定义、语言应被发展扩充至数学表征的策略、过程、表达模式等,数学教师应创设促进问题解决的学习环境,各地方应组织有利于促进所有年级数学问题解决能力的课程资源,数学课程应组织所有学生通过数学应用参与到问题解决中,研究人员及资助部门应优先考虑调查研究问题解决的本质、有效促进问题解决的方式.

至此之后"问题解决"逐渐成为各国中小学数学课程改革和研究的核心,它推动了课程改革或者说基于标准的课程改革.90 年代中期后,人们对问题解决的关注逐渐转移到其他领域,但即便如此,这些领域的研究也常涉及问题解决.莱斯特(F. K. Lester)在 1994 年总结了从 1970 年至 1994 年有关问题解决的研究,研究重点与主要方法见下表:[46]

表 5-3　1970 年至 1994 年问题解决研究归纳表

时期(年份)	问题解决研究重点	研究方法
1970—1982	决定问题难度的单一关键因素 识别问题成功解决者的特征 启发式训练	统计回归分析 早期教学实验
1978—1985	成功与不成功问题解决者的比较(专家与新手) 策略训练	案例研究;出声思维 原始记录分析
1982—1990	元认知 影响与信念对问题解决的关系 元认知训练	案例研究;出声思维 原始记录分析
1990—1994	社会影响 问题解决背景	人种学方法

从 1970 年至 1994 年,问题解决的研究有了重大发展,但是仍有许多问题没有解决.在应用方面,需要进行直接实验,研究能使学生学会使用大量问题解决策略的练习的程度和类型.在理论方面,仍有基础性问题有待解决,研究仍未解释人们选择问题解决策略的方法与原因,即现在的研究框架提出了问题解决的特点,但是没有提出问题解决的理论.20 世纪 80 年代,问题解决研究有所减少,但是并不意味着研究没有进展,只是表现在不同的方面.在这个时期,问题解决研究有实际方面的影响,NCTM 于 1989 年发布的《学校数学课程与评价标准》,明确指出问题解决、推理、数学练习、用数学计算是数学教学的重要目标.为实现这些目标,研究者们开始设计教学,并常使用"设计实验"探索其背后的理论.设计实验起初是面向内容与方法的,通过新的教学手段促进概念理解.早期的问题解决研究主要发生在实验研究中,随着课程改革与标准的实施,学习环境的研究兴起,研究逐渐将数学作为一种有意义的活动,并提出了发展新的分析技术和视角的需要.

20 世纪 90 年代开始至今,研究者开始使用一系列工具、技术手段、观点等来描述学习环境,其中有关问题解决研究结论主要如下:

(1) 数学是一种意义建构.

研究表明传统教学(主要为技能导向)相比基于课程标准的教学存在异同.学生在两种课程教学下在有关技能的测试中表现相同,基于课程改革教学下学生在概念理解、应用、问题解决方面的表现明显优于传统教学.

(2) 对话共同体.

通过对多样课堂环境研究,探究课堂机制,主要包括课程的价值、实际功能.其研究包括课堂对话模型的检验,学生进行有意义决策方式的研究.课堂实践的检验,包括社会性教学标准概念、问责结构的研究.社会性教学标准是指描述数学课堂中作为共享的教学行为的模式特点,如对数学情境包含的内容作出一个详细的解释.

(3) 问责结构.

问责结构用于规范学生数学学习的严谨性.

(4) 丰富的课堂文化.

恩格尔(R. A. Engle)和科南特(F. C. Conant)认为高效且丰富的学习环境有共同的特征:

问题化:学生投入于智力问题;

决策性:学生被授予解决问题的权利;

责任性:学生的智力活动符合他人及学科标准;

资源:学生被赋予充足的资源从事上述活动.

在问题解决的应用方面,通过教学帮助学生掌握多种问题解决的策略,这些通过基于标准的课程实现.理论上,如将波利亚所描述的启发式问题解决策略水平进行分解,即将复杂的启发式策略分解为相对简单、可学的策略.其中元认知,尤其是自我监控的作用不仅存在于数学问题解决过程中,它存在于所有学科的问题解决过程中.

在理论方面,从20世纪80年代开始,研究已从实验室转移到课堂,一些研究工具与技术有助于形成有意义的学习环境.其中数学问题解决可被视作一种目标导向的活动,最主要的目标是解决问题,通常伴随着一些子目标和替代目标.在实现各子目标过程中,当子目标不能实现时,由其他目标替代,并接受其他知识,最终状态是问题解决或个人放弃.

事实上,美国与课程相关的问题解决如同钟摆,在为理解而教(teaching for understanding,简称TFU)和为精通而教(teaching for mastery,简称TFM)两个端点之间来回摆动.基于标准的中学课程体现了为理解而教的思想.查普尔(B. Chappell)总结了基于标准的中学课程成果,基于标准的课程对中学生学习数学有积极的促进作用,包括概念与过程的理解,同时促进了学生以问题为导向的数学思维.许多基于标准的课程,反映了一些源自问题解决研究的观点.受到70年代至80年代研究的刺激,课程极大地关注问题解决.基于标准的课程为学生提供了解决问题的机会,让学生参与到数学推理中,学会用数学交流,建立数学联系等.

20世纪90年代,反改革运动在加州取得了成功,最终,加州的标准强调为精通而教,而非为理解而教.2006年9月NCTM发布了题为《幼儿园至8年级数学课程焦点》(*Curriculum Focal Points for Kindergarten through Grade 8 Mathematics:A Quest for Coherence*)的报告,这份报告清晰地说明了发展学生数学知识的学校数学原则与标准,报告中强调促进学生用数学解决问题,用数学进行推理、交流.

5.4.3 德国中学数学课程中的问题解决

德国对问题解决的重视始于20世纪初.[47]德国的认知心理学家最先开始重视数学中的问题解决.克勒(W. Köehler)和东克尔(K. Duncker)等人为了描述专门的问题解决理论,对数学问题解决进行了研究,进而发展了格式塔心理学.但认知心理学界的这些研究并没有对德国的数学教育产生影响.虽然人们认识到哈尔莫斯(P. Halmos)提出"数学的心脏"问题解决观点,但在德国的数学课堂教学中,没有真正使"问题解决"成为数学教学主题.

德国数学教育对问题解决的关注,源自波利亚及其著作《怎样解题》(*How to solve it*)对问题解决研究的影响.在这本著作中,波利亚提出了问题解决的四个步骤:理解问题、制定计划、执行计划、检验过程与结果.20 世纪 80 年代,德尔纳(D. Doerner)开始研究结构不良问题,使问题解决作为心理学界的重要理论.但在数学教育界,问题解决仍不被重视,其原因主要有以下几点:

(1) 语言、理解障碍.

20 世纪 80 年代,美国强调数学教学中问题解决的作用影响全球,但是由于两国语言障碍,德国在翻译美国相关文件过程中,引起了一些理解困惑与障碍.当然,近年来这些问题有所改变,美国 NCTM 发布的《学校数学教育的原则与标准》明确提出了加强数学教学问题解决的意义,德国最近开始实施的课程标准与之相似.

(2) 职前教师教育对问题解决关注较少.

教师教育仍以高校教师教为主,没有及时更新数学教育的研究问题.教师虽然关注师范生的学习过程,但是在实际教学中很少组织师范生进行问题解决活动.

(3) 问题解决作为成绩优异学生的学习行为.

问题解决教学被认为需要有高质量教学的教师与高水平学习能力的学生才能胜任.

但是,心理学研究、国际教育评价(如 PISA)对问题解决的关注使德国开始重视数学教育中问题解决的作用.随着全国性数学课程标准的颁布,德国对数学问题解决逐渐重视.这些标准通过以过程为导向的形式强调了问题解决的重要性,标准强调应该在所有年级的数学课堂教学中实施问题解决教学.

德国于 2003 年和 2012 年分别颁布了首个全国性的初中和高中数学教育标准,提出通过数学课程需要培养的六大核心能力,问题解决能力为其中之一,被称为是"数学地解决问题的能力",其内涵为:拥有适当的数学策略去发现问题解决思路或方法,并加以反思.这里的策略包括各种数学原则和辅助工具的使用,而不仅仅是数学算法的使用.这些策略在问题解决过程中应该是有目标指向的,如利用分解原则、类比原则,或者根据已给数据进行推导,收集数据进行证明,系统尝试,用数学图像、表格等将问题直观化.

5.4.4 荷兰中学数学课程中的问题解决

为了实施基于现实数学教育,结合数学建模、技术整合,且以问题为导向的数学课程,荷兰做出了大量的尝试.与世界上许多国家类似,荷兰数学教育界对数学问题解决的关注始于 20 世纪 80 年代.针对中学阶段,教育决策者与数学教育者从 70 年代便开始认识到问题解决的重要性,但当时的问题以抽象、复杂但是常规的问题为主,以满足擅长数理类学科学生的学习需要.此后,考虑到擅长人文类学科学生的学习需求,在课程改革过程中,数学课程强调现实数学教育的思想,数学课堂中涉及的问题解决都是有关现实世界的问题.不过荷兰教育研究者们更希望强调纯数学问题解决的作用,因为他们认为数学世界有着更丰富的问题解决活动资源.

PISA2003 的测试结果表明,荷兰数学教育并不是非常成功,研究者分析其影响因素主要有以下三方面:

(1) 高质量的数学教育评价越来越难,考试越来越被重视,真实问题解决的地位逐渐丢失.

(2) 人们对概念化数学与应用性数学产生困惑,导致学生在进行数学问题解决时,只用到了极少的数学知识.

(3) 问题解决设计中涉及的问题的真实性下降.

在数学课程实施过程中,荷兰也遇到一系列问题或困难,例如国家考试的地位越来越重要,教材及有关教学设计相对薄弱,教师培训力度不够.其中最主要的挑战是如何设计具有原创性的、非常规的且对学生而言是新的问题.目前,荷兰中小学数学教育中的"问题解决"仍处于边缘位置,尽管荷兰新的课程改革指向现实数学教育,以应用和模型建构为导向,但数学课程中涉及的问题主要是常规性的标准化问题解决,国家性的考试也没有强调问题解决技能,教材中亦没有强调设计问题解决活动.[48]

荷兰研究者建议先从重视小学开始,在小学教材编制中考虑问题解决,探讨信息技术工具在问题解决活动中使用,在学校自主组织的考试中重视对问题解决能力的测评等.

5.4.5 新加坡中学数学课程中的问题解决

新加坡 2006 年公布的数学课程框架,适用于从小学到大学预科班的所有年级,该框架以数学问题解决为中心,形如五边形.

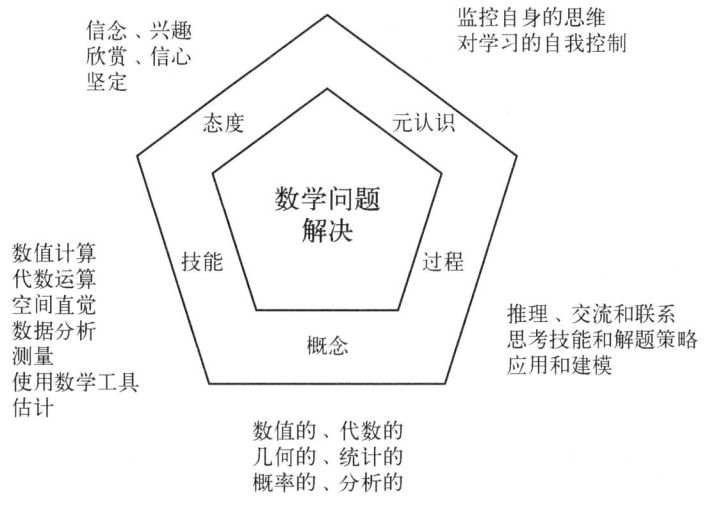

图 5-6 新加坡数学课程标准五边形图

数学问题解决旨在包括非常规的、开放的和现实的等各种问题情境下获得和运用数学概念和技能.数学问题解决能力的发展需要五个相对独立的要素支持:概念、技能、过程、态度和元认知.

(1) 概念:包括数值、代数、几何、统计、概率和分析概念.数学教学要提供丰富的学习经验帮助学生发展对数学概念的深层次理解,弄清不同数学思想的含义,并认识它们之间的联系和应用,能自信地探索和应用数学.

(2) 技能:包括数值计算、代数运算、空间直觉、数据分析、测量、使用数学工具和估计等程序性技能.尽管学生需熟练掌握数学技能,但应该避免在不理解相关的数学原则的情况下过分强调程序性技能.

(3) 过程:指在获得和运用数学知识的过程中涉及的知识技能(或过程性技能).它的内涵有三个组成部分:除了以往大纲中提到的思考技能和解题策略外,还增加了数学推理、交流和联系以及应用和建模.

(4) 态度:指数学学习的情感方面,如,关于数学和数学是否有用的信念,学习数学的兴趣和快乐,对数学美和数学价值的欣赏,用数学的信心以及解决数学问题的毅力.学生对数学的态度与他们的学习经历有关.

(5) 元认知:指对自身思考过程的认识和控制,尤其在选择和使用解题策略时.它包括对自身思考过程的监控和对学习的自我控制.大纲给出四种发展学生元认知水平的活动:让学生明确一般的问题解决技能、思考技能和解题策略,以及这些技能和策略是如何用来解决问题的;鼓励学生在解决特殊问题时说出所用的策略或方法;给学生提供解题前要计划,解题后要反思的数学问题;让学生互相讨论自己的解题策略和方法.

5.4.6　中国中学数学课程中的问题解决

我国曾受到苏联数学教育的影响,虽是解题大国,但"问题解决"不论在数学教育研究上,还是在数学课程实施中,主要关注基于经验的解题方法.人们在现实生活中需要解决的结构不良问题往往多于结构良好问题,而学校教育主要关注结构良好的问题,这导致了学校教育与现实生活需求的脱节.由于数学形式结构抽象、逻辑严谨及语言的符号化等特点,脱节现象在数学教学中较为明显.对于学生而言,这种脱节现象随之产生了如下问题:一方面,学生很难将所学的数学知识用于解决现实生活中的问题,他们缺乏将现实问题翻译为数学问题的能力.学生现有的数学建模意识及思想比较薄弱,面对真实生活环境时,他们发现问题、提取问题、分析问题的能力不足.[49]另一方面,他们普遍认为学校中所学的数学在现实生活中没有用处,数学主要是个人活动、形式证明和发现或发明过程.

学生走出学校即要面对社会的挑战,他们需要对多变的现实生活情境中出现的问题做出裁决,学校肩负着培养学生这种问题解决能力的责任.[50]而学校教育与现实生活的脱节势必会影响学生作为社会成员处理生活、工作中所遇到问题的能力,因此,学校在强调培养学生解决结构良好问题能力的同时,亦要加强培养学生解决那些来自真实情境中结构不良问题的能力.

为贯彻落实《国家中长期教育改革和发展规划纲要(2010—2020年)》,适应新时期全面实施素质教育的要求,深化基础教育课程改革,提高教育质量,教育部组织专家对义务教育各学科课程标准进行了修订完善,并于2011年底正式公布.新公布的数学课标从知识技能、数学思考、问题解决、情感态度这四个相互联系的方面阐述数学课程总目标与各学段目标.下表列举了2011版新课标的总体目标与各学段目标中对数学问题解决的阐述.[51]

表5-4　2011版新课标总体目标与各学段目标中的数学问题解决

目　标	要　　求
总目标	(1) 初步学会从数学的角度发现问题和提出问题,综合运用数学知识解决简单的实际问题,增强应用意识,提高实践能力; (2) 获得分析问题和解决问题的一些基本方法,体验解决问题方法的多样性,发展创新意识; (3) 学会与他人合作交流; (4) 初步形成评价与反思的意识.
第一学段 (1~3年级)	(1) 能在教师的指导下,从日常生活中发现和提出简单的数学问题,并尝试解决; (2) 了解分析问题和解决问题的一些基本方法,知道同一个问题可以有不同的解决方法; (3) 体验与他人合作交流解决问题的过程; (4) 尝试回顾解决问题的过程.
第二学段 (4~6年级)	(1) 尝试从日常生活中发现并提出简单的数学问题,并运用一些知识加以解决; (2) 能探索分析和解决简单问题的有效方法,了解解决问题方法的多样性; (3) 经历与他人合作交流解决问题的过程,尝试解释自己的思考过程; (4) 能回顾解决问题的过程,初步判断结果的合理性.
第三学段 (7~9年级)	(1) 初步学会在具体的情境中从数学的角度发现问题和提出问题,并综合运用数学知识和方法等解决简单的实际问题,增强应用意识,提高实践能力; (2) 经历从不同角度寻求分析问题和解决方法的过程,体验解决问题方法的多样性,掌握分析问题和解决问题的一些基本方法; (3) 在与他人合作和交流过程中,能较好地理解他人的思考方法和结论; (4) 能针对他人所提的问题进行反思,初步形成评价与反思意识.

§5.5　中学数学教材与数学课程

广义的教材包括了教师教授行为中所能利用的一切素材和手段.在这个意义上,教材是教授及学习的材料,它作为师生之间的媒介,而使教育活动得以开展.教学内容与教材是有区别的,教学内容是指教师使学生掌握有文化价值的内容,如数学概念、定理、公式、法则等数学知识、技能.作为文化价值的载体的具体素材需要以一定的教学内容为前提,才能作为教材的意义.

课程主要有期望课程、书写课程(书面课程)、实施课程等,书写课程往往指课程材料或者教材.而书面课程(教材)既可以被看作是主观图式(组织体系),又可以被看作是客观给出的结构.将教材作为主观图式进行分析时,重点是读者(使用者)和教材之间的互动;但教材也是一种客观给出的结构,从这个角度研究的话,重点是所书写的结构和讲述的内容.[52]本节内容主要从教材客观结构出发,介绍我国数学教材发展、教材比较研究、教材读者导向及教材语言分析等四个方面.

5.5.1 我国中小学数学教材的发展

中华人民共和国成立至今数学教材的发展主要包括以下几个阶段:[53]

(1) 选、改编解放区的课本和比较通用的旧课本(1949);

(2) 以苏联十年制学校数学教学大纲和课本为蓝本,制定中学数学教学大纲和编写中学数学课本(1951);

(3) 教育部决定调整中小学数学的课程和教学内容,编写中学数学暂用课本(1957);

(4) 编写十年制学校中学数学试用教材(1959);

(5) 新编全日制十二年制中学数学教材(1963);

(6) "文化大革命"期间的中学数学教材(1966);

(7) 编写全国通用的全日制十年制中小学数学教材(1972);

(8) 修订改编全日制十年制中小学数学教材(1979);

(9) 编写九年义务教育"六三"制、"五四"制中小学数学教材(1988);

(10) 编写根据课程标准的中小学数学教材(2000).

尤其是改革开放 30 多年来,数学教材的内容和结构的调整实现了从"一纲一本"到"一纲多本"再到"一标多本"的演变.

教材是联系课程开发与教学实践的重要环节,"课程标准"对于教材编写工作有着明确的规范作用,它不仅具体地规定了教材应当包括哪些内容,而且也从总体上指明了教材编写所应遵循的一些基本原则.而数学教材的内容也体现了其编者们对数学课程的认识.同时,教材是教学实践的重要材料.在数学课程标准指导下的教材编写既要反映教学内容的逻辑顺序,又要适应学生的心理顺序,同时也应结合相关的理论研究成果.

教科书的逻辑顺序是指依据学科本身的体系和知识的内在联系来组织教学内容,它决定着中小学教科书的体系编排,尤其是单元、章、节的编排顺序.反之,教科书的单元、章节编排可以反映教科书的逻辑顺序.教科书的心理顺序是指按照学生心理发展的特点来组织教学内容,如教材内容的难易程度、呈现方式等.同时,教科书的编写也应结合相关的理论研究成果.例如,荷兰数学教育家范·希尔(van Hiele)夫妇关于几何思维发展水平的研究得到了国际学术界的普遍重视与肯定,我们应认真研究如何以此为指导来编写相关教材.

1949年以来,"螺旋式上升"课程设计和教材编排一直被广泛采用,丁尔升先生早在1978年11月编写《中学数学实验教材》时就明确提出这个编写原则."螺旋式上升"的课程设计和教材编排兴起于"螺旋式课程"."螺旋式课程"是美国著名教育家、心理学家布鲁纳(J.S.Bruner)在20世纪60年代提出的,意指根据某一学科知识的"概念结构",以促进学生认知能力发展为目的的一种课程设计.其基本假设是:任何教材都可以用某种合理的形式来教给任何发展阶段的儿童.

5.5.2 中学数学教材比较研究

近20年以来,数学教材在数学课程教学中的作用越来越引起数学教育界的关注.TIMSS对数百本数学教材及其他课程资源的分析被认为是国际上首次对数学教材主题的研究.2004年ICME-10首次组织了一个以"数学教材"为主题的讨论组.尽管如此,国际上对数学教材的研究仍相对较少.近年来的跨国研究表明亚洲学生的成绩明显优于其他地区的学生,尤其是高于美国的学生成绩.为了探寻这些差异存在的原因,研究人员开始调查学生所使用的数学教材的特点,因为他们相信教材在教学过程发挥着十分重要的作用.

有研究者将中国教材与其他国家的教材从内容和形式上进行了比较研究.从内容上看,中国教材以数学学科内容为主,其内容凸显数学文化内涵,且数学练习注重知识巩固、技能训练、推理证明.从形式上看,中国教材中相比较其他国家(如新加坡、日本等)对数学活动的重视程度略显不足,习题形式更注重解题技巧.[54]

5.5.2.1 数学教材中的问题解决比较研究

1980年,美国NCTM发布的《行动纲领》进一步呼吁在数学教育过程中应注重开展"问题解决"教学.至此之后"问题解决"逐渐成为各国中小学数学课程改革和研究的核心.数学教材中的问题解决也成为研究数学教材的重点.

对数学教材中问题表征的研究

范良火等人从问题表征出发,分析了人民教育出版社出版的初一、初二年级教材与美国初中UCSMP七、八年级教材中的问题表征形式.在分析中,研究者将教材中的问题定义为需要作决定和(或)回答的内容,并将问题分成如下了7类:[55]

(1) 常规问题与非常规问题;

(2) 传统问题与非传统问题;

(3) 结论开放问题与结论封闭问题;

(4) 应用问题与非应用问题;

(5) 单步骤问题与多步骤问题;

(6) 信息充分问题、含无关信息问题与信息不足问题;

(7) 纯数学形式问题、文字形式问题、图表形式问题与组合形式问题.

研究结果显示美国教材中总问题量多于中国教材(中国：6 850道题，美国：13 286道题)，但是在同一章节内，两国教材中问题量相似.在分析教材中的问题时，研究者将问题分为课内问题和练习中的问题.课内练习设计常出于教师的教学目的，课后练习常用于学生练习与思考.美国教材中课后练习题量与课内练习题量的比值高于中国教材(中国7∶1，美国10∶1).综合来看，中国教材中的问题比美国教材更有挑战性，美国教材的问题量不管是从量还是百分比上都多于中国，尤其是图表形式的问题多于中国教材.

对数学教材中问题解决过程的研究

范良火根据波利亚提出的四步问题解决策略，比较了中国、新加坡和美国三个国家初中低年段的9本数学教材中例题所呈现的问题解决过程，并分析了不同教材中使用17种问题解决策略的情况，研究结果如下表(表5-5)所示.[56]

表5-5　三国数学教材例题问题解决过程统计结果

	中国	新加坡	美国
理解问题	122(15.6%)	182(20.2%)	259(27.8%)
设计方案	149(19.0%)	78(8.7%)	188(20.2%)
执行计划	783(100%)	899(100%)	930(100%)
反思	209(26.7%)	132(14.7%)	402(43.2%)

同时研究者对教材中使用不同问题解决策略进行了统计，统计结果见下表(表5-6)：

表5-6　三国教材中不同的问题解决策略统计结果

	中国	新加坡	美国
1. 模仿	1	1	0
2. 改变观点	0	2	1
3. 画图	51	60	119
4. 猜测并确认	0	1	5
5. 逻辑推理	4	6	24
6. 寻找模式	2	6	8
7. 推测	1	6	7
8. 系统地列清单	3	9	9
9. 制表	11	11	23
10. 重述问题	24	25	49
11. 简化问题	5	9	3
12. 解决部分问题	0	4	3

续 表

	中 国	新加坡	美 国
13. 思考相关问题	13	0	16
14. 使用模型	0	3	0
15. 使用公式	40	44	39
16. 使用前后概念	0	2	0
17. 反推	0	3	2

虽然三个国家的教材中都强调了问题解决过程,并使用了大量解题策略,但是各有侧重.两个亚洲国家的初中数学教材中侧重于如何执行计划,而对于问题的反思,美国教材明显多于其他两国教材.在有关问题解决方法的分析结果显示,新加坡教材使用的方法最多.研究者将分析结果与各国的课程标准相联系,分析结果反映了各国数学课程标准中对数学问题解决的认识,同时也可供今后各国制定课程标准作参考.

此外,有研究者从教材难度出发,对数学教材进行了比较研究.

5.5.2.2 数学教材难度比较研究

鲍建生在野原(D. Nohara)提出的总体难度的基础上,结合我国数学课程的具体情况,提出了数学课程的综合难度模型.[57] 该模型主要有探究、背景、运算、推理及知识含量这五个维度(如图5-7),每个维度又都有分层指标(如表5-7).用于刻画数学题的综合难度,并能进一步评估数学课程、教材或试卷的难度水平和综合特征.

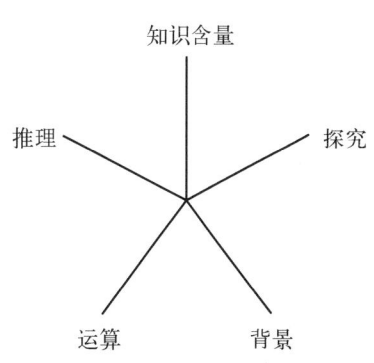

图5-7 数学课程的综合难度模型图

表5-7 综合难度因素的划分水平表

难度因素	水 平			
探 究	知识	理 解	探 究	
背 景	无实际背景	个人生活	公共常识	科学情境
运 算	无运算	数值计算	简单符号运算	复杂符号运算
推 理	无推理	简单推理	复杂推理	
知识含量	单个知识点	两个知识点	三个以上知识点	

研究者在对数学课程进行综合难度分析时,主要步骤如下:

第一步:鉴定每道题目的5个因素的难度水平,并进行等级变量的自然赋值(即从低到高按照自然数1,2,3,…进行赋值).

第二步:根据上述等级值分因素统计课程样本题组的加权平均,计算公式是:

$$d_i = \frac{\sum_j n_{ij} d_{ij}}{n} \left(\sum_j n_{ij} = n; i = 1, 2, 3, 4, 5; j = 1, 2, \cdots \right).$$

其中, $d_i(i=1,2,3,4,5)$ 依次分别表示"探究""背景""运算""推理"和"知识含量"5 个难度因素的取值; d_{ij} 为第 i 个难度因素的第 j 个水平的权重(依水平分别取 1, 2, 3, ⋯); n_{ij} 则表示这组题目中属于第 i 个难度因素的第 j 个水平的题目的个数, 其总和等于该组题目的总数 n.

第三步: 根据上面得到的 5 个值 $d_i(i=1,2,3,4,5)$ 分析课程的综合水平与难度特征.

研究者通过对中英两国初中教材或教学大纲中的数学题进行难度分析, 从而比较了两国初中数学期望课程的综合难度. 研究结果显示, 英国的期望课程在"探究"和"背景"两个因素上略占优势, 而我国在"运算""推理""知识量"3 个因素上显著高于英国, 这在一定程度上也证实了我国课程在数学"双基"上的传统优势.

5.5.3 读者导向的数学教材

读者导向理论是文学批判的一个分支, 它强调读者及阅读过程. 而这一理论在数学教育领域并没有被广泛使用. 读者导向理论的主旨为文本意义不仅存在于文本本身, 而且产生于文本与读者之间, 当读者阅读、回应文本时, 读者回应不仅受读者阅读目的、动机的影响, 同时也与阅读行为发生时所处的社会历史背景有关.

教材是帮助学生理解数学的有力工具, 但仍有许多学生不能有效地使用数学教材. 因此, 阿伦(W. Aaron)等人应用读者导向理论(reader-oriented theory), 分析了数学教材的特点及影响学生阅读数学教材的因素. 读者导向理论认为读者通过阅读文本内容的方式进行积极建构, 这种建构的程度受文本作者意图、读者信念、文本要求读者所具备的素质这些因素决定.[58] 如数学教师在阅读数学教材时往往能对教材内容进行有意义建构, 但许多学生在阅读教材时则表示会遇到诸多困难.

研究聚焦于读者导向理论提出的三个概念: 期望读者、潜在读者、实在读者. 期望读者是指文本作者编写文本内容时所指向的读者. 教材通常会在前言中写明期望读者通过阅读文本之后所能习得的内容, 如学生通过这本教材的学习所能掌握的知识与技能. 虽然教材作者可能为了期望读者而编写, 但是教材自身内容也会吸引一些潜在的读者, 这些潜在读者需对教材中的操作行为、编码及所要求的数学能力产生有意义且精确的回应, 否则他们将无法很好地理解教材内容. 这里的操作行为主要指潜在读者在阅读教材时所进行的一些物理或心理行为; 编码主要包括教材的编排、语言或符号编码; 数学能力主要包括在数学环境中学习所需的数学知识、技能及理解. 实在读者是指实际运用教材的读者, 他们在使用教材时, 可以模仿数学家阅读教材的做法, 结合自己先前经验与知识进行知识建构, 而非精确地吸收教材所呈现的内容.

教材编制者的成功在于教材的期望读者与潜在读者相重合,而教材作为有效的教学工具则依赖于实在读者与潜在读者相符合.

5.5.4 教材语言研究

近年来,对教材的客观结构的研究聚焦在教材所使用的语言上,旨在探索教材用语所指向的态度、理解、价值以及信仰;研究作为社会工具的教材语言,倾听并检验教材的"声音",这里的"声音"概念是语言学研究的在探讨口头和书面文本时常用的表述.研究者基恩(W. Keane)指出,对"声音"的研究直接关注表征、表现、转换、评价以及竞争社会身份的各种不同过程.声音作为一种隐喻,能反映作者(讲演者)与读者(听众)之间的关系.[59]研究者赫伯-艾森曼(B. A. Herbel-Eisenmann)根据语言学意义下的声音概念,通过分析教材的这种语言学特点,探讨作者和阅读者之间关系的建构,探讨教材对作者和读者所起的作用,有时语言的选择将读者看作是"思想者",有时看作是"小文人".[60]

分析教材"声音"的研究一方面分析文本的人际关系的功能,另一方面表述与构建读者相关的观念功能与文本功能.

研究根据三种语言形式来分析人际关系的功能:命令句、人称代词、情态式.命令式(如"假定""定义""作图")告诉读者要做什么,并且说明重点或者活动;人称代词能够称呼读者(如"你")以及代表作者(如"我");情态式揭示特定的层次.

命令句又称祈使句.基于数学教材的教育本质,分析祈使句非常重要,因为它们间接称呼读者,并且让他介入数学构造中.祈使表述的选择或者将读者定位成数学共同体中的成员,或者意指读者已经被置于这个共同体中.根据罗特曼(B. Rotman)的研究,祈使句又可以分为:整合式命令(如"考虑一下""定义""证明"以及"类似的"),它要求演说者和聆听者构成并且都置于一个共同的世界中,或者他们分享在某世界中有争议的信念.整合式的命令,将读者构造成一位"思想者".[61]排他式命令仅仅要求"在已经分享的世界中,有意义地实施特定的运算".例如,读者被教导要"进行构造",这种排他性的命令是读者必须进行特定的活动.相反,如果读者被告知要"考虑",这种整合式的命令,个体必须将标准施加在整体符号上,以这种决定确定意义的方式,进行详细阐述.罗特曼阐述到,排他性的命令将读者看作是实施行动的"小文人",做数学,既需要实施又需要思考.

两种人称代词对于构造文本的人际关系功能都很重要:第一人称"我"以及"我们",第二人称"你们".第一人称说明作者个人参与进文本中表述的活动之中,例如使用"我们"的话,可以表示一个作者正在讲述数学共同体的权威性(例如"我们应该表明……");也可能以整合的方式使用它,以便将读者包含到数学活动中(例如"过去,我们看到……").研究还要考察第二人称,因为它直接称呼读者,例如"过去,你们看到……"表示要重视作者希望读者记录的观点.

考察"人际功能"的第三种形式是"情态性",包括说明可能性、份量或说话者言辞的程度.教材中情态性语句可通过情态动词(如"必须""将要""能够")、副词("一定""可能")或形容词(如"我确定……")判断.语言学上将表达情态性的一种方式称为"推诿",此时说明对所表达的内容不确定,如,"我想这个可能是一个线性方程"相比"这是一个线性方程",缺少确定性.

观念功能指将动作过程转变为对象,主要包括两方面,数学行动对象与描述,它强调名词化,如在数学中许多过程性动作(如"使旋转")成为名词性对象(如"旋转").文本功能主要用于揭示文本信息的一致性(如提供一些重复的主题,通过呈现推理或其他相关例子使文本信息完整).

研究从人际关系的功能、观念功能与文本功能这三方面探讨作者和阅读者之间关系的建构,探讨教材对作者和读者所起的作用.其中,从教材中使用的命令句、人称代词、情态式三方面分析文本的人际关系的功能;从数学行动对象与表征方式分析观念功能;从数学推理与文本特征的一致性上分析文本功能.

§5.6 中学数学教师与数学课程

教师是教育改革的中心而非官方教育体制的执行者,课程改革的实施除了先进的理念做指导,关键在于教师.[62] 教师的个人特征、能力将会影响课程改革的实施.本节主要从教师数学课程知识、教师关注、教师自我效能感三方面介绍教师能力对数学课程实施的影响,并从教师在课程改革中的认知失调、教师信念及课程取向三方面分析我国新课程改革中数学教师面临的挑战.

5.6.1 教师能力

5.6.1.1 数学课程知识

数学教师的教学应注重帮助学生学会理解、应用数学的方法,促进学生数学思维发展.因此教师不仅要懂得数学知识,更需要拥有数学教学知识和课程知识.范良火将数学教师的教学知识理解为:教师就关于怎样进行数学教学所知道的内容,包括怎样运用课程进行数学教学,怎样运用教学方法进行数学教学.并将课程知识划分为教材知识、技术知识和其他教学资源知识三个方面.[63] 曾超益则认为数学教师的教学知识包括数学教学的教材知识、数学教学的内容知识、数学教学的资源知识、数学教学的方法知识,并将课程知识分为教材知识与资源知识两个方面.[64]

曾超益结合范良火的研究将数学教师课程知识的来源分为:A.作为学生时代的经验;

B.职前培训;C.在职培训;D.有组织的教研活动;E.同事之间的交流;F.阅读参考文献;G.自身的教学积累与反思等七种途径.并且,在将范良火研究结果与广东省教育科研项目"广东省欠发达地区数学教师专业化发展研究"的研究成果中有关教材知识与资源知识的调查数据整理后,曾超益发现:

(1) 对于 6 年教龄以上的数学教师,"自身的教学经验积累和反思(G)"是教师教材知识的最重要来源;对于 0~5 年教龄的数学教师,"同事之间的交流(E)"是教师教材知识的最重要来源.关于教师的资源知识的重要来源是"自身的教学经验积累和反思(G)"和"同事之间的交流(E)".

(2) "作为学生时代的经验(A)"和"职前培训(B)"对 6 年教龄以上数学教师来说是课程知识的最不重要的来源.

(3) "在职培训(C)""有组织的教研活动(D)"和"阅读参考文献(F)"其来源的程度没有共同点.

5.6.1.2 教师关注

教育改革不但为教师的工作增加复杂程度,同时也加重了教师的关注,这些关注包括感觉、投入程度、向导、对专门事务或任务所给予的考虑.富勒(F. Fuller)于 20 世纪 60 年代提出了教师关注的三个水平:[65]

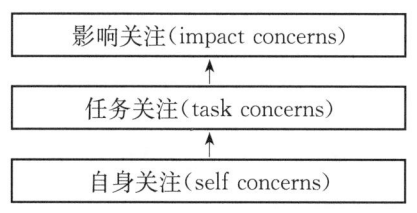

图 5-8 教师关注的三个水平

自身关注指教师对自身能力能否胜任课程改革新要求的关注;任务关注指教师对教师工作日常职责的关注,尤其指时间的限制、课程的压力、教学资源短缺、大量的学生数;影响关注主要用于处理由学生学习引起的一些问题.1977 年,霍尔(G. E. Hall)等人在富勒关于教师关注发展阶段研究的基础上,把关注阶段理论应用于课程实施研究中,提出了"关注为本采用模式"(Concerns Based Adoption Model,简称 CBAM).[66]

CBAM 主要处理以下 3 个问题:

(1) 教师对变革的个人关注程度,即"关注阶段";

(2) 教师使用变革方案的情况,即"使用水平";

(3) 教师对变革的理解与认识,即"革新结构".

"关注阶段"描述教师个人在实施变革过程中所要经历的不同阶段中的知觉、感受、动机、挫折感和满足感,具体可分为七个阶段,如下表所示:

表 5-8 "关注阶段"七阶段划分

阶 段 名 称	具 体 表 现
阶段 1　有意识(awareness)	最初的时候,教师对课程改革所知甚少,但仍不想学习它
阶段 2　信息的(informational)	他们逐渐开始对课程改革感兴趣
阶段 3　个人的(personal)	他们开始关注个人能力去实施所提出的改变
阶段 4　管理(management)	开始思考改革的组织与安排
阶段 5　结果(consequences)	教师开始关注改革对学生学习的影响
阶段 6　合作(collaboration)	与同事分享经验
阶段 7　重新关注(refocusing)	提出修改意见促进改革,甚至提出新的改革

"使用水平"则依据教师在变革过程中表现出的一些标志性行为或操作性概念划分,主要有八个水平,如下表所示:

表 5-9 "使用水平"八水平划分

水 平 名 称	范 围
水平 1 未使用(nonuse) 分界点	使用者对课程变革缺乏了解,或了解甚少,还没有涉及课程变革工作,也未准备介入. 采取行动,以获取课程改革的资料.
水平 2 定向(orientation) 分界点	使用者已经获取或正在获取课程变革的资料,并且已经探讨或正在探讨课程改革的价值取向,对使用者的要求等. 决定采用变革方案,建立实施时间表.
水平 3 准备(preparation) 分界点	使用者正在为第一次使用变革方案而准备. 使用和改变(若必要)都根据使用者的需要.
水平 4 机械使用(mechanical use) 分界点	使用者致力于革新的短期使用或日常使用,缺乏时间反思.使用上的改变旨在符合使用者的需要,而非学生的需要.使用者所试图熟练的工作是课程方案所要求的,结果常是肤浅且不连贯的. 建立了常规化的使用模式.
水平 5 常规化(routine) 分界点	革新的使用已经稳固地建立,在使用过程中,如果有改变的话也只是少数.很少考虑改变革新方案的调整和革新的效果. 依据正式或非正式评价,改进革新的使用,以改善效果.
水平 6 精致化(refinement) 分界点	使用者依据短期或长期的结果,改变革新的使用,以改善革新对学生的即时效果. 与同事协调合作,开始改变革新的使用.
水平 7 整合(integration) 分界点	使用者结合自己和同事在革新上的努力,在共同影响的范围给予学生集体的影响. 开始探讨该革新的替代性方案,或对该革新进行主要修正.
水平 8 更新(renewal)	使用者重新评价革新方案的品质,寻找当前革新的期待性方案或重大修正方法,以改善它对学生的影响,见识领域内的新发现,探索自己及整个学校系统的新目标.

测量"革新结构"(Innovation Configurations)的关键是结构革新成分清单,它主要指那些确定教师转变的关键成分(如提问的技巧、资源的使用、教师的角色、评价过程)及教师在实施与上述成分相关联的教学行为中可能发生的变化(如在使用教师开发的教学材料、商家开发的教学材料、教师与商家共同开发相结合的教学材料时发生的变化).[67]

范·登贝尔赫(van den Berg)等人研究发现,当改革被介绍之初,教师主要表现出强烈的自我关注;接着,当任务关注加强的时候,这些自我关注逐渐减弱.当课程改革开始真正实施时,教师更多地关注于改革对学生的影响,及提出修改意见以加强改革的有效性.麦金尼(M. McKinney)认为,课程改革的成功依靠教师关注从自我关注向任务关注,最终向影响关注的发展,当然,这样的过渡往往比较困难.同时研究也发现,如果教师能够持续切实地支持课程改革,那么,上述三个水平关注的过渡将更易实现.[68]

教师是课程改革的最终执行者,教师是否接受并实施新课程是课程改革成功与否的关键.

我国学者李淑文根据霍尔等人提出的CBMA理论为依据,通过问卷调查、访谈、开放式问题陈述等方法,针对高中数学教师对数学新课程理念的认同度与实施度、认同度和实施度之间的关系进行探讨.[69]课程实施程度即课程方案中所设置内容的落实程度.李淑文将高中数学教师对数学新课程理念的实施度定义为教师在实际的教学中对高中数学新课程理念的落实程度.研究发现:

(1) 高中数学教师对数学新课程理念的认同度高于实施度;
(2) 教师的教育观念和教学方式有了明显转变;
(3) 评价滞后降低了数学新课程的实施水平.

为了使新课程顺利实施,需要不断提高教师对新课程理念的认同度和实施度,发展教师的课程决策能力,建立与新课程理念相适应的评价机制.

5.6.1.3 教师效能信念

效能信念是由美国心理学家班杜拉(A. Bandura)于20世纪70年代末最先提出的概念.效能信念是指个人计划、执行行动达成一个目标的感知能力.它包括两个成分:结果期望和效能期望(见图5-9).结果期望是指个体对自己的某一特定行为可能导致某种结果的主观判断,良好的结果会使行为被激活和被选择.效能期望是指个体对自己有能力成功地执

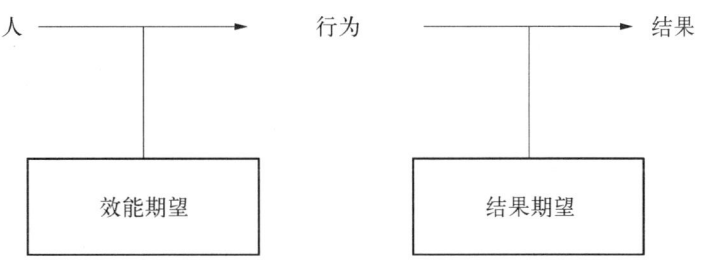

图 5-9 结果期望和效能期望的区分图解

行这种特定行为的信念.在认知领域效能信念则被表述为是自我效能感或自我效能知觉.

教师的效能信念可定义为教师个人实现一项特殊教学任务的能力信念.近10年的研究结果表明,拥有高效能信念的教师能更开放地面对学生意见,他们的能力会影响学生学习;教师效能信念与学生的表现、动机相关性显著.拥有高效能信念的教师更乐于适应创新与实验.

哈拉兰博斯(Charalambos)设计了整合教师关注与教师效能信念的结构方程模型,通过对151位小学数学教师的问卷调查,分析在课程改革实施5年之后教师对数学课程改革的关注及其对有关问题解决课程改革效能信念,并验证模型的有效性(见图5-10).

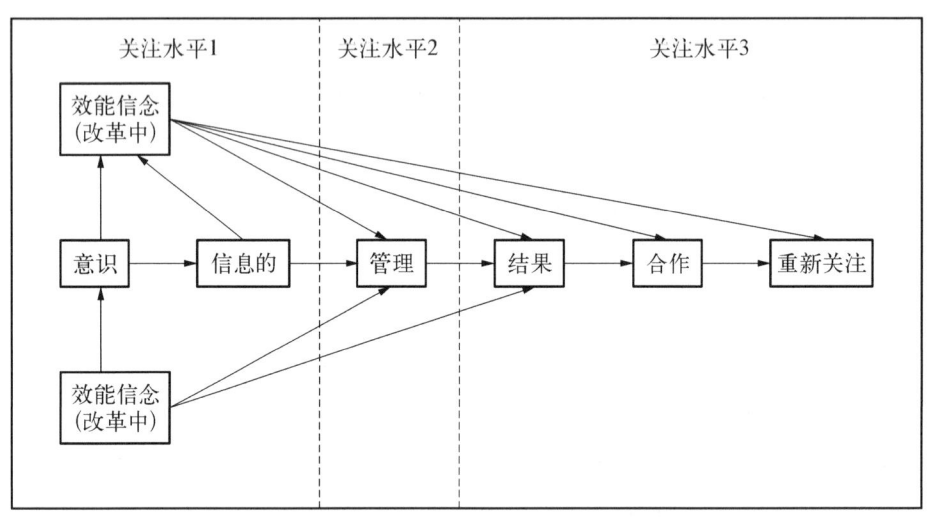

图5-10 教师关注与效能信念的整合图

该模型基于以下三点假设:

(1) 教师先前阶段的关注影响后一阶段的关注;

(2) 教师有关实施课改的效能信念与教师关注相互影响;

(3) 本模型只是介绍效能信念的某一特定.

研究显示,教师对于改革先前阶段的关注会影响其对改革后继阶段的关注;教师对于课程改革的效能信念会影响他们的教学任务和对改革的关注,反之,教师对课程改革的关注也将影响他们的效能信念;教师改革前教学方式影响着各种类型的教师关注.

当然,课程改革对数学教师也产生了一定的影响.研究者詹姆斯(A. James)等人在遵循现实数学教育原则的基础上,进行了为期一年的试验课程改革,并跟踪研究了两位课程改革中的数学任课教师.通过访谈、观察等方式,研究者研究发现,两位任课教师在参与一年的实验课改之后发生了一些变化,他们更能适应概念复杂、具有挑战性的数学活动,能更加轻松地面对课程改革中出现的任务.[70]

5.6.2 中国课程改革中的数学教师

教师是课程改革的最终执行者,教师是否接受并实施新课程是课程改革成功与否的关键.下面从数学教师在课程改革中的认知失调、教师信念及课程取向这三方面分析我国新课程改革中数学教师面临的挑战.

5.6.2.1 课改中的认知失调

"认知失调理论"最先由美国社会心理学家费斯汀格(L. Festinger)创立.他于1957年提出的"社会认知论",前提是每个人都努力使自己的内心世界没有矛盾,然而所有的人都无法使自己达到无矛盾状态.费斯汀格把"矛盾"和"无矛盾"换为"不协调"和"协调",并据此对认知现象进行分析.该理论的核心概念是"认知"和"认知失调",其基本假设是:

(1) 失调产生后,由于心理上的不舒服,会驱动人们努力减少失调,达到协调;

(2) 有了失调后,除了努力减少它之外,人们会主动避免可能增加失调的情境和信息.

根据认知失调理论,人们在面对新信息时,总是回避同自己原有认知要素对立的不协调信息,而积极接触与之协调的信息.在课程改革过程中,教师们对新课程理念的理解程度、接受程度、理念与行为的一致性都是值得思考的问题.

为了探究新课程培训后初中数学教师在课堂教学行为中发生的变化及其原因,景敏等人采用质的研究方法,针对4位数学教师进行个案研究.通过深度访谈、现场观察等手段收集数据,利用"扎根"理论,对数据进行分析、归纳、聚类,从中找出影响教师行为改善的主要因素.研究结果发现影响教师课堂教学行为改善的主要因素为:班主任工作繁重,学生能力水平参差不齐,各级各类的考试评价种目繁多,班额较大,教学内容和要求与课时不相匹配,教学资源不足,对教与学缺乏完整的认识,以往的教育经验的影响,教师评价制度不完善,硬件条件差(计算机与教学整合).[71]

在此基础上,研究者还使用"认知失调理论"对阻碍教师实施新课程的因素进行更深层的探析.教师在实施新课程理念时,尝试新的教学行为,这会引起新的行为与原有理念之间的认知失调,为了消除或减少失调,所采取的方法有三种:放弃新行为,积极解释新行为,引进新的认知要素.图5-11为个体从原有平衡到新平衡所经历的过程.当教师选择了积极解释新行为作为消除失调的途径时,教师就会不断地尝试新的行为,并从中体验新行为蕴含的新课程理念,最终在新行为与新理念之间建立起平衡.

同时,根据"认知失调理论",获得他人赞同和支持从而来建立社会现实,是一个人在面临改变压力时改变认知的主要方法之一,因此,教师所处的社会环境(学校、教研组)是影响教师行为转变的直接因素.

5.6.2.2 教师信念

日本教育学家佐藤学(Manabu Sato)曾描述:在教师的话语(体系)中专业术语越是泛

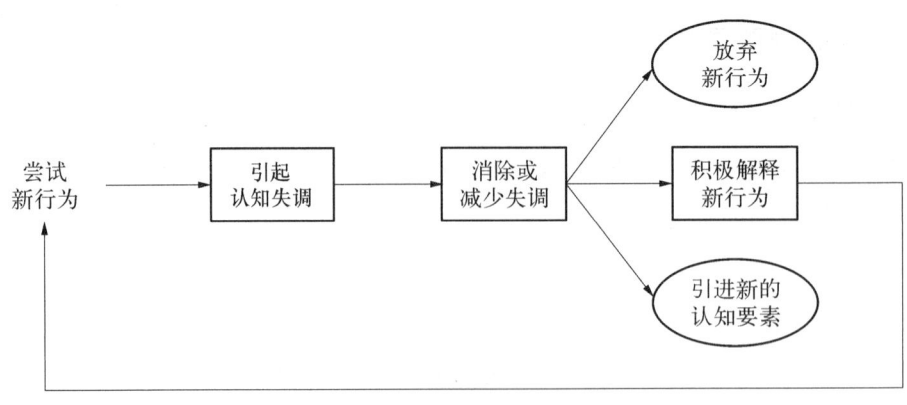

图 5-11　个体从原有平衡到新平衡所经历的过程图

滥,描述他们实践的话语就越抽象,具体性就越微弱直至丧失;"理论方式"的话语与知识渗透于整个课堂,教师们的"实践方式"的话语和知识处于"濒死"的状态.即如果教师"表述的信念"和"教学行为"之间存在着一定的差异,那么教师仅会说新课程理念而没有真正实施新课程理念,新课程落实无从谈起.

有研究者认为教师信念是教师关于教学、学生、内容和教育过程的态度、价值观和知识,并且可以通过教师说了什么和做了什么得以推断.它是教师计划、策略和课堂行为的指示.也有研究者将其理解为教师关于应当如何去从事教学的相对稳固的观点和看法.

杨豫晖以小学数学教师为例,采取质的研究方法,根据访谈(课前访谈、课后及时访谈、阶段性访谈)资料,寻找教师的本土概念和所关注的焦点教学因素,分析教师教学行为背后"隐含的信念".研究发现部分教师实际上秉承着传统的"知识传授为本"取向的教学信念,要使其教学信念走向"知识传授与数学思维发展相融合"的取向,应设置丰富多维的课程,并依托能激发教师怀疑和批判精神的问题情境展开讨论,以期教师的教学信念发生正向变化.[72]

5.6.2.3　课程取向

所谓课程取向,是指人们对课程的总的看法和认识.由于人们的哲学思想、价值观、方法论、文化背景以及对个体的心理发展等方面存在差异,导致对课程有不同看法,这些不同看法就形成了课程取向.课程取向可以影响课程理论研究工作者设计和分析具体的课程,也可以决定教育实践工作者如何在实践中实施一项具体的课程方案.任何一名从事教育的人,无论是理论工作者,还是实践工作者,都有自己的课程取向.

课程取向是课程设计与课程实施的指导思想,初中数学教师的课程取向直接影响着他们的教学设计、教学方法和策略,左右着他们具体的教学行为.1983 年美国学者米勒(J. P. Miller)指出课程取向是关于教和学的基本态度.他从人的外显行为与强调内心活动的内心思想或情感出发,将课程取向分为七种,从外显行为到内心活动的排列如下:[73]

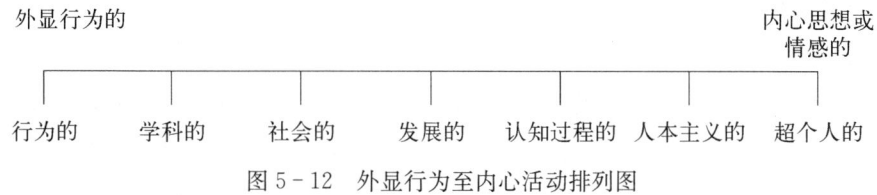

图 5-12　外显行为至内心活动排列图

行为的取向是一种重视形成学生的特殊行为的教学思想.

学科的取向强调学科内容及其发展与组织.许多学校以这种课程取向为主,尤其是中学和大学.

社会的取向重点强调社会经验,有时集中在文化传递上,即把课程看作是向学生灌输社会传统和习俗的动因.

发展的取向是源于这样一种对儿童的认识,即儿童的自我、认知、道德等的发展是经历一些不同阶段的.

认知过程的取向是基于认知心理学提出来的,强调认知技能的发展,认为课程应当集中于培养学生的观察、分析、综合和评价判断等智力技能.

人本主义的取向重点强调完整人格的形成.

超个人或整体的取向强调更高的自我或中心.

我国学者童莉以初中数学教师为研究对象,并改编黄政杰所著《课程设计》一书中提供的课程取向量表作为研究工具来调查分析初中数学教师对数学课程所持的观点和态度.量表主要考察被试五种不同的课程取向:[74]

认知过程取向——强调学生认知技能的发展;

科技发展取向——尊崇教学效率和体系化的课程设计理念;

人文主义取向——强调学生的全面发展和自我实现;

社会重建取向——强调学校课程对社会变革的重要性;

学术理性主义取向——强调课程内容的获得和知识的掌握.

调查结果显示,初中数学教师的课程取向具有综合化趋势;不同教龄的初中数学教师在学术理性和科技发展取向上有显著差异;具有不同教学研修经历的初中数学教师在认知过程和人文主义取向上有显著差异;初中数学教师的新课程培训状况对学术理性、社会重建和人文主义取向有较为显著的影响;不同学历的初中数学教师在多数取向上没有显著差异.

§5.7　信息技术与中学数学课程

现代信息技术的广泛应用正在对数学课程内容、数学教学、数学学习等方面产生深刻的影响.各国数学课程都在提倡实现信息技术与课程内容的有机整合.美国 NCTM 于 2000

年制定了《学校数学的原则与标准》,其最大的特点就是强调信息技术在数学课程中的重要地位,强调信息技术与数学教学过程相结合,并特别提出了技术原则.该原则指出:科学技术在数学教育中起着至关重要的作用,它不仅影响所教的教学内容,而且能提高学生的学习.每个学生都能在训练有素的教师指导下,用现代科技辅助来提高数学学习.[75]新加坡中小学数学课程标准中也明确提出了:在学习、应用数学过程中使用各种数学工具(包括信息、交流技术手段).其中有效数学技能就包括合理、有效地使用技术手段用于问题探究.[76]

我国教育部 2003 年颁布实施的《普通高中数学课程标准(实验)》提出注重信息技术与数学课程的整合.高中数学课程应提倡利用信息技术来呈现以往教学中难以呈现的课程内容,在保证笔算训练的前提下,尽可能使用科学型计算器、各种数学教育技术平台,加强数学教学与信息技术的结合,鼓励学生运用计算机、计算器进行探索和发现.[77]

2011 年底教育部网站上公布的我国义务教育数学课程标准中也明确指出:数学课程应充分考虑信息技术对数学学习内容和方式的影响,开发并向学生提供丰富的学习资源,把现代信息技术作为学生学习数学和解决问题的有力工具,有效地改进教与学的方式,使学生乐意并有可能投入到现实、探索性的数学活动中去.新课标同时提出课程实施建议:信息技术是从根本上改变数学学习方式的重要途径之一,必须充分加以应用,但同时需注意三个方面:[78]

(1) 将信息技术作为教师从事数学教学实践与研究的辅助性工具.为此,教师可通过网络查阅资料、下载具有参考价值的实例、课件并加以改进,设计与制作有关的计算机软件、教学课件,用于课堂教学活动研究等.

(2) 将信息技术作为学生从事数学学习活动的辅助性工具.引导学生积极有效地将计算器、计算机用于课堂教学活动研究.

(3) 将计算器等技术作为评价学生数学学习的辅助性工具.

信息技术与数学课程的整合需注意使用信息技术资源的有效性,应重视发挥其对学习数学的积极作用,减少其对学习数学的消极作用.下面从信息技术与数学课程的整合方式及现状两方面阐述信息技术对数学课程的影响.

5.7.1 信息技术与数学课程整合方式

随着信息技术的发展,多功能计算器、各类计算机硬件、软件设备开始进入课堂,教育者们也随之开始思考我们应该教什么、如何教,学生应该如何学.各国的教育研究者都在探寻如何将信息技术使用于课堂教学.以技术为导向的数学教育方式有许多,其中一种是:看学校数学教育中涉及的主要任务——选择内容、过程;组织教学与学校环境,评价成就——描述技术对各方面的影响.以技术为导向的数学教学最突出的建议是内容与过程目标聚焦于减少那些能直接由计算器得出结果的数学活动,强调概念性思维.许多数学教者已经看到了新技术对课堂教学带来的变化,设想着信息技术能给传统数学课堂教学模式带来巨大的变化.他们看到教师从知识的传授者转换为学生学习的指导者和课堂教学的管理者,帮助学生能自主地在学习活动中探索.

依据计算器、电脑可以做的数学内容与过程,将现代技术与数学课程的整合分为如下六种:数值计算,图解计算,符号计算,信息多种表征,编程、计算机科学与数学课程的联系,人工智能和机械指导.[79]

(1) 数值计算与数学教育.

中小学数学课堂教学中科学计算器的使用使人们开始重新思考数学课程中的数值计算,支持者们认为课堂中计算器的使用可以使学生将更多的时间、精力用于问题解决、估算、核对计算结果等.反对者认为这样会导致学生过度依赖技术,其计算、理解能力将会降低.事实上,并非所有国家的教学、考试都允许使用计算器,计算器的使用,不是为了替代学生的学,而是为了促进其学习,促进其概念的理解、问题解决的能力和数学的态度,同时不降低传统的计算能力.这方面的研究将转向关注如何更加有效地使用计算器促进学生问题解决能力的发展.

(2) 图解计算与数学教育.

使用电脑、计算器,尤其是图形计算器,是信息技术对数学教育做出的突出贡献之一.通过将已知的代数表达式输出二维或三维的几何图形,可以使学生更直观地感受抽象代数与直观图形之间的联系,且感受动态的成像与变化过程,从而促进其对知识的理解,形成更加完整的数学观点,并以视图的形式给学生提供问题解决的方法.这方面的研究将关注于如何使用图形计算器的这个成图功能去解决那些较难的教学与学习问题.

(3) 符号计算与数学教育.

除了数值计算,微电脑程序还能依据代数与运算规则,操作符号表达式.主要符号计算功能有:代数式转化;多项式、代数式求解.

(4) 信息多种表征与数学教育.

使用电脑的多重表征功能,符号、图形、数值表征.应用技术于数学教育中最大作用便是使用技术,基于电脑多种表征数学观念、方法可将数学信息进行多重表征,用于概念理解与问题解决.如用数值、图形、代数等不同方式表征含变量的函数.它可将使用者抽象的思维转化成可见的形式,同时有助于学生将关于某观点或程序具体思维过程最终转化为抽象的符号形式.

(5) 编程、计算机科学与数学教育.

除了上述提到的功能,电脑还能在数学教学中用于编程.已有研究证明学习者通过编程活动,分析、运行编写的程序,可以加深对内在数学知识的理解.学生掌握电脑编程的技能,可以发展其思维习惯,有助于学生学习、用数学.

(6) 人工智能和机械指导.

除此之外,人工智能学习工具、环境的设计提供了自主学习的教学形式.学习者可以根据自己的需要,选择合适的学习内容,有选择地、适时地反复学习,使学习更有针对性.

5.7.2 信息技术与中学数学课程整合现状

如何将信息技术于数学课程整合是各国数学教育研究者一直关注的焦点.有研究者认为从一种一般的技术转化为具有数学教育价值的工具(即技术的工具化)涉及了教学主体对技术的把握、对数学知识的理解以及使用技术的方式,因此信息技术的应用方式决定着它的工具价值发挥.已有研究基础上,研究者按照信息技术在教学中所发挥作用的程度,从低到高依次为:辅助工具、交流工具、研究工具、思维工具.按照信息技术在教学中承担角色的重要性来看,上述的工具依次对应为:作为教学的主宰、作为教学的支持者、作为教学的合作者、作为教学发展的推动者.[80]

研究者观察大量的信息技术支持的数学课堂以及进行相关的统计发现,将信息技术在课堂教学中具体行为分为6个方面:图片展示、文字展示、图形展示、动态生成、检查验证、活动操作.由于每种课堂行为的具体应用根据对其数学教学发生作用的不同而具有不同的表现形式,且对应的角色层次也不同.具体见下表:

表 5-10 信息技术在课堂教学中具体行为表

	作为主宰者	作为支持者	作为合作者	作为教学发展推动者
图片展示		创设情境、丰富认知		
文字展示		方便		
图形展示		方便、清晰	创设情境、促进理解	
动态生成	动态展示代替了学生的思考	一般的、没有数学意义的展示	展示过程、观察理解、启迪思维	
检　验	盲目使用计算功能	一般性的检验	实验性检验	
活动操作	盲目操作	简单的、基本的操作	探索型的操作、用于概念的理解	创新型、问题解决型的操作、用于解决一些非常规性问题

研究者在对信息技术的各种课堂行为进行角色层次分类的基础上,对8节基于信息技术的数学课堂教学进行了统计和层次分析,研究发现目前信息技术更多的是作为支持者作用于数学教学,还未真正成为合作者和教学发展的推动者.但事实上,仍存在教师没有真正把信息技术融入教学中,整合层次处于技术没有被运用或技术的低级运用阶段的现象.而阻碍教师将信息技术与教学整合的因素主要有两大类:内在因素和外在因素.

内在因素包括教师的知识经验(如教学的知识经验、技术的知识经验等)和内在促动因素(如对整合的自我效能、情感、态度和动机等).外在因素包括软硬件设备、教学资源、学校管理(如学校行政支持、同事协作、研究的氛围等)等.一般研究者主要用理性思辨、个案、一般调查、相关分析等方法探讨影响整合的因素.有研究者运用结构方程模型(Structural Equation Model,简称 SEM)分析的方法,分析影响教师的整合层次的因素及影响方式,研究发现:在影响教师整合层次的因素模型中,外在环境因素扮演着影响教师知识经验和内在促动发挥重要平台的角色,个体内在因素与环境因素的和谐互动是影响教师整合层次的重要根源.[81]

参考文献

[1] 林崇德.培养和造就高素质的创造性人才.北京师范大学学报:社会科学版.1999(1):5-13.

[2] SILVER E A. Fostering Creativity through Instruction Rich in Mathematical Problem Solving and Problem Posing. ZDM: Mathematics Education,1997,29(3):75-80.

[3] PEHKONEN E. The State-of-Art in Mathematical Creativity. ZDM: Mathematics Education,1997,29(3):63-67.

[4] SRIRAMAN B. The Characteristics of Mathematical Creativity. ZDM: Mathematics Education,2009,41(1-2):13-27.

[5] STERNBERG R J. Handbook of Creativity. Cambridge: Cambridge University Press,2000.

[6] CSIKSZENTMIHALYI M. Implications of A Systems Perspective for the Study of Creativity.//STERNBERG R J. Handbook of Creativity. Cambridge: Cambridge University Press,2000:313-338.

[7] GRUBER H E, WALLACE D B. The Case Study Method and Evolving Systems Approach for Understanding Unique Creative People at Work. //STERNBERG R J. Handbook of Creativity. Cambridge: Cambridge University Press,2000,93-115.

[8] STERNBERG R J, LUBART T I. Investing in Creativity. American Psychologist,1996,51:677-688.

[9] PLUCKER J, ZABELINA D. Creativity and Interdisciplinarity:One Creativity or Many Creativities?. ZDM: Mathematics Education,2009,41:5-11.

[10] 叶平."创新教育"解析.教育研究,1999(12):3-8.

[11] PEHKONEN E. The State-of-Art in Mathematical Creativity. ZDM: Mathematics Education,1997,29(3):63-67.

[12] PLUCKER J A, BEGHETTO R A, DOW G T. Why isn't creativity more important to educational psychologists? Potential, pitfalls, and future directions in creativity research. Educational Psychologists,2004,39:83-96.

[13] SRIRAMAN B. The characteristics of mathematical creativity. ZDM: Mathematics Education,2009,41(1-2):13-27.

[14] ERVYNCK G. Mathematical creativity//Tall D. Advanced mathematical thinking. Dordrecht: Kluwer Academic Publishers,1991:42-53.

[15] 雅克阿达玛.数学领域中的发明心理学.陈植荫,肖奚安,译.南京:江苏教育出版社,1988.

[16] SRIRAMAN B. The characteristics of mathematical creativity. ZDM：Mathematics Education，2009，41(1-2)：13-27.

[17] SILVER E A. Fostering Creativity through Instruction Rich in Mathematical Problem Solving and Problem Posing. ZDM：Mathematics Education，1997，29(3)：75-80.

[18] PEHKONEN E. The State-of-Art in Mathematical Creativity. ZDM：Mathematics Education，1997，29(3)：63-67.

[19] 罗新兵,罗增儒.数学创新能力的涵义与评价.数学教育学报,2003(13)：82-84.

[20] 林佳沛.类比、推广、深化、延伸——谈数学创新能力的培养.新课程：教育学术版,2009(7)：268.

[21] 桂德怀,徐斌艳.数学素养的内涵之探析.数学教育学报,2008(10)：20-23.

[22] 康世刚.数学素养生成的教学研究.重庆：西南大学,2009.5.

[23] 孔企平.国际数学学习测评：聚焦数学素养的发展.全球教育展望,2011(11)：78-82.

[24] OECD. Assessing scientific, reading and mathematical literacy: a framework for PISA 2006. [2006-09-27] http://www.oecd.org/dataoecd/38/51/33707192.pdf.

[25] OECD. PISA 2012 Mathematics Framework. [2010-11-30] http://www.oecd.org/dataoecd/8/38/46961598.pdf.

[26] 孙晓天.数学课程发展的国际视野.北京：高等教育出版社,2003：49.

[27] 徐斌艳.数学课程改革与教学指导.上海：华东师范大学出版社,2008：123.

[28] PUGALEE D K. Constructing a Model of Mathematical Literacy. The Clearing House. 1999，73(1)：19-22.

[29] STEEN L A. Mathematics and Democracy：The case for quantitative literacy. The Woodrow Wilson National Fellowship Foundation，2001.

[30] 江苏省连云港市教科所"MA"课题组."发展学生数学思想,提高学生数学素养"教学实验研究报告.课程・教材・教法,1997(8)：35-39.

[31] 徐斌艳.数学推理活动在数学教育中的意义.全球教育展望,2001(3)：39-43.

[32] 波利亚.数学与猜想：数学中的归纳和类比(第1卷).李心灿,王日爽,李志尧,译.北京：科学出版社,2001.

[33] 斯托利亚尔.数学教育学.丁尔升,等译.北京：人民教育出版社,1984：148-149.

[34] 宁连华.数学推理的本质和功能及其能力培养.数学教育学报,2008(3)：42-45.

[35] 徐斌艳.数学推理活动在数学教育中的意义.全球教育展望,2001(3)：39-43.

[36] 中华人民共和国教育部.义务教育数学课程标准(2011年版).北京：北京师范大学出版社,2012.

[37] 宁连华.新课程实施中数学推理能力培养的几点思考.数学通报,2006(4)：7-9.

[38] 美国数学教师协会.美国学校数学教育的原则和标准.蔡金法,等译.北京：人民教育出版社,2004：53.

[39] 王晓辉,赫晓玲.两类教材对初中生数学推理技能影响的比较研究.课程・教材・教法,2007(11)：41-45.

[40] DÖRFLER W. Diagrams as Means and Objects of Mathematical Reasoning. [2001-01] http://webdoc.gwdg.de/ebook/e/gdm/2001/Doerfler.pdf.

[41] JAMNIK M. Mathematical Reasoning with Diagrams[J/OL]. [2001-01] http://cslipublications.

stanford.edu/pdf/1575863243.pdf.

[42] KRAMARSKI B, MEVARECH Z R, LIEBERMAN A. Effects of Multilevel versus Unilevel Metacognitive Training on Mathematical Reasoning. The Journal of Educational Research, 2001, 94(5): 292-300.

[43] BURKHARDT H. Curriculum Design and Systemic Change//LI Y P, LAPPAN G. Mathematics Curriculum in School education. Advances in Mathematics Education, Springer, 2014: 13-34.

[44] 喻平.数学问题解决认知模式及教学理论研究.南京师范大学,2002.

[45] BURKHARDT H. Curriculum Design and Systemic Change//LI Y P, LAPPAN G. Mathematics Curriculum in School Education. Advances in Mathematics Education, Springer, 2014: 13-34.

[46] SCHOENFELD A H. Problem solving in the United States, 1970-2008: research and theory, practice and politics. ZDM: Mathematics Education, 2007, 39: 537-551.

[47] REISS K, TOERNER G. Problem solving in the mathematics classroom: the German perspective. ZDM: Mathematics Education, 2007, 39: 431-441.

[48] DOORMAN M, DRIJVERS P, DEKKER T, et al. Problem solving as a challenge for mathematics education in the Netherlands. ZDM: Mathematics Education, 2007, 39: 405-418.

[49] 徐斌艳,LUDWIG M.中德学生数学建模能力水平的比较分析.上海教育科研,2008(8): 66-69.

[50] HONG N S. The Relationship Between Well-Structured and Ill-Structured Problem Solving in Multimedia Simulation. Educational Psychology Education, 1998. http://www2.umassd.edu/cognitivemap/papers/structure.pdf.

[51] 中华人民共和国教育部.义务教育数学课程标准(2011年版).北京: 北京师范大学出版社,2012.

[52] HERBEL-EISENMANN B A. From intended curriculum to written curriculum: examining the "voice" of a mathematics textbook. Journal for research in mathematics education, 2007, 38(4): 344-369.

[53] 魏群,张月仙.中国中学数学课程教材演变史料.北京: 人民教育出版社.1994: 1-2.

[54] 曹培英.中日小学数学教材的比较研究.课程·教材·教法.2000(6): 52-55.

[55] 范良火,朱雁. Focus on the Representation of problem types in intended curriculum a comparison of selected mathematics textbooks from mainland china and the united states. International Journal of Science and Mathematics Education, 2006, 4(4): 609-626.

[56] FAN L H, ZHU Y. Representation of problem-solving procedures: A comparative look at China, Singapore, and US mathematics textbooks. Educational Studies in Mathematics, 2007, 66: 61-75.

[57] 鲍建生.中英两国初中数学期望课程综合难度的比较.全球教育展望,2002(9): 48-52.

[58] WEINBERG A, WIESNER E. Understanding mathematics textbooks through reader-oriented theory. Educational Studies in Mathematics, 2011, 76: 49-63.

[59] KEANE W. Voice. Journal of Linguistic Anthropology, 2000, 9: 271-273.

[60] HERBEL-EISENMANN B A. From intended curriculum to written curriculum: examining the "voice" of a mathematics textbook. Journal for research in mathematics education, 2007, 38(4): 344-369.

[61] ROTMAN B. Towards a semiotics of mathematics. Semiotica, 1988, 72 (1-2): 1-35.

[62] CHARALAMBOUS C Y, PHILIPPOU G N. Teachers' concerns and efficacy beliefs about implementing

a mathematics curriculum reform: integrating two lines of inquiry. Educational Studies in Mathematics, 2010, 75(1): 1-21.

[63] 范良火.教师教学知识发展研究.上海：华东师范大学出版社,2003.

[64] 曾超益.关于数学教师课程知识来源.数学教育学报,2011(1): 39-41.

[65] FULLER F. Change forces: Probing the depths of educational reform. London: Falmer Press, 1969.

[66] HALL G E, GEORGE A A, RUTHERFORD W L. Measuring stages of concern about the innovation: A manual for use of the SoC questionnaire. Austin: Research and Development Center for Teacher Education, University of Texas, 1977: 104.

[67] ANDERSON S E. Understanding Teacher Change: Revisiting the Concerns Based Adoption Model. Curriculum Inquiry, 1997, 3: 331-367.

[68] MCKINNEY M, SEXTON T, MEYERSON M J. Validating the efficacy-based change model. Teaching and Teacher Education, 1999, 15: 471-485.

[69] 李淑文,史宁中.高中数学教师对数学新课程理念认同度与实施度的对比研究.课程·教材·教法,2009(6): 76-80.

[70] JAMES A. Curricular Influences on the Motivational Beliefs and Practice of Two Middle School Mathematics Teachers: A Follow-up Study. Journal for Research in Mathematics Education, 1999, 30(3): 49-358.

[71] 景敏,谢慧.影响初中数学教师实施新课程的归因分析.数学教育学报,2005(2): 64-67.

[72] 杨豫晖.教师教学信念的监视与反思——以小学数学教师为例.课程·教材·教法,2010(12): 100-105.

[73] 马云鹏.国外关于课程取向的研究及对我们的启示.外国教育研究,1998(3): 38-43.

[74] 童莉.初中数学教师的课程取向的调查与分析.数学教育学报,2008(2): 47-50.

[75] 美国数学教师协会.美国学校的数学教育的原则和标准.蔡金法,等译.北京：人民教育出版社,2004: 26.

[76] Ministry of Education Singapore. Mathematics Syllabus Primary. [2007] http://www.moe.gov.sg/education/syllabuses/sciences/files/maths-primary-2007.pdf.

[77] 中华人民共和国教育部.普通高中数学课程标准(实验).北京：人民教育出版社,2003.

[78] 中华人民共和国教育部.义务教育数学课程标准(2011年版).北京：北京师范大学出版社,2012.

[79] JAMES T F. Technology and mathematics education: A survey of recent developments and important problems. Educational Studies in Mathematics, 1989, 20: 237-272.

[80] 尚晓青.信息技术在数学课堂教学中应用的层次分析.数学教育学报,2008(4): 93-96.

[81] 文玉婵,周莹.影响教师将信息技术整合于数学教学的因素分析.数学教育学报,2007(3): 44-48.

第 6 章

中学数学课程发展研究实例

§6.1　中学课程改革实验研究——青浦实验

§6.2　中学数学课程实施效果研究

§6.3　教师与数学课程的文献研究

§6.4　中学数学课程与教材的比较研究

§6.5　中学数学课程的测量(测试)研究

本章将在前几章研究的基础上,选取已有的数学课程研究成果,进行深入剖析,分析介绍数学课程发展研究所立足的研究方法,例如实验研究、比较研究、评价研究或案例研究等,以便将上述几章阐述的数学课程转化为研究问题,从而进行科学、细致的研究.

§6.1 中学课程改革实验研究——青浦实验

6.1.1 教育实验

教育实验是一种实验研究,它强调在研究中要主动控制条件或变量.教育结果的变化往往不是由单因素造成的,即教育实验的自变量往往具有综合性的特点.由于影响教育结果(因变量)的因素很多,难以施行严格的完全控制,因此任何教育实验的成果都必须考虑适用范围,慎重推广,推广的过程本身应当是再实验再检验的过程.从严格意义上说,教育实验中的控制只能是一种准控制,教育实验只能是一种准实验.

教育实验必须控制如下几个重要变量.

6.1.1.1 实验变量的控制

实验者主动加以操纵的自变量称为实验变量.在实验中,通过对无关变量的控制,操纵自变量,进而观察自变量的变化是否引起因变量的期望变化.在课程改革实验中,比较典型的自变量是教材或教法.事实上,影响教育结果的任何因素,都有可能成为实验变量,实验变量往往是综合性的,这取决于实验的目的.启动于20世纪70年代中期的上海青浦县①大面积提高数学教学质量的实验,筛选出两个重要变量——指导尝试和及时回授,但是在实验过程中,不仅仅是这双因素,而是包括了变式训练的课程实施、行动教育的教师培训等整体改革结构.实验变量的综合性在教育情境中是不可避免的,而变量的综合性造成了实验结果归因的困难,也就是实验变量与教育效果之间的关系不明朗.有研究者提出,要引入"中介变量"的概念,必要时可为教育实验做辩护.[1]

6.1.1.2 实验对象的控制

理论上,实验研究的实验对象是从总体中随机抽取获得的.但是,教育实验很难从总体中随机抽取实验对象.从准实验的准控制观点出发,一般不设置实验组或以整个教育为参照系,正如影响深远的杜威芝加哥大学实验学校,它是以学校为单位的教育综合实验.

6.1.1.3 实验教师的控制

参与教育实验(实验班和控制班)教师的选择,也是教育实验中变量控制的难点.教育

---

① 1999年9月16日,经国务院批准,撤销青浦县建制,建立青浦区,以原青浦县的行政区域为青浦区的行政区域.

实验工作是一项开创性的工作,需要付出艰辛的劳动,因此实验组织者希望实验班教师首先是一名合格教师,另外要有创造性,有事业心,并且能领会实验设计者的教育思想.同时,实验者不可能要求控制班的教师都是墨守成规的.在实验过程中,实验班和控制班教师往往会随着实验进程而更新自己的理念和方法.实验者对教师控制更多是采用变通的方式,例如给实验班和控制班实施不同实验变量,扩大实验规模,或者反复验证实验结果等.

6.1.1.4　投入的控制

如果教育实验的成果是以"超额"的投入换来的,那么实验成果会受到质疑.因此教育实验必须既注重成果又有效地控制投入,力求以规定限定的时间和精力达到尽可能高的效果.如果是以提高学生学业成绩为目的,那么在教育实验中,需要控制学生的在校时间、学生的家庭作业量等.当然,在实际运行中,学生家长有意无意地给学生补课,学生从校外其他信息源获取知识或接受偶然教育,这些是超越实验者控制能力的.

以上四方面的控制变量需要在教育实验设计中加以考虑,尽管控制是不完全的,但属于准控制层次,符合准实验的要求.当下,有研究者指出教育实验不应停留在准实验水平,应该从自然科学的规范出发设计教育实验.这些讨论不应该束缚我们进行教育实验的手脚,而是鼓励我们如何依据教育规律、实验规律设计合理的实验方案.

6.1.2　实例:"青浦实验"

6.1.2.1　概况

"青浦实验"源起于20世纪70年代"如何大面积提高数学教学质量"这一问题.那个年代,中国的教育受到了灾难性的破坏,隶属上海市的青浦县也未能幸免.1977年青浦县对全体中学毕业生进行基本水平的数学知识考查,4300余人得分率仅11.1%,零分人数所占比例高达23.5%.那是中国数学教育史上最暗淡无光的时期,青浦县堪称全国的一个缩影.改变如此落后的教育状况,必须求助于教育科学研究,开展改革实验.[2]

改革团队经过3年调查、1年筛选经验、3年实验、8年推广,终于使区域数学教学质量大幅度提高.1996年"青浦实验"经验登上国际讲台,改革实验主持人顾泠沅在西班牙举行的"第8届国际数学教育大会"上,向世界各国学者报告这一中国数学教育改革经验,也为中国数学教育走向国际打开视野.1997年,青浦实验研究所成立,并被批准为上海市首批教育科学研究基地.那20年间(1977—1997)的数学教育实验重在引领教师"学会教学",提升数学课程教学质量.同时"青浦实验"也为教育实验研究提供一种模式.实验改革没有停止,在进入21世纪的近10年间,在全国数学课程改革的大背景下,青浦实验继续在实践中摸索,启动"青浦实验的新世纪行动"实验.实验之一,开发了教师专业发展的革新范式——行动教育,让一批普通教师组成的骨干团体达到"学会学习"的专业水平,这一成果在中国校本教研制度建设项目中得以推广,成为一种有效的教师行动学习的方式.实验之二,以课堂教学改革的视角变迁,对师生行为进行研究.实验之三,对学生学习质量目标开展大样本调研,评价数学课程实施状况."青浦实验的新世纪行动"成果再次站上国际讲台,研究者于2008年在墨西哥举行的"第11届国际数学教育大会"上作专题演讲,报告来自中国本土的数学教育实验成果.[3]

6.1.2.2 青浦实验的研究模式

"青浦实验"在第一个十年(1977—1987)中就已经取得公认的成功,它的价值不仅在于通过改革大面积提高数学教学质量,而且在于它独创了一个教育实验研究模式,成为数学课程与教学改革研究的典范.

由顾泠沅主持的青浦实验综合地采用了调查、筛选和实验等三种方法,显示出青浦实验的网络状研究结构.这一实验从现状和调查中引出各种问题,获取大量的具体经验,再筛选经验而形成纯粹、有序的经验系统及其相应的假说.这一实验中的每个阶段具有严密的、内在的逻辑关联.其中,筛选是研究网络的核心.一方面,筛选所得的假说可以通过实验加以验证,以揭示教育现象之间的因果关系,这是一条旨在理性认识的研究主线;另一方面,无论是筛选所得的经验还是实验所得的结论,都与新的改革背景相适应,或经过进一步筛选,以便在改革实践中得以传播,改革课程教学现状,这是一条旨在实际应用的研究主线.

青浦实验的研究流程如图6-1.

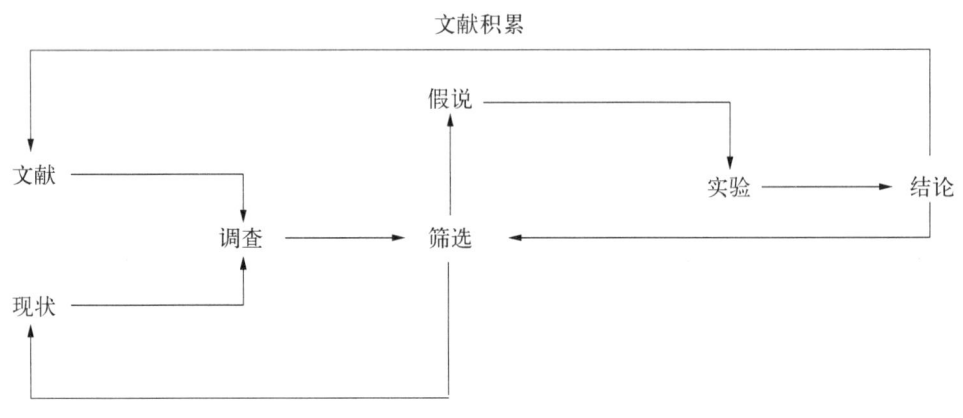

图6-1 青浦实验的研究流程

调查阶段

第一阶段为"调查".三年进行多方面的调查.

一是对基础教育关键期的调查,包括调查幼儿园中班、小学三、四年级和初中一、二年级学生的智力状况和思维状况,发现初中一、二年级学生处于少年期向青年期发展的转变期,可塑性大,他们的思维开始由具体形象阶段过渡到抽象概括阶段,达到了思维发展的飞跃期.实验组明确了中学数学教学工作的重点应放在中学低年级.

二是师生教与学现状的调查.通过对全县22次数学质量普查,并采用多种研究方法,找到了学生学习存在问题的症结,包括原有基础差,只会机械模仿,知识遗忘率高,给后继学习带来了困难等.通过调查还发现学生的学习问题与教师的教学有很大关系,发现教师的教学态度、对教材的掌握、教学方法等方面都存在着程度不一的问题.

三是本着"问题是从实践中来,问题的答案也要到实践中去寻找"的方法论原则,为找到解决问题的针对性措施,实验组跑遍了全县所有中学,向有经验的教师学习,三年收集积累专项经验一百六十多项.例如,有的教师在实施数学课程过程中,善于采用"六种练习"——单一练习、过渡练习、一题多变练习、辨错练习、巩固练习、综合练习,基于这种方法,学生学习成效显著.

实践筛选阶段

教学经验是具体而生动的,它是教学实践活动的结果,包含着学科课程与教学的若干规律性因素,但还不是规律,它会受多方面的限制,常常有较大的表面性和片面性.因此,要揭示其内在的规律性,就必须对教学经验作深入的研究.顾泠沅及其实验组,引入"行动研究法",对第一阶段收集的大量经验的本质和有效性进行辨析和鉴别,并且进行改造,把这些经验上升到具有一定理论高度的实验假说,形成了独具特色的实践筛选法.该方法是在实际教学过程中,为了改善教学措施、落实课程目标,由执教人员和研究人员结成一体,对众多的经验进行淘汰、优化或者发展的新经验.这种方法的目的不仅在于辨明某些教学措施对实际的教学过程产生怎样的效果,从而改革教学实践,而且为探明教学规律,开展教育实验提供了依据.

"青浦实验"的实验组制定了一套实践筛选的研究程序和方法.第一步是从大量原型经验中析取纯粹的经验,也就是将经验的本质内容从经验背景中剥离出来,然后提取其中最能体现一般教学规律的、具有普遍推广应用价值的成分.在此,青浦实验采用了穆勒(J. S. Mill)的科学归纳法,强调把指标检测和过程分析结合起来.客观指标包括各种统计量及其差别的显著性检验等;主观指标则采用模糊赋值与综合评判等方法.同时,再将通过动态过程的客观调查和分析以及叙事描述作为补充,必要时也采用社会学研究的某些特殊方法.

第二步,在纯粹化的基础上构建有序的经验系统.这个系统不是多种方法或措施的简单镶嵌,而是具有内部一致性的结构,它可以整体地而不是单个地作用于教学活动的始终.青浦实验参照了普利高津(L. Prigogine)的耗散结构理论——有序的必要条件是不断地反馈调节,使各项因素达到最佳状态.具体的筛选方法的研究程序,从提出计划、实施经验、考察评价、优化处理,到再计划、再实施、再评价,整个研究程序构成螺旋上升的回路,经过多次反复,使纯粹经验逐步构成有序状态.

在经验筛选阶段,通过实施、考察和评价,对众多教学经验进行取舍:有些对本地区明显无效或不适用,就予以舍弃;有些有效性不甚清楚,就继续实施和考评;有些对实际问题有明显效果,则重点研究,使之完善.从1980年开始,实验组以青浦中学为基地,挑选两个实验班和两个控制班开展研究,每星期抽半天汇总情况,制订计划,五天听课评价,经过三

个学期 50 次循环筛选,终于选到四条比较有效的教学措施(课程实施的具体措施):

(1) 让学生在迫切要求之下学习;

(2) 组织好课堂教学的层次(序列);

(3) 在采用讲授法的同时辅之以"尝试指导"的方法;

(4) 及时获取教学效果的信息,随时调节教学.[4]

这些措施初步构成了青浦大面积提高数学教学质量的经验系统,也是下一步开展实验的假说.

实验阶段

青浦独创的实践筛选法有助于从大量经验中精选出含金量高的教学经验,但是经验筛选法的方法由于控制条件不严密,所得结果的精确度不够高.因此,要深入地探究教学现象的因果关系,使经验上升为理性认识、由假说发展为可靠的理论知识,还有赖于人为地控制条件的教学实验才能实现.实验法在探索各种教学措施在教学效果上的差异,揭示其内在原因,优化教学措施,鉴定其组合等方面,都能取得较好的效果.

为了深入研究筛选所得的教学措施,探索规律,便于推广普及,青浦县从 1981 年 9 月开始了大范围实验研究,分别在重点中学、一般完全中学和农村初中中共选取 5 所学校,再从中选择出实验、对照各 5 个教学班开展实验,以自然实验法为主,综合使用观察调查、行动研究、心理实验等方法.为使参照对比更为精确,从两组中又选取了 50 对学生,每对学生性别相同、年龄、小学数学基础、入学成绩、学习条件、家庭环境都十分接近,进行"对偶跟踪"比较.

实验班采用"诱导—尝试—归纳—变式—回授—调节"的教学模式,对照班采用一般方法教学.在实验过程中,在每个教学单元及期末做教育测量;每学年进行一次阅读能力和思维能力测验;对学生解题思维过程的比较,采用让学生"出声想"等心理实验方法.

经过三年实验,从探讨教学现象的因果关系中,实验结果初步表明了筛选所得的四条教学措施在教学过程中的作用,同时也验证了在不同类型的学校、不同程度的班级中运用这些经验的可行性.可见,实验法弥补了实践筛选法的不足,是对它的补充和深化.

实践筛选法在青浦实验中的特殊作用,初步显示了它在方法论上的重要意义.首先,它提高了由著名心理学先驱勒温(K. Lewin)首倡的行动研究的学术价值,因而对行动研究法具有发展意义,使行为改善的过程同时也成为科学发现的过程.第二,它阐明了从经验到科学假说的发生机制,使教育科学的常规研究方法——调查法和实验法之间存在的空缺有了切实可行的填补方法.第三,它对教育实践活动具有实际指导意义,为群众性研究如何从原型经验提炼出纯粹、有序的经验系统提供了可行的道路.

6.1.2.3　青浦实验对数学课程发展的意义

20 年青浦实验的成果,为 21 世纪的数学课程改革提供了非常宝贵的基础,为数学课程发展的中国特色添加了色彩.

青浦实验提出的数学知识结构与"套箱理论"可谓面向学习者改革数学课程内容的典范,也为数学教材的改革提供重要参考.青浦实验发现,结构化的知识以基本概念和原理作支撑,重点突出,体系简约,使数学知识容易被领会;结构化的知识是记忆的支柱,可以抗拒遗忘;结构化的知识便于联想,具有迁移与被应用的活力.青浦实验进一步发现,结构化一定要适合学生发展阶段的特征,这是一个"套箱式"的连续构建的过程.也就是说,对现代日益丰富的学科内容,可以按照不同的学习阶段,构建程度不同的知识结构,使其一个包含一个形成"套箱",数、式、数学关系与数学模式,图形、形式演绎、符号处理等都可建立各种套箱模式,以此呈现给学生.青浦实验指出,两个相邻的套箱之间的梯度合适与否,将影响到教学效果的发挥.如果梯度太小,无法引发学生的学习激情;反之,如果梯度太大,结构化的知识因为过于精炼或严谨反而成了学习的障碍.因此,在考虑期望课程、实施课程时,都需要关注各个阶段知识内容的最佳结构以及这些结构之间呈现合适梯度的最佳序列.[5]

1987年至1988年间,青浦实验对学生数学思维进行研究,考察了数学新问题与学生已有经验、知识固着点的关系,得出它们之间的"潜在距离"的概念.例如,探究由两圆半径及两圆之间圆心距的数量关系判断两圆的位置关系.如图6-2所示,初一、初二、初三各年级学生所具备的知识与新问题的距离差别较大.实验表明,知识固着点与新问题的潜在距离愈远,一般说来探究的难度就愈大.

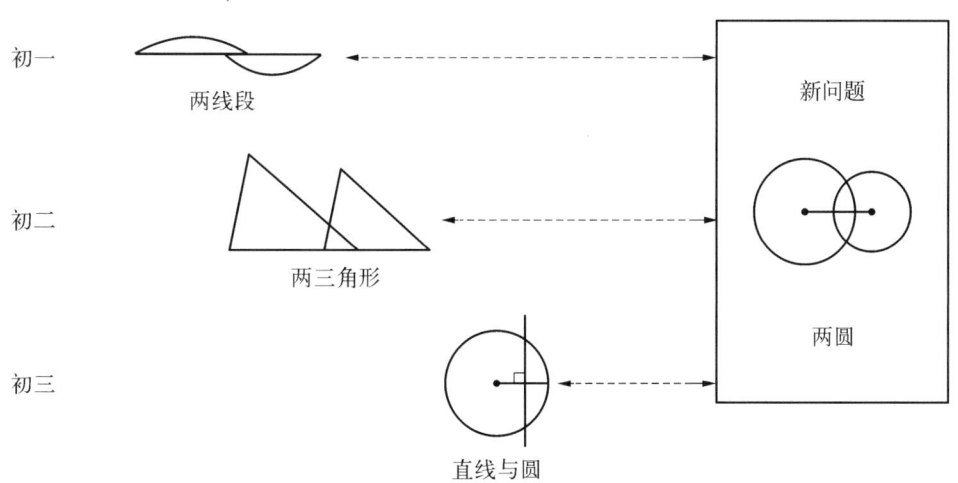

图 6-2 原有知识固着点与新问题间的"潜在距离"

青浦实验提出的变式递进的习题训练已经发展为教师实施课程的有效的、重要的环节.它的提出源于中国传统数学教学对习题训练的重视,青浦实验发展了具有中国特色的"变式练习""变式教学"训练系统或者教学模式,且在实验中得到检验.青浦实验曾根据有经验教师创造性工作的素材,提炼出"变式递进"的训练办法.

可以把数学题分解为三个基本成分:初始状态 A—问题的条件;解决的过程 B—运用一定的知识和经验,变换问题的条件,向结论过渡;最终状态 C—问题的结论.青浦实验提出,在标准题(条件和结论都很明确,其解题过程也是学生熟知的)、封闭性变式题(对标准题作改造,使三个基本成分中缺少一个,这些成分学生不知道)和开放性变式题(对标准题做改造,使三个基本成分中缺少两个,这些成分学生不明确)之间存在一种递进关系,如下表 6-1 所示,其中 x,y,z 是对应于 A、B、C 的未知成分:

表 6-1　数学题基本成分构成

标准题	封闭性变式题	开放性变式题
ABC	ABz	Ayz
	AyC	xBz
	xBC	xyC

一道题到底属于哪一种类型,取决于教师的实际,还取决于学习该题的学生. 例如,"解方程 $x^2-4x=1$"这道题,安排在学习求根公式之后,它是封闭性变式题(ABz 型). 但在此之前求解,需要自己探求方法,如通过配方法变为 $(x-2)^2=5$,然后得 $x=2\pm\sqrt{5}$,求解的过程和结论事先很不明确,就是一道开放性变式题. 这些成果,显然对于数学教材中练习系统的开发有很强的启发意义,可以使不同水平的学生都能得到有效的训练,有利于发展学生的独立思考能力. 又如,简单的几何证明基本题:已知图 6-3 中,

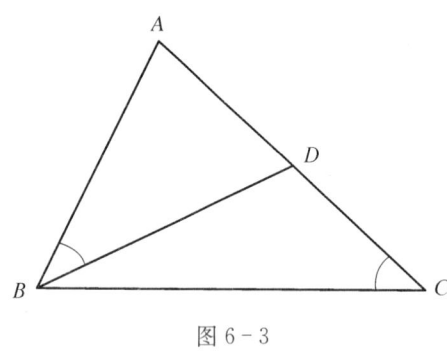

图 6-3

$\angle ABD=\angle ACB$,求证:$\triangle ABC\backsim\triangle ADB$. 一般来说,这是一道标准题或封闭性变式题(AyC 型),把这道题改变一下:"要使 $\triangle ABC$ 与 $\triangle ADB$ 相似,点 D 应取在何处?"这样一改便成了开放性变式题(xyC 型). 解该题时,学生必须从已知的三角形相似判定方法中挑选出某个方法(不止一种),然后结合图形恰当地运用已知条件,最后才能完成证明. 青浦实验表明,这种变式训练,有助于提高学生的数学思维能力、数学探究能力.

6.1.2.4　青浦实验的新世纪行动

在 21 世纪初,青浦实验研究所与上海市教科院教师发展研究中心合作,拉开了"青浦实验的新世纪行动"的序幕."青浦实验的新世纪行动"是青浦实验发展性的延续,也是国家数学课程改革和上海"二期"课程改革的大背景的驱动. 在上海"二期"课程改革之初,顾泠沅牵头起草《进入 21 世纪的中小学数学教育改革行动纲领》(以下简称《纲领》).《纲领》在充分吸取青浦实验成功经验的基础上,借鉴国内外课程改革理念,提出了"以学生发展为本"的课程教学改革思想,强调课程教学内容的改革与教师的培养培训相结合. 2002 年,作为青浦实验的新世纪行动之一,开发了教师专业发展的革新范式——行动教育. 这一成果

已经成为一种有效的教师行为学习的方式,走上国际数学教育讲台.该研究团队于2008年在墨西哥举行的"第11届国际数学教育大会"作专题演讲.[6]

"行动教育"理念的提出

行动教育理念的提出基于问卷调查.2002年初,青浦实验研究所与上海教育科学研究院教师发展研究中心合作,对311名中小学教师作问卷调查(有效问卷295份),得出两个令人关注的结果:(1) 教师需要有课例的专业引领.关于"在课程教学改革的过程中,怎样的专业指导对教师帮助最大",有36.7%的教师表示希望课程专家与经验丰富的教师共同指导课堂教学;35.7%的教师期待经验丰富的同事在教材教法方面的指导.(2) 教师需要行为跟进的全过程反思.在关于"哪种听课、评课方式对教师帮助最大"的调查中,57.7%的教师选择专家、优秀教师与自己合作备课,再听课、评课,指导改进.较少的教师选择与自己水平相当的教师相互听课讨论.也就是说,教师希望多一点既有讨论、点评,又有与自己教学实际结合的行为跟进.[7]

"行动教育"的假设与模型构建

青浦实验新世纪行动研究小组(以下简称"研究小组")在问卷调查、文献研究、经验总结的基础上,提出了教师在职教育的假设:保持同事之间的互助指导,还需注重纵向的专业引领;保持侧重讨论式的案例教学,还需包含行为自省的全过程反思.

研究小组秉承青浦实验的研究模式:从教与学的现状调查入手,获取问题信息,找出症结;随后是筛选与实验,在大量零星的原型经验基础上,通过一定顺序的行动和思辨,提炼出有效的操作系统,构建了促进教师群体专业实践素养提升的实践模型.它是一个融理论学习、教学设计、行为反省为一体的"三关注、两反思"的操作模型.

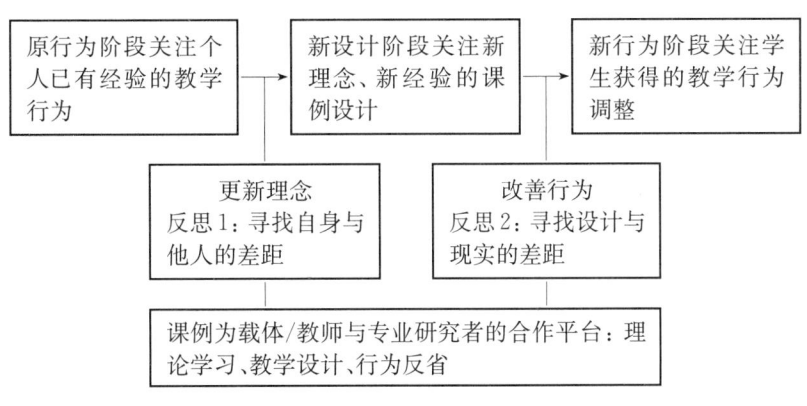

图 6-4 教师行动教育的实践模型[8]

如图6-4所示,"三关注"包含三个阶段:关注个人已有经验的原行为阶段,关注新理念下课例的新设计阶段,关注学生获得的新行为阶段."两反思"包含连接这三个阶段活动的两轮有专业引领的合作反思:反思已有行为与先进理念、先进经验的差距,完成更新理念的飞跃;反思理想的教学设计与学生实际获得的差距,完成理念向行为的转移.

"行动教育"以课例为载体,旨在激发教师在不同阶段的学习、设计和反省.不少案例已经表明,行动教育实践模型能真正促进教师的专业发展,教师会主动地以关注学生为视角调整教学行为.例如在"等腰三角形的判定"的数学教学中,学生需要学习大量的性质定理、判定定理和公式等.以往的数学学习通常是教师"告诉"定理、公式,给出证明,然后通过练习做机械训练,学生感到枯燥乏味.但是理论告诉我们,"数学早已广泛被人们承认为科学、工艺、商业和晋升各种专业的基础工具.这种目标会导致成人热衷于数学;但对于初步接触数学的幼龄学生,却是遥不可及".[9] 如何激发学生提出和论证命题的兴趣,如何让从简单到复杂的变式练习成为学生解题能力的练兵场,是日常数学教学中值得关注的问题.在"行动教育"中,教师与专家观察到,教师在"等腰三角形的判定"一课中一般会采取这些步骤:复习性质定理,给出判定定理,师生共同进行思路分析,严格板书论证过程,应用定理做练习.这种模式化的定理教学虽然简便易行,适用于接受式学习.但如果想让学生通过活动,激发他们的兴趣和思维,需要不同的呈现方式.教师和专家经过学习和反思,重新设计教学.教师通过这样一个情境问题激发学生兴趣:"如何复原一个被墨汁浸透的等腰三角形(只剩一个底角和一条底边)?"学生的思维非常活跃,给出了三种"补出"原来三角形的办法;教师接着提问:"画出的是否为等腰三角形呢?"由此引发了判定定理的证明.学生思维异常活跃,学生的证明方法非常丰富.其中两个证明法超出教师的预料,具有一定创造性.在学生学习了判定定理后,教师又出示了一道练习题,通过不断变换题目的条件,让学生在不同水平层次运用判定定理.通过有层次的推进,使学生分步解决问题,积累了数学论证的活动经验和策略.

基于这样的课例分析、设计,教师认识到并表现在行动上:要让学生进行活动式学习,教师需要掌握一定的呈现策略:在判定定理证明阶段,用情境问题激发学生兴趣;在判定定理应用阶段,用变式策略逐渐增大学生思考的空间,让学生的思维真正活跃起来.

"行动教育"研究方法论的启示

"行动教育"的研究扎根教师的工作场景,从研究者作为局外人的纯客观研究,转向寻求研究者与教师的角色互换.研究者和实践者亲密合作组成研究共同体,发挥各自的认知和传播功能,进入研究的深层领域.

"行动教育"在研究过程中,采用青浦实验的经验筛选法,然后通过"数据挖掘"和"叙事分析"互证结果.这一"三法"平行互证的研究方法,不仅提升了"行动教育"模式研发的科学品质,而且为"行动教育"传播与分享提供了科学方法.

§6.2 中学数学课程实施效果研究

6.2.1 中学数学课程实施

课程实施是否有效可以归结为课程开发者和课程使用者(学生、教师或家长等)之间的交流沟通是否有效.有效的沟通交流方式之一是,当教师在实施新课程过程中需要实际帮助或必要支持时,开发者会提供尽可能有效的教师在职培训,将新课程意图传达给教师.如果开发者提供的支持不合适,或者教师本身专业发展不够,都可能导致交流的困难,具体表现为课程实施碰到障碍.

20世纪50年代末,"新数运动"致力于数学课程(更多为教材)的改革.改革者们相信如果数学教材得到改进,数学教学将会取得成功."新数运动"的实质就是课程的现代化.由于受到了布尔巴基学派(School of Burbaki)及布鲁纳(J. S. Bruner)的结构主义课程理论的影响,一些"新数运动"教材将"结构"奉为指导思想之一,将数学的基本任务定位成对该学科结构的根本原理的传授.课程开发者认为参与"新数运动"的学生在大学数学的学习中占有一定优势.但从数学知识点的角度出发,对比大学数学和"新数运动"中的相应部分发现,参与"新数运动"并不能对大学数学的学习带来好处,甚至可能产生负面影响.例如,伯曼(M. B. Berman)教授在1960年11月的演讲中就指出:把严密性引进几何是错误的.但遗憾的是,没有关于参与"新数运动"的学生进入大学以后学习情况的大范围调查.

作为学校数学研究组(School Mathematics Study Group,简称SMSG)的支持人,贝格勒(E. G. Begle)教授给了许多重要的看法.比如:课程设计忽略了教学法(1960年11月);没有更长时间的计划和更大范围的实验(1966年);1966年,SMSG组织会议为新一轮的课程改革做出详细计划.但此后数年,计划执行情况不佳,并最终导致SMSG的解散.[10]

1974年,美国有关单位成立的数学教育全国咨询委员会发表的调查报告认为新教材有许多地方应该修改.社会上对于"新数运动"的批评意见是多数学生对于抽象的内容无法接受,基础薄弱,课程只适用一般水平以上的学生和培养少数有才能的尖子学生,忽视了面向全体学生等.美国开始倡导"回到基础"的基本理解,提出社会需要和谐发展,人的教育和培养是一个系统工程,学生需要拥有扎实的基础、基本的素养.但是"回到基础"运动在提高学生运算能力的同时,片面强调最低基本要求,将"最低标准"视为"最高要求",致使教学的整体水平持续下降.有大量研究表明,学生抽象思维能力和对复杂题目的运算能力有降低的迹象,17岁年龄组的初、高中学生的数学综合能力低下.[11]美国国家教育评价(National Assessment of Educational Progress,简称NAEP)主席曾说:"一个时期以来公众特别强调基础,而评估数据都表现学生的数学能力下降了,解决问题、理解概念的能力下降得尤其多."[12]尤西斯金(Z. Usiskin)也认为,"回到基础"所取得的一些成功是付出了较大的代价,通过对大量的数据的分析发现,25%的优秀生的数学成就水平下降,缺乏对概念的理解和"问题解决"的能力,就是一般学生的"基本技能"也并没有提高多少.因此,"回到基础"是一场可怕的"倒退".[13]美国社会各界再次要求改善教育,希望初、高中的数学教学进一步向深度和广度发展,改变死板的教学方法,培养学生数学学习兴趣.1989年发表的美国全国性报告《人人来算——关于数学教育的未来》对"回到基础"提出异议,说它"若走向极端,将使孩子失去学习那些成人之后需要知道的数学的机会","当技术使各行各业都'数学化',且数学已渗透到社会每一角落时,自傲的美国却在容忍数学教育的低水平.所继承的数学课程只面向过去、忽视未来,且束缚于低期望的传统之中","当日本学生数学成绩很好的时候,美国学生却做得很差,模仿日本不是解决问题的办法,必须找到适合自己传统的策略".[14]

20世纪80年代,社会背景发生了变化.随着冷战局势的缓和,国际竞争由军事和意识形态竞争转向经济和综合国力竞争.20世纪80年代中期,社会、政治、经济、科技等突飞猛进,为了应对社会的这种巨大变革,人们不仅要拥有扎实、静态的知识基础,更要拥有会"审视问题、发现问题、提出问题、解决问题"的能力,因此中学数学课程的重点聚焦在"数学问题解决"能力的培养上.

"问题解决"形式的数学课程改革的兴起源自美国数学教育对"回到基础"运动的反思.20世纪70年代,美国为纠正"新数运动"产生的偏差,开始倡导"回到基础".但由于其过分强调基础知识的反复讲授和大量机械练习,以致没有从根本上阻止美国中小学数学教育质量下滑的状况,甚至就基础知识的掌握而言,也未能实现预期目标.强调"数学问题解决"的数学课程在此背景下应运而生.

进入21世纪,社会、政治、经济和科技发展更为丰富多样,学生只有拥有了社会需要的核心能力,才能立足于社会.中学数学课程的目标得到拓展,强调培养数学核心能力,例如数学交流能力、数学建模能力、数学的问题提出能力等.人们认识到通过数学课程进行知识传授、能力培养的外延和内涵非常丰富,因此需要有标准性框架规范、评估数学课程的设计与发展.因此聚焦核心能力、重视课程标准成为数学课程发展的重要特点.

6.2.2 实例:数学课程对学生学业成绩的影响

该实例来源于赖尔登(J. E. Riordan)和诺伊斯(P. E. Noyce)的研究成果,它利用配对比较方法,调查分析两个基于标准的数学课程对学生学业成绩的影响.[15]

这项研究成果清晰描述了研究的现实背景,对已有研究进行系统综述.在这基础上,系统介绍研究使用的工具和方法,对数据的统计和分析,然后得出基于证据的结论.最后在对自己研究分析的基础上,提出这一课题研究的局限性和建议可进一步研究的话题.

6.2.2.1 研究背景的分析

课题组在分析研究背景时首先指出,1989年美国数学教师协会(National Council of Teachers of Mathematics,简称NCTM)发布第一个国家性课程标准《学校数学课程与评价标准》,针对现代信息社会教育的各种需求,提出数学教育目标应当是培养有数学素养的社会公民,并对"有数学素养"提出5项条件:懂得数学的价值;对自己的数学能力有信心;有解决数学问题的能力;学会数学交流;学会数学推理.[16]

此后,在 1991 年和 1995 年,NTCM 又先后编制发行了《数学教学的职业标准》(1991)和《学校数学的评定标准》(1995).前者旨在为数学教师的日常工作提出指导性意见;而后者则阐述了进行数学教学评定的方法,为教师提供评定数学教学质量的标准.虽然这些标准只是作为指导性文件提出,并不具有法律效力,但美国的许多州教育机构在设计本州的课程计划和测试方法时都将其作为主要的参考依据.

赖尔登和诺伊斯主持的课题组以美国马萨诸塞州为例,分析当时州层面的课程改革计划.1993 年马萨诸塞州立法机构通过了全面开展教育改革的法案,要求建立州一级的课程框架以及基于州立标准的新评价体系.经过两年的讨论修改,1995 年美国教育委员会(Board of Education)通过了马萨诸塞州数学课程框架"获得数学力",该框架随之在全州推广.它主要参考 NCTM 的《学校数学课程与评价标准》(1989),更为强调学生的推理和概念性理解.1998 年开始实行新的评价体系,即马萨诸塞州综合评价体系(the Massachusetts Comprehensive Assessment System,简称 MCAS),该评价体系面向 4 年级、8 年级和 10 年级的所有学生,它是一种标准参照的测试,主要依据课程框架及与之配套的评价指南.这一综合评价体系中的数学评价部分覆盖四个内容领域:数感;图形、关系和函数;几何与测量;统计与概率.每个领域的测试题型包括开放题、简答题和选择题.

课题组还分析了自 1989 年以来一些研究组织和团队着力开发的基于标准的数学课程项目.他们指出,自美国公布首个国家性标准以来,不少的开发团队为教师提供丰富的课程资源,鼓励教师在数学教学中尽量体现国家性标准的思想.例如,芝加哥大学学校数学项目组开发了"每日数学"(Everyday Mathematics,简称 EM),它面向学前班至 6 年级.这一课程项目旨在让学生以小组学习活动为主,利用可操作性工具、计算器和其他数学工具探索数学概念,鼓励学生探究并且分享解决问题的多元方法.该课程项目教授的数学主题包括数据,概率,几何和空间感,测量和测量方法.又如,受美国国家科学基金(National Science Foundation,简称 NSF)资助,由密歇根州立大学开发的数学课程项目"连接数学"(Connected Mathematics,简称 CM),它是为 6~8 年级学生开发的问题中心的课程.该课程将数学课程分为三部分:提出(引发)问题、探索问题、总结问题,从而帮助学生实践他们所学的内容.它让学生通过各种方式演示自己所学的内容,包括小组问答、项目活动、单元测验以及自我评价等.该课程项目还建议学生编制学习日志和使用图形计算器等.

但改革过程总是充满各种不同的声音,尤其是那些数学课程改革项目受到了某些研究者或研究团队的质疑.美国教育部为此组织专家委员会,对各个基于标准的数学课程改革项目进行评估.专家委员会要求那些项目开发组递交基于研究和基于证据的项目分析报告,他们再根据递交的研究报告,将那些课程项目认定为示范性项目或前瞻性项目.[17] 示范性和前瞻性项目的差异在于,如果开发组提供了令人信服的、能体现参与课程项目的各个学校的成功的证据,那么该课程项目被认定为具有示范性的;如果开发组只提供证明课程项目成效的初步证据,那么该课程项目被认定有前瞻性.其间,专家委员会将 EM 项目列入前瞻性系列,将 CM 项目列入示范性项目系列.

6.2.2.2 问题提出

该课题组在分析研究背景时指出,递交给专家委员会的课程项目评估研究报告,并没有对参与项目的学生的学业成绩进行测评,或者在研究选样上存在缺陷,往往只挑选乐于实施改革项目的一些学校作为分析样本.针对这一现实背景以及课程评价研究的不完整性,该课题组试图对在马萨诸塞州实施的两个基于标准的课程项目"每日数学"(EM)和"连接数学"(CM)进行系统的调查分析,提出如下研究问题,即这两个课程项目对学生数学学业成绩带来怎样的影响.他们的研究假设是:在实施特定的基于标准的课程项目的学校,其学生在马萨诸塞州的标准化测试中获得的成绩,要比那些对照组学校的学生成绩高,并且在课程实施过程中,那些参与课程项目的学校学生的学业成绩进步更快.

6.2.2.3 研究综述

课题组在明确了研究背景及其意义后,对相关的文献进行综述分析,总结出若干课程评价研究的特点,即大部分对于基于标准的数学课程项目的评价研究是由课程开发者自行组织与指导的,这些研究提供了初步的关于学生学业成就发展趋势的数据.例如,课题组分析了卡罗尔(W. M. Carroll)的评价研究,该评价研究报告了在芝加哥地区使用"每日数学"课程的学生参与伊利诺伊州标准化测试后的成绩,并且与某个郊区没有使用该课程的学生成绩作比较,或者将某个使用"每日数学"课程的学区与相似的、没有使用"每日数学"课程的学区作比较,相似的指标包括学校规模、学生人均经费、学生人口统计数据.[18]课题组也分析了本-哈伊姆(D. Ben-Chaim)等人关于使用"连接数学"课程对学生学业的积极影响的研究,尤其在解决比例推理的各种任务时,与没有使用"连接数学"课程的学生相比,成绩提高很多.[19]

课题组还综述了其他类型的相关研究成果.例如,有些研究报告了基于标准的课程项目成功的共同特征以及实践表现.有些研究,将学生的学业成绩与学校为了适应基于标准的课程所实施的教学实践结合起来.如定量的理解:放大学生的成就与推理(Quantitative Understanding: Amplifying Student Achievement and Reasoning,简称 QUASAR)研究项目,对经济不发达地区的中学数学课程改革进行研究,提供的研究证据说明,课堂教学中使用的数学任务的性质将影响学生数学学习结果.特别是研究者斯坦(M. K. Stein)和格罗弗(B. W. Grover)等发现,"数学任务的构造是一个很有价值的研究焦点,它有助于凸显数学内容和数学过程".[20]QUASAR 项目开发了系列测试任务,包括结果开放的试题,用于测试学生问题解决、推理以及数学交流能力;也包括关于数与运算、估算、图形、代数、几何、测量、概率和统计方法的测试任务.

6.2.2.4　研究方法

课题组在全面把握已有研究成果的同时,设计将在研究过程中使用的各种研究方法,包括数据收集、实验组学校的确定、对照组的选择、教师特征分析等.

数据收集

课题组使用的最原始数据来源于 1992 年和 1996 年马萨诸塞州教育评价项目(the Massachusetts Education Assessment Project,简称 MEAP)的测试结果和 1999 年马萨诸塞州综合评价体系(MCAS)的测试结果.

另外,从马萨诸塞州教育部管理的数据库的"1999 年公立学校报告"中,收集了学校层面的学生入学信息,包括减免午餐费用的资格信息和种族信息.还从马萨诸塞州教育管理的"数学、科学和技术调研"数据库中,收集了关于该州课程使用的信息.他们和当地教育管理人员核实当地学校所使用的数学和科学课程,了解是否调研、预实验或者实施着课程.

1999 年马萨诸塞州综合评价中关于教师的问卷调查信息也被用于这个课题的教师以及教学分析中.

实验对象组的确定

这次调查分析不是抽样调查,而是覆盖到所有参与改革型课程的学校.因此课题组首先确定所有在马萨诸塞州使用"每日数学"(EM)或者"连接数学"(CM)课程的学校.数据来源是州教育部组织的 1999 年"数学、科学和技术调研",以及出版机构提供的购置"每日数学"课程或者"连接数学"课程的信息.

由于"连接数学"课程项目以单元模块组织的,因此课题组在研究中只选用了 1998 年和 1999 年期间从 6 年级到 8 年级,至少使用了 11 个单元模块的学校,共有 21 所学校.但其中 1 所学校使用"连接数学"已经四年,将它归入 CMP1,其他 20 所学校使用"连接数学"课程 2~3 年,将它们归入 CMP2.另外有 67 所学校使用"每日数学"课程,其中 48 所学校已经使用"每日数学"四年以上,这些学校被归类为 EM1.其余 19 所学校使用"每日数学"课程 2~3 年,就将它们归入 EM2.因此该课题确定的实验组分为四类:CMP1,CMP2,EM1,EM2.

在确定实验组的时候,这个课题组还收集学校原来在州标准化测试中的成绩(MEAP)、减免午餐费的学生比例、种族特征等,为选择对照组所用.

对照组的选择

针对上面确定的四类实验组学校,要选择没有实施"每日数学"或者"连接数学"课程的对照组学校.

首先根据先前的州标准测试成绩进行配对,然后根据每个学校减免午餐费的学生比例配对,最后再考虑学校学生的种族构成.最终关于实验组和对照组的数据信息如下表 6-2 所示.

表 6-2 实验组和对照组信息对比

	学校数	学生数	MEAP 成绩的加权平均值	减免午餐费的学生数比例(%)	种族构成（白人的比例）
EM1	48	2 914	1 443(92)	6.0	89.0
对照组	51	3 095	1 445(92)	8.1	90.9
EM2	19	867	1 333(96)	9.0	88.9
对照组	27	1 917	1 332(96)	10.6	91.9
CMP1	1	73	1 300(94)	0	95.5
对照组	4	609	1 300(94)	3.4	93.1
CMP2	20	1 879	1 370(96)	11.0	80.8
对照组	30	4 978	1 370(96)	28.3	88.2

课题组分析了对照组学校使用课程教材的情况.具体数据信息来源于州教育部管理的"1999年数学、科学和技术调研".其中小学层面,78所对照组学校使用15种不同的教材;在中学层面,34所对照组学校共使用15种不同的教材.

教师特征分析与教学实践

在完成学校配对后,课题组分析了实验组和对照组学校的教师特征的自查报告,整理其教学实践的信息.他们的假设是要质疑这样一种观点,即学生的成绩与教师专业资格能力的关系比与课程影响的关系更为密切.因此,课题组借助1998年MCAS向所有4、8和10年级学校校长以及教师做的问卷调查,对实验组和对照组学校教师进行比较.

教师特征问卷涉及如下一些信息:近两年获得专业发展机会的小时数,教龄,证书类型,所完成的大学数学课程门数,是否为某专业协会中的成员,参与数学会议的频率.

教师教学实践的问卷:摘自美国RAND(Research and Development)研究,主要调查改革和传统的教学实践对中小学生数学和科学成绩的影响.

6.2.2.5 研究结论及其分析

课题组运用配对比较的后处理研究方法,旨在检验课程对学生学业成绩的影响.研究结论从学生层面和学校层面进行报告.

学生层面主要是检验在1999年测试中实验组和对照组学校学生的分数,然后按照种族、性别和减免午餐费分别进行比较.学校层面,比较实验组和对照组在一个时间段上成绩的变化.

学生层面的比较

课题组经过精心、科学地收集和处理数据后,得出相关的研究结论.例如,课题组得出,马萨诸塞州 4 年级学生在使用"每日数学"课程后,其成绩远远高于只用传统课程的对照组的学生成绩;马萨诸塞州 8 年级学生在使用"连接数学"课程后,其成绩也远远高于只使用传统课程的对照组的学生成绩.基于标准的课程对学生学业成绩有积极影响,且这种影响不会随学生的性别、种族和经济条件差异而不同.班级中成绩优秀、成绩中等以及成绩较差的学生,通过基于标准的数学课程的学习,都有不同程度的提高.另外,还得到额外的结论,实验组学生在四个数学内容领域上的成绩都高于对照组,在三种不同类型测试任务上也高于对照组.对那些至少实施四年课程改革内容的学校,学生在学习上的收益保持稳定或者不断增长.这些收益不能归因于教师专业资格的差异,也不能归因于教学实践自我报告的差异.

学校层面的比较

课题组确定的使用"每日数学"的实验组包括:一组是较早使用"每日数学"课程,这组学校在最初实施改革课程的两年,成绩收益较低(0.19),而到了 1996 年至 1999 年,成绩收益得到完善(0.37).而较晚开展"每日数学"课程实验的学校,在 2~3 年内的成绩收益为(0.31).这些结论说明,随着使用"每日数学"课程的深入,对学生成绩的影响是正面且积极的,这些结论与其他研究项目得出的结论相吻合.

而较早使用"连接数学"的(只有一所学校)8 年级学生有类似的收益,1996 年到 1999 年学生学业成绩保持稳定.

在不同类型测试问题和不同测试内容上的比较

课题组利用 1999 年综合性评价(MCAS)的数学学业成绩,分析学生面对不同类型试题和不同测试内容上的分数.数据表明,参与"每日数学"课程的学校在各类试题以及测试内容上皆获得比对照组更好的成绩,参与"连接数学"课程学校的学生学业成绩也远远高于对照组学生.

课题组对数据的精心分析,论证了他们提出的研究假设,即参与"每日数学"或者"连接数学"课程项目的学校成绩高于对照组,它们对学生学业产生积极响应.

6.2.2.6 局限性以及对未来研究的建议

课题组也指出课题研究有一定的局限性,表现为实验组和对照组学校都是较好的学校,也就是说,这些学校要求减免午餐费的学生比例较低,且大部分是白人.然而,这项研究也对不同学生群体进行分析,非白人以及低收入者的学生,实验组的成绩同样高于对照组的成绩.课题组认为,今后有必要去研究低收入家庭和少数民族学生的学业成绩与课程实施的关系.

该课题没有关于教师实践的详细信息,也没有做课堂观察,关于教师实践的信息来源于州级层面对教师的问卷调查.这些信息反映出实验组和对照组教师的实践差异很小,但这些信息是自己报告的.对此,课题组提出了今后进一步研究的问题,如,可以检验个体学生在数学学业成绩上的发展,检验这些课程对特殊学生群体的影响.这一课题结论充实了关于基于标准的课程对学生学业成绩有积极影响的证据.

§6.3 教师与数学课程的文献研究

6.3.1 教师与数学课程

著名课程专家麦克尼尔(J. D. McNeil)在其著作《课程:教师的创新》(第3版)中,向我们呈现了两个课程世界.在一个世界中,政府部门、各级专家学者对课程发号施令,规定课程改革的目标与政策;而在另一个世界,教师和学生默默地构建并实施着课程,积累起丰富的课程经验.当这两个世界之间遭遇冲突时,教师是关键,他们倾听学生的声音,回应社会的变革,开发相关课程材料,承担起沟通和协调这两个世界的责任.[21]我们看到教师正在从课程的沉默实施者转变为积极建构者.教师牵挂着课程世界,课程世界因教师而和谐生动.上一节关于数学课程实施的分析,也展示出教师对于数学课程发展的意义.教师是课程改革的最终执行者,教师是否接受并实施新课程是课程改革成功与否的关键.在第4章我们探讨了教师在数学课程发展中的身份、地位及其功能等,针对这一专题也可以并且也应该进行研究.

本节将选取的研究实例的主要研究方法为文献研究.文献研究法是教育科学研究中最常用的方法之一.文献研究是指对文献资料的检索、搜集、鉴别、整理、分析,形成事实科学认识的方法.通过文献资料研究,可以获得新论据,找到新视角,发现新问题,提出新观点,形成新认识.文献研究的过程一般有多个基本环节,包括提出课题或假设,研究设计,搜集文献,整理和分析文献,提出观点并回应研究假设.在对文献进行分析研究中,也将使用多种研究工具,如内容分析法、矩阵法等.

6.3.2 实例:教师对数学课程的使用

本节选择研究者雷米拉德(J. T. Remillard)的研究成果"Examing Key Concepts in Research on Teachers' Use of Mathematics Curricula",[22]介绍围绕这一专题的研究内容、方法等.

雷米拉德的这一研究,聚焦教师对数学课程的使用问题,主要采用的研究方法为**文献研究法**.她首先分析了提出这一研究问题的现实背景和意义,然后介绍所采用的研究方法及分析方法,呈现基于研究方法的研究内容以及观点,最后提出自己的研究结论,并加以分析.

6.3.2.1 研究背景与意义

雷米拉德首先分析研究教师对数学课程的使用问题的背景以及意义.她依据文献指

出,当今数学研究寻找着两个与课程相关的不同研究趋势的交集:一种趋势是研究新近开发的课程材料及其实施情况,这些由数学教育研究者开发的课程往往是为了体现美国于1989年提出的首个国家课程标准的思想.另一趋势是学校学区通过规定使用某一种课程来调节数学教学实践.这两种趋势导致研究聚焦于如何从新课程的适应性角度提升数学教育成效.雷米拉德列举了多篇文献来分析这种研究焦点以及得出的研究结论.在对文献进行分析的基础上,她指出,这些研究未能给出有较强理论基础的、关于教师与课程材料互动的认识,而这方面的思考可能是今后数学课程研究的重要内容,尤其在研究数学课程设计以及实施问题时,需要考虑教师与课程材料的关系.

正是基于文献分析,雷米拉德发现了有待进一步研究的主题,她指出,这里的研究成果产生于对教师使用数学课程材料的研究成果(文献)的综述和分析."课程使用"是指,教师个体如何与课程材料互动,如何运用或参考课程材料,在设计教学时如何受课程材料的影响.因此,这篇文章中的概念界定以及讨论都是基于这样的假设——课程使用包含着教师与材料的互动.

她认为,根据已有的研究成果,对"课程"或"课程使用"的认识有较大差异.因此,她的研究试图澄清概念并指出今后的研究方向.在介绍研究方法、分析研究内容和结论之前,雷米拉德首先阐述如何区分期望课程和实施课程,明确指出她的研究文章中使用的"课程""课程材料"或者"教科书"是指为教师所用的已出版的资源或者指南.另外,她论述了研究数学课程资源的意义.

6.3.2.2 研究与分析方法

关于文献的收集

在明确了研究"教师对数学课程使用"这一主题的意义后,雷米拉德介绍了研究与分析的方法和过程.她首先收集和阅读关于教师使用数学教材或课程材料的实验研究的文献,包括对主流教材的使用,对改革型课程的使用和基于标准的课程的使用,共涉及25年的70多个研究项目.这些研究项目都是聚焦于教师与教材的互动、教师对教材的使用或者教材对教学的影响等方面,但没有收录大样本的关于课程实施和课程政策方面的调查研究.

这些项目的研究成果大多发表在需要双盲审的杂志上,因此雷米拉德搜索了那些主要杂志上的相关内容,如数学教育研究杂志(Journal for Research in Mathematics Education,简称 JRME),数学教师教育杂志(Journal of Mathematics Teacher Education,简称 JMTE),美国教育研究杂志(American Educational Research Journal,简称 AERJ),哈佛教育评论(Harvard Educational Review,简称 HER),教师学院期刊(Teacher College Record,简称 TCR),教学与教师教育(Teaching and Teacher Education,简称 TTE),小学杂志(Elementary School Journal,简称 ESJ)等.除此以外,她使用美国教育资源信息中心

(Educational Resource Information Center,简称 ERIC)搜索了相关的博士论文和会议论文集,以便把握最新的教师对课程材料使用的研究成果;阅读了大量阐述数学课程材料及其使用的章节和其他的期刊.在雷米拉德的这一文献研究中,没有收录关于学生对课程材料经验的研究成果.

关于分析方法

雷米拉德利用矩阵法,根据文献出版的日期(每10年一组)、教师使用的课程材料的类型(主流的、改革型的或者基于标准的),对收集的研究成果进行分类.对于每个研究成果,她分别归纳出研究特征(如研究重点、研究问题、被研究的教师人数)、使用的研究方法(如数据收集、分析法、理论框架构建),以及研究结论.根据研究结论的多样性,雷米拉德对研究方法和结构进行比较分析.这些分析显示出各个研究对课程使用的认识有很大差异,选择研究方法的理论依据不够充分.因此,她就每个研究成果又归纳出关于课程使用内涵、课程材料、教师角色,以及教学本质、教学—课程关系等的不同认识.通过这样的分析过程,雷米拉德识别确定出需要探讨和研究的四个方面:课程使用内涵、课程材料、教师角色,及教学本质、教学—课程关系,再通过分析这些研究的理论基础,进而构建引领未来研究方向的理论框架.

雷米拉德在文中说明,无法呈现所有分析过的文献,只能在论述观点时选择有代表性的文献作为论据.在这一文献研究中她共引用了97篇文献.

6.3.2.3 研究内容及观点

雷米拉德从刚才提到的四个方面(课程使用内涵、课程材料、教师角色,及教学本质、教学—课程关系)开展文献研究.针对每个方面,首先概括性提炼出研究发现;紧接着选取相关文献加以分析,论证其研究发现;最后阐述这些研究发现的影响或者意义.

课程使用的多元内涵

纵观文献,关于教师对课程材料使用的研究发生了很大变化,其中包括对教学本质以及课程材料概念的研究.但是从学校课程研究历史来看,并不是从一开始就考虑教师与课程材料的互动或者教师对课程使用等问题的.例如,有研究在重构课堂教学内容时仅仅关注某个时间段的教科书,并将课程看作是固定的,将教师看作是课程的传递者,而不是使用者或者设计者,这主要体现在20世纪50年代末至60年代初的课程改革运动中.[23]随后,出现了教师抵抗那些陌生课程改革项目的事件,研究者们也开始挑战传统的假设,质疑教师仅仅作为教科书追随者的观点,倡导教师应该是课程材料的积极使用者、实施课程的塑造者等.逐渐地,对教师与课程关系的研究越来越丰富.[24]雷米拉德通过文献分析指出,研究者们对于课程使用的概括有很大差异,并且其背后依托的关于课程、教学和读者与教材关系的假设也有很大差异.她首先将研究发现汇总在如下表格中(表6-3).

表6-3 影响课程使用概念的核心假设与理论视角

课程使用概念	遵守或者颠覆课程	运用课程	解释课程	参与课程
课程材料的概念	对实施课程有固定的表征	许多可获得资源中的一种	任务和概念的表征	人工制品或者工具；社会文化变革的产物
教师角色的概念	规划课程的实施者	实施课程的积极设计者	意义的制定者；运用信念和经验制定意义	课程材料的收集者，以便设计实施课程
教师—课程关系的视角	确切性是可能的，并是追求的目标	教师有课程代理	确切性是不可能的	受教师和课程影响的参与关系
理论或认识论的影响	实证主义	实证主义、解释主义	解释主义，读者反应的文学理论	社会文化分析
研究重点：说明性的研究问题	文本代理作为影响因素：教师在多大程度上以及在怎样的环境下会确切地使用课程？如何提高确切性？	教师的代理：什么影响着教师的选择？他们的选择如何在课堂中进行？	解释的本质以及引发的课堂实践：教师如何解释他们的课程资源？在数学教学中这些解释是如何进行的？	参与关系：教师如何接触并且使用课程资源？哪些教师和课程因素会影响这一关系？

如上表所示，雷米拉德对课程使用概念意义归纳出四种类型：对课程的遵守或颠覆、运用课程、解释课程、参与课程．这一归纳并不是对相关研究进行分类，而是阐述关于课程使用研究依托的理论假设的多元性和冲突性．

（一）课程使用是遵守课程或颠覆课程

持这种观点的研究将文本(text)看作是起点，然后考虑教师在多大程度上遵守或者颠覆课程文本．这些研究多数采用对文本进行实证分析，并且假设书面课程和实施课程之间的确切性在理想条件下是能够达到的．对此作者列举了多个相关研究．如，科莫斯基（P. K. Komoski）在研究中发现教学指南中的内容和教学实践中的内容存在显著差异，他认为不是教材的开发者去指导教师使用教材，而是建议学校管理层对教师进行指导和培训．他断言，如果学校不努力帮助教师使用新选择的教材，那么最终课堂教学实践将达不到官方课程所描述的课程要求．换而言之，只有在学校的关注和精心指导下，课堂教学中实施的课程才能与书面课程尽可能接近．[25]

（二）课程使用是运用课程

有些研究首先考察课堂教学，并将课程使用描述为，课程使用是教师运用课程并且将其与教学相结合的方式．这类研究强调教师的代理身份，把教材看作教师在实施课程中使用的一种资源．其基本观点认为，课程是在情景中经历到的东西，课程材料是教师在实施这种经历过程中使用的资源．这一研究视角强调，课程材料是教师的有用工具，但是与文化工具或者人工制品不同，课程材料没有那种去塑造人类活动的力量．[26]

（三）课程使用是解释课程

基于文献分析，雷米拉德概括出第三种对于课程使用概念的认识．这些相关研究普遍强调将教师看作书面课程的解释者,他们坚持文本的解释性观点,并断定课堂教学行为和教师指南类书面材料之间不可能是适切的,教师带着自己的信念和经验去面对课程材料,并创造出自己的意义.在使用课程材料时,教师会解释开发者的意图.这个观点以"读者反应理论"为依据,指出对课程材料的理解不可能脱离理解者本身,客体不可能脱离主体.

雷米拉德分析了教育政策和实践研究组(Educational Policy and Practice Study,简称EPPS)的研究成果.EPPS坚持教育政策及多种教育实物(教材、测试等)应该向全体开放,供大家讨论和解释.1988年初,EPPS应用案例研究法,考察加利福尼亚小学教师如何学习、理解并且落实20世纪80年代末的数学课程政策,他们鼓励教师与教育政策进行交流,改变单纯立足教材的数学教学范式.随后形成了一系列以研究教师如何解释和使用新教材为研究内容的成果.例如科洛皮(R. M. B. Collopy)研究了两个使用同样数学课程的教师,结果发现,他们的使用存在显著差异.这个研究主要观察教师如何使用课程中给出的建议性对话.这些已经写好的对话,好像表演中的对话,它们描绘出课堂上可能发生的讨论,包括对重点概念或者重点现象的讨论.研究中观察到,一位教师亲自向全班宣读这些对话,激发学生讨论;另一位教师则把这作为脚本,让学生大声朗读各个不同部分.科洛皮认为,教师之间的教学行为差异,主要是对课程认识差异而导致的.

(四) 课程使用是参与课程

另有小部分研究教师与课程材料的视角聚焦于教师和文本的关系或使用文本的活动.这类研究的假设是:教师和课程材料处于一种动态的相互联系中,课程材料的使用就是与材料的互动.前面也曾提到过,这些观点之间是有交叉的,尤其参与课程和解释课程这两个视角之间有共同之处,但分析的侧重点不同.从"参与课程"视角出发,研究者主要是研究和阐述参与关系的本质,即它的研究聚焦于使用或者参与课程资源的活动,聚焦于教师与课程的动态关系.例如利奥伊德(G. M. Lioyd)的研究体现出这种动态关系.她考察两个使用基于标准的课程的教师,调查"这两个教师在首次实施他们不太熟悉的数学课程时,如何以及为何成功(或者碰到困难)".她调查教师关于课程的概念以及对核心思想的认识,观察他们在数学教学中组织合作探究的方式.她提出,要重视课程实施中教师和特定课程之间的动态关系,有必要清晰地建构官方课程指南中的课程结构和教师为了学生而实施的课程之间的关系.[27]

课程视野下的教学

通过丰富的文献研究,雷米拉德阐述了上述四种对课程使用的分类后,进一步对课程视野下的教学进行研究.她指出,来自文献的研究成果表明,与教师使用课程相关的研究还包含了作为课程设计者的教师工作的本质,课程设计的多维度特征,以及教师个体的特征和资源的重要性.

(一) 作为课程设计的教学

雷米拉德概括了这一层面上研究成果的特征.研究书面课程和实施课程之间关系的研

究者阐述道,教师不仅仅是课程的传递者或实施者,而且应该是积极的主体,通过与学生的教学活动构造实施课程.有些研究则拓展这一认识,提出教师进行课程开发或者设计远远不局限于课程计划的选择和再设计,它还包括在课堂教学中去实践所设计的课程.也有研究强调,教学本身就是一个设计过程,教师在这一过程中积极地使用适合的资源打造教学环境,以便实现课程目标.因此,当教师构建教学时,他们阅读、解释、翻译以及适应课程资源的过程,就是设计的实践过程.雷米拉德列举了大量的文献(研究成果)予以佐证.

(二)多维度的教学

丰富的研究成果也表明,设计课程规划和设计课程实施之间的差异,暗示着教学和课程设计的多维性.换句话说,教学不仅仅指教师在课堂上与学生做什么.雷米拉德列举出两个关于数学教师使用课程材料的模型揭示教学的不同维度.例如,谢林(M. G. Sherin)和德雷克(C. Drake)在研究中分析了10位教师使用由数学教育研究者开发的非商业性教材的情况,检验教师们如何在教学的不同阶段使用和处理教材.针对每个教学阶段:课前、课中、课后,研究者检验分析教师使用教材的三个过程:阅读、评价、适应.他们分析了每位教师在这三个过程采用的方法及其相互联系,提炼出每位教师的"课程策略",且这些教师的课程策略方式是否保持稳定.表6-4为某位教师的课程策略范式.[28]

表6-4 教师的课程策略范式举例

	阅 读	评 价	适 应
课 前	检查课上主要的活动 检查课上要介绍的新的词汇	考虑自己在课堂教学活动中对概念结合的理解	创建过渡性的活动
课 中		考虑学生在课堂上对数学的理解	创建新的解释方式和新的术语
课 后		考虑学生是否需要更多的复习; 考虑自己是否成功管理课堂上的活动	

(三)教师个体的特征以及资源

许多关于教学和教师使用课程材料的研究突出了教师设计课程的各种不同的方式方法,试图从教师个体特征角度解释这些差异.不少研究也说明教师对数学、教学以及学习的信念和认识是会影响他们的决定的.另外,这些认知特征对教师回应课程改革有很大的影响,因为改革的内容经常与教师的数学、教学和学习的信念和认识产生冲突.有些研究在于阐明个性特征对课程使用所起的作用.雷米拉德同样列举若干相关研究成果论证这一观点.在这基础上,她归纳教师个性特征的重要性.首先,教师个性特征有助于解释所观察到的教师使用课程的差异,尤其当教师使用相同课程材料时;其次,现有研究提出的各种范式揭示了作为重要影响因素的个性特征类型;第三,尽管有大量关于教师知识和信念的研究,但研究其对课程使用的影响还是有限的.研究涉及的个性影响因素还包括教师对课程和专业身份的定位,这些对于理解教师使用课程有潜在的意义.

课程材料的概念

研究者奥特(M. Otte)强调,教材既是客观给出的信息结构(教材的物理形态),又是主观图式(如何理解或者感觉),主观图式涉及传统和文化,承载着读者对客观结构的解读.雷米拉德将关于课程材料的研究分为主观图式的视角和客观结构的视角.

(一)作为主观纲要的教材(文本)

雷米拉德对教材的研究归为两种视角.一种是实践的视角,主要强调课程开发者不可能顾及所有学校以及所有班级的需要,"每个班级有自己的需要、风格、经验以及兴趣……班级的每一个成员有着自己的观点、困惑、机会……从某种角度看,我们要决定的是课程材料是否足够精彩,从而为教师适应或修改做准备".[29]另一种是概念的视角,主要强调"由人类开发的教材主要用于交流".[30]教材的功能是通过数学内容呈现教育意义,它在时空之间转换,从文本表征的思想转化为班级的现实情境.

课程材料一方面是材料层面的东西,另一方面也是文化的建构.作为影响着人类活动文化的人工制品,课程材料有着促进、拓展、约束人类活动的潜力.从这个意义上看,课程教材的使用可以被看作文化工具的使用.

(二)作为客观给出结构的教材

在那些相关的研究中,有些则是观察教师在决定数学教学内容时对教材的使用,发现教师在使用这些客观给出的材料时,以遵循教材为主,而不是去教教材.其中访谈某个教师时,他回答道,"从课本中识别出要讲的内容,将它们画在黑板上."[31]有些研究则重在对客观的课程材料进行功能分类,提出课程材料包括:物理对象以及这些对象的表征;任务的表征;概念的表征.并且指出,材料并不包括实际的任务,因为他们需要人去执行.有些对任务的表征适合由学生去执行,如问题解决类的内容或者实验类内容,有些关于如何引进概念,如何组织课堂结构,则更适合教师去实施.

教师与课程的联系

雷米拉德发现,为了理解教师与课程材料的使用,多数研究普遍认为教师应与课程材料互动.例如,布朗(M. W. Brown)的研究指出,要理解教师如何使用课程资源,以及产生课堂教学,就需要以整合的视角分析教师的资源、特定的课程资源,以及它们是如何互动的.[32]这一观点说明,课程的特性对课程使用非常重要.同样,教师特征对课程使用也很重要.关于教师对课程使用的研究都会深入探究教师个体的资源和特征,但很少通过对课程特性以及结构的分析去检验这种使用.例如,基于标准的数学课程材料,往往被理所当然地看作是合理的.然而,通过比较教师的课程参与,可以发现这些资源之间有着显著差异,从而揭示出教师是如何与这些特定的特性和个性互动的.最后,教师与课程的关系,课程的专门特征,以及教师的个体特征,都是重要的特征.

6.3.2.4 研究结论及其分析

基于对已有研究的文献综述,雷米拉德提炼出一系列关于教师与课程关系的核心概念,构造了如图 6-5 所示的要素构成框架,揭示教师与课程关系的构成要素.

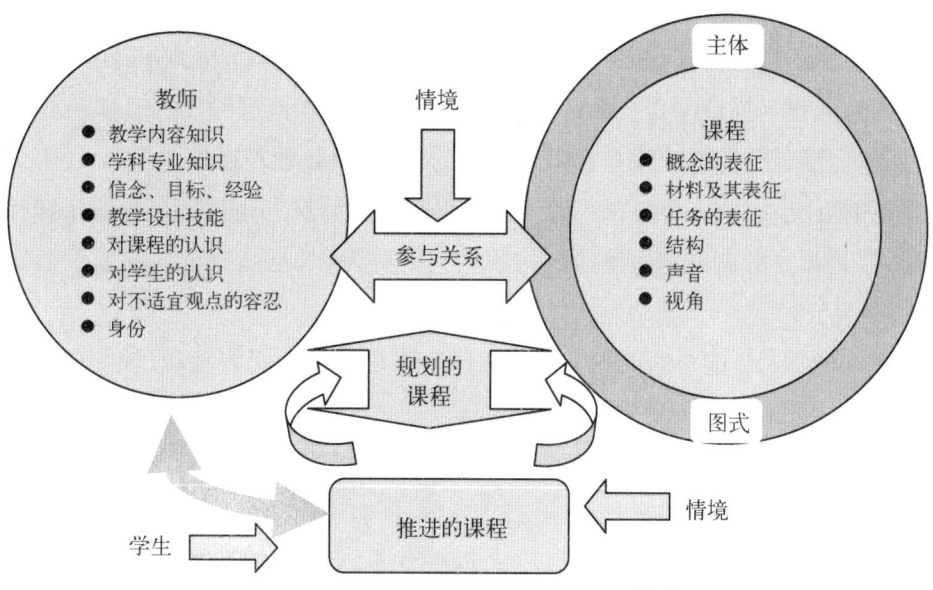

图 6-5　教师与课程关系的要素框架[33]

这一框架表明了作者的一个研究建议或假设:即课程使用包含着一种教师与课程之间的参与关系,它应该是人们未来研究的焦点.这个框架也强调,课程既是文本的表征,又是文本的运用.这说明,课程使用既是参与文本,又是对文本的表征,这两种观点是相互交错的.一般来说,研究者们把课程使用看作是文本的运用.雷米拉德则指出,课程使用还应该包括对文本的解释,并且文本应该指广义的教学活动和资源.

大量研究表明,教师与课程之间存在着动态关系,教师不是简单地按照官方的书面课程设计教学与实施课程.在研究中还需要考察教师如何理解和使用课程材料.教师在阅读或解释官方的书面课程资源时伴随着个性化的理解,因此对教师如何解读课程资源的研究也是非常重要的.雷米拉德对框架中的核心概念:教师、课程、参与关系、规划和推进的课程等,进行归纳分析.

关于教师:图 6-5 左框中描述的是影响教师与课程互动关系的教师特征.关于教师特征可以开展如下问题的研究:当教师面对课程材料和教学情境时,这些特征在多大程度上以及会以怎样的方式保持稳定?通过使用这些特定的材料或者其他中介经验,教师特征将如何发生变化?

关于课程:图 6-5 右框内部描述的是已经被用到的课程材料或者教科书,外圈则强调教师对课程材料的感知,教师会对客观材料构建其主观范式.关于教师与课程材料互动是一个很有潜力的研究方向,可以对如下问题进行研究:教师与课程互动中,教师特征(如声音、观点等)在多大程度上以及怎样表现?

关于参与性:教师和课程的参与关系往往与特定的情境联系着,因此需要从社会文化或者文化制品与工具的角度来探讨教师和课程的参与关系.关于参与性,可以进一步探讨如下问题:教师何时会参与课程资源相关的活动? 课程特征和教师参与方式之间有怎样的关系? 在使用拓展课程时,参与关系如何转化?

关于规划课程与推进课程:图6-5表示了规划课程和推进课程的内在联系.从理解角度看,在课堂上推进的课程应该是教师规划好的课程,但教师在推进课程时,还将受到学生和特定情境的影响,它是一个复杂系统.因此,我们可以开展如下研究:教师在课堂推进或实施课程时,是否会有意识地调整他们的规划? 哪些课程、情境或者教师要素会影响这样的调整?

关于教师的学习:这个框架更为强调教师与实施课程之间的互动,教师的课程实施会促进教师个体特征的变化与发展,促进教师与课程之间参与关系的变化.也就是说,教师在与陌生课程资源互动时,需要不断学习,从而得到相应的发展.

§6.4 中学数学课程与教材的比较研究

6.4.1 课程的比较研究

比较研究将区域的课程实践与理论研究拓展到全球范围,对全球范围内进行课程研究起着重要作用.比较研究旨在从全球背景下更为广泛地理解教育实践和教育过程,而不是推进某个统一的或具有普遍意义的内容.

在国家之间比较课程的发展有助于更为全面地理解全球化运动,尤其是课程全球化趋势.通过比较研究,研究者们从区域角度、历史角度、文化角度共同研讨课程发展.例如,玛格丽特·吴(M. Wu)和张奠宙比较了21世纪初东西方数学课程政策的特点,如课程发展是中央集权还是地方分权的? 谁是课程设计的主角? 课程发展的机制如何? 课程改革实施过程中是否在学校进行实验? 这一比较一方面揭示了21世纪初东西方数学课程发展的共性,如关注学生个体的需求;另一方面也探讨了"模仿"他国课程政策进行课程改革的危险性,强调应该重视课程发展中的文化根基.[34]

课程的比较研究包含了理论范式和方法论的构建,包括采用各种不同的研究方法,如政策研究、国别的历史研究或文化研究等.比较研究也采用定量的方法,收集、分析、统计不同国别的关于数学课程的量化数据,如对教学资源、政策文本、测评结果进行编码,然后进行统计分析.比较研究还采用定性的方法,数学课程的人种志研究,分析课程实施对学生学习的影响等.

随着数学课程发展的日益国际化，人们通过国际比较研究，找到本国数学课程发展过程中与其他国家的差距，提出各种改革措施，使本国数学课程发展赶上国际水平；通过国际比较研究所得结果，例如富有影响力的国际比较研究项目：国际数学与科学趋势研究项目(Trends in International Mathematics and Science Study，简称 TIMSS)和国际学生评价项目(Program for International Student Assessment，简称 PISA)，为参与国进行变革课堂教学、制定教科书、变革课程内容提供重要依据.

下面以一个高中数学教材的比较研究项目为例，阐述数学课程比较研究的意义.

6.4.2 实例：高中数学教材的比较研究

本节分析的是由王建磐主持的国家社科基金重点课题"主要国家高中数学教材的比较研究"(2011—2015)的子课题之一"高中数学教材探究内容的比较研究".该课题以国际数学教材研究为背景，同时立足中国数学教材发展现状与需求.

6.4.2.1 高中数学教材比较研究项目

研究背景

几次重大的数学教育国际比较研究都表明，一个国家的课程和教材对学生的学习和成就有着重大的影响.因此，在国际比较领域提出了"学习机会"的概念.研究显示，"学习机会"是影响学生数学成就的一个主要因素，而课程的设计与教材的编写又是影响学生"学习机会"的一个重要因素.例如，美国著名的数学课程专家施密特(W. H. Schmidt)指出："高水平的成就不仅与社会阶层和个体能力有关，而且与课程学习机会有很大的联系……美国学生之所以表现不佳的一个重要原因是没有统一的核心课程.美国 8 年级学生主要学习的是算术，而其他国家的 8 年级学生都已经在学习代数和几何."[35] 也正因为如此，一些学者呼吁，重视研究教材.另外，经过 20 世纪 90 年代的酝酿和论证，世界各国都在 21 世纪初对本国的数学课程和教材进行了修订.经过十年的实验和修订，许多国家的数学课程和教材到今天已经趋于稳定，这为国际比较研究提供了良好的条件.

我国在数学课程包括教材方面的研究主要包括以下几个方面的工作：其一是介绍和引进国外的一些数学课程理论研究，如豪森(G. Howson)的《数学课程发展》；其二是我们自己的数学课程理论研究，如丁尔升主编的《数学现代课程论》；其三是关于数学教材的研究，这方面研究中当首推人民教育出版社的工作，如陈宏伯的《建国后五六十年代中学数学教材的演变历程》；[36] 其四是一些初步的国际比较研究，如陈昌平教授主编的《数学教育比较与研究》；除此之外，近年来有许多数学教育的硕士和博士论文也开始关注这方面的课题.但总体而言，目前我国还缺乏成规模的、有理论框架和分析工具的研究.

课题总体设计

"主要国家高中数学教材的比较研究"课题选择了中国、美国、德国、英国、俄罗斯、法

国、日本、新加坡的高中数学教材,从如下几个方面展开了系统的比较研究.[37]

(一)对高中数学教材的核心内容的组织与呈现方式的比较研究

从世界各国的数学高中教材的内容设置来看,高中数学的核心内容主要包括:代数、几何、概率统计、微积分、数学探究与建模活动.其中,前四块大多按照知识的结构体系展开,而第五块内容既渗透在前四块内容之中,也包含一些系列的穿插在各块内容之间的综合活动.课题组首先构建统一的分析框架,分别对这五块内容进行系统分析与比较.分析框架包括特定的指标体系以及相应的编码方案,对内容、内容呈现方式、内容的关联性进行编码,然后对数据进行定量统计分析;分析框架也包括对内容案例、内容政策影响因素进行定性分析.

(二)对数学教学基本任务的教材设计的比较研究

数学教学有三个基本任务:概念理解、技能习得与问题解决.虽然国际数学教育界都一致认为要实现这三个基本任务之间的平衡,但各国的具体处理仍有较大的差异.例如,研究表明,数学概念的设计大体上有两种方式:陈述的和探究的.陈述的是指,由教师或者学生简单地提出,不作解释和推导.例如,教师在黑板上解决问题时,提醒学生要用到勾股定理,这里的重点是信息本身,而不是信息的推导.探究的则是指教师或者教师和学生一起去解释和推导概念,目的是增进学生对概念的理解.推导的形式可以是证明、实验、或者两者结合.TIMSS 的研究表明,与德国和日本的教材相比,美国教材中概念更多的是陈述的,不需要学生自己探究和形成.[38]

课题组一方面考察数学核心概念和技能在各国高中数学课程中的发展过程;另一方面则聚焦例题和习题的设置,侧重于考察各国高中数学课程在问题解决方面的编制途径.

(三)对数学教材特征的比较研究

数学教材一般有许多方面的特征,这里课题组重点考察两个方面:其一是数学教材的难度特征.在大多数国家的学生眼里,数学是学校课程中最难学的科目之一.但不同国家的数学课程在难度上也有着很大的差异.这种差异表现在许多方面,如数学问题的深度、复杂度,对数学以外的知识的需求,解题的技巧性,数学推理的起点,数学问题的综合程度,等等.

除了难度特征以外,数学教材的另一个重要特征是文化特征.一方面,从 20 世纪 80 年代以后,"民俗数学"的概念对许多国家的数学课程产生了重要的影响,数学教材中的数学史和数学文化方面的元素也就成为学生传承传统文化的基本途径;另一方面,数学除了知识技能及应用以外,更重要的是数学本身就是一种文化.从文化的高度来建设数学课程,有利于提高学生的数学素养.

(四)现代信息技术在数学教材中的运用的比较研究

随着计算机和网络的普及,数学教材与信息技术的整合已成为许多国家数学教材,特别是高中数学教材的普遍趋势.在许多国家的数学教材中,信息技术已经不单单是一种呈现的手段,也不仅仅是为了直观方便和激发兴趣,而已经成为数学探究(特别是数学建模)的重要内容、工具和途径.从目前我国的几套高中数学新课程的情况看,信息技术与教材的整合程度有较大的差异,在研究界也有许多相关的争论.因此,通过这方面的国际比较,可以为我国的教材建设提供相关的借鉴.

研究方法

比较研究融各种不同的方法为一体.课题组采用文献分析,对各种不同教材所依据的政策性文本进行分析,明确研究的问题;采用分析框架构建,为分析教材构建多级指标体系,并生成合适的编码方案,对教材进行编码分析.

为了保证课题的信度与效度,课题组在比较研究过程中采取以下几个方面的措施:在确定研究问题与概念模型时,一方面可以借助已有的研究;另一方面将进行相关的专家认证;为了保证不同研究人员对同一研究对象的编码的一致性,课题组在生成指标体系和编码方案之后选择不同教材的一个样本章节进行预编码,并对编码结果进行 Kappa 指数(两位观察者)或 W 统计量(三位以上的观察者,也称和谐性系数或一致性系数)的一致性检验,以保证一致性程度达到一定的水平.对文献分析的结果进行相关的实证(问卷调查或访谈)研究.

6.4.2.2 数学教材中数学探究内容的比较研究

研究的意义

21世纪以来各国数学课程改革为数学学习赋予新的内涵,它强调有效的数学学习活动不能单纯地依赖模仿与记忆,而是要注重动手实践、自主探索与合作交流.我国普通高中数学课程标准明确提出,学生的数学学习活动不应只限于接受、记忆、模仿和练习,高中数学课程还应倡导自主探索、动手实践、合作交流、阅读自学等学习数学的方式.这些方式有助于发挥学生学习的主动性,使学生的学习过程成为在教师引导下的"再创造"过程.同时,我国高中数学课程设立"数学探究""数学建模"等学习活动,为学生形成积极主动的、多样的学习方式进一步创造有利的条件,以激发学生的数学学习兴趣,鼓励学生在学习过程中,养成独立思考、积极探索的习惯.高中数学课程应力求通过各种不同形式的自主学习、探究活动,让学生体验数学发现和创造的历程,发展他们的创新意识.

这些时代所需的数学课程理念需要通过多种途径实现,途径之一就是将理念融化在课程实施中介——教材之中,力求通过教师、学生与教材的对话,使得课程理念能够转化为学生具体的能力表现.那么我国教材是如何体现期望课程理念的?与其他国家高中数学教材相比,我国教材在探究内容组织和呈现方面有着怎样的特色?在这样的数学课程发展与教材研制背景下,关于高中教材的比较研究显得非常有意义.

已有研究综述

(一)关于教材的国际比较研究

现有的研究成果表明,从国际比较的角度研究数学教科书,将有助于理解不同国家的数学教材处理特点,进而认识教材对数学课堂教学活动的影响.例如,范良火和朱雁研究分析了中美初中数学教材中数学问题的呈现方式,他们通过对数学教材中的问题进行分类归纳与整理,发现中国初中教材中的数学问题在对学生的挑战上要高于美国,但是在不常见的非传统类型的问题方面,美国的初中教材出现的数量要高于中国初中数学教材.[39]帕克(K. Park)和梁贯成(F. K. S. Leung)则选取了中国、英国、韩国、日本以及美国的 8 年级所使用的数学教材,从课本的发展和出版的政策、内容的选择、教材在教学中担任的角色、内容的呈现方式,以及内容的特点五个维度来进行探讨和比较研究.通过一系列的研究发现,西方国家的教材比较注重引导学生去认识在现实生活中数学所起的作用;而中国的教材则通过一种相对而言比较经济的方式向学生传输数学概念,这种方式在激发学生学习的兴趣方面效果不太显著.[40]与国外相对丰富的数学教科书国际比较研究成果相比,中国国内学者比较注重研究国外的数学教科书,然后在研究结尾部分提出一些国外教科书对中国数学教科书的启示,[41]仅有若干研究者从事着数学教科书的国际比较研究.例如,傅赢芳和张维忠比较研究了英国初中数学教材的配套练习和中国北京师范大学出版社出版的初中教材《数学》中数学应用题的情境文化性,结果发现,由于两国所处文化背景不同,数学应用题情境设置的比重、情境处理的方式等都存在一定的差异,我国对应用题中存在的广泛的文化现象未给予应有的重视.[42]张文宇和傅海伦则比较研究了新加坡与中国小学数学教材,发现两套教材在内容编排及编写特点上既有相似之处又有差异.相似之处在于都非常重视学生对概念的理解和基本技能的熟练运用.差异之处在于,新加坡教材较好地体现了把解决数学问题置于课程中心地位的理念,教材呈现了一定数量的非常规的、富有挑战性的问题,教材的编写以综合的数学活动为基础.[43]

由文献分析可见,关于高中数学教材的国际比较研究在中国还是比较缺乏的;比较研究的教材内容以概念性、技能性或者例习题为主.

(二)关于数学探究的研究

西格尔等(M. Siegel, R. Borasi & J. Fonzi)在研究阅读如何促进学生数学探究时,首先梳理皮尔森(C. S. Peirce)和杜威(J. Dewey)关于探究的认识,在他们看来探究是一个质疑困惑、确定信念的过程.[44]拉卡托斯(I. Lakatos)指出,组织学生参与数学探究,就是邀请他们体验和欣赏第一手的专业数学家数学思维相关的模糊、非线性以及"有意识的推测",这种探究观对数学教育尤为重要.[45]鲍尔和巴斯(D. L. Ball & H. Bass)就数学问题的推理与数学探究能力的关系进行了实证研究,结果发现,数学推理问题的练习与提高数学探究能力是有显著关系的,在一定程度上数学推理问题的练习有助于数学探究能力的提升;结果同时也表明,数学探究依赖于一定的假设——演绎推理.[46]

另外,通过对课程文本的分析发现,各国对于"数学探究"的内涵有着比较丰富的认识.2000 年新加坡所颁布的数学大纲中,强调为了实现学生求知意识的发展,要大力借助探究活动来实现.在1989年,法国修订了初中的数学教学大纲,并作了如下的规定:在教学活动中,除了一些比较短暂的项目,还要开展一些需要学生花较长时间的情境研究方面的项目;2008年日本颁布实施的《初中数学学习指导纲要》提出,要"夯实基础,通过实验、调查和探究等手段学习丰富的数学内容,培养表达能力、思考能力和判断能力,在事物现象中灵活应用知识与能力".[47]

在德国的数学教育中,数学探究拥有丰富的内涵,它强调学生在某个数学外部或者数学内部问题情境中去经历发现问题、解决问题、进一步生成问题的过程.[48]从国际比较研究的角度看,一些大型国际评价项目渗透着对学生创新学习方法的评价与比较.例如,第五届的国际数学与科学研究趋势项目(TIMSS 2011)中的数学评价框架,提出学生在面对非常规问题时,会将知识和技能迁移到新的环境中,会整合不同的推理方式处理问题,会观察、分析、推测、综合、验证等.[49]我国高中教材《普通高中数学课程标准(实验)》中描述,"数学探究……是指学生围绕某个数学问题,自主探究、学习的过程.这个过程包括:观察分析数学事实,提出有意义的数学问题,猜测、探求适当的数学结论或规律,给出解释或证明".[50]

综上可知,各国数学教材编排及特点在很大程度上反映了其国家的数学课程理念,且研究者已开始进行教材国际比较研究,以探求其异同,更好地认识本国教材的编制情况.数学探究内容作为几年来各国数学课程改革关注的焦点,也势必将会体现在各国的数学教材之中.课题组的研究是在借鉴上述有关教材比较、探究内容研究方法与成果的基础上,结合具体研究问题展开研究.

研究设计

(一)研究问题与研究方法

这一子课题的研究问题包括:(1)有助于学生探究的数学内容具有怎样的特征?(2)不同国家高中教材中有关数学探究内容以怎样的方式组织和呈现?如何评估这种呈现和组织方式?

课题组首先通过文献分析,比较分析主要国家的相关数学课程标准(或教学要求),提炼出其对数学探究内容的描述性或指标性要求,确立本课题关于"数学探究内容"(有助于探究的数学内容)的内涵及特征,即形成概念框架.

然后基于这概念框架,结合文献分析以及内容分析,提出分析指标,构建指标体系,以此作为分析框架,并制定编码方案.

紧接着利用分析框架与编码方案对教材的特定内容进行编码.通过对各国高中数学教材的初步梳理,发现数学探究内容一方面以独立成单元的形式呈现,包括数学实验、数学建模、数学项目、实习作业或数学阅读等;另一方面数学探究内容渗透在教材各个单元中.考虑到分析的客观性,本课题主要对有显性标识的探究内容进行编码.为了保证不同课题组成员对同一研究对象的编码的一致性,在生成指标体系和编码方案之后选择不同教材的一个样本章节进行预编码,并对编码结果进行 Kappa 指数(两位观察者)或 W 统计量(三位以上的观察者,也称和谐性系数或一致性系数)的一致性检验,以保证一致性程度达到一定的水平.

最后根据编码信息对不同国家数学教材中的探究内容进行编码与统计分析,并配以案例分析,对统计结论进行解读和分析.

(二)比较对象的说明

教材承载着数学课程的理念,也是促进理念落实的主要中介.从课题提出的背景分析可见,国内外数学课程改革对数学探究学习方法的掌握和数学探究能力的培养给予极大关注,因此数学教材中不乏体现数学探究理念的内容,并且大部分教材通过特定栏目的设计,引导教材使用者重视数学探究.例如,由我国人民教育出版社出版的教材《普通高中课程标准实验教科书 数学》(A版)中设计了"探究""思考""观察""阅读"等栏目,为学生经历、体验数学探究组织了专门的内容;德国施罗德尔(Schroedel)出版社出版的高中教材《数学基础》则通过"学习领域""同伴活动""团队活动"或者"项目活动"等内容板块,为学生提供从事数学探究的平台;日本数研出版株式会社出版的教材《数学基础》则通过"专栏问题""研究"板块加强教材内容的探究要素;英国牛津大学出版社出版的教材《学校数学项目》(*School Mathematics Project*)通过设置适合全班或小团队的"问题讨论"(discussion questions)板块,以供学生进行数学探究和发现.当然,数学探究的理念不仅仅体现在这些显性的内容设计中,也渗透在教材的习题部分、概念导入部分等.本课题将数学探究内容的分析聚焦在教材的这些显性板块上.本课题的教材取样结果如表 6-5 所示.

表 6-5 主要国家教材的数学探究内容显性栏目

国别	教材	显性的探究栏目
中国	人民教育出版社《普通高中课程标准实验教科书 数学》(A版),必修 1~5(2009 年)(简称中国人教)	思考,阅读与思考,信息技术应用,实习作业,探究,观察,探究与发现
美国	普兰蒂斯·霍尔(Prentice Hall)出版社出版的高中数学教材,Pre-Algebra, Algebra1, Geometry, Algebra 2 (2009 年)(简称美国 PH)	导学,真实问题解决,错误分析,推理,结果开放,活动实验室,工作中的数学,写作,批判性思考,时间上的点,媒体中的数学
英国	牛津大学出版社的《学校数学项目》(School Mathematics Project)Core1,Core2,MM1,MS1 (2007 年)(简称英国 SMP)	讨论与提问
德国	施罗德尔(Schroedel)出版社的《数学基础 10》(EDM10)(2008 年)(简称德国 EDM)	侦探,数学项目,问题解决,聚焦重点,视角拓展,自主问题解决,学习领域,同伴活动,团队活动
法国	贝兰(Belin)出版社出版的 Math1,Math2,Math3, Math4, Math5, Math6(简称法国 BM)	活动,交流,猎奇,电子数据表,综合性专题等
日本	数研出版株式会社的《数学基础》、《数学Ⅰ》、《数学 A》(2008 年)(简称日本数研)	思考,专题,研究,补充问题
新加坡	新加坡万国教育(Panpac Education)出版公司的《高中数学》(简称新加坡 PP)	班级活动,拓展学习曲线,讨论,上网交流

概念框架的形成

通过列举文献分析的结果,课题组发现世界不少国家的数学教育改革都较重视学生数学探究的方式、方法,以及强调培养数学探究能力.不管研究者们是如何界定数学探究的,数学探究能力的培养总是需要环境的,因为这种能力需要浸润在特定的日常问题或数学问题情境中才能得以开展;数学探究需要方法,也即在日常问题或数学问题的驱动下,进行观察、实验、猜测、联想、推理、交流、反思等,这些皆是探究的手段方法;数学探究需要精神,只有当面对问题产生好奇、执着思考、善于合作时才有可能发现问题,进行探索.因此,可将数学探究界定为:学生围绕某个问题情境或者数学问题,去观察、分析、推测数学事实,提出有意义的数学问题,猜测、验证适当的数学结论与规律,给出解释、证明,再反思结论或产生新一轮问题.

分析指标体系的构建

本课题的关键是,利用上述关于数学探究的概念界定,分析教材中这些数学探究内容(显性板块)的组织形式和呈现方式,并加以比较研究.由上述分析可见,数学探究需要环境,因此需要分析教材的数学探究内容部分是如何呈现情境的,情境中所包含的数学信息的情况如何,以便了解学生是否面对着有探究意义的情境,情境是否有一定的挑战性.数学探究需要方法,因此要分析教材在呈现问题时采用怎样的提问方式,要求进行哪些类型的学习活动,活动的形式如何等,以便了解学生是否经历着观察、分析、推测、验证、证明或反思等各种方法.另外,教材内容具有一定的连贯性,教材中的数学探究内容会对它所在的上下文本有不同的影响,因此需要进一步分析数学探究内容与教材中其他内容的相互影响与作用,以此了解数学探究内容在教材中的地位.据此,课题组提出分析教材探究内容的五个要素:情境表述、问题表述、活动组织形式、活动类型、对教材上下文的影响,这构成了分析框架的5个一级指标(见图6-6).

对照这一级指标体系,课题组对各国教材的相关章节进行梳理,将五个指标分别分解为若干二级或三级指标.

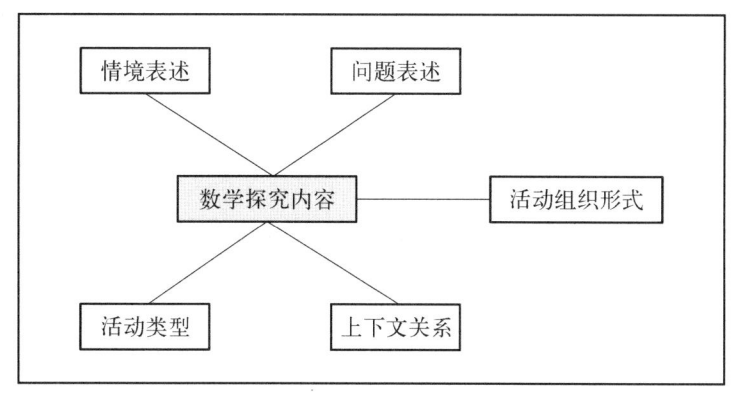

图6-6 分析数学探究内容的五要素

（一）情境表述

"情境表述"指教材在组织和呈现数学探究内容时所使用的情境,以及这些情境所含有的数学信息.通过对国内外教材的梳理,呈现探究内容时一般使用真实情境或虚设情境或纯数学情境.而这些情境所包含的数学信息有完整的、冗余的、不足的这几种情况.表6-6中汇总了对"情境表述"的下属指标的说明.

表6-6 数学探究内容的情境表述的下属指标及其说明

下属指标			说 明
情境表述	情境类型	真实情境	所使用的情境来自日常生活、外部现实世界(自然、艺术、体育、人文等),或者来自文学作品、科幻作品等的有故事情节的情境.
		虚设情境	所使用的情境尽管与日常生活、外部现实世界情境等相关,但是其中的情节或者数学信息以人为构造为主.
		纯数学情境	使用纯数学问题表述.
	数学信息	完整(封闭)	所含的全部数学条件刚好用于解决该数学探究问题.
		冗 余	所提供的数学信息(条件)多于解决实际问题所需要的条件.
		不 足	所提供的数学信息(条件)不够完备,需要自己合理补充数学条件才能解决问题.

从教材对情境类型的表述看,可分为三类:真实情境、虚设情境和纯数学情境.

(1) 真实情境.真实情境指来自日常生活、外部现实世界(自然、艺术、体育、人文等),或者文学作品、科幻作品等的有故事情节的情境.例如,德国施罗德尔出版社出版的10年级(高中一年级)教材EDM10的数学探究内容显性栏目之一"视角拓展",呈现了这样的情境:

【内容1】视角拓展:自然界中有很多螺线,20世纪起它也是艺术家们作品创作的主要元素(教材中配真实螺线照片).请说明为什么螺线不是一种函数图像.(德国EDM10,第54页)

这段文本使用的情境直接来源于自然界或艺术家世界,它将数学与自然世界连接起来,引导学生从数学角度去观察、猜测.

又如美国普兰蒂斯·霍尔出版社出版的代数(2)(Algebra 2)中(简称美国PH代数)的数学探究显性栏目之一"导学",其中一例:

【内容2】导学:(教材中配有若干图片)人类最重要的周期函数就是心脏的节律,一般心脏神经每秒会产生一个电信号,这导致心脏收缩,推动血液在全身流动.1958年,医生将首例全埋藏式人工心脏起搏器植入病人体内,该仪器控制板的发明者为德克萨斯的博伊金(O. Boykin),最初他的任务是监测自动飞机操纵仪.当今,有近百万的心脏起搏器在帮助人们体验人的心脏的一般节律.

(网上搜索:关于心脏起搏器)(美国PH代数,第716页)

该教材通过叙述一段科学的历史故事,引发学生将数学与科学世界联系起来.

英国牛津大学出版社出版的统计数学(1)(Statistics 1 for AQA,简称英国 S1-AQA),数学探究内容的显性栏目"问题讨论"中呈现的情境:

【内容3】问题讨论:你可能听过一种说法:"利用统计学可以证明任何东西."这当然是不正确的:统计学不是用来证明任何事物的,而是能提供支持某种理论的证据.但是,人们常常利用相关性,以不恰当的方式来支撑这种夸大的说法.

一个学生在学校进行了一项关于学生的调查.为了获得更具有代表性的样本数据,她以1年为年龄间距将7~13岁分成7个年龄段团体,从每个团体中随机选取了5个学生,记录每个学生的一些变量数据,并将数据在散点图中展现,以学生的身高为横坐标,以学生常识测验(general knowledge quiz)成绩为纵坐标.这组数据的相关系数为 0.885.

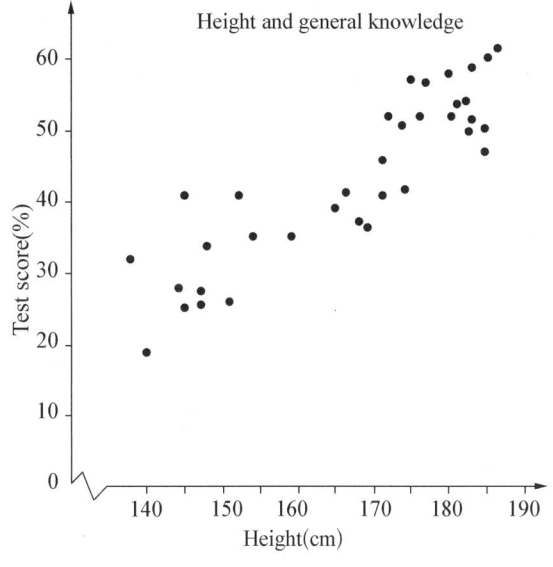

这是不是说明了身高越高,在常识方面就越擅长?(英国 S1-AQA,第 143 页)

教材通过描述一个学生调查研究中对相关性的解释(日常情境),激发学生思考如何正确解释统计中得到的相关性,从而引导学生更加科学对待统计结果,培养科学探究精神.

(2)虚设情境.虚设情境指人为构造与日常生活、外部现实世界相关的情境,其中的情节或者数学信息也是人为构造为主.例如,德国 EDM10 的数学探究内容的显性栏目"自主解决问题"呈现这样的情境:

【内容4】自主问题解决:瓦尼茨的月收入为 2 000 欧元,由于他是公司成员,每月多拿 40 欧元补贴.巴尼茨同样有月收入 2 000 欧元,但是他的月收入每年增长 1.9%.用表格表示两个人在最初 10 年的工资增长情况,并用图像表征.要有依据地决定收入变量.(德国 EMD10,第 116 页)

这里涉及的是一个关于工资收入的日常情境,但人物和数字显然都是虚构的.该问题主要是让学生根据其中的数学条件思考变量概念,训练其图像表征能力等.

又如,我国人民教育出版社出版的《普通高中课程标准实验教科书 数学》(A 版)(简称人教 A 版)中的数学探究显性栏目"探究"呈现的情境:

【内容5】探究:某工厂用 A、B 两种配件生产甲、乙两种产品,每生产一件甲产品使用 4 个 A 配件耗时 1 h,每生产一件乙产品使用 4 个 B 配件耗时 2 h.该厂最多可从配件厂获得 16 个 A 配件和 12 个 B 配件.按每天工作 8 h 计算,如果每生产一件甲产品获利 3 万元,每生产一件乙产品获利 2 万

元,如何安排生产才能获得最大利润?(中国人教 A 版必修 5,第 88 页)

这里涉及的是一个关于生产产品获利最大化的日常情境,但生产产品的件数、所耗时间以及所获利润的数据显然都是虚构的.该问题主要是让学生根据题中的数学条件思考变量的关系,利用简单的线性规划来解决问题,巩固深化所学的知识.

(3) 纯数学情境.纯数学情境指不含有其他情境的纯数学问题的表述.例如,人教 A 版教材中的栏目"思考"呈现这样的情境:

【内容 6】思考:如果直线 l 与平面 α 有一个公共点 P,直线 l 是否在平面 α 内? 如果直线 l 与平面 α 有两个公共点呢?(中国人教 A 版必修 2,第 41 页)

又如美国 PH 代数(1)教材中,设计了数学探究显性栏目"活动"(activity)中的一个例子:

【内容 7】活动:三角形的三角比

1. 利用尺子量出 AB、CA、CB、CD、CE 和 DE 的长度.

2. 算出下列的比值,并用最接近的百分数把他们表示出来.

a. DE/AB b. CE/CB c. CD/CA

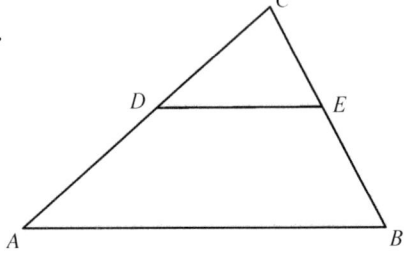

3. 计算下面的等式是否是正确的.

a. $DE/AB = CE/CB$

b. $CD/CA = CE/CB$

c. $DE/AB = CD/CA$

4. 利用你所测量的长度,计算 CB/CE 的值.

这个数学探究显性栏目中呈现的是没有任何其他背景的纯数学化的问题.这个活动的主要目的是通过学生对三角形对应边比值的计算,发现比值之间的关系,以此引出相似三角形这个新的知识点.

从情境中所含的数学信息看,可以分为如下三种情况:

(1) 数学信息封闭(完备).情境中所含数学条件都将用于该情境所提的问题解决,不要额外补充条件,情境中也不会有多余的数学条件.

(2) 数学信息冗余.情境含有的部分数学信息(条件)不需要用于该情境所提的问题解决,学生在探究过程中需要辨析出有用的条件,并加以利用,解答问题.

(3) 数学信息不足.情境提供的数学信息(条件)不够完备,学生在探究过程中需要自己再补充数学条件,以便解答问题.

例如,中国人教 A 版的数学探究栏目"思考"呈现这样的情境:

【内容 8】思考:请你从各种媒体中收集一些广告,并用统计的知识分析一下他们所提供的数据和结论的真实性.(中国人教 A 版必修 3,第 60 页)

而"内容 8"中没有给出足够的数学条件,学生需要自己再收集一些才可以解决问题,可把类似于这样的数学探究归类到数学信息不足的指标中.

让我们考察来自德国 EDM10 的数学内容：

【内容9】滑翔机：卡龙和他的叔叔第一次乘坐滑翔机.他在学生报上报道了他的经历.

> 滑翔机自身没有马达,要靠绞车拖曳起飞.座舱内的表盘显示滑翔速度为每秒 5 米(配图).我们被牢牢地固定在座舱椅子上.飞机被拖曳约一分钟后,绳索松开,飞行员调整位置,大约一分钟内,我们下降了 50 米.随着上升气流,飞机又很快上升,在 8 分钟内我们上升到 1 200 米.
>
> 一派特殊的景象啊!……往水平方向看去,能看到大海,平时需要驾车两小时才能看到海啊!
>
> 大约有 10 分钟可以欣赏这美景,当然在这过程中我们的高度有所下降:表盘显示稳定的下降速度为每秒 1 米.然后飞行员让飞机快速下降,3 分半钟后我们在山腰附近下降了近 200 米.在那里我们操纵方向舵,在一定高度找寻降落地.2 分钟后我们开始降落.地面似乎给我们很强的阻力.表盘显示的下降速度为每秒 4 米.从开始滑翔算起,半小时后我们降落到地面.

画出滑翔机飞行高度的函数图像,以时间为变量.在哪段时间上升速度最快?什么时候下降速度最快?（德国 EDM10,第 134～135 页）

这是"微分计算"单元的开始部分,教材设计了"描述变化"这一学习板块,上述内容为其中一个问题情境.要求学生阅读后画出滑翔机关于时间与高度的函数图像,显然报告中给出了丰富的数学信息.单就画函数图像而言,学生需要从丰富的数学信息中筛选出必要的信息,也就是说,这个数学情境所给的数学信息多于所用的.

（二）问题表述

"问题表述",一方面指教材中数学探究内容部分在提出问题时所用的句式,分为陈述句和疑问句两种；另一方面还指所提问题的类型,分为封闭式问题和开放式问题两类.表 6-7 中汇总了对问题表述的下属指标的说明.

表 6-7　数学探究内容的问题表述的下属指标及其说明

下属指标			说　　　明
问题表述	句式	陈述句	直接陈述一个数学事实、数学任务或者活动要求,句末一般用句号.
		疑问句	用询问或者反问等方式表示数学任务或者活动要求,句末一般用问号.
	问题类型	封闭式问题	要求学生计算、证明或者解释的答案是唯一的,解答方法也是唯一的.
		开放式问题 结论开放	没有要求学生去计算、证明、猜测或者解释预设好的唯一结论.学生探究的结论是多元的.
		开放式问题 过程开放	没有规定学生使用某种方法或策略解决问题,学生探究的过程是多元的.

通过对国内外教材中数学探究内容的梳理,发现它们在表述问题时所用句式分为陈述句和疑问句.教材一般使用"请猜测""请分析""请解答""请作图""请说明""请比较"等陈述句式表述对学生的要求.例如,德国 EDM10 的数学探究内容的显性栏目"侦探"设计了这样的问题:

【内容 10】侦探:迈拉用作图软件画出了 $y=100x^2$ 和 $y=x^4$ 的图像(呈现图像),她断定"$y=100x^2$ 的图像总是在 $y=x^4$ 的图像下方".请你对她的判断表态.(德国 EDM10,第 68 页)

再如,中国人教 A 版教材的数学探究内容显性栏目"探究"中呈现了这样一个问题:

【内容 11】探究:简单随机抽样、系统抽样和分层抽样各有其特点和适用范围.请对三种抽样方法进行比较,说说它们各自的优点和缺点.(中国人教 A 版必修 3,第 61 页)

教材也会以疑问句方式提出问题,主要使用"是什么?""为什么?""怎么样?""能不能?"等句式,让学生思考解答.如,中国人教 A 版在数学探究显性栏目"探究"呈现了这样的问题:

【内容 12】探究:根据正弦函数和余弦函数的图像,你能说出他们具有哪些性质?(中国人教 A 版必修 4,第 34 页)

再如,英国牛津大学出版社出版的核心数学(1)(Core 1 for AQA,简称英国 C1-AQA),数学探究内容的显性栏目"问题讨论"中呈现的问题情境:

【内容 13】问题讨论:电力公司每三个月(每季度)都会寄送账单.P 公司的计费方式是 0.09 英镑/千瓦·时,Q 公司是以不同的计费方式收费,具体如下:

度数 E	100	500	700	1 000
费用 C	22	50	64	85

(a) 画图,将表格中的数据反映在网格纸上(呈现网格纸).

(b) 写出符合题意的 E 和 C 的关系式.

(c) 如果要求你用文字而不是公式来描述 Q 公司每季度的电费方式,你会怎么说?(英国 C1-AQA,第 13 页)

这里讨论的是电费收费方式的问题,包括了疑问句和陈述句两种问题提出方式.

在分析表述问题的类型时,不管句式是陈述句还是疑问句,只要表述的是一个封闭式的问题,即直接要求学生去计算或者去证明,且答案是唯一的,解答方法也是唯一的,则为封闭式问题;反之,只要问题表述的是一个开放的,预先没有规定探索的结果或者探索的过程,即学生面对的探究问题的结论是多元的,或者探究的过程是开放的,则为开放式问题.

"内容 10"用的是陈述句式,但要求学生就某个数学观点表示自己的看法,没有要求学生去证明那个观点,学生可能得到的结论是开放的;另外,也没有规定该怎样表态,因此探索的过程也是开放的.

"内容 13"的问题 a、b 用陈述句式表达,问题的结论和方法都是封闭的,利用题中的数据和坐标图就能解决.而问题 c 是以疑问句式表达,希望学生应用文字而不是公式来描述电力公司的收费方式,要解决这个问题的过程和结论都是开放的,只要是能反映电费收取方式信息的文字描述都是合理的.

(三) 活动组织形式

"活动组织形式"指的是面对某个探究内容,学生是个人活动、同伴活动还是团队活动.根据数学探究的内涵,数学探究还需要学生善于合作的精神,因此这一指标的分析,对了解数学探究内容的组织和呈现方式有特殊的意义.表 6-8 中汇总了"活动组织形式"的下属指标.

表 6-8 数学探究内容的活动组织形式的下属指标及其说明

下属指标		说明
活动组织形式	个人活动	教材没有明确二人以上合作探究的话,以个人进行探究活动为主
	同伴活动	教材明确需要同伴合作进行探究活动
	团队活动	教材明确需要三人以上小组或团队合作进行探究活动

例如,在中国人教 A 版教材的数学探究内容显性栏目"实习作业"中呈现这样的活动形式:

【内容 14】实习作业:通过收集微积分创立的时代背景和历史意义的有关材料,体会微积分在数学思想史和科学思想史上的价值.

要求:以小组为单位分头收集资料,最后汇总.每组写一个实习报告,各组分头交流.(中国人教版选修 1-1,第 106~107 页)

类似于"内容 14"这样的面对整个团队(组)的活动,我们把它们归入到团队活动中.

英国牛津大学出版社出版的数学教材中设置了探究内容的显性栏目"问题讨论",它希望通过这些问题讨论使学生获得重要知识点或者某种数学技巧.该栏目适合全班或者小团队讨论,因此在活动组织维度上均归入团队活动.

(四) 活动类型

"活动类型"指的是教材在设计数学探究内容时,为学生创造的数学活动条件和空间,它们包括解答活动、写作活动、项目活动、阅读活动、实验活动等.教材正是通过这些活动的设计,鼓励学生进行多方位的数学探究.表 6-9 中汇总了关于活动类型的下属指标.

表 6-9 数学探究的活动类型的下属指标及其说明

下属指标			说明
活动类型	解答活动	验证反思	对自己或者他人已有的解答过程或结论进行验证或反思
		计算证明	利用数学公式、定理等进行数学意义上的计算、证明或者作图等
		推测解释	根据问题情境对可能的解答过程或结论进行推测、判断或解释

续 表

下属指标		说　　明
活动类型	实验活动 — 信息技术类	借助信息技术(如图形计算器、几何画板等)试验性地探索问题,经历数学化过程等
	实验活动 — 科学类	设计或者参与小型的物理、化学、生物等实验,观察分析实验中的数学问题或者规律
	实验活动 — 日常生活类	通过日常的活动(游戏活动、体育活动等),体验发现活动中的数学规律
	写作活动 — 对概念的写作	以文字报告或者展板等形式展现对数学概念的认识
	写作活动 — 对结论的写作	以文字报告或者展板等形式呈现探究的结论
	写作活动 — 对过程的写作	以文字报告或者展板等形式呈现探究问题的过程与方法
	项目活动 — 文本作品	围绕有意义的、有价值的、有挑战性的主题进行深入探究,并以文本类作品作为活动成果
	项目活动 — 实物作品	围绕有意义的、有价值的、有挑战性的主题进行深入探究,并以实物类作品作为活动成果
	项目活动 — 电子作品	围绕有意义的、有价值的、有挑战性的主题进行深入探究,并以电子或者计算机类作品作为活动成果
	阅读活动 — 有问题	呈现相关阅读文本,供学生阅读思考,并提出问题要求学生解决
	阅读活动 — 无问题	呈现相关阅读文本,仅仅供学生阅读思考,没有明确提出要回答的问题

"解答活动"指的是依据教材的情境与问题表述,学生以代数形式、几何形式、文字形式等呈现探究问题的过程和结论.它包括:(1)学生对已有的解答过程或结论进行验证或反思;(2)利用公式或定理等进行严格计算或证明;(3)根据数学事实对可能的解答过程或结论进行推测或解释.

如,"内容10"需要学生对已有的关于几何图形特征的结论进行验证和反思(诊断和反思);"内容12"是根据正弦函数和余弦函数的图像对正弦函数和余弦函数所有的性质进行推测和解释;"内容13"是需要学生根据题中的表格数据作图,并计算出符合题意的关系式,最后用文字形式解释数学结论.

再如,英国S1-AQA的数学探究内容的显性栏目"问题讨论"中呈现的问题:

【内容15】问题讨论:为了保证日常饮水的安全性,相关部门会对水源进行定期检查.判断污染的标准之一是水的酸度(pH值).若pH值为7则表示液体是中性的,若小于7则是酸性的,而大于7则是碱性的.欧盟的建议指出安全饮用水的pH值范围应该是6.5至8.5.

为了调查水质,需要在同一个地点取多种水样.所取水样的平均值$\bar{x}$,然后利用它估计位于该处的全部水源的总体平均值.

水务局往往在两个地点进行取样检测.不同地点采取不同的取样程序.

河区:水务局知道河水的pH值是呈正态分布的(标准偏差为1.2).检测pH值的取样方式是在河区随机选10个位置取样.

蓄水池：水务局知道蓄水池中的水的pH值是正态分布的(标准偏差为0.5).检测pH值的取样方式是在河区随机选15个位置取样.

每个检测的取样工作是在同一个上午完成的.检测所得的pH值如下：

河　区　7.1　5.6　6.0　6.2　5.1　7.4　8.0　6.7　5.5　3.7
蓄水池　7.8　7.3　9.1　8.2　7.8　7.9　6.5　7.9　7.9　8.3　7.7　7.8　7.1　7.2　7.8

作为估计河水水质总体的两种方式,你认为哪种更有可信度？(英国S1－AQA,第110页)

这里讨论的是检测水源水质问题,学生需要理解题中所给的信息,并且利用数学事实进行推测和判断,并加以解释.

"实验活动"指的是依据教材的情境与问题表述,学生借助实物(日常用品、简单的科学设备等)、信息技术(如图形计算器、几何画板等)试验性地探索问题,经历数学化过程.根据实验内容和实验情境,实验活动可分为：(1) 基于信息技术的实验活动,学生将利用相应的计算机软件(环境),探索含有数学信息的问题；(2) 科学类实验活动,学生参与小型的物理、化学、生物等实验,观察分析实验中的数学问题或者规律；(3) 日常生活类实验,学生参与日常的活动(游戏活动、体育活动等),在体验活动中发现数学规律.

【内容16】刚好冷却：我们来探索热饮的冷却过程,热饮温度的降低依赖于初始温度和周边温度.我们要测量周边温度,再测量冷却过程(照片呈现实验用工具：温度测量仪和一杯热饮),观察热饮温度和周边温度之间的温度差,将观察到的数据填写在表格中.

观察的时间	热饮温度	周边温度	温　度　差

用图像表示这个过程；给出一个计算温度差的公式；确定实际冷却过程的时间.(德国EDM10,第62页)

这个探究内容位于"指数增长"单元之前,指导学生用温度测量仪检测温度.在这个小型物理实验过程中,学生可以观察到温度的变化情况,同时尝试用图像、公式等表示这个物理过程,学生有机会经历如何从物理现象中寻求数学规律.

下面这个内容来自德国EDM10.

【内容17】同伴活动：将一堆火柴棒倒在桌上,两个人开始游戏,轮流拿取火柴,每次至少拿一根,但拿的根数要少于桌上火柴数量的一半.谁拿到最后一根,谁就输掉游戏.

多次重复这个游戏,你有什么发现吗？是否能发现一个赢得游戏的策略？说明并论证下面文本的观点.(德国EDM10,第63页)

> 这个双人火柴游戏说明,输掉游戏的数字是3,6,12.如果一个人在拿取火柴时,刚好是这些数字,那么这个人就不会赢.

教材设计的这个探究内容属于游戏活动,让学生在游戏中观察、分析游戏规则所依赖的数学模型.

"写作活动"指的是依据教材的情境与问题表述,学生通过收集、整理资料或者反思思维过程,以文字报告的形式展现探究的概念、结论或过程.

【内容 18】探究任务:搜索网络资源或者其他资源,了解简易测角器的制作过程.用你的测角器和三角比的知识,找出:(1)珊顿大道上五座最高的建筑的高度;(2)花柏山或者武吉知马山的高度.在你的报告中,要清晰地表述你的假设和结论的局限性.(新加坡 PP 教材 Mathematics 3,第 275 页)

这一探究内容要求学生以报告的形式展示探究的结论以及探究的过程.

【内容 19】探究与发现:购房中的数学(相关情境的描述略)

探究任务:用学过的数列知识帮助这位居民算一笔经济账.根据所给的购房还贷方式,你认为预选方案 1、2 到底哪个是他的最佳选择?和同学交流想法,然后给他写一封信,阐述你的建议,并说明理由.(中国人教 A 版必修 5,第 63 页)

这一数学探究内容要求学生以书信的形式展示探究的结论以及探究的过程.

"阅读活动"指的是依据教材中显性标识"阅读"或者"阅读与思考"的内容,促使学生进行阅读、思考,或者其他活动.有些阅读内容仅仅呈现数学故事或者事实,不需要再进行问题解决,这类内容被归入无问题的纯阅读活动.而有些阅读素材旨在引起学生的问题解决活动,并且给出明确的任务,要求学生完成,这类内容归为有问题的阅读活动.

【内容 20】阅读与思考:函数概念的发展历程(函数概念的发展历程的描述略)

探究任务:你能以函数概念的发展为背景,谈谈从初中到高中学习函数概念的体会吗?(人教 A 版必修 1,第 26 页)

"内容 20"这一探究任务的阅读活动,可归入到有问题的阅读活动.

下面这个内容取自日本数研教材:

【内容 21】素数的存在是无限的

用反证法可以有效证明"素数的存在是无限的".先做个假设"素数不是无限存在的",即"素数是有限数的".假如素数一共有 n 个,这 n 个素数用 $p_1, p_2, p_3, \cdots, p_n$　①来表示.将所有 n 个素数相乘,再加上 1,得 $p_1 p_2 p_3 \cdots p_n + 1$. 此数字除以①里面的任何数字都不能除尽,因为都还剩下 1.这与"比 1 大的整数,都用素数或者素数的积来表示"相矛盾.因此"素数的存在是无限的"被证明.

事实上,$2+1, 2\times 3+1, 2\times 3\times 5+1, 2\times 3\times 5\times 7+1$ 是素数,但是 $2\times 3\times 5\times 7\times 11\times 13+1=30\ 031$ 是两个素数的积.

所以上面思考的数字 $p_1 p_2 p_3 \cdots p_n + 1$ 并不一定是素数,且大数字的素因数分解是需要花很长时间,因此要发现新的素数是不简单的事情.(日本数研数学 A,第 75 页)

这一探究内容主要呈现了"素数的存在是无限的"的证明过程,并没有呈现问题情境,学生只需在阅读的过程中经历探究过程.

"项目活动"指的是教材呈现的项目活动类探究情境包括项目主题、活动建议、成果要求.学生围绕这些有意义的、有价值的、有挑战性的主题进行深入探究,在探索、体验、操作、制作等实践活动中,获得较为完整而具体的知识,形成专门的技能并促进各项能力的发展.项目活动的成果要求,也反映了项目活动的丰富性,从而反映探究的不同水平.因此从"成果要求"来分析项目活动,包括文本作品、实物作品、电子作品等.

【内容 22】 项目活动:神奇的多面体——柏拉图组合多面体

也许你们已经接触过柏拉图多面体,这说明你们已经了解到数学中的精彩,并且掌握了三角几何的部分内容……这里我们提出了关于组合多面体的各种活动建议.

建议1:哲学和物理中的柏拉图体……有哪些相关的理论?

建议2:艺术家与科学家们的星体……研究这样的星体你们一定会感到很精彩.

建议3:双重组合体……你们愿意尝试制作吗?

建议4:柏拉图多重组合体……继续尝试制作三重、四重组合体!

建议5:电脑程序……请用电脑程序制作神奇的几何体或者特殊的星体!

建议6:柏拉图组合体……是否愿意自己尝试设计并用其他的材料制作?行动吧!(德国EDM10,第240~241页)

上述项目活动的设计,要求学生制作文本作品(如建议1),制作实物作品(建议4、建议6),或者制作电子作品(建议5).项目活动设计的特点主要体现在,以某个有挑战意义的主题为驱动,激发学生从事各种不同的活动,在探索中生成各种不同的学习成果.

(五)上下文关系

数学教材中的探究内容不是孤立存在的,它对章节内其他教材内容起着不同的作用,主要有:导入新知、承上启下、归纳总结、巩固深化和应用拓展等五种.这一指标的分析可探析各国教材设置探究内容的整体意图.表6-10中汇总了探究内容在教材中的"上下文关系"的分析要素.

表 6-10 数学探究内容与教材上下文关系的下属指标及其说明

下 属 指 标		说　　明
上下文本关系	导入新知	数学探究内容置于某新的单元或者知识点之前,设计的问题情境与将要讨论的新内容相关.
	承上启下	数学探究内容置于两个不同的单元或者知识点之间,设计的问题情境一方面与上面的知识点有关,另一方面也与下面的数学内容相关联.
	归纳总结	数学探究内容置于某个单元或者知识点之后,设计的问题情境旨在对上面的内容梳理和总结.
	巩固深化	数学探究内容置于某个单元或者知识点之后,设计的问题情境旨在训练上面的内容或者加深练习,这些探究内容主要分布在练习中.
	应用拓展	数学探究内容置于某个单元或者知识点之后,设计的问题情境与上面的内容相关,但又体现与其他数学内容的关联.

例如,"内容 16"(德国教材)设计的是一个实验活动"热饮的冷却",这一实验活动旨在导入数学内容"指数增长",因此该内容具有"导入新知"的特征.

【内容 23】思考:上面的例(3)到例(8)也能组成集合吗?他们的元素分别是什么?(中国人教 A 版必修 1,第 2 页)

这是自人教 A 版的数学探究内容显性栏目"思考"的内容,其中第一个小题(例(3))是对上面的文本知识点的应用,而第二小题(例(8))是导入集合元素概念.类似于这种既对上面文本有探究的作用又对下面文本起探究作用的数学探究内容显性栏目,我们把它与上下文的关系归入到承上启下的作用中.

【内容 24】思考时间:已知 $\sin x = 0.733$,且 x 是锐角,你认为上面提到的锐角三角形可以唯一确定吗? x 可以唯一确定吗?(新加坡 PP 教材 Mathematics 3,第 262 页)

这是新加坡教材的数学探究内容板块"思考时间"的问题.显然,它需要学生对上面文本中的锐角三角形有所思考,并加以说明,因此该文本起着巩固深化的作用.

上述各级分析指标构成了完整的数学探究内容的分析指标体系,如图 6-7 和表 6-11 所示.

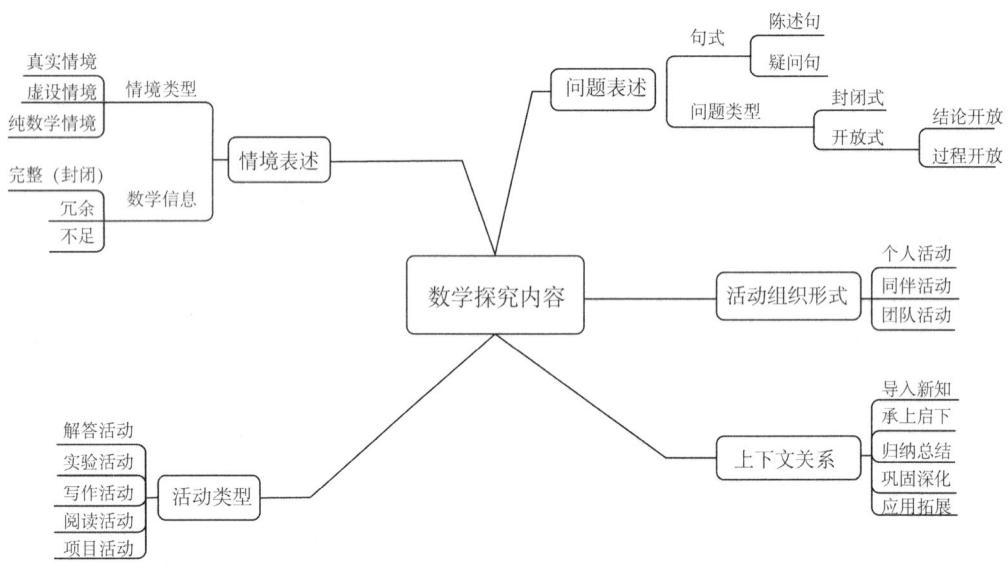

图 6-7 数学探究内容的分析指标体系

表 6-11 数学探究内容的分析指标体系

	下 属 指 标		说　　明
情境表述	情境类型	真实情境	所使用的情境来自日常生活、外部现实世界(自然、艺术、体育、人文等),或者来自文学作品、科幻作品等的有故事情节的情境.
		虚设情境	所使用的情境尽管与日常生活、外部现实世界情境等相关,但是其中的情节或者数学信息以人为构造为主.
		纯数学情境	使用纯数学问题表述.

续 表

	下属指标		说　　明	
情境表述	数学信息	完整(封闭)	所含的全部数学条件刚好用于解决该数学探究问题.	
		冗　余	所提供的数学信息(条件)多于解决实际问题所需要的条件.	
		不　足	所提供的数学信息(条件)不够完备,需要自己合理补充数学条件才能解决问题.	
问题表述	句式	陈述句	直接陈述一个数学事实、数学任务或者活动要求,句末一般用句号.	
		疑问句	用询问或者反问等方式表示数学任务或者活动要求,句末一般用问号.	
	问题类型	封闭式问题	要求学生计算、证明或者解释的答案是唯一的,解答方法也是唯一的.	
		开放式问题	结论开放	没有要求学生去计算、证明、猜测或者解释预设好的唯一结论.学生探究的结论是多元的.
			过程开放	没有规定学生使用某种方法或策略解决问题,学生探究的过程是多元的.
活动组织形式	个人活动		教材没有明确二人以上合作探究的话,以个人进行探究活动为主.	
	同伴活动		教材明确需要同伴合作进行探究活动.	
	团队活动		教材明确需要三人以上小组或团队合作进行探究活动.	
活动类型	解答活动	验证反思	对自己或者他人已有的解答过程或结论进行验证或反思.	
		计算证明	利用数学公式、定理等进行数学意义上的计算、证明或者作图等.	
		推测解释	根据问题情境对可能的解答过程或结论进行推测、判断或解释.	
	实验活动	信息技术类	借助信息技术(如图形计算器、几何画板等)试验性地探索问题,经历数学化过程等.	
		科学类	设计或者参与小型的物理、化学、生物等实验,观察分析实验中的数学问题或者规律.	
		日常生活类	通过日常的活动(游戏活动、体育活动等),体验发现活动中的数学规律.	
	写作活动	对概念的写作	以文字报告或者展板等形式展现对数学概念的认识.	
		对结论的写作	以文字报告或者展板等形式呈现探究的结论.	
		对过程的写作	以文字报告或者展板等形式呈现探究问题的过程与方法.	
	项目活动	文本作品	围绕有意义的、有价值的、有挑战性的主题进行深入探究,并以文本类作品作为活动成果.	
		实物作品	围绕有意义的、有价值的、有挑战性的主题进行深入探究,并以实物类作品作为活动成果.	
		电子作品	围绕有意义的、有价值的、有挑战性的主题进行深入探究,并以电子或者计算机类作品作为活动成果.	
	阅读活动	有问题	呈现相关阅读文本,供学生阅读思考,并提出问题要求学生解决.	
		无问题	呈现相关阅读文本,仅仅供学生阅读思考,没有明确提出要回答的问题.	

续 表

下属指标		说　　明
上下文本关系	导入新知	数学探究内容置于某新的单元或者知识点之前,设计的问题情境与将要讨论的新内容相关.
	承上启下	数学探究内容置于两个不同的单元或者知识点之间,设计的问题情境一方面与上面的知识点有关,另一方面也与下面的数学内容相关联.
	归纳总结	数学探究内容置于某个单元或者知识点之后,设计的问题情境旨在对上面的内容做梳理和总结.
	巩固深化	数学探究内容置于某个单元或者知识点之后,设计的问题情境旨在训练上面的内容或者加深练习,这些探究内容主要分布在练习中.
	应用拓展	数学探究内容置于某个单元或者知识点之后,设计的问题情境与上面的内容相关,但又体现与其他数学内容的关联.

利用上述分析框架以及指标体系,课题组对主要国家的高中教材进行系统分析,了解这些国家的教材在呈现数学探究内容时的特点,了解数学课程对于数学探究能力培养的要求.

研究结论与建议

基于上述分析框架,制定了相关的编码系统,同时对教材的数学探究内容部分进行编码.通过对编码数据的统计分析,得到7套教材关于数学探究内容特点的结论,我们分别从这5个指标出发进行介绍.

(一) 数学探究内容的情境表述

(1) 情境类型.统计表明,这7套(国)高中数学教材在呈现数学探究情境时以纯数学情境为主,其中日本数研教材有91.18%的数学探究情境为纯数学情境,中国人教、法国BM教材分别有81.85%、67.34%为纯数学情境,德国EDM、英国SMP和美国PH教材的数学探究内容的表述也是近60%为纯数学情境.仅有新加坡PP教材的数学探究栏目,在表述问题情境时,不仅使用纯数学情境(40.74%),而且重视虚设数学情境(48.77%),该教材依据一定的现实情境人为构造问题情境,供学生探究数学.

数据也表明,各国教材越来越重视问题情境的真实性、挑战性、趣味性等,以激发学生积极主动地开展数学探究活动.例如,法国BM、德国EDM、美国PH教材分别有32.66%、27.08%、23.73%的数学探究情境为真实情境,中国人教教材有10.32%的数学探究情境为真实情境(图6-8).

图6-9显示,尽管数学探究栏目设置真实情境占的比例不高,但是比较7套教材,法国BM教材设置的真实情境比例最高,学生有机会面对真实情境展开探究,这类数学探究情境将更有挑战性.日本数研教材则最为重视通过纯数学情境的创设,鼓励学生探究.

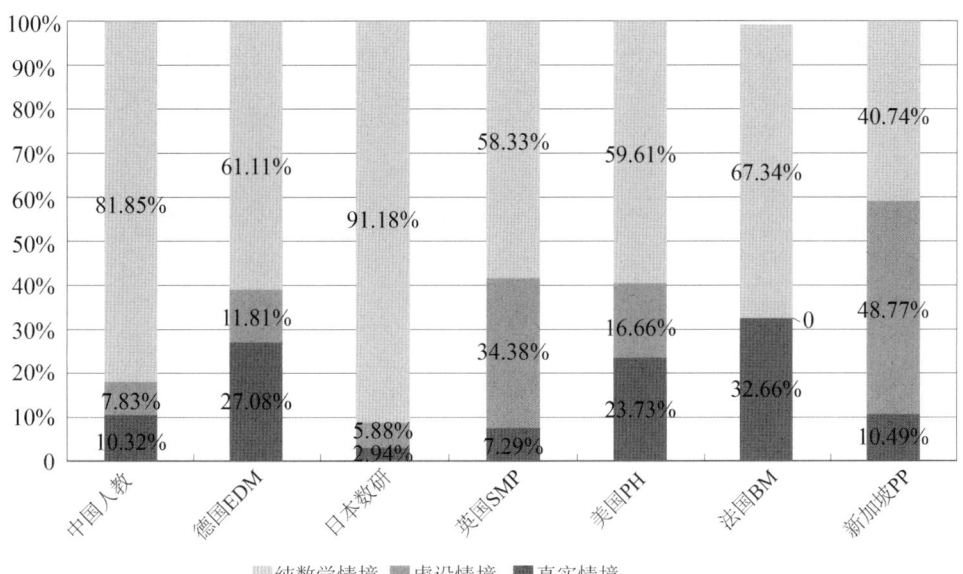

图 6-8 数学探究情境类型的分布

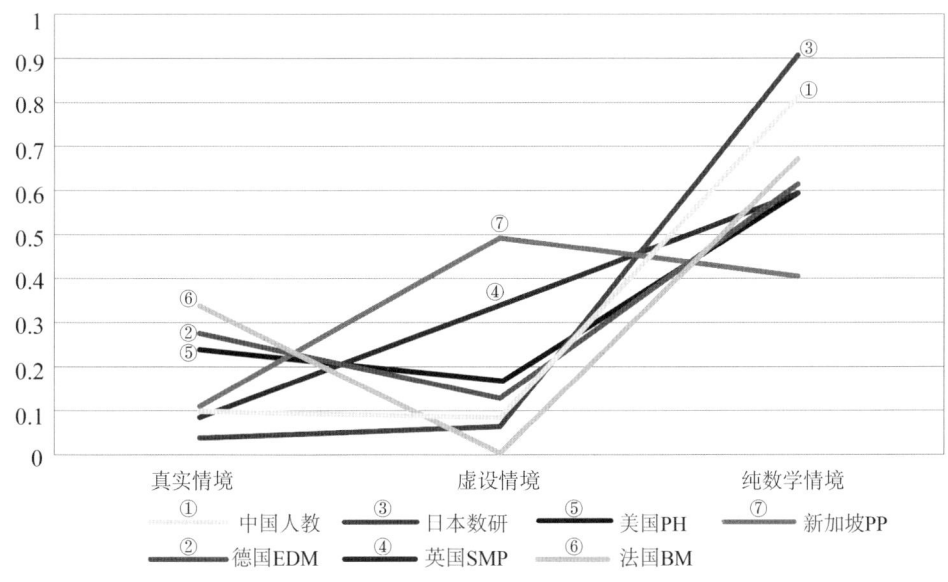

图 6-9 数学探究情境类型的分布

(2) 数学信息. 数学探究情境所呈现的数学信息也各自有着不同的特点. 统计表明 (图 6-10), 中国人教、日本数研、英国 SMP 以及美国 PH 教材的 95% 以上的数学探究情境为学生提供完备的数学信息, 学生面对探究情境进行问题解决时需要考虑所给出的所有的数学条件或信息. 而德国 EDM 则有 50% 以上的探究情境所含的数学信息与问题解决所需的数学条件是不对应的, 其中 48.89% 的探究情境没有提供足够的数学信息, 学生需要根据探究任务的要求, 合理补充数学条件; 新加坡 PP 教材也体现了这一特点, 有 26.71% 的探究情境没有提供足够的数学信息. 德国 EDM 还具有其他国家教材中没有体现的一个特

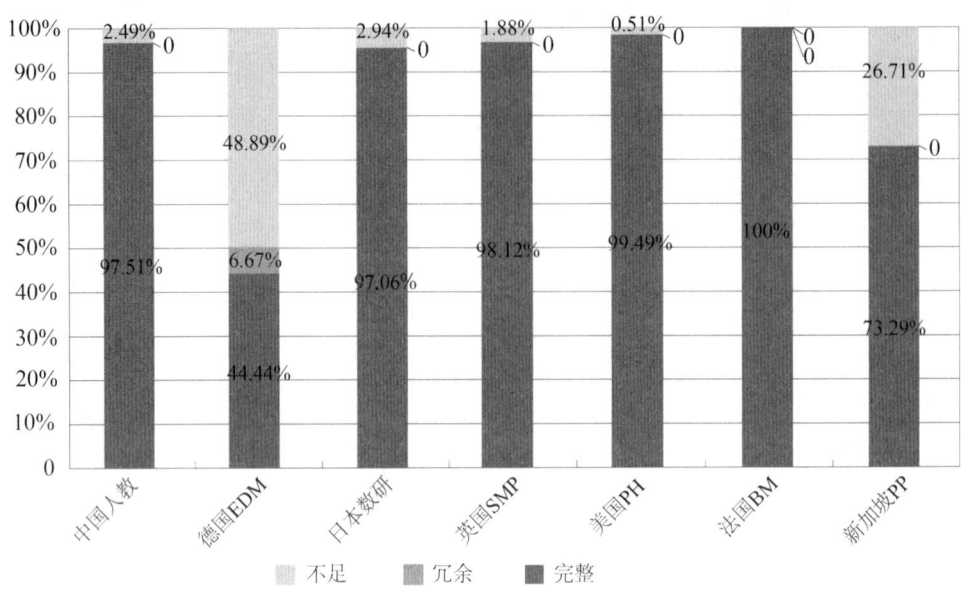

图 6-10 探究情境所呈现数学信息的特点

点,即6.67%的探究情境所含的数学信息超过解决问题所需的,学生需要学会辨析、筛选数学条件.

(二)数学探究内容的问题表述

(1) 表述句式.依据上述分析框架对这7套教材进行分析(图6-11),发现中国人教教材在表述数学探究内容的问题时注重使用疑问句,其中82.87%的句式为疑问句,在7套教材中,所占比例最高.这说明人教教材试图通过"问句"的方式,激活学生的主动思考、探索

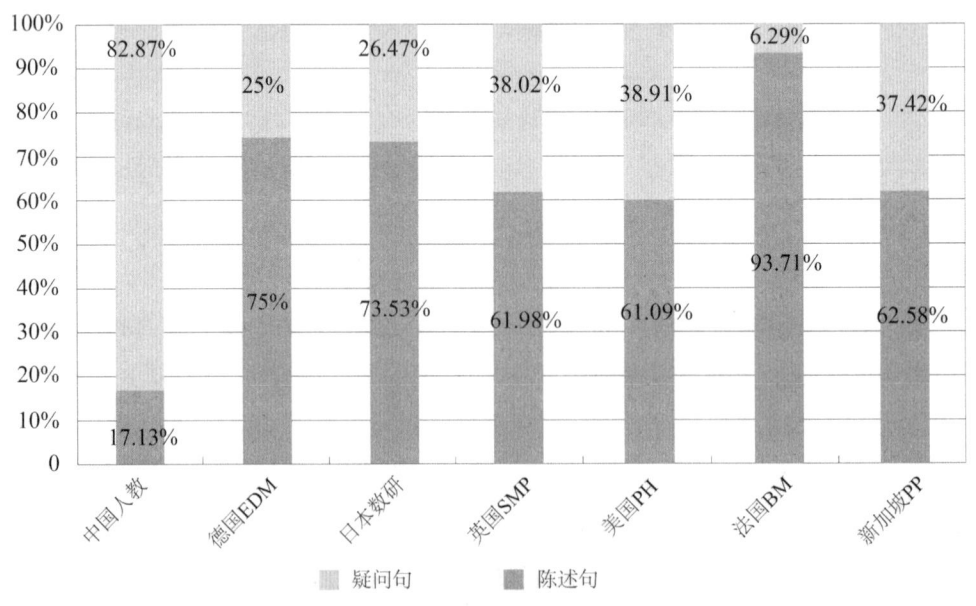

图 6-11 表述数学探究内容的句式

的意识,进而转化成探究行动.其他六国教材在表述探究内容时,超过 60%的句式为陈述句.当然,不同句式在多大程度上引发学生的数学探究是个非常复杂的问题,其中通过这些句式呈现的问题类型也起着一定作用.

(2) 表述类型.通过分析发现(图 6-12),德国 EDM 教材有 83.85%的探究问题为开放式问题,其中,29.69%的开放式问题重在结论开放,学生面对结论开放的问题,或可以大胆假设可能的结论,再进行分析、解释或者证明等,或可以进行合理的归纳推理,得到可能的结论,再进一步加以论证;有 54.16%的开放式问题重在过程开放,面对这类问题学生可以探索多种解答、推理或实验途径,对结论加以计算、验证或证明等.因此德国 EDM 教材非常注重为学生创设数学探究的学习环境.开放式问题比例仅次于德国 EDM 教材的是中国人教和美国 PH 教材,分别有 59.35%和 50.69%的探究问题为开放式问题,这些数据也表明,中国人教和美国 PH 教材着力为培养学生的数学探究能力创设丰富的环境,让学生有机会寻找多种解决途径,大胆归纳假设,又合情推理等.

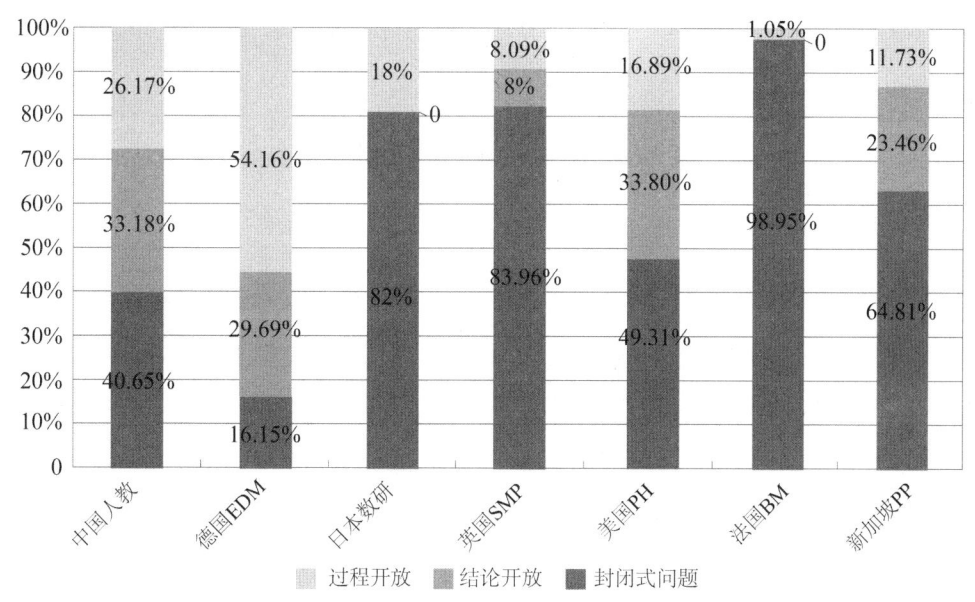

图 6-12 教材中数学探究内容的问题表述类型

(三) 数学探究活动的类型与组织形式

数学探究内容的情境表述和问题表述为学生的数学探究创设环境,而数学探究内容的组织和呈现还包含对探究活动的要求,这为学生数学探究提供活动建议.依据以上框架对教材进行编码后,可以发现(图 6-13),除日本数研教材以外,中国人教、德国 EDM、英国 SMP、美国 PH、法国 BM 以及新加坡 PP 教材组织的数学探究活动以解答活动为主,分别占所有活动类型的 86.57%、72.22%、98.12%、76.42%、72.75%以及 99.35%.日本数研教材在设置数学解答活动的同时,特别重视通过阅读活动(55.88%),激发数学探究意识.除数学解答活动外,中国人教、德国EDM、美国PH以及法国BM教材的探究活动比较丰富,包括实验活动、写作活动、项目活动和阅读活动,各种不同的活动要求,对培养学生的数学探究能力起着不同的作用.德国EDM教材组织的活动有13.89%为实验活动,它较为关注学生在"动手做"的过程中体验数学,关注学生在趣味性的活动中感受数学,也关注学生基于信息技术的数学探究活动.中国人教教材则更为关注为学生提供一定的数学资源,边阅读、边思考、边探索.美国PH教材比较重视写作活动(13.32%)的设置.

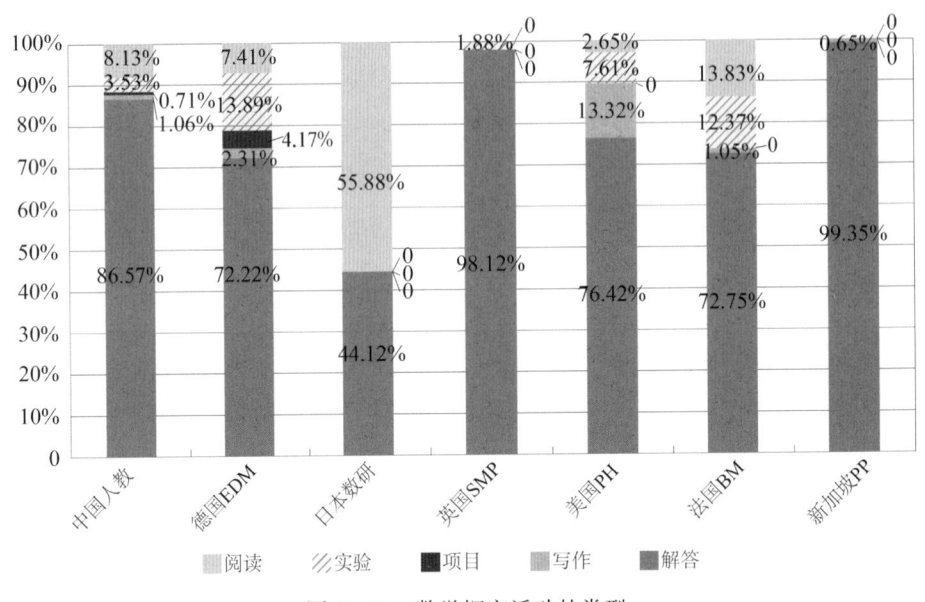

图 6-13 数学探究活动的类型

根据上述分析框架,我们还发现,德国EDM教材在关注个人探究活动的同时,也很注重学生在探究活动时的相互合作以及团队精神的培养.英国SMP教材尤为重视学生在探究活动时的团队意识,其数学探究内容的显性栏目完全聚焦在团队活动上.中国人教教材则很少明确探究活动需要同伴或者团队合作,只有1.07%的探究内容标识出"团队活动"的要求.

(四) 数学探究栏目组织的各类活动的特点

(1) 解答活动的特点.鉴于教材还是以数学解答(解题)活动为主,我们对解答活动的要求进行分类比较,得到如下统计数据(图6-14).

除德国EDM教材外,其他6套教材的探究式解题活动皆以数学严格意义上的计算和证明活动为主,其中法国BM、美国PH、日本数研、中国人教和新加坡PP教材的计算和证明活动分别占解答活动的87.61%,73.98%,73.33%,66.53%和62.50%.这6套教材在重视计算与证明活动的同时,设置的解答活动也关注学生的推测、解释、模拟等能力,如英国SMP和新加坡PP教材设置的解答活动中有39.09%和36.18%的活动关注推测和解释能力.另外,解答活动促进学生的验证和反思能力,如日本数研、中国人教、法国BM分别有

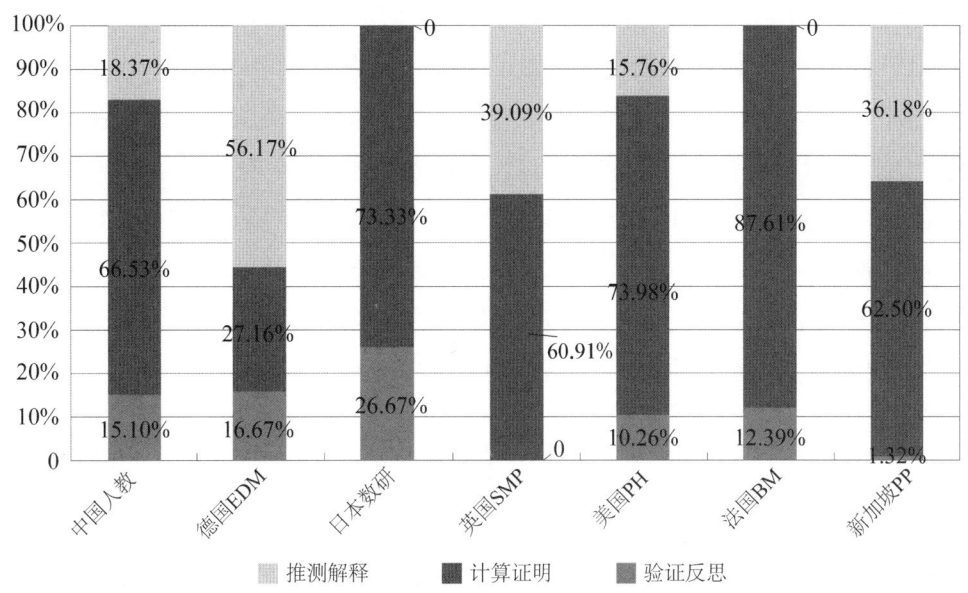

图 6-14 七国教材数学探究内容组织的解答活动特点

26.67%,15.10%和12.39%的活动关注这类验证反思能力.德国 EDM 设计的解答活动,以培养学生的推测、解释能力为主(56.17%).因此,教材同样设计解答活动,但是其培养学生的数学探究的侧重点不同.

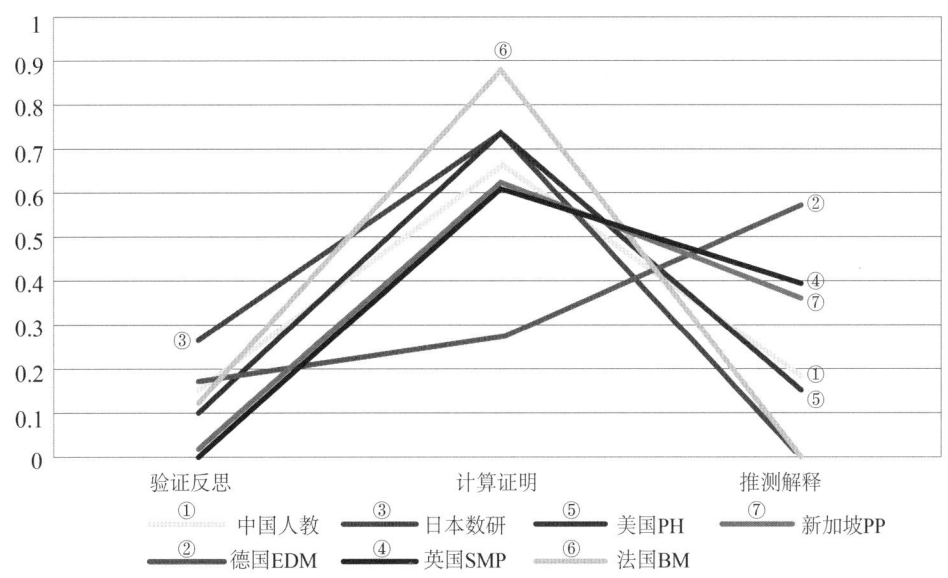

图 6-15 七国教材数学探究内容组织的解答活动特点

图 6-15 更为清晰地表明,法国 BM 教材在设置解答活动时重在提供计算和证明类的问题,德国 EDM 则尤其重视通过解答活动培养学生数学结论的推测能力和数学现象的解释能力.

（2）实验活动的特点.在分析教材中呈现的探究活动形式时,我们发现,除了日本数研和新加坡 PP 教材外,其他 5 套教材皆设置了丰富的实验活动(图 6-16).这些实验活动包括信息技术类、科学类和日常生活类实验活动,并以信息技术类实验活动为主.例如,英国 SMP 和法国 BM 教材设置的实验活动 100% 为信息技术活动;中国人教教材的实验活动 90% 为信息技术类活动.德国 EDM 和美国 PH 教材组织实验活动则较为丰富,例如,德国 EDM 的实验活动中 43.33% 为信息技术活动,13.34% 为科学类活动,43.33% 为日常生活类活动,且以游戏活动为主;美国 PH 教材设置的实验活动,57.72% 为信息技术活动,40.94% 为日常生活类实验活动,仅有少量的为科学类活动(1.34%).

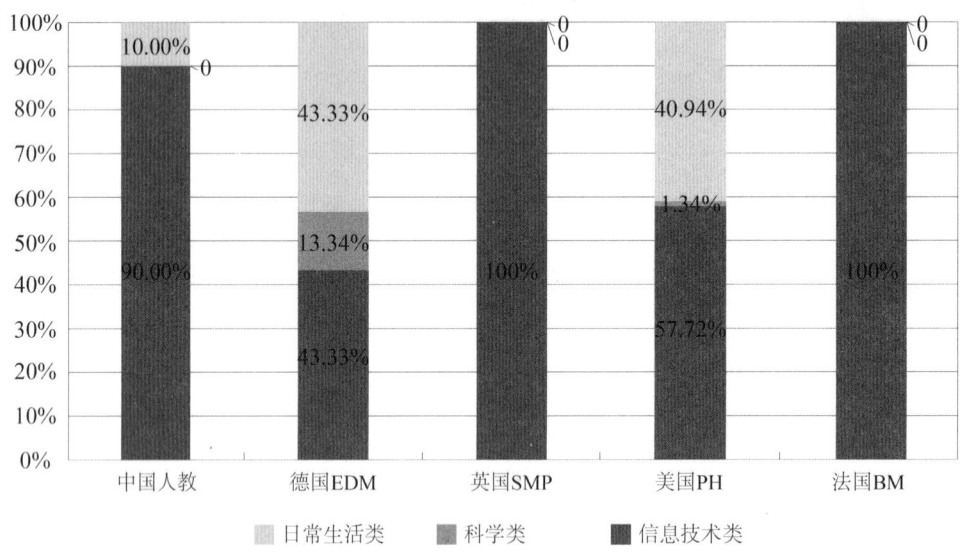

图 6-16　五国教材中数学探究内容组织的实验活动特点

（3）写作活动的特点.由图 6-13 的分析可知,中国人教、德国 EDM、美国 PH、法国 BM 以及新加坡 PP 教材在设计数学探究类活动时,都包含了数学写作活动.而进一步分析这些教材可见(图 6-17),写作活动的侧重点不同,中国人教教材的写作活动中 100% 要求学生对数学过程进行写作,而法国 BM 教材重点只强调对数学结论的写作,新加坡 PP 教材则只重视对概念的写作.仅有德国 EDM 教材十分重视写作活动的多样性,其写作活动中概念的写作、结论的写作和过程的写作分别占 20%、40% 和 40%.

（五）教材中探究栏目与上下文的关系

通过编码统计后,我们发现这些显性的数学探究栏目,不仅在情境表述、问题表述、活动要求等方面各有特点,而且与教材的上下文有特定的关系.统计表明(图 6-18),在中国人教、英国 SMP 和美国 PH 教材中,数学探究栏目或者仅与其后面的单元或知识点有联系(导入新知),或者与其前后的单元或知识点有联系(承上启下),或者仅与其前面的单元或知识点有联系(归纳总结),或者旨在训练或加深上文的内容(巩固深化),或者探究内容被

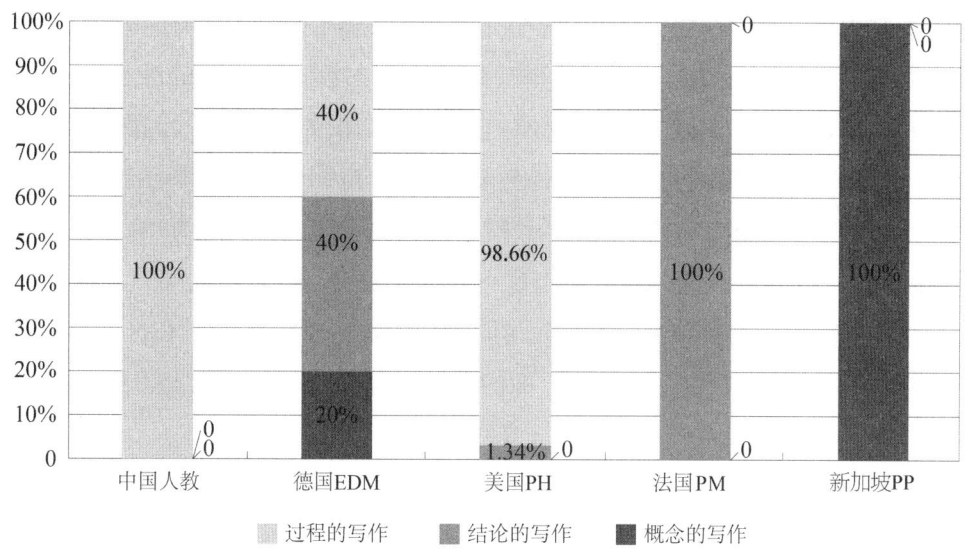

图 6-17　教材中数学探究内容组织的写作活动特点

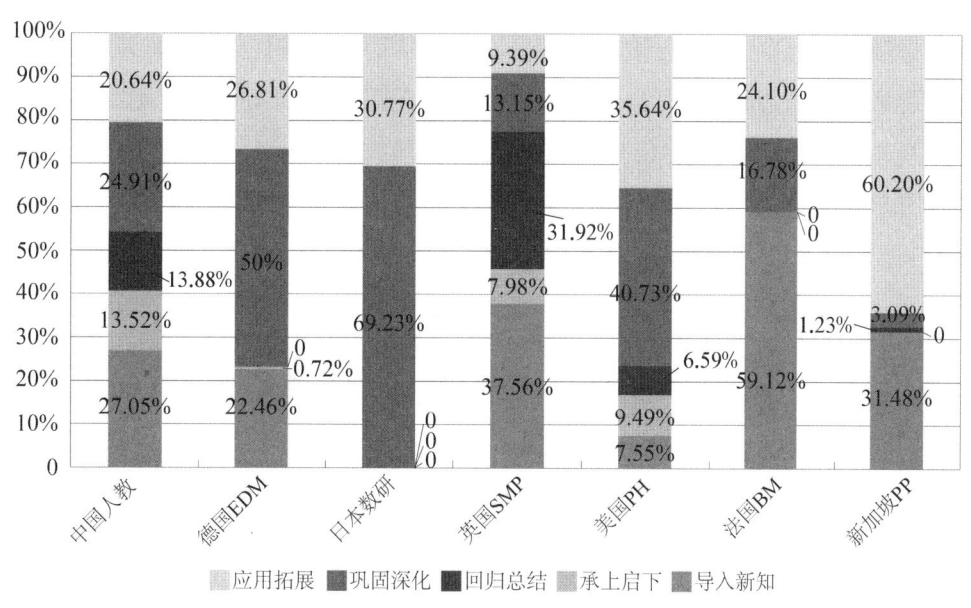

图 6-18　教材中探究栏目与上下文关系

应用于其他数学内容或其他学科内容中,或者被扩充(应用拓展).中国人教教材这 5 个方面的关系分配比较均衡,分别有 27.05% 为导入新知,13.52% 为承上启下,13.88% 为归纳总结,24.91% 为巩固深化,20.64% 为应用拓展.也就是说,中国人教教材一方面在介绍某一新数学内容时,会设计数学探究内容,激发学生通过思考、分析、实验等活动进入新知识的学习;另一方面也重视知识的巩固、深化和应用拓展,因此探究栏目也会出现在习题中,或者在某单元结束后.这一特点也适用于德国 EDM、日本数研和美国 PH 教材,这 3 套教材都比较重视通过探究问题的提出,让学生巩固、深化和应用单元知识.德国 EDM 教材没有出现通过探究内容对前面的单元或知识点进行归纳总结,而是关注探究内容与后面知识的联系,即有 22.46% 的探究栏目与后面的知识有联系.日本数研教材的探究内容一般与后面的单元没有关系,也不对前面的单元做总结,它只重视知识的巩固深化,因此大部分数学探究内容(69.23%)置于习题之中.法国 BM 教材中的探究内容与其后面的单元知识联系比较密切(59.12%为导入新知),新加坡 PP 教材的探究内容则主要表现为知识的应用和拓展部分(60.20%为应用拓展),这两套教材都没有将探究内容镶嵌在单元知识之间,将上下内容联系起来.尽管英国 SMP 和美国 PH 教材的探究内容出现在教材文本的各种位置上,但是英国 SMP 教材的探究内容主要与其后面的单元知识有联系(37.56%为导入新知),或者与其前面的单元知识有联系(31.92%为归纳总结).

研究结论小结

(一) 数学探究内容设计

上述数据和分析表明,7 个国家的 7 套高中教材在数学探究内容的组织与呈现方式上各有特点.德国 EDM 教材在组织和呈现数学探究内容时,力求为学生创设真实情境,通过开放式问题的设计,让学生学会整理、辨别、加工数学信息,通过实验活动等发现并提炼数学问题,另外也十分注重学生在数学解答过程中的反思、推测、解释等能力.中国人教教材设计真实情境的比例低于德国 EDM 教材,但是高于日本数研和英国 SMP 教材,并基于探究情境的开放式问题的设计比例也较高.这表明,中国人教教材为学生创设了真实、开放的问题情境,让学生去观察、分析、推测数学事实,体验提出有意义的数学问题的过程.当然还需要设计更为丰富的数学活动,让学生有更多机会发展其创新意识和实践能力.日本数研教材在呈现数学探究内容方面力度还不大,但它的特点是,为学生组织丰富的数学阅读材料,或者供学生阅读,开阔视野,或者以问题驱动,激发学生从阅读材料中发现、提出并解决数学问题.英国 SMP 教材则更关注培养学生的假设、推断和解释能力.美国 PH 教材注重发挥探究栏目在教材文本中的作用,既用于导入新单元知识,又注重以探究的方式归纳总结前面的知识;既关注在探究中应用知识和拓展知识,也注重促进学生对过程的思考.法国 BM 教材特别注重学生对信息技术的探究,或者利用信息技术探究数学.新加坡 PP 教材受问题解决思想的影响,很注重在设计探究内容时培养学生推测能力和解释能力.

(二) 数学探究的显性特征比较

由上述统计数据可知,7 个国家的教材在设计数学探究内容上各有特点,是值得相互借鉴.为了突出数学探究内容的本质,课题组选取指标体系中直接体现探究性质的指标,如,呈现的探究情境是否来源于真实情境,探究内容包含的数学信息是否完备,探究内容中的问题表述是否开放,除探究性解答活动外其他探究活动是否丰富,或者探究性的解答活动是否重在让学生推测或解释.从这些指标出发,再次对这 7 套教材加以比较,得到如下统计图(图 6-19).

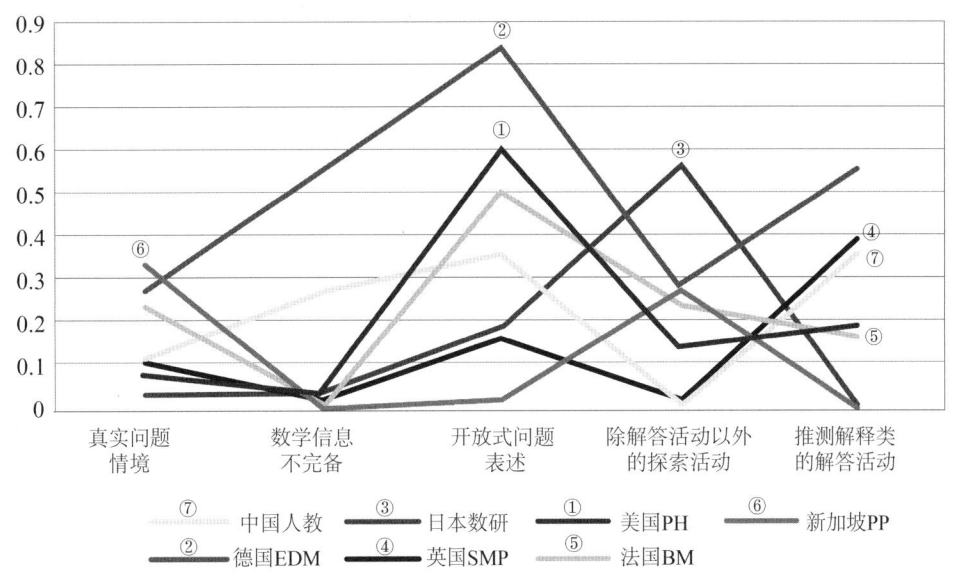

图 6-19 直接体现数学探究特点的指标比较

数据表明,在这 5 项指标中,德国 EDM 教材的 3 项探究指标皆高于其他教材,另两项指标也比较高,说明德国 EDM 教材设计的探究栏目最为体现探究本质;而英国 SMP 和日本数研教材在各项指标上都比较低,英国 SMP 教材只是在"推测解释类的解答活动"上比例较高,而日本数研教材只是在"除解答活动以外的探究活动"上比例较高,这说明英国 SMP 教材和日本数研教材的探究栏目没有充分体现探究本质.中国人教教材除了探究内容包含的"数学信息不完备"上比例较低,其他几项指标皆比较高.这说明中国人教教材在设计探究栏目时,比较注重体现探究的本质.

§6.5 中学数学课程的测量(测试)研究

6.5.1 数学课程中的测量与测试

学业测试是课程研究的重要内容之一,它作为一种测试项目,旨在测量学生所知和所能是否达到学习目标或满足学习标准,测试所得分数也经常被用来衡量教师的教学水平,衡量课程实施的情况.测试提供的数据能说明,学生学到了什么,如何学的,学生掌握了多少知识等.目前大部分学业测试是一种标准化测试,主要用来测量学生在特定年级获得的知识和技能.

与学业测试所对应的是能力倾向测试.能力倾向测试主要用来预测当给予学生机会时,学生如何才能学好.例如,美国学术能力评估测试(Scholastic Assessment Test,简称 SAT)被看作是能力倾向测试,主要用来预测学生进入大学后可能有的成功.而学业测试不会预测学生的学习能力,但是可以测量学生已经学到的知识和技能.[51]

数学课程显然更离不开数学测试,人们容易把数学看作是一门测试课程,在学期的期中和期末,数学是必考无疑的.为能得高分而一味训练,成为典型的应试性课程,这一现象越来越受到质疑.尽管如此,为了对期望课程进行评价是离不开测试的.从大型的国际评价项目看,测试是评估学校教育政策、课程实施状况等的重要工具.例如,国际教育成就评价协会(International Association for the Evaluation of Educational Achievement,简称 IEA)在 20 世纪 80 年代初(1981—1982)组织第二次国际数学研究(the Second International Mathematics Study,简称 SIMS),主要通过对 8 年级和 12 年级学生的数学成就进行测试,比较各种课程、教学实践和学生在数学学习态度与认知方面的情况.[52]进入 21 世纪,国际经济合作与发展组织(Organization for Economic Cooperation and Development,简称 OECD)启动国际学生评价项目(PISA),通过对数学素养、阅读素养、科学素养、问题解决素养的测试,一方面评价 15 岁的学生是否拥有了应对未来社会的能力,另一方面比较和评估参与国或者地区的教育质量、教育公平等状况.在国际测试项目运行的同时,各国也分别进行数学学业测试或者数学能力测试等,以保障教育质量的均衡发展.

我国基础教育改革与发展进入了一个新的阶段,实现教育公平,提高教育质量,促进教育内涵发展,成为当前的重要任务.教育部强调,各级教育行政部门要逐步建立规范化、科学化、制度化的义务教育教学质量监测评估体系和教学指导体系,积极探索以学业水平测试和学生综合素质等为主要指标的综合评价体系,科学评价中小学教育质量.2007 年成立教育部基础教育质量监测中心,对基础教育阶段学生的学习质量和身心健康状况以及影响学生发展的相关因素进行全面、系统、深入的监测,承担起基础教育质量监测标准拟定、监测工具研究开发、全国范围教育质量监测实施等职责.这意味着我国全面启动对教育质量的测评与监控.

建立健全教育质量保障体系的重要途径之一便是研制具有国际视野、符合我国实际的学业质量评价标准.全国各省市也在积极探索并落实以综合素养评价为驱动的教育质量监控,如,上海开展了学业质量绿色指标综合评价改革,从注重学科知识成绩到关注学生全面发展.[53]上海的学业质量绿色指标主要包括学生学业水平、学习动力、学业负担、师生关系、教师教学方式、校长课程领导力、学生社会经济背景对学业成绩的影响、学生品德行为、身心健康和跨年度进步等十大方面.北京市教委进行了"北京市义务教育教学质量监控与评价项目".原中央教育科学研究所课题组研制适合国情的 6 年级学生语文、数学、科学、品德与社会四个学科学业成就评价的指标体系和测评工具,通过对 6 年级学生学业成就的调查分析,为学科教学和学生学习提供反馈,促进教学改进和学生学习的提高.[54]研究者们也以学业质量和学生综合素养评价为研究重点,以国际比较研究的视野开发适合中国国情的各学科学生学业成就评价框架和工具.在有些研究中还吸收认知目标分类理论、教育测量与评价理论的最新成果,梳理评价维度、整体设计评价框架等.[55]

在我国的学业评价研究中,关于数学学业成就评价的研究尤为突出.研究者们以素质教育为目标,以国家数学课程标准为依据,编制数学学业成就评价测查试题并开展测试调查.有的研究围绕"数学内容"和"数学认知能力"两个基本维度,评测学生数学课程标准"三维目标"的达成程度.在研究中,为保证数学学业测评试题编制的科学性和有效性,试题编制的程序为:教材比较分析——评价标准建立——命题双向细目表制订——试题编制——抽样实验等.[56] 也有研究者对我国三个地区8年级学生数学学业水平的现状及其影响因素展开研究,发现这三个地区的8年级学生具有较高的达标率;学生在"运用"能力维度的达标程度低于"了解、理解和掌握"等维度;研究也发现教学方法、知识表征、学习评价、对学生关注度以及学习习惯都会对学生的学业成绩产生影响.[57]

总之,近年来中国从国家到地方,再到研究层面,都对教育质量、学业质量给予特别的重视.这与国际上基础教育改革与质量保障趋势相吻合.

6.5.2 实例:初中数学核心能力测评研究

6.5.2.1 研究目标

这里介绍的是由徐斌艳主持的教育部人文社会科学重点研究基地重大项目"义务教育阶段数学学科核心能力模型与测评框架研究"的部分成果.这一项目的研究旨在以科学规范的研究方法创建一套针对不同数学内容领域的、可检测的数学能力模型,同时还建立经过实践验证的检测数学能力的试题库(测评任务库).另外更为主要的是,将这些成果纳入数据库,为改进义务教育阶段学校课程与教学质量提供扎实的数据支撑.课题组将系统梳理国际项目以及世界上其他国家关于数学核心能力研究的成果,比较它们的共性与特殊性,并阐述其理论根源,将创建能力模型和测评框架的研究过程显性化,为今后我国在其他学科上的相关研究提供系统参照和工具.

6.5.2.2 研究内容

这一课题既立足国际视野又反映中国数学教育特色,并以此为行动基础.一方面研究义务教育阶段数学学科核心能力模型的功能定位,阐述数学能力具体内涵、数学能力水平分层、数学能力在具体数学核心概念上的表现;另一方面开发测评数学能力表现的学习任务(测试题)和工具,形成测评试题库,进行预测和认证.这一课题的总体框架包括四个子课题:

数学学科核心能力模型及其测评框架的国际比较研究;

义务教育阶段数学学科核心能力内涵以及分层研究;

义务教育阶段数学学科核心能力在数学核心概念上的行为表现研究;

义务教育阶段数学学科核心能力测评任务的开发与试预测.

这四个子课题之间相互交错、层层推进、互为依托.

6.5.2.3 研究方法

根据每个方面的研究目标和内容,将采用有针对性的研究方法.具体包括:

(1) 对于国际比较研究,主要采取内容分析(content analysis)的研究方法.

首先收集来自 TIMSS、PISA 及 ICAS 等大型国际数学能力评价项目,国外一些重要的全国性或地区性数学能力评价项目的相关资料,以及这些国家和地区的数学教学大纲和考试大纲等官方文件.比较的重点在于这些项目及文件对数学能力及与之相关的元素的界定、建构概念框架的理论依据、成形的概念框架、基于概念框架设计评价工具的方法和步骤、评价工具有效性的测定方法等,从而为项目组设立符合我国国情的数学核心能力框架及相应的评价工具的研发做好理论上的准备,选取并确立适合于自己的研究方法.

(2) 第二及第三方面的研究重点在于界定符合我国义务教育阶段数学学习所要求的核心能力的内涵、相关分层及相应的行为表现.有了比较研究成果作为基础,为这两个方面的研究的展开提供了一些初始的可操作的探索视角.参考国外文献中已有的对数学能力的各类定义,再根据我国数学课程标准的具体要求和内容,界定符合我国自身情况的数学核心能力及相关元素,并借鉴文献中提到各种能力分类、分层及行为表现,选取相符于我国课程标准的维度,最终形成和完善我们自己的数学核心能力的概念框架.在整个研究过程中,还采用专家及一线教师的访谈方法,对能力框架的建构,核心能力的分层及其相应的行为表现的可靠性、有效性进行论证.

(3) 第四方面的研究着重于评测任务的开发、验证与测评.依据第二和第三方面的研究所确立的核心能力框架、能力分类、能力分层及相应的行为表现,编制出能力指标细目表,并以此作为蓝本组织研究人员及一线教师进一步设计新题或改编旧题,以完善数学核心能力题库.相关的验证首先是要进行专家检验,邀请有经验的一线教师将测试题比对核心能力框架及能力指标细目表进行内容效度的检验,对不适当的测试题进行必要的修改和更新.之后,选择恰当的被测目标(分学段、学校质量高低等),运用项目反应理论对测试题的各项细目指标进行评测,包括单个试题的难度 b、区分度 a、猜测度 c、整个题库(或单个分支)测验讯息、框架与测试题的适合度等,对不符合标准的测试题或加以修改或删除,以确保题库的科学性和可靠性.最后进行正式的测评研究.

6.5.3 初中数学核心能力框架与内涵的构建

6.5.3.1 研究的理论视角

数学学科核心能力研究不仅成为世界各国数学教育改革的核心,也成为当今国际数学教育研究的重要话题.尼斯(M. Niss)认为,掌握数学就意味着拥有数学能力,能在不同的数学情境下理解、判断和使用数学.他提出8种具有严格数学意义的数学能力成分,即数学思维、提出并解决数学问题、数学建模、数学推理、数学表征、数学符号化与形式化、数学交流、工具的使用.[58]尼斯的研究成果近年来被广泛引用.图尔纳(R. Turner)则强调数学核心能力指的是有助于将数学知识应用于实践领域的个人能力,他提出这种个人能力包括数

学交流,数学化,数学表征,数学推理与论证,数学策略性思维,使用符号、公式、技术语言等6大能力.[59]

数学核心能力模型的构建既需要考虑数学学科的本质特征,又要关注社会发展对数学教育的新要求.

(一)数学化过程与数学能力

数学是研究现实中数量关系和空间形式的科学,尽管完成了的数学是一种很强的演绎体系,但是苏联著名数学教育家斯托利亚尔(A. A. Stolyar)指出,"数学在其建立过程中,也像其他在发展过程中的任何人类知识体系一样:我们必须先发现定理然后才能去证明它,我们应当先猜测到证明的思路然后才能作出这个证明.因此如果我们想在数学教学中在某种程度上反映出数学的创造过程,就必须不仅教学生'证明',而且教学生'猜测'."[60]荷兰数学家和数学教育家弗赖登塔尔(H. Freudenthal)对数学教育也有独到而深刻的观点,在他看来,数学的根源是常识,人们通过自己的实践,把这些常识通过反思组织起来,不断地进行横向或纵向的系统化.因此,他认为数学学习主要是进行"再创造"或"数学化"的活动,这个"化"的过程必须是由学习者自己主动去完成的,而不是任何外界所强加的."在数学教育中应当特别注意这个数学化的过程,培养学生一种自己获取数学的态度,构建自己的数学.数学化的一个重要方面就是反思自己的活动."[61]我国学者曹才翰认为,数学能力应该是顺利完成数学活动所具备的而且直接影响其活动效率的一种个性心理特征,是数学活动中形成和发展起来的,并在这类活动中表现出来的比较稳定的心理特征.[62]显然,数学核心能力应该是在数学活动中通过对数学知识的亲自探索和创造而发展起来的.换句话说,数学教学应该是数学活动的教学,让学生在获得严格数学意义上的数学基础知识、基本技能和数学思想方法的同时,积累丰富的探索、发明、创造、交流等数学活动经验,这些也是我国最新发布的义务教育阶段数学课程标准中所倡导的.因此数学核心能力与数学活动本质有着密切联系,我们的研究视角将聚焦在数学活动本质上,当然也要考虑现代社会发展对于数学活动的要求.

(二)数学活动本质及其数学能力

已有研究表明,数学活动基本上分为三个阶段:对经验材料的数学组织;对数学材料的逻辑组织;对数学理论的应用.这三个阶段也反映了数学学科的形成和发展途径.从教育角度看,在作为数学活动的数学教学中,教给学生的不是死记现成的材料,而是让学生自己独立地发现数学上已经发现了的东西,同时学会将通过经验而得到的数学材料进行逻辑组织,最后在各种具体问题上应用数学理论知识.[63]

(1)数学地组织经验材料.

在数学教学中,学生会碰到大量的经验性材料,包括来自日常生活经验的各种情境或问题;来自其他学科领域(如物理、化学、生物、地理等)的各种对象和关系;或者是为了教而特别准备的对象(教材、教具等);或者是需要进一步一般化和抽象化的数学材料(数学对象).在这一阶段,学生需要借助于观察、试验、归纳、类比、概括等手段,处理加工这些经验材料,寻找易于从数学角度理解的事实依据或信息.例如,面对数学材料"三角形内角和是180度",可以让学生用量角器测量或者图形裁剪等观察和试验的方法,认识这个数学材料,虽然它还不是证明,但为寻找证明方法积累了经验.在数学活动中,可以选择学生熟悉的日常经验进行讨论,例如,在宽阔的校园里,从教室到食堂有多条线路,我们选择哪条线路,为什么这样选择,让学生从数学角度加以交流讨论.因此在这一数学活动阶段学习数学,有助于学生形成或发展从数学角度提出问题、数学交流、数学表征、数学建模等能力.

(2) 逻辑地组织数学材料.

当学生在经历从数学角度组织或积累经验材料后,还需要抽象出原始概念和公理体系并在这些概念和体系的基础上演绎地建立理论.理论的演绎结构是数学概念体系的一个重要特点,在教学过程中能够而且应当建立有助于向学生揭示这个特点的教学情境.例如:正方形是含有直角的菱形;菱形是含有相等邻边的平行四边形;平行四边形是对边两两平行的四边形;四边形是有四条边的多边形;多边形是封闭折线所围成的图形;图形是点的集合.这样从一个概念引导到另一个概念,最后引导到用来作为原始概念的"集合"和"点"这两个概念.逻辑组织还包括用演绎法来"证明"由归纳而形成的、以假设的形式叙述出来的命题.在这一活动阶段,还应该重视数学活动中的归纳法的作用和一般的似真推理的作用,包括寻求证明什么、从何证明、怎么证明等.因此,通过这样的数学教学过程,可以培养学生数学地解决问题、数学交流、数学表征、数学符号变换、数学推理论证等能力.

(3) 数学理论的应用.

无论现代数学有多么抽象,它的根仍然深深地扎在实践之中,从过去的土地测量和商业贸易,到现代的物理、生物、经济学等.当科学、技术或实践活动甚至历史的某个领域产生问题时,数学方法往往有助于这些问题的解决.而要解决这些非数学领域的问题,首先必须把它翻译成数学语言,经过这样翻译以后问题就转化为数学问题,然后就能在严格的数学世界中解决抽象出的数学问题.这一活动阶段强调,学生通过积极的思维活动由具体内容中抽象出数学问题.而观察问题并由问题的具体内容抽象出它的数学方面的能力是通过长期练习培养并巩固起来的.这一阶段重在培养学生学会把具体情况数学化,有助于培养学生数学地解决问题、数学交流、数学推理论证、数学建模等能力.

基于上述分析,数学活动与若干数学能力密切相关,它们包括从数学角度提出问题、数学表征与变换、数学推理与论证、数学地解决问题、数学交流、数学建模等,因此这类数学教学,将有助于学生形成和发展这六大核心能力.图6-20展示了3个数学活动阶段与数学核心能力的关系.[64]

6.5.3.2 数学学科核心能力内涵

数学活动决定着学生数学核心能力的构成,而在作为数学活动的数学教学中,学生将

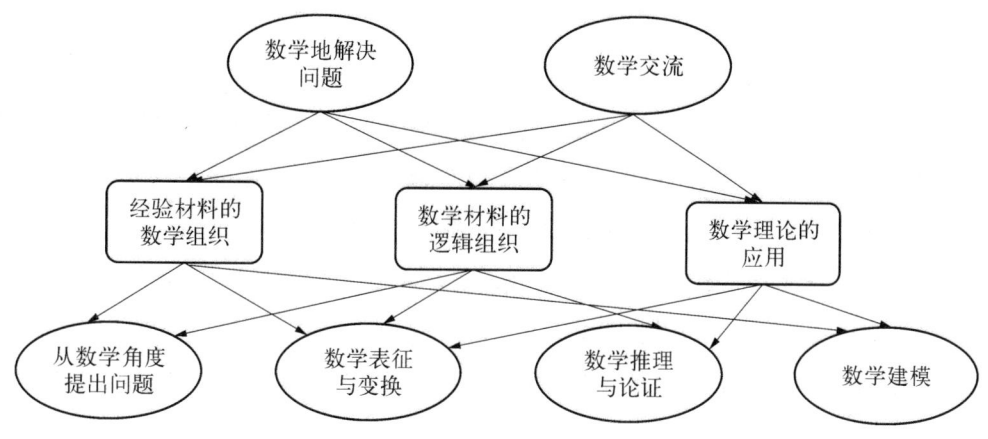

图 6-20 数学学科核心能力与数学活动关系图

形成并发展这些能力.下面详细分析这些能力的内涵.

（一）从数学角度提出问题

研究者们从不同视角探讨问题提出能力的内涵,并提出各自的认识或界定.如西尔弗（E. A. Silver）从两个层面来定义问题提出：（1）分析、探究一个给定的情境,来产生一个新的数学问题；（2）在问题解决的过程中对问题进行阐述（Formulation）和再阐述（Reformulation）而形成一个数学问题.[65]而且,问题提出可以发生在问题解决前、问题解决时或者问题解决后.我国台湾学者梁淑坤则将问题提出定义为：问题提出是用自己的看法想出一个数学问题.在问题提出的过程中,问题提出者会用自己的数学知识和生活经验把情境、人物、事件、数字、图形等建立关系并组织起来,提出一个数学问题.[66]基于上述分析,本研究将"从数学角度提出问题的能力"界定为：基于某情境或问题会产生自己新的数学问题,或者在问题解决过程中或解决后产生新的子问题,并用数学语言表述出这些生成的、创造的、独立的新数学问题.

（二）数学表征与变换

上述对研究背景的分析已经表明,数学表征与变换是各国数学教育改革中最受关注的核心能力之一.从相关研究上看,数学表征是指用某种形式表达数学概念或关系的过程.数学表征有助于学生理解概念、关系或关联以及解决问题过程所使用的数学知识.[67]学习者若要理解某个数学问题,就必须在这个数学问题与一个更易理解的数学问题之间建立一个映射,而表征就是这个映射过程.对照已有的研究成果,我们将数学表征能力界定为：用某种形式,例如书面符号、图形（表）、情景、操作性模型、文字（包括口头文字）等,表达要学习的或处理的数学概念或关系,以便最终解决问题.

数学变换是指在数学问题解决过程中,保持数学问题的某些不变性质,改变信息形态,将要解决的问题进行数学转化,使之达到由繁到简,由未知到已知,由陌生到熟悉的目的.因此数学变换能力是指,为了使得问题能够简化或成功解决会使用改变信息形态的某种数学转化策略.

(三)数学推理与论证

推理是数学的基本思维方式,也是人们在学习和生活中经常使用的思维方式.数学推理则是指人们在数学观念系统作用下,由若干数学条件,结合一定的数学知识、方法,对数学对象形成某种判断的思维操作过程.作为一类推理,它有其自身的特点:首先,数学推理的对象既不是生活中的常识,也不是社会现象,而是表示数量关系和空间形式的数学符号;其次,在某一个思考过程中,数学推理较之一般推理更是环环相扣、连贯进行.并且,推理的依据主要来自问题所在的数学系统.数学高度的抽象性和逻辑的严谨性使得数学推理相对具有一定的难度.

论证离不开推理.在论证过程中,之所以能够根据已知判断的真确认另一判断的真或假,正是因为在已知判断和所要论证其真或假的判断之间建立了必然的逻辑联系,而后者是从前者通过推理形式推导出来的,所以说论证过程必须应用一个或一系列的推理,是推理形式的运用,推理是论证的工具.基于上述分析,"数学推理论证能力"的具体内涵为:通过对数学对象(数学概念、关系、性质、规则、命题等)进行逻辑性思考(观察、实验、归纳、类比、演绎),从而作出推论;再进一步寻求证据,给出证明或举出反例,说明所给出推论的合理性的综合能力.

(四)数学建模

数学建模经常与数学应用归在一起,但两者的着重点不同,建模着重于建立真实世界与数学世界之间可逆的联系,关注抽象出数学问题与解决现实问题的过程.数学建模不是线性过程,需要不断地从数学世界返回真实世界中检验结果,完善模型.研究者布鲁姆(W. Blum)提出数学建模是一个非线性的循环过程,它由 7 个步骤组成:(1)理解现实问题情境;(2)简化或结构化现实情境,形成现实模型;(3)将被结构化的现实模型翻译为数学问题,形成数学模型;(4)用数学方法解决所提出的数学问题,获得数学解答;(5)根据具体的现实情境解读并检验数学解答,获得现实结果;(6)检验现实结果的有效性;(7)反馈给现实情境.[68]因此,数学建模能力表现为:面对某个综合性情境,能够理解并建构现实情境模型,会将该模型翻译为数学问题,建立数学模型,然后会用数学方法解决数学问题,再根据具体的情境解读与检验数学解答,并验证模型的合理性.

(五)数学地解决问题

作为数学活动过程中重要的能力——数学地解决问题的能力,目前没有统一的界定.例如,美国 NCTM 在 2000 年颁布的标准中将数学地解决问题描述为:通过解决问题掌握新的数学知识;解决在数学及其他情境中出现的问题;采用各种恰当的策略解决问题;能检验和反思数学问题解决的过程.德国在 2003 年颁布的数学课程标准中对数学地解决问题界定为:拥有适当的数学策略去发现解决问题的思路或方法并加以反思.[69]我国数学教育一直非常重视数学地解决问题的能力,2011年颁布的《义务教育数学课程标准》对数学地解决问题作了较为详细的说明,强调通过数学课程学习初中学生应获得数学问题解决能力.通过文本分析,本研究将数学地解决问题界定为:采用各种恰当的数学知识、方法与策略,解决在数学或其他情境中出现的问题,并能检验与反思数学问题解决的过程.

(六)数学交流

重视数学交流能力的培养是现代社会发展对数学教育的要求.目前许多国家在其数学课程标准中明确提出了培养学生的数学交流能力的要求.如,英国国家课程在"关键概念"板块中指出"有效地数学交流能力"是三大能力之一,[70]要求学生能理解和解释以多种形式呈现的数学,并以最合适的方式有信心地交流数学.国际经济合作与发展组织(OECD)主持的国际学生评价项目(PISA)也将数学交流能力作为数学能力评估框架中的一种,且将其描述为"伴随交流过程的数学读写能力".[71]我国2011版《义务教育数学课程标准》也明确要求学生能与他人交流各自解决问题的算法和过程,并能表达自己的想法等.不仅各国数学课程标准等文本对数学交流能力作出说明,而且亦有丰硕的研究成果为我们认识数学交流能力提供参考.本研究将数学交流能力界定为:能不同程度地以阅读、倾听等方式识别、理解、领会数学思想和数学事实,并能以写作、讲解等方式解释自己的问题解决方法、过程和结果,针对他人的数学思想和数学事实作出分析和评价.

综上分析,我们获得由六大能力成分构成的数学核心能力模型及其内涵,现汇总在表6-12中.

表6-12 数学学科核心能力内涵

核心能力成分	核 心 能 力 内 涵
数学问题提出	基于某情境或问题会产生自己新的数学问题,或者在问题解决过程中或解决后产生新的子问题,并用数学语言表述这些生成的、创造的、独立的新数学问题.
数学表征与变换	用某种形式,例如书面符号、图形(表)、情景、操作性模型、文字(包括口头文字)等,表达要学习的或处理的数学概念或关系,以便最终解决问题. 为了使问题能够简化或成功解决,会使用改变信息形态的某种数学转化策略.
数学推理与论证	通过对数学对象(数学概念、关系、性质、规则、命题等)进行逻辑性思考(观察、实验、归纳、类比、演绎),从而得出推论;再进一步寻求证据、给出证明或举出反例说明所给出推论的合理性的综合能力.
数学建模	面对某个综合性情境,能够理解并建构现实情境模型,会将该模型翻译为数学问题,建立数学模型,然后会用数学方法解决数学问题,再根据具体的情境解读与检验数学解答,并验证模型的合理性.
数学问题解决	采用各种恰当的数学知识、方法与策略,解决在数学或其他情境中出现的问题,能检验与反思数学问题解决的过程.
数学交流	能不同程度地以阅读、倾听等方式识别、理解、领会数学思想和数学事实,并能以写作、讲解等方式解释自己的问题解决方法、过程和结果,针对他人的数学思想和数学事实作出分析和评价.

6.5.4 初中数学学科核心能力水平分层与行为表现

6.5.4.1 数学学科核心能力评价模型

本研究拟构建的数学学科核心能力模型将为我国实践学业质量测评提供一种理论框架.为使数学学科核心能力模型具有实践指导意义,课题组依据国际经验与我国实际,梳理了数学学科有代表性的内容,并结合这些内容,将6个数学学科核心能力细化为可观察的学生的行为表现.另外,由于学生认知水平的差异,在处理数学内容时,他们会有不同的数学核心能力的行为表现,这些行为表现的差异能反映学生能力水平的差异.课题组试图对能力进行分层研究.通过参考一系列国际性评价项目对能力分层或能力认知水平的划分,本研究从三个水平层次划分数学学科核心能力,包括记忆与再现、联系与变式、反思与拓展.

水平一:记忆与再现.它指能记住数学基本概念、定理以及方法,同时会模仿性地应用这些内容.

水平二:联系与变式.它指会综合利用所获得的认识、技能与技巧加工处理熟知的内容,同时会联结其他相关知识.

水平三:反思与拓展.它指善于加工处理复杂内容,获得解决方案,同时会论证、推理、解释或评价解决方案.

针对不同的数学内容领域,数学学科核心能力分别在三个水平层次上有具体的表现,因此我们的数学学科核心能力模型包含了数学内容、核心能力、能力水平三个维度,如图6-21所示.[72]

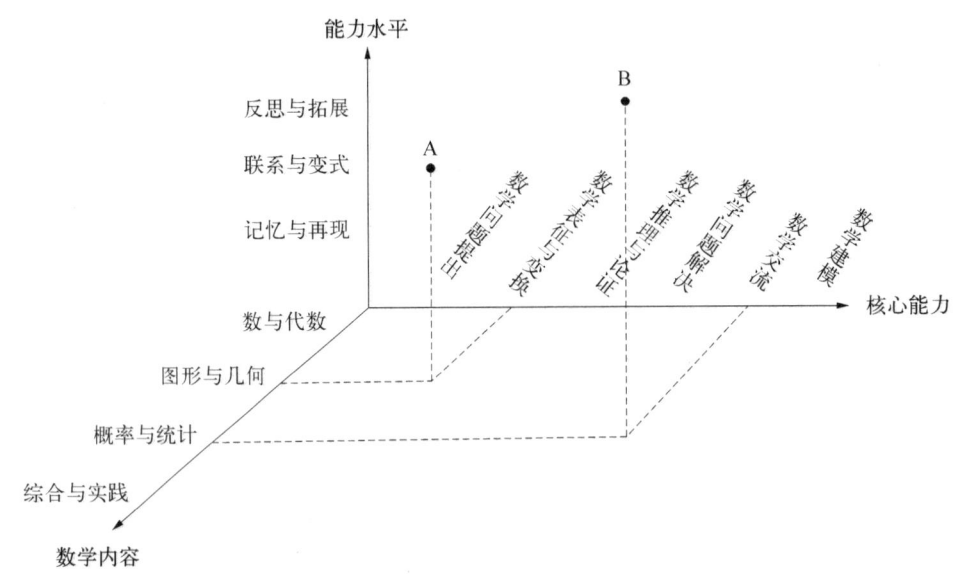

图6-21 数学学科核心能力评价模型

(如,A代表在图形与几何领域数学表征与变换能力的联系与变式水平;B代表在概率与统计领域数学交流能力的反思与拓展)

6.5.4.2 不同水平层次上核心能力的行为表现

对照国际比较的成果,结合中国的人才培养目标和中国的数学教育特点,我们提出了上述义务教育阶段数学学科核心能力的内涵和水平分层.为了能研究开发测评学生数学学科核心能力的具体测试任务以及测试分析工具,需要描述出不同水平层次上数学学科核心能力的行为表现.因此,课题组研究了一系列问题:我国义务教育阶段数学课程标准中的数学内容领域分别提出了哪些数学核心概念? 与相关国家的数学核心概念的研究成果有何异同? 基于不同数学内容领域内核心概念的各个数学能力是如何表现的? 如何区分中小学数学核心能力的具体表现? 等等.课题组针对不同的能力水平编制了可操作的行为指标(见表 6-13).

表 6-13 数学核心能力在不同水平层次上的行为表现

能力成分	水 平 分 层		
	水平一:记忆与再现	水平二:联系与变式	水平三:反思与拓展
P 数学问题提出	● 能识别所给数学问题的结构; ● 能模仿或改造一个给定的题目,提出相似的数学问题; ● 根据数学问题缺少的要素进行适当补充,使之成为完整的数学问题.	● 能在真实的情境或任务背景之下,发现或提出(完成任务的)较主要的数学问题; ● 结合自己的数学知识和经验,能进行信息的拓展或筛选,建立数学的联系,提出不同的数学问题.	● 能对自己提出的各种数学问题进行分类,解释分类的依据和过程; ● 对同伴提出的数学问题进行评价; ● 提出更为复杂的拓展性数学问题.
E 数学表征与变换	● 能够在标准化的情境下直接处理较为熟悉的表征并加以利用,如将熟悉的文字表达转化为符号、图形或图表等.	● 在较为熟悉的情境中,能够清楚地解释和转换两个以上不同的表征形式; ● 针对问题情境设计某种表征形式.	● 能够理解和应用非标准形式的表征; ● 能够在较为复杂的问题情境中,为问题的关键步骤设计特定的表征; ● 能够比较并权衡不同的表征形式.
R 数学推理与论证	● 能够得出一些合理的猜测; ● 能够表述获得猜想的推理过程; ● 能够在简单情境下论证命题的正确性; ● 会采用较为规范的符号语言进行表达.	● 能在较复杂的问题情境下联系相关知识获得较高层次的猜想; ● 能清晰地表述思考过程; ● 能够联系他人的推理与已有经验对较复杂的命题进行论证,过程简洁完整.	● 能够获得更多猜想,对结论进行反思和检验,进而将数学对象系统化; ● 说理充分,富有逻辑; ● 能够拓展思路,根据具体问题情境,选择恰当的推理论证方法进行严格论证; ● 表述清晰严谨.
S 数学问题解决	● 面对较简单的问题情境能识别并选择熟悉的数学信息,依据所学的数学方法和策略解决简单的数学问题; ● 能表达简单的数学问题解决过程.	● 能联系不同数学领域的知识和表达形式(如图表、文字、符号等); ● 能简要逻辑地表述思考过程、解决方法以及结果; ● 能在判断的基础上解释自己的数学结果对于情境的意义.	● 会综合运用数学知识、方法与策略解决复杂的数学问题,并对数学模型、模型结果与现实的一致性进行解释; ● 反思自己的解题结果和策略; ● 会比较、评价并纠正他人的理解; ● 能根据具体情况选择最佳的解决策略.

续表

能力成分	水平分层		
	水平一：记忆与再现	水平二：联系与变式	水平三：反思与拓展
C 数学交流	● 能表达简单的数学事实； ● 从简短的数学类文本中识别并选择信息.	● 能从数学类文本中识别和选择信息，并领会其意义； ● 能把他人的数学思想由一种载体转换成另一种载体； ● 能简要逻辑地表述思考过程、解决方法以及结果； ● 能在判断的基础上解释他人对数学类文本的说明（正确的或错误的）.	● 能领会复杂数学类文本的意义，并会比较、判断他人的数学思想； ● 能完整设计呈现某个复杂的解决与论证过程的方案； ● 能灵活转换数学思想的载体，并能根据具体情况选择最优的表达载体； ● 能表达对学习过程的检查和反思.
M 数学建模	● 能够在简单并熟悉的情境下识别标准模型，直接将现实情境翻译为数学模型，并尝试解决数学问题，但不能检验模型的合理性.	● 能在情境较为熟悉但较为复杂的非常规问题情境中，与熟悉的模型进行对照，提出相应的现实模型，进而转译数学模型，并尝试解决数学问题，也尝试检验模型的合理性，但过程不是十分完整.	● 能在复杂且较为陌生的情境中，识别合理的现实模型，进而创建数学模型，解决该数学问题，并能尝试进行检验、评价模型. 但过程不是十分完整.

6.5.5　初中数学学科核心能力的测评

6.5.5.1　研究问题

本项目第一阶段的工作是在国际比较研究的基础上，根据数学学科的基本特征，结合我国数学教育特色，建构数学学科核心能力评价模型（图6-21）.在这个能力模型的基础上，课题组进一步开发可测量的行为指标体系（表6-13）和测评工具，进行测试研究，旨在回答如下问题：

(1) 我国8年级学生数学学科核心能力的水平表现如何？

(2) 不同地域间的学生的数学学科核心能力存在怎样的差异？

(3) 不同性别间学生的数学学科核心能力存在怎样的差异？

6.5.5.2　研究过程

（一）被试的选取

本研究选取8年级学生作为主要的测试研究对象.其中的一个重要因素是，很多有关学生数学学科的学业成就的大型国际比较研究（包括TIMSS和PISA）皆以8年级为其重点的研究对象.这不仅为本研究的开展提供了一个良好的理论与实践的基础，更为本研究提供了一个以国际视野审视我国学生的数学学科核心能力的契机，以帮助我们能更为深入地了解我国学生的数学学习现状.

考虑到我国各地区经济发展水平的不平衡可能对学生数学学科核心能力水平造成差异的这一个特点，本研究团队在选取被试样本时采用了分阶段整群抽样的方法：第一，基于城市的地理位置（包括华东、西北、华中、西南、华南、东北及华北）及相应的经济发展水平（包括发达、中等、欠发达等）确定8个具有代表性的城市；第二，在每个城市中，由当地的教研员或师范院校的同行根据所在地学校的综合水平推荐至少 3 所中学(即优秀、中等、薄弱);第三,在每个样本学校中,任意选取 2~3 个整班学生参加测试.从这个意义上说,本研究的被试样本较为完整地了覆盖我国 8 年级学生的整体能力分布域(competency spectrum),这为项目分析的精确性提供了一定的保障.表 6-14 列出了本研究中参加数学学科六大核心能力测试所对应的被试学生样本的具体分布情况.

表 6-14 数学学科核心能力测试的被试学生分布(按能力类别及地区经济发展水平排序)

	发达地区			中等发达地区		欠发达地区			合计
	A(4)	D(3)	E(3)	B(3)	C(3)	F(3)	G(3)	H(6)	
C 数学交流能力	171	80	107	137	119	180	154	244	1 192
E 数学表征与变换能力	167	92	109	146	119	158	153	253	1 197
M 数学建模能力	254	84	111	146	113	120	107	237	1 172
P 数学问题提出能力	174	80	121	153	114	176	145	247	1 210
R 数学推理与论证能力	149	92	118	143	124	178	166	247	1 217
S 数学问题解决能力	159	86	109	147	118	177	131	258	1 185
合计	1 074	514	675	872	707	989	856	1 486	7 173

注释:城市编码按拼音首字母排序,括号中的数字表示所在城市参与调查的学校数,其中城市 F 在 M 能力上的测试数据仅在两所中学有效.表中其他数据均表示相应的学生数.

(二) 测试工具的设计及预测

课题组依据可操作的行为指标(表 6-13),采用新编或改编陈题的方法,在每一个预设的能力水平上设计出 3~4 个问题,包括填空及简答两种题型.

对于初设的测试题,研究团队成员联系本地或附近地区(即江浙地区)学校进行了至少两轮的预测,被试学生包括 8 年级和 9 年级,以检验所编制的测试题与目标年级(即 8 年级)的匹配程度.

在预测阶段,研究团队一方面根据预设的理论性能力水平与基于预测结果由项目反应理论而得出的实证性试题指标(包括难度系数及区分度系数)之间的差异修订试题,另一方面还特邀请一线教师及相关领域的专家对预测版的测试题给出专业性意见,以尽可能保证测试题具有较高的内容效度.在经过这样的两至三轮的论证和修正后,六大核心能力的测试正式版形成,其在各预设理论性能力水平上的具体题量分布见表 6-15.

表 6-15 数学学科核心能力测试题的能力水平分布

	能力水平一	能力水平二	能力水平三	合计
C 数学交流能力	3	3	2	8
E 数学表征与变换能力	2	5	3	10

续 表

	能力水平一	能力水平二	能力水平三	合 计
M 数学建模能力	1	1	1	3
P 数学问题提出能力	2	2	2	6
R 数学推理与论证能力	1	3	2	6
S 数学问题解决能力	2	2	1	5

注释：由于数学建模能力的特殊性，其能力水平的分布主要依据问题背景的复杂程度而定．

（三）测试结果的编码与分析

除数学建模能力与数学推理论证能力外，其余 4 个数学学科核心能力的测试题皆以 0-1 制二分计分法(dichotomy)为主，即正确回答计为 1 分，否则为 0 分．在分析被试在数学推理与论证能力测试中的表现时，本研究以部分计分法(partial credit)为主要计分方式，即被试能正确给出论证推理过程计为 2 分，仅能正确给出合情推理计为 1 分，否则为 0 分．类似地，在分析被试在数学建模能力测试中的表现时，由于该能力测评框架参考了布鲁姆的阶段型建模循环模型[73]，被试的应答根据其所达到的最终"阶段"而获得相应的分值，部分计分法亦在此作为主要的计分方式，共设 5、4、3、2、1、0 六个等级．除了采用主要的计分法外，本研究还参考了 TIMSS 的双重计分制，对于所有被试的应答给出诊断性编码，以确定特定的表征方式、解题策略、常规的错误或误解．

对于 0-1 型计分，本研究使用 BILOG-MG3.0 软件，采用双参数 Logistic 模型，分别计算各题的难度系数、区分度系数，以及被试的能力估计值．对于等级型计分，本研究使用 PARSCALE4.1 软件，采用部分计分模型(Partial Credit Model)计算各题的难度系数、区分度系数，以及被试的能力估计值．

针对基于项目反应理论模型而求得的被试的能力估计值，本研究首先进行描述性统计，以期刻画出我国 8 年级学生在各项数学核心能力上的总体表现，其次依据被试的性别、所在地区的经济发达水平及学校水平等属性进行一系列的对比分析，主要包括性别差异比较（T-检验）、地区间的差异比较（ANOVA 检验）、地区内的差异比较（ANOVA 检验）以及各城市内各类学校间的差异比较（ANOVA 检验）．由于参与本研究的被试数量较大，对于显示出显著性差异的统计量，本研究会提供相应的效应值．

6.5.5.3 研究发现与结果

课题组根据上述编码原则，对每个核心能力测评结果进行编码和分析，得到了翔实并有意义的发现和结果．在此就学生数学核心能力的总体表现进行分析．

（一）数学学科核心能力的总体表现

本调查研究通过实际测评以验证课题组所提出的数学学科六大核心能力评价框架的有效性和合理性，在此基础上对 8 个城市的被试在各能力上的表现做了细致的分析，以期了解我国 8 年级学生在数学学习上的各项核心能力的掌握情况.在本研究的主测试中,虽然每一个被试仅参加一项核心能力的测试,但因为抽样过程有一定的随机性,使得来自不同城市不同学校的学生在单项核心能力上具有一定的可比性,而不同能力之间的可比性相对较弱.

本研究依据项目反应理论估算出被试在各项核心能力上的能力指数,因此在每一项能力上的能力估计均值皆为 0,也即将中等水平学生的能力固定为 0 值.在所有 6 个核心能力中,被试的"数学交流能力"相对较强,特别是处于中等水平的学生能较好地完成水平一和水平二的测试题;在"问题提出能力"和"问题解决能力"上,处于中等水平的学生对于水平一和水平二的测试题,只能作出部分正确的回应.很显然,"数学表征与变换能力"涵盖两个相关且独立的能力.本研究显示,处于中等水平的学生在"数学表征"上能较好地完成水平一的测试题,部分能正确地完成水平二的测试题.如前文所述,在本研究中,学生的"数学推理能力"分两种类型,包括合情推理和论证推理.结果发现,处于中等水平的学生能圆满达成所有三类水平层次的测试题上的合情推理,但在论证推理上的表现却差强人意,甚至未及水平一.

相对于其他 5 个核心能力,"数学建模能力"的测试题的水平划分主要是依据其背景的复杂程度,而要完成每一个建模过程都要经历六个阶段.在本研究中,处于中等水平的被试在前两个水平的测试题上能够大致推进到 3~4 建模阶段,而对于复杂程度最高的测试题,几乎没有进展.

表 6-16 呈现出 8 年级被试在数学学科六大核心能力上的整体表现情况.从这些直方图中可以发现,被试在数学建模能力上的表现水平最为集中,而在其他的核心能力上的分布则相对较为分散.在数学交流能力和数学推理论证能力方面,处于中等水平以下的被试数量偏多;特别地,有相当一部分的被试在这两项指标上,其能力估计值低于 -2.在数学表征与变换能力上,亦有不少被试的水平在 -2 附近.而另一方面,本研究发现在所有 6 个核心能力中,数学表征与变换能力是唯一一个有被试其能力水平的估计值接近于 +3;相反,在数学交流能力、数学建模能力、数学问题解决能力,被试的能力最大估计值小于 +2,这些都说明被试在这些能力上亟待提高.

表 6-16 8 年级学生在数学学科六大核心能力上的表现

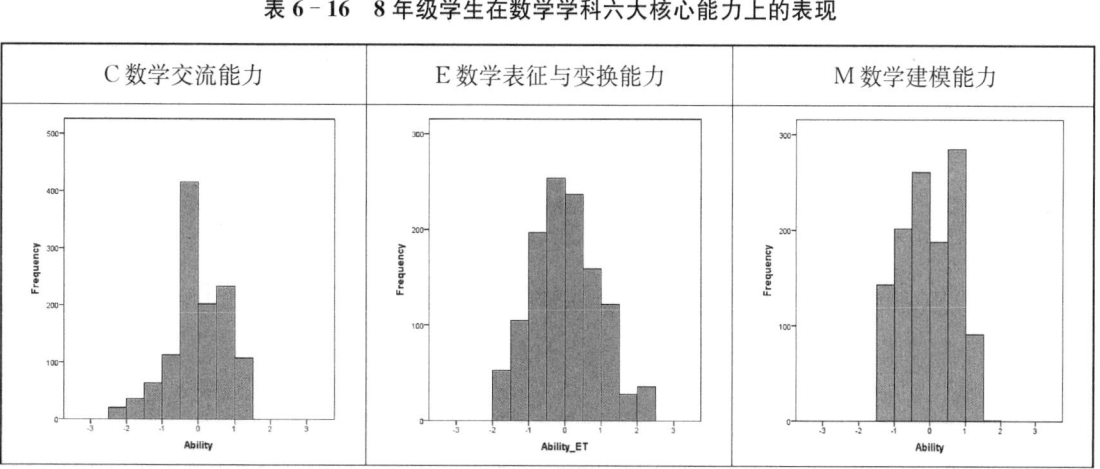

续 表

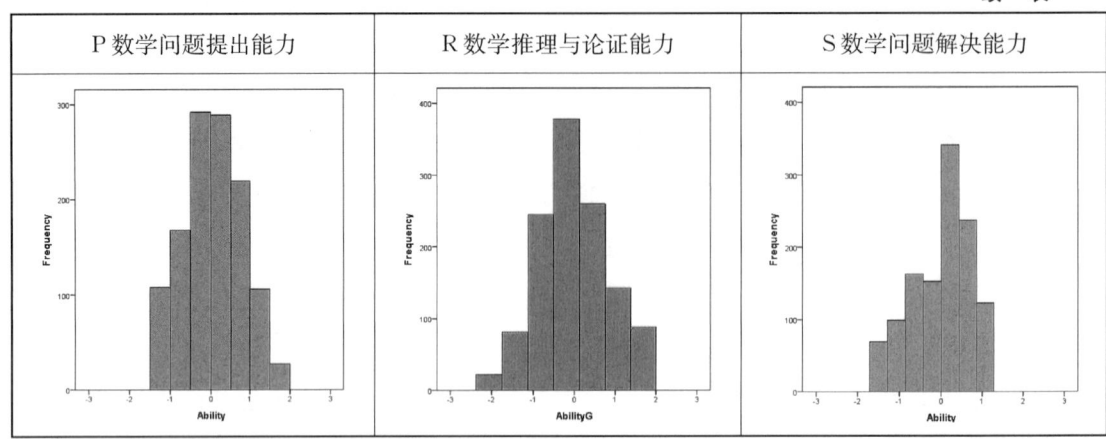

注释：Ability—能力；Frequency—数量.

(二) 核心能力水平的性别差异

在数学学习上存在性别差异似乎是一个公认的事实，并且数学往往被视为是一个男性占优的学科.因此，男女被试在各项数学学习核心能力上的差异也成为本研究一个关注焦点.结果发现，在本研究中，男女被试的表现并没有呈现出非常明显的不同.在 6 个能力指标中，仅有 2 个出现了性别上的显著差异，分别为男生的数学解决能力显著优于女生，$t(1\,118)=-3.864, p<0.001, d=0.23$，而在数学问题提出能力上女生的表现显著优于男生，$t(1\,187)=3.693, p<0.001, d=0.21$；然而从效应值来看，相应的差异并不是很大（$d<0.30$）.在其余 4 个核心能力上，除数学表征与变换能力外，男生的表现略占优势，但未达到显著不同.

(三) 核心能力水平的区域差异

由于本研究中的被试样本来自不同城市，如前所述，在选取样本时是充分考虑了城市的不同地域及其不同的经济发展水平，并据此将被试所在城市划分为发达、中等发达和欠发达等三类.在关注来自不同城市的被试在各核心能力上的表现水平时，本研究首先比对了三类地区之间的差异，其次比对了地区内部的城际间的差异.结果发现，相较于性别差异，城际间的差异更为明显，表 6-17 中给出了不同地区间和同一地区内不同城市间的各核心能力水平的 ANOVA 比较结果.

表 6-17　各城市在数学学科六大核心能力上的表现水平比对

	地区之间	地 区 内 部		
		发达地区	中等发达地区	欠发达地区
C 数学交流能力	×	√	×	√
E 数学表征与变换能力	×	√	√	√
M 数学建模能力	√	×	×	√

续 表

	地区之间	地 区 内 部		
		发达地区	中等发达地区	欠发达地区
P 数学问题提出能力	√	√	√	×
R 数学推理与论证能力	√	√	×	√
S 数学问题解决能力	√	√	√	×

注释：√表示比较呈现出显著差异，而×表示比较未呈现出显著差异.

从表 6-17 中可以发现，在 6 个核心能力上，三类地区在数学建模、数学问题提出、数学推理与论证和数学问题解决诸能力上均呈现出显著差异.其中，大部分差异的效应值都相对较小，而最大的差异出现在数学推理与论证能力上，其对应的效应值水平超过临界值（$\omega^2 > 0.03$）.

尽管在两项核心能力上地区间未呈现出显著的差异，但三个地区的内部的城际差异则出现在所有的 6 个核心能力上.相较而言，经济处于中等水平的地区内部的城际差异最少.在各项能力中，"数学建模能力"仅在欠发达地区的城市间出现显著差异，且相应的效应值达到高水平（$\omega^2 = 0.17$）.相反，在"数学表征与变换能力"上，所有三类地区内的城市间都存在显著性差异，且相应的效应值都超过临界值（$\omega^2 > 0.03$），特别是发达地区城际间的差异的效应值达到高水平（$\omega^2 = 0.27$）及中等发达地区城际间的差异的效应值达到中等水平（$\omega^2 = 0.08$）.有意思的是，在该能力上三类地区之间却并未呈现出显著差异.事实上，在三类地区中，发达地区所显现出的城际差异是最为显著的，在除"数学建模能力"外的所有其他核心能力上，其城际间差异的效应值都超过临界值，在"数学表征与变换能力"和"数学推理与论证能力"上的差异效应值达到高水平（$\omega^2 > 0.14$），在"问题提出能力"和"问题解决能力"上的差异效应值达到中等水平（$\omega^2 > 0.06$）.

在选取被试时，除考虑城市的代表性外，在各城市中亦选取了至少 3 所综合水平在不同层次上的学校.因此，在研究中发现存在显著的校际差异是可以预见的.然而，分析显示在不少城市的某些核心能力上这类显著差异并没有出现（见表 6-18）.例如，城市在数学交流及数学问题提出的能力上没有显著差异，在数学建模及数学推理论证的能力上虽有差异，但效应值却显示差异不大.同样地，城市 G 亦在 2 个能力上（即数学建模及数学问题提出能力）无显著差异，且在另 2 个能力上（即数学推理论证及数学问题解决能力）差异效应值较小.当然，在 8 个城市中亦有城市其校际差异在所有 6 个核心能力上都较为显著，其效应值至少在中等以上，包括城市 A、城市 E 和城市 H.这些一致性与不一致性值得后续的追踪研究进一步去探索其中的成因.

表 6-18 各城市各类学校在数学学科 6 个核心能力上的表现水平差异相应值指标

	发达地区			中等发达地区		欠发达地区		
	A(4)	D(3)	E(3)	B(3)	C(3)	F(3)	G(3)	H(6)
C 数学交流能力	大	无	大	中	无	小	中	中
E 数学表征与变换能力	大	无	大	大	大	中	大	大
M 数学建模能力	中	大	中	小	小	无	无	大
P 数学问题提出能力	中	大	中	大	无	中	无	中
R 数学推理与论证能力	大	大	大	大	小	中	小	大
S 数学问题解决能力	大	大	大	大	无	小	大	大

6.5.5.4　研究结果的讨论

下面就较为突出的研究结果进行讨论.

（一）数学交流能力水平良好

数学交流是分享观点和澄清理解的一种方式,在交流的过程中,具有较高数学交流能力水平的学生能不断反思、精炼或修正自身的数学观点,使思维清晰化,发展自己的数学理解.数据显示,8 年级中等水平学生的数学交流能力达到了"联系与变式"的水平,也就是说学生能够从数学类文本中识别和选择信息,并领会其意义;同时也能把他人的数学思想由一种载体转换成另一种载体.数学交流能力成为学生所需的核心数学能力之一.学生天生并不具备数学交流能力,数学教育还需要有意识地培养他们的数学交流能力,让学生领会复杂数学类文本的意义,比较、判断他人的数学思想;学会灵活转换数学思想的载体,并能根据具体情况选择最优的表达载体;流畅表达对学习过程的检查和反思.

（二）数学建模能力水平发展存在瓶颈

数学模型是用数学的概念和原理描述世界所依赖的思想,数学模型搭建了数学与外部世界的桥梁.数学建模也被看作是应用表征模拟并解释物理的、社会的以及数学中的现象.学校培养学生未来社会的适应能力,其中数学建模能力的培养尤其重要.这次的调查数据表明,我国学生只有在自己熟悉或较熟悉的常规情境下,才会识别出熟悉的标准模型,能够直接将现实情境翻译为数学模型,并尝试解决数学问题,但没有检验模型合理性的意识.在复杂且较为陌生情境下,几乎没有学生能够识别合理的现实模型,进而创建数学模型,加以解决该数学问题.从数据上看,这种情况表现集中,几乎没有区域差异.由此可见,我们需要从全国范围设计数学建模能力培养的课程教学方案,尤其需要从真实复杂情境的建模入手,而不是停留在训练学生解决简单生活情境或者"伪情境"的建模问题.

（三）数学问题提出能力仍然需要得到重视

从研究的结论可以看出,我国 8 年级学生数学问题提出能力总体较为薄弱,相当一部分学生甚至提不出数学问题来,尤其是在开放式的任务情境下,能够达到高层次问题提出水平的甚少,可以发现学生数学问题提出能力亟待提升,应当引起数学教育者和研究者更多的关注.发展学生提出数学问题的能力应当成为数学教学中一个重要的教育目标.发展学生的问题提出能力从培养学生的问题意识开始,在学生的学习中本身就包含了许多无意识的数学问题的提出,要让学生的这些无意识能够转变为一种有意识的、具有反思性的思维习惯.

(四)数学推理与论证能力在地区内部存在城际分化

我国的数学教育历来重视数学证明的教学,重视数学推理与论证能力的培养.本研究发现,在各地区内部不同城镇间学生数学推理能力发展不均衡,尤其在经济发达地区内部,数学推理能力水平严重分化.在这类地区,研究发现有学生在数学论证推理方面表现出很强的能力,能够清晰严谨、步步有据地完成证明.从研究结果看,学生的论证推理能力发展并不是整齐划一的,这与其他研究所得结论是一致的,即:同一年级内部学生的推理能力处于不同水平.[74]但是这种现象在经济发达地区尤为突出,值得我们思考.如何安排论证推理的教学才能够最大限度地使不同的学生得以发展.当然,论证推理能力较强的学生是否真正理解数学证明的价值,也是值得研究的问题.

参考文献

[1] 刘力,等.教育实验学.北京:人民教育出版社,2004:16-20.

[2] 顾泠沅.青浦实验——一个基于中国当代水平的数学教育改革报告(上).课程·教材·教法,1997,1:26-31.

[3] 上海市青浦实验研究所,上海教科院教师发展研究中心.数学教学改革三十年:现实与实现——来自"青浦实验的新世纪行动".上海教育科研,2007,12:4-9.

[4] 顾泠沅.青浦实验——一个基于中国当代水平的数学教育改革报告(下).课程·教材·教法,1997,2:31-34.

[5] 顾泠沅.青浦实验——一个基于中国当代水平的数学教育改革报告(上).课程·教材·教法,1997,1:26-31.

[6] 上海市青浦实验研究所,上海教科院教师发展研究中心.数学教学改革三十年:现实与实现——来自"青浦实验的新世纪行动".上海教育科研,2007,12:4-9.

[7] 上海市青浦实验研究所.教师"行动教育"——青浦实验新世纪探索.课程·教材·教法,2014,3:3-11.

[8] 上海市青浦实验研究所,上海市教科院教师发展研究中心.数学教学改革三十年:现实与实现——来自"青浦实验的新世纪行动".上海教育科研,2007,12:9.

[9] 上海市青浦实验研究所,上海市教科院教师发展研究中心.数学教学改革三十年:现实与实现——来自"青浦实验的新世纪行动".上海教育科研,2007,12:9.

[10] BEGLE E G. Open Letter to the Mathematical Community. The Mathematics Teacher,1966,59:341,393.

[11] 《比较教育研究》编辑部.美国"回到基础"教育运动初见成效.比较教育研究,1988(6):65.

[12] 白改平,杨光伟.美国数学课程改革的特点及其启示.外国中小学教育,2008(7):43-46.

[13] 鲍建生.对"新数"运动和"回到基础"运动的反思.数学教学,1990(6):5-7.

[14] 张奠宙.美国数学教育改革的联想.数学教学,1991(1):4-5.

[15] RIORDAN J E, NOYCE P E. The Impact of Two Standards-Based Mathematics Curricula on Student Achievement in Massachusetts. Journal for Research in Mathematics Education, 2001, 32(4): 368-398.

[16] NCTM.Curriculum and evaluation standards for school mathematics. Reston. VA: NCTM, 1989.

[17] U.S. Department of Education. Mathematics and Science Expert Panel of Exemplary and Promising Programs.[1999]. http://www.enc.org.

[18] CARROLL W M. Results of third grade students in a reform-based curriculum on the Illinois state mathematics test. Journal of Research in Mathematics Education, 1997, 28: 237-242.

[19] BEN-CHAIM D, FEY B J, et al. A study of proportional reasoning among seventh and eighth grade students. Paper presented at the meeting of American Education Research Association, Chicago, IL, 1997.

[20] STEIN M K, GROVER B W, HENNINGSEN M. Building student capacity for mathematical thinking and reasoning: an analysis of mathematical tasks used in reform classrooms. American Educational Research Journal, 1996, 32: 455-488.

[21] 麦克尼尔.课程:教师的创新(第3版).徐斌艳,陈家刚,译.北京:教育科学出版社,2008.

[22] REMILLARD J T. Examing Key Concepts in Research on Teachers' Use of Mathematics Curricula. Review of Educational Research. 2005, 75(2): 211-246.

[23] WALKER B F. Curriculum evolution as portrayed through old textbooks. Terre Haute: Indiana State University, School of Education, 1976.

[24] SARASON S. The culture of the school and the problem of change (2nd ed.). Boston: Allyn and Bacon, 1982.

[25] KOMOSKI P K. Instructional materials will not improve until we change the system. Educational Leadership, 1985, 42, 31-37.

[26] COLE M, ENGESTROM Y. A cultural-historical approach to distributed cognition//SALOMON C. Distributed cognitions: Psychological and educational considerations. Cambridge, UK: Cambridge University Press, 1993: 1-46.

[27] LIOYD G M. Two teachers' conceptions of a reform-oriented curriculum: Implications for mathematics teacher development. Journal of Mathematics Teacher Education, 1999, 2(3): 227-252.

[28] REMILLARD J T. Examing Key Concepts in Research on Teachers' Use of Mathematics Curricula. Review of Educational Research, 2005, 75(2): 211-246 (227).

[29] RUSSELL S J. The role of curriculum in teacher development// FRIEL S, BRIGHT G. Reflecting on our work: NCTM enhancement of K-6 mathematics. New York: University Press of America, 1997: 247-254.

[30] OTTE M. What is a text? //CHRISTIANSEN B, HOWSEN A G, OTTE M. Perspectives on math education. Kluwer: Dordrecht, 1986: 173-202.

[31] BUSH W S. Preservice teachers' sources of decisions in teaching secondary mathematics. Journal for

Research in Mathematics Education, 1986, 17(1): 21-30.

[32] BROWN M W. Teaching by design: Understanding the interactions between teacher practice and the design of curriculum innovation. Unpublished doctoral dissertation, Northwestern University, Evanston IL, 2002.

[33] REMILLARD J T. Examing Key Concepts in Research on Teachers' Use of Mathematics Curricula. Review of Educational Research, 2005, 75(2): 211-246(235).

[34] WU M, ZHANG D Z. An overview of the mathematics curricular in the west and east// LEUNG F K S, GRAF K D, LOPEZ-REAL F J. Mathematics education in different cultural traditions — A comparative study of East Asia and the West. Springer, 2006: 181-193.

[35] SCHMIDT W H, MCKNIGHT C C, VALVERDE G A, et al. Many Visions, Many Aims: A Cross-National Investigation of Curricular Intentions in School Mathematics. Norwell, MA: Kluwer Academic Press, 1997.转引自鲍建生.追求卓越——从TIMSS看影响学生数学成就的因素.上海教育出版社, 2003: 171.

[36] 陈宏伯.建国后五六十年代中学数学教材的演变历程.数学通报, 2007(5): 17-22.

[37] 王建磐.主要国家高中数学教材的比较研究.课程·教材·教法, 2001(7): 105-106.

[38] 鲍建生.追求卓越——从TIMSS看影响学生数学成就的因素.上海:上海教育出版社, 2003: 207-213.

[39] FAN L H, ZHU Y. An analysis of the representation of problem types in Chinese and US mathematics textbooks. Paper Accepted for ICME-10, Discussion Group 14. Copenhagen, Denmark, 2004.

[40] LOPEZ-REAL L G. Mathematics Education in Different Cultural Traditions: A Comparative Study of East Asia and the West, The 13the ICMI Study, 2003: 227-238.

[41] 吴立宝,宋维芳,杨凡.美国IM数学教科书编排结构特点及启示.外国中小学教育, 2013(8): 60-64.

[42] 傅赢芳,张维忠.中英初中数学教材中应用题的情境文化性.外国中小学教育, 2007(2): 29-32.

[43] 张文宇,傅海伦.新加坡与中国小学数学教材的比较研究.外国教育研究, 2011(7): 36-39.

[44] SIEGEL M, BORASI R, FONZI J. Supporting Students' Mathematical Inquiries through Reading. Journal for Research in Mathematics Education, 1998, 29(4): 378-413.

[45] LAKATOS I. Proofs and Refutations. Cambridge, UK: Cambridge University Press, 1976.

[46] BALL D L, BASS H. Making Mathematics Reasonable in School. Reston, VA: National Council of Teacher of Mathematics, 2000.

[47] 陈月兰.日本2009版《高中数学学习指导要领》特点分析.数学教育学报, 2010(2): 85-88.

[48] LEUDERS T. Mathematik Didaktik — Praxishandbuch fuer die Sekundarstufe I und II. Germany: Cornelsen Scriptor, 2003: 121-123.

[49] MULLIS I, MARTIN M, RUDDOCK G J, et al. TIMSS 2011 Assessment Frameworks. USA: TIMSS & PIRLS International Study Center, 2009: 42-46.

[50] 中华人民共和国教育部.普通高中数学课程标准(实验).人民教育出版社, 2003.

[51] KRIDEL C. Encyclopedia of Curriculum Studies. California: SAGE Publications, 2010: 5-6.

[52] 鲍建生.追求卓越——从TIMSS看影响学生数学成就的因素.上海:上海教育出版社, 2003: 8-9.

[53] 徐淀芳.学业质量绿色指标实践研究.教育发展研究, 2012(15-16): 1-6.

[54] 中央教育科学研究所中小学生学业成就调查研究课题组.我国小学六年级学生学业成就调查报告.教育研究,2011(1):27-38.

[55] 张雨强,崔允漷.义务教育阶段学生科学学业成就评价框架的初步开发.华东师范大学学报(教育科学版),2010(09):38-48.

[56] 沈南山,杨豫晖,宋乃庆.数学学业成就评价测查试题编制研究.教育研究,2009(09):57-63.

[57] 綦春霞,张新颜,王瑞霖.八年级学生数学学业水平的现状及其影响因素研究.教育学报,2015(4):87-92.

[58] NISS M. Mathematical Competencies and the Learning of Mathematics: The Danish KOM Project.[2011] http://w3.msi.vxu.se/users/hso/aaa_niss.pdf.2011.

[59] TURNER R. Exploring mathematical competencies. Research Developments,2010(24):2-7.

[60] 斯托利亚尔.数学教育学.丁尔陞,等译.北京:人民教育出版社,1985.

[61] 弗赖登塔尔.数学教育再探——在中国的讲学.刘意竹,杨刚,等译.上海:上海教育出版社.1999.

[62] 曹才翰.中学数学教学概论.北京:北京师范大学出版社,1990.

[63] 克鲁捷茨基.中小学生数学能力.李伯黍,等译.上海:上海教育出版社,1983.

[64] 徐斌艳.数学学科核心能力研究.全球教育展望,2013(6):67-74.

[65] SILVER E A. On mathematical problem posing.For the Learning of Mathematics,1994,14:19-28.

[66] LEUNG S S. Mathematical problem posing: The influence of task formats, mathematics knowledge, and creative thinking//HIRABAYASHI I,NOHDA N,SHIGEMATSU K,et al. Proceedings of the 17th International conference of the International Group for the psychology of Mathematics Education. Tsukuba, Japan: Author, 1999(3):33-40.

[67] CAI J F,FRANK K & LESTER J. Solution representations and pedagogical representations in Chinese and U.S. classrooms. Journal of Mathematical Behavior,2005(24):221-237.

[68] BLUM W,GALBRAITH P L,HENN H W,et al. Modelling and application in mathematics education. The 14th ICMI study,Springer,2007(10):451-456.

[69] 徐斌艳.关于德国数学教育标准中的数学能力模型.课程·教材·教法,2007(9):84-87.

[70] Department for Education,UK. Mathematics programme of study for key stage 3 and attainment targets.[EB/OL][2007] www.qca.org.uk/curriculum. 2007:140.

[71] OECD. PISA 2012 Mathematics Framework.[EB/OL][2012]. www.oecd.org/dataoecd/8/38/46961598.pdf:18.

[72] 徐斌艳,朱雁,鲍建生,孔企平.我国八年级学生数学学科核心能力水平调查与分析.全球教育展望,2015(11):57-67.

[73] BLUM W,BORROMEO F R. Mathematical Modelling: Can It Be Taught And Learnt? Journal of Mathematical Modelling and Application. 2009,1(1):45-48.

[74] JURDAK M,MOUHAYAR R. Trends in the development of student level of reasoning in pattern generalization tasks across grade level. Educational Studies in Mathematics,2014,85(1):75-92.